东莞展览馆丛书　孟穗东 ◎ 主编

漳澎传统村落社会研究

张振江　朱爱东　罗忱　著

中山大学出版社
·广州·

版权所有　翻印必究

图书在版编目（CIP）数据

漳澎传统村落社会研究/张振江，朱爱东，罗忱著. —广州：中山大学出版社，2016.2

ISBN 978 – 7 – 306 – 05480 – 7

Ⅰ.①漳…　Ⅱ.①张…②朱…③罗…　Ⅲ.①村落—社会人类学—研究—东莞市　Ⅳ.①C912.4

中国版本图书馆 CIP 数据核字（2015）第 241538 号

出 版 人：	徐　劲
策划编辑：	廖泽恩　易建鹏
责任编辑：	易建鹏
封面设计：	曾　斌
责任校对：	向晴云
责任技编：	何雅涛
出版发行：	中山大学出版社
电　　话：	编辑部 020 – 84111996，84113349，84111997，84110779
	发行部 020 – 84111998，84111981，84111160
地　　址：	广州市新港西路 135 号
邮　　编：	510275　传真：020 – 84036565
网　　址：	http://www.zsup.com.cn　E-mail: zdcbs@ mail.sysu.edu.cn
印 刷 者：	佛山市浩文彩色印刷有限公司
规　　格：	787mm×960mm　1/16　27.5 印张　590 千字
版次印次：	2016 年 2 月第 1 版　2016 年 2 月第 1 次印刷
定　　价：	78.00 元

如发现本书因印装质量影响阅读，请与出版社发行部联系调换

1. 五月初九龙船趁景
2. 漳澎旧闸处的粼粼波光
3. 渔民新村旁农田的水寮
4. 漳澎人家的"后花园"

1. 夕阳下奋力划桨的漳澎龙舟队
2. 漳澎村李氏一处集体墓地
3. 漳澎村里的老榕树，人们会把小孩上契给榕树以保福寿

1	4
2	
3	

1. 房屋地基
2. 漳澎极具特色的"行扒头"屋
3. 五坊土地庙
4. 重阳节拜伯公

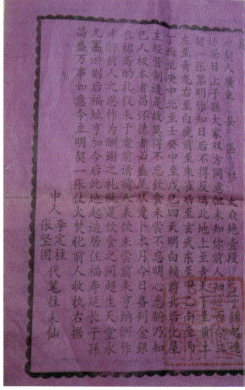

1. 深圳赤湾天后宫（漳澎人称为妈湾）里天后像
2. 新中国成立后村民的结婚证，仍悬挂在屋中
3. 拜地头仪式中与"地主"签订的地契

1. 漳澎悦田林公后裔重阳节聚餐
2. 七月下旬捞蛤蜊
3. 在金花庙中做"镇经文"仪式的拜神婆
4. 一间民居中供奉神明的神台

1. 漳澎村的天后像
2. 重建之后的漳澎金花庙
3. 角尾村的三圣宫

《东莞展览馆丛书》编辑委员会

主　编　孟穗东
副主编　秦文萍　黎　娜
编　委　孟穗东　秦文萍　黎　娜　唐　琳
　　　　熊江杰

《漳澎传统村落社会研究》审定委员会

主　审　杨叶帆
委　员　杨叶帆　温　磊　许海涛　张凤萍
　　　　曹永富　邓禅娟

目　录

第一章　漳澎村落与村落传统的变迁 ································ 001
　第一节　地域社会中的麻涌村落关系 ································ 001
　第二节　漳澎村落社会的形成与发展 ································ 012
　第三节　村落社会的变迁与延续（一） ······························ 057
　第四节　村落社会的变迁与延续（二） ······························ 077
　第五节　简短的总结与讨论 ·· 087
　　本章主要参考文献 ·· 091

第二章　漳澎的传统家屋空间 ······································ 097
　第一节　传统家屋的建造过程与习俗 ································ 097
　第二节　漳澎传统家屋作为日常生活空间 ···························· 128
　第三节　漳澎传统家屋作为信仰空间 ································ 157
　第四节　漳澎传统家屋与漳澎社会 ·································· 174
　第五节　当代漳澎家屋的若干变化 ·································· 184
　　本章主要参考文献 ·· 191

第三章　漳澎的生育制度、信仰与习俗 ······························ 194
　第一节　漳澎的生育制度 ·· 194
　第二节　漳澎的生育信仰 ·· 230
　第三节　漳澎的生育习俗 ·· 265
　第四节　简短的总结与讨论 ·· 306
　　本章主要参考文献 ·· 313

第四章 漳澎的传统民间信仰 ………………………………… 316
　第一节 漳澎的民间信仰概况 ……………………………… 316
　第二节 漳澎人信仰的主要神明 …………………………… 347
　第三节 漳澎人认为的鬼与祭鬼 …………………………… 374
　第四节 漳澎的祖先观念与信仰 …………………………… 397
　第五节 简短的总结与讨论 ………………………………… 415
　本章主要参考文献 …………………………………………… 422

后　记 ……………………………………………………………… 425

第一章 漳澎村落与村落传统的变迁

经过漫长的淤积,约在明清之交伶仃洋口逐渐出现了大小不一的草墩或者小高地,之后缓慢地相连成片,最终演化出今天的漳澎地境。而在从浮出水面开始的很长一段时间内,漳澎始终是四面环水自成一体,形成了相当独特的村落传统。

本章将从历时的视角,依据地方文献、我们所获得的访谈资料以及其他各种资料,描述和讨论漳澎村落社会历史变化的主要过程及特色。

第一节 地域社会中的麻涌村落关系

从村落社会的观点来看,现在的漳澎是麻涌镇的一个组成部分。这是漫长的历史发展的结果,是历史上麻涌地域社会整合的结果。探讨这一区域社会是如何形成的以及漳澎又是如何融入这个区域社会的,对于我们在后文描述并分析漳澎社会历史及其主要特色是极为必要的。

麻涌镇位于现东莞市的西北部,地处一块在晚近时才由东江冲积而成的小平原之上。曾昭璇先生对东江河道的变迁进行了仔细的研究,指出"明初三角洲边缘已推至麻涌、大步、道滘一线"。与这一过程相应,今麻涌境内的各处村落也必然都是在明清时期才逐步形成的,并以漳澎为麻涌境内最后形成的主要村落。《麻涌镇志·大事记》中记载了麻涌镇主要村落的形成年代。

宋祥兴二年(1279年)东村(又名东华村)立村。当年原有潘、邵、介、毕、梁、李等姓氏族在此聚居。至明洪武元年(1368年),有

"十五屯"之一掌事陈晨，带官兵到此安寨，操地扩耕，排除异姓，随后人口日增，于是雄踞该村而发展起来。

明洪武元年（1368年），有"十五屯"派驻原番禺地安家立户。其中军城（今麻二）以董、叶两姓占二屯，称为董叶乡；今大步村境内以张、郭、王、宁、赵、蔡、彭等七姓分坊而居，占七屯；今东村境内占一屯（另五个屯分别在今中堂镇东向村和万江镇小享村境内立户）。

明洪武二年（1369年）蒲基村立村，此地宋元期间尚属海滩，谢氏始迁于此而立村名。

明洪武三十一年（1398年）鸥涌立村，该村地濒海边，涌滘纵横交错，常有海鸥出没其间，因此而得村名。

明正德元年（1506年）黎滘立村。这里有肥田沃地，河滘纵横交错，常有海鸥水鸟栖息其间。村主姓黎，故命名黎滘。

清顺治十八年（1661年）川槎立村。这里原是一片沙洲，传说东江上游急流而下，一截槎木在此搁浅，经长久冲积而成陆地。故取名"川槎"。

清康熙二年（1663年）漳澎立村。该村地大人多，现在有居民一万二千多人，号称中国人口最多的单一村庄。

清康熙十二年（1673年）九宅立村。新基村莫氏始祖莫金顺的第九子悦淡迁居于此而得名。它与东浦相连，同出一脉，同属东太村。

清乾隆十二年（1747年），南洲立村。该村原是一片绿洲，因村民由增城县西洲分支至此，此地在洲之南面而得名。

清乾隆三十三年（1768年）华阳立村。此地处于麻涌镇之北面，先由新塘迁徙而来的村民定居南坊，叫旧村；后由太平镇等地迁徙而来的村民定居中坊和北方，叫新村。

清乾隆六十年（1795年）大盛立村。此地毗连黄埔新港，原是大海边的两条沙洲形成。人们先在较大的沙洲居住，逐渐扩展到较小的沙洲。又因寓意村场兴盛发达，故用名"大盛"。

上述关于村落名称由来的各种说法，或者不无可疑之处，但仍然有参考价值。如果从时间顺序来看，今麻涌镇境内的麻涌、大步、蒲基等村首先立村，然后是鸥涌、黎滘、川槎等村，到了清代初叶至中叶之间，漳澎、华阳、大盛等村才相继成形。从地域空间来看，麻涌镇形成的顺序是由中心地区扩展到周边地区，这是比较典型的湾头淤积发育型，这种成形模式在历史上的珠江三角洲地区相当普遍。① 由于相对较晚才从大海中陆续浮出，土地并无所属；加上地处广州、番禺、东莞、增城等地相交界的地方，直到新中国成立以前，今麻涌镇地域还是个名副其实的"三不管"地带。又因为居住者是来历复杂、族群属性多端的移民，麻涌社会在较长的时间内实际上处于无序状态。调查时麻涌镇上的多位老人曾经多次对我们说，那时的麻涌镇地区，其实是"番禺县管不到，东莞县不敢管"。② 应该说，这是对于历史事实非常有见地的总结。实际上，直到20世纪50年代之前，今麻涌镇境内尚未出现能够完全统合诸村落的一个地域中心，对于这些村落来说国家和政府的概念依然十分模糊和遥远。

现在可见的以麻涌村为中心统领其余诸村的地域格局，是直到20世纪50年代才开始出现的，随后经过一系列的行政措施而迅速地稳定下来。因此，其地域格局的形成完全可以视为新中国成立后国家权力对地域社会进行建构的结果。③ 实际上，由于人、地两者皆新而又历来互不统属，麻涌镇诸多村落在建立及区域统合方面，都经历了异常复杂的过程。直至民国时期，麻涌镇境内仍然有属于番禺县而不是东莞县所辖的"插花地"，其余村落也先后分属于不同的区乡而成为几个板块。以下以十五屯乡为例，探讨大步、麻二（旧时称军城）、东村以及漳澎等村落是如何逐步成为今麻涌镇的一部分。

历史上所谓的十五屯乡，最初是指新中国成立前分散在东莞县境内各处但属于番禺县所辖的一些地方。由于散见于东莞境内各处，所以当地人又形象地把这些孤岛似的土地称为"插花地"。麻涌的故老中至今流传着这样一种说法：起初这些"插花地"是明代形成的军屯点，当时属于南海卫，至清代又转为番禺县的属地。而分布在今麻涌镇境内的"插花地"属于十五屯乡，当时则有军城、大步和东村共计三村十个屯。在这十五屯中，军城以董、叶两姓合计占二屯，所以军城又称为董叶乡。大步有张、郭、王、宁、赵、蔡、彭等七姓合计占了七屯，这七姓人家在一个村落内各自分坊而居。东村的地境虽然相对较小，但也足以自成一屯。此外的五个屯分别位于今中

---

① 沙田一般指沿海濒江淤泥积成的田地，而非指含沙质多的沙地。根据研究，历史上珠江三角洲各处沙田的形成主要有四种模式：湾头淤积发育，沿河岸发育，沿海岛屿、台地发育，两主流线之间发育。（参见谭棣华《清代珠江三角洲的沙田》，广东人民出版社1993年版，第6~7页）麻涌和漳澎地域的形成，是历史上东江水汇入狮子洋时冲击泥沙使之淤积的结果，形成模式属于湾头淤积发育。

② 参见祝如亮《回忆大步村地下党在四十年代的斗争》（手稿复印本），1987年，第2页。

③ 参见麻涌镇人民政府《麻涌镇志》（电子稿），2007年，第88~90页。

堂镇东向村和万江镇小享村。

最初这些地方只是被统称为十五屯，原本是互不相属的若干驻屯点。十五屯乡以行政单位的形式出现是在抗日战争胜利后，这与当时的民国政府加强基层政权建设有关。1946年国民党推动广东实行乡政改革，当时采取的是小乡并大乡的政策。原先的大步乡（曾称"水云乡"，现为大步村）、董叶乡、东华乡（现东村）曾先后属于番禺县鹿步司（1901—1912年）、番禺县第五区（1912—1945年）管辖；到了1946年乡政改革时，番禺县通过实行保甲制度统合上述几个村落，新设十五屯乡，并设乡公所于大步乡。而从麻涌地域社会的建构来看，1946年十五屯乡的形成，可以说是一个很重要的节点。

1949年，中共游击队摧毁了麻涌警察所，成立了漳步乡政府，下辖漳澎、大步和东太等村落。至1950年，原属于十五屯乡的诸村落正式划归东莞管辖。到了1950—1952年的土地改革时期，大步乡、麻涌乡、漳澎乡等同属东莞第八区，区政府设于道滘。1953年，东莞设立第十四区，区政府设于麻涌乡，坐落于今麻涌的市心坊袁氏宗祠内。至此，大步、东村归入了以麻涌为中心的行政体系，其后虽有反复但基本格局未变。

一如上述的十五屯乡，今麻涌镇地区的其余诸村落在相当长一段时间内也是互不统属的。具体到漳澎，我们根据材料将1948年至今其建置沿革情况整理成表1-1。

表1-1 漳澎村归属的变迁①

时间	归属	备注
1948年至新中国成立前夕	东莞县第六区漳维乡	下辖漳澎、洪屋涡、乌沙、黎洲角、氹涌、金鳌沙、下会（除漳澎外，其他现属洪梅镇），分26保
1949年10月10日—1950年12月	漳步乡政府	中共地下党游击队摧毁麻涌国民党警察所，建立漳步乡，下辖漳澎、大步、东太
1950年12月—1952年12月	东莞县第八区漳澎乡	区府设在道滘
1953年1月	东莞县第十四区漳澎乡	1955年9月第十四区改称麻涌区

---

① 本表资料参见麻涌镇人民政府《麻涌镇志》（电子稿），2007年，第87页、第101页；中国人民政治协商会议东莞市委员会文史资料委员会编《东莞文史》（第30期），1999年。

续表1-1

时间	归属	备注
1957年3月—1957年12月	东莞县漳澎乡	东莞县此时撤区并大乡
1964年	东莞县麻涌人民公社漳澎生产大队	—
1983年10月	东莞县麻涌区漳澎乡人民政府	—
1987年	东莞市麻涌镇漳澎管理区	1985年东莞建市（县级），1986年麻涌撤区建镇
1998年	东莞市麻涌镇漳澎村民委员会	1988年东莞升格为地级市

民国后期，漳澎属于东莞第六区的漳维乡，当时同属第六区管辖的还有广华乡和新麻乡。广华乡管辖鸥涌、蒲基、旧黎滘、新黎滘、川槎、华阳、南洲、大盛诸村，新麻乡管辖麻涌、新基、东浦、九宅、太和、田头洛及螺村等村落。①在行政格局上，麻涌与漳澎处于同一级别，即各自都是一个乡的行政中心，这一形势直到土地改革后才发生了改变。1953年东莞设立第十四区，漳澎为其下属的一个乡。1955年第十四区改称麻涌区，区政府设在麻涌村，麻涌村作为麻涌镇的中心的地位从此得到了一步步的强化，并开始了以麻涌为区域中心的全新的行政格局。之后，麻涌作为行政体系上的一个单位或者一个地域社会，逐步得到更多的当地人和外地人的认同和普遍接受。

因此，麻涌镇的形成主要是新中国成立后国家对地方行政体系进行建构的成果。此种建构，直接导致了麻涌镇诸村落在地域社会地位上的调整。当然，同一区域之上的这些村落虽然长期互不隶属，但并不等于历史上彼此间毫无联系。实际上，至清朝嘉庆年间，以麻涌、大步、新基等几个大村落为中心，今麻涌镇境内先后形成了两套民间体制，尽管其主要功能是调解村落之间出现的纠纷，但也从一个侧面提供了当时村落关系的某些方面的证据。据《麻涌镇志》记载：

清嘉庆七年（1802年），麻涌莫姓启佑堂、袁姓敦睦堂、旧萧昌业

---

① 参见麻涌镇人民政府《麻涌镇志》（电子稿），2007年，第89页。

堂、新萧礼义堂四个氏族派出乡绅、父老为代表，召开联席会议，成立"四约公所"，名为"集真堂"。它是专门调解四姓氏族发生纠纷的事务、处理共同关心的公事的机构，其办事处设在东隅坊（即今麻三一坊）。①

旧时麻涌村的居民，以莫、袁、萧（分"旧萧"和"新萧"②）三个姓氏为主，均为移民，但到来有先有后。他们依姓聚居于麻涌村的不同地块，由于日常生活中彼此间必然会产生各种纠纷或者协作（如游神）等，这就需要建立某种跨越性的机制以解决相关的问题。"四约公所"应该就是这种需求的产物，它依靠的是启佑堂、敦睦堂、昌业堂、礼义堂四个宗族的力量。

而为了应对涉及更大范围的类似的需求，麻涌村与周围一些村落的乡绅、耆老协商后，建立了又一种跨村落的统一协调的机制：

> 清嘉庆九年（1804年），由番（禺）东（莞）七乡，即麻涌、军城、大步、东村、太和、东浦、九宅和新基等七个乡（九宅、新基当时二者合为一体），派出乡绅父老为代表，召开七乡联席会议，成立"七约公所"，名为"康和社学"。它是专门调解七乡各族纷争，共同处理七乡大事的机构。其办事处设在麻涌旧衙门之侧（即今麻四村九坊东头街）。另议定于每年农历八月廿七日，凡七乡所有学校师生，都集中在此举行祭孔典礼。③

与前一种机制不同，这种跨地域的七约公所，似乎带有鲜明的儒士或者士人化的烙印，这可以从"康和社学""另议定于每年农历八月廿七日，凡七乡所有学校师生，都集中在此举行祭孔典礼"等文字中清楚地看出。虽然我们暂时还无法得知这种涉及更大范围的新机制的出现昭示着怎样的历史或者文化含义，但无论如何，今麻涌境内的部分主要村落之间有了一种跨村落的统一的统合机制，则是肯定无疑的。这一机制直到1949年一直存在，可以说在处理七乡间的纠纷和协调合作等方面，这类传统基层组织是很有影响力，也很成功的。

在七约公所存在的漫长时期中，前后的主导力量可能还发生了很大的变

---

① 参见麻涌镇人民政府《麻涌镇志》（电子稿），2007年，第25页。
② "旧萧"原居军城村北坊和崇仁坊，后因人口日增，逐步转移至新街基、高田头等地聚居。"新萧"原与旧萧一脉相承，其始祖于公元1357年由从化（一说增城）西洲迁回五元坊，后形成"新萧"。
③ 参见麻涌镇人民政府《麻涌镇志》（电子稿），2007年，第89页。

动，利用这一机制的势力必然多种多样。如到了新中国成立前夕，今麻涌镇范围的中共地下党力量也开始有意识地利用这一机制，树立威望，扩大自己的影响力。

> 民国三十七年（1948年）秋，东村与太和村民，因争挖河泥引起持械打架，造成四条人命案。双方群情涌动，均往外地世交拉队，酿成一场大械斗。大步地下党①闻讯，及时派人出面制止。他们利用七约会议（即七约公所）调解，约定双方事主到麻涌富绅萧琮璜②家里讲和。当时，陈德明之女陈佩棠亦从中斡旋，提议在古梅茶楼摆20席"和头酒"（即讲和酒），并分别以14两黄金补偿每个死者家属了事。③

当时，麻涌各处村落的人们普遍种植水稻等农作物，河泥是最主要的肥料。为了争夺河泥这一宝贵的资源，东村、太和这两个相邻的村子间发生了争斗，并且引起双方动用各自世交村落④的力量，导致了一场规模相当大的械斗。大步地下党巧妙地利用了传统的七约公所机制，几经周旋最终促成双方讲和。这个成功无疑为地下党带来了声望，同时也说明了，直到那时七约公所还是人们普遍接受并尊重的调解机构。

不过，七约公所适用的范围仅仅局限在麻涌、军城、大步、东村、太和、东浦、九宅和新基等七个乡，超出这一范围则自然失效。因此，如果与此范围之外的村落发生某种纠纷或者需要某种合作，就必须另觅新的途径。这时如果发生冲突，通常就只能借助于武力或者外力，这在《麻涌镇志》中也有相关的记载：

> 民国三十五年（1946年）11月，大盛村民联合抗租，与麻涌地主萧琮璜发生纠纷。麻涌乡长萧广华请得东莞护沙大队长李志文带兵围剿大盛。队伍入村驻扎十日，纵容士兵入户搜查稻谷，洗劫民间财物。当时，村民派父老郭唐叔前往香港，找到堂侄国民党驻两广特派专员郭德

---

① 大步村地下党组织是麻涌镇地区最早的中共地下组织，也是麻涌地区中共地下党的核心组织。
② 萧琮璜是民国后期麻涌最大的地主，据说当时他在当地很有威信，而且很有公益精神，具有类似于地方士绅的性质。
③ 参见麻涌镇人民政府《麻涌镇志》（电子稿），2007年，第34页。
④ 所谓世交村落，也称为世好村落，指关系紧密相好的村落，彼此间在需要时有互助、支援等义务。当地有些人认为世交和世好没有区别，都是表达两村关系紧密。也有人认为，二者的程度略有不同，世好的关系比世交更紧密一些。

华，据情拍电上告张发奎，张知情后立即命令传讯制止，此事才告平息。①

据调查，大盛村立村较晚，村民所耕土地大部分是从麻涌籍贯的地主手里租佃来的。引文中地主与佃户间的这次冲突，最终就是借助不同的力量才获得解决。由于缺乏某种解决或者协调机制而导致冲突频仍，当时不同村落都面临类似的窘状，类似上文中借助于外力只是解决冲突的方式之一。

但是，这种强大的、具有某种官方背景的外力不是每个村子都能够获得的，当时更为普遍的获得支援对付强敌的方式，是村落间结成世好关系。漳澎村就是如此。在今麻涌镇境内的诸多村落中，旧时漳澎村与大步村、大盛村之间的关系很具有代表性。漳澎村与大步村是"世仇村"，即漳澎人说的"死对头"，而与大盛村则是"兄弟村""世交村"。这种不同关系的形成有复杂的原因，调查时漳澎的一位老人如此解释了与大步村世仇关系的形成过程：

> 大步与漳澎一直关系不佳是实，但其实只有个别人小打小闹，原因要追溯到这两个村子立村的历史。
>
> 大步是在明朝建立的，而漳澎是清朝乾隆时才立村，晚了很多。漳澎刚立村时，人口少，大步那时早已经是个人烟稠密的大村，因此，经常有些小流氓依仗人多势众过来欺负漳澎人。祖辈传说，有一次大步有十几个人过来调戏漳澎的一位妇女。没想到这妇女是韩氏媳妇，是山区人，善武功。这十几个大步人调戏漳澎妇女是从来没有遇到过什么反抗，这次不同了。他们还没有反应过来，韩家的媳妇就已经抽出腰带，连舞带打，把大步这十几个流氓打得屁滚尿流，仓皇逃回到大步的花王庙去了。
>
> 大步流氓从此不敢再来耍流氓，两村也从此结下了梁子。②

这个故事至今在漳澎仍相当流行，而且有几个不同的版本。我们所知道的主要就有：大步村的一帮"烂仔"（意为流氓、混混）某次多人轮奸漳澎妇女，大步村的"烂仔"对"娘妈"（指漳澎民间信仰中极受尊重的天后娘

---

① 参见麻涌镇人民政府《麻涌镇志》（电子稿），2007 年，第 33 页。
② 相同的故事见张振江、陈志伟《麻涌民俗志——岭南水乡社会研究》，汕头大学出版社 2008 年版，第 22 页。

娘，亦即妈祖）不敬，等等。但不论是何种版本，表达的都是漳澎在立村初期受到大步人的欺压，直至漳澎壮大了才得以让大步的势力"滚回大步花王庙"。从村落关系的层面来看，这个故事折射了漳澎摆脱大步压制逐步走向自立的过程。到了民国时期，漳澎与大步早已存在的这种敌对关系进一步加剧。造成两村关系进一步恶化的原因，不再是古已有之的两个村落间的仇恨，而是土匪争斗。当时属于今麻涌镇的诸村落，大体上分属两股地方土匪势力。一股是漳澎的刘老定部，他的靠山是东莞道滘的大土匪头目刘法如。另一股是大步的黎庆部，黎庆当时任槎滘联防大队长。1940年，大步村的土匪武装因发生内讧而分裂为两部分，即雷松（绰号"大夫松"）部和周满兴（绰号"烂鼻仔"）部。后来周满兴势力大盛，独占了大步村，雷部则在失败后退出大步投奔漳澎的刘部。此后双方间争斗不断，这就进一步加深了两个村落间的敌意。当时为大步村中共地下党成员的祝如亮老先生，曾经撰文回忆雷松与周满兴的争斗：

> 麻涌、大步一带，每年秋收时都要到联防队（即土匪）那里领取禾标（即收割证）。那时候，刘部和黎部进行激烈的争夺。逃往漳澎的大夫松一伙人，每年在秋收前都要利用一个晚上，在靠近大步的耕作区（稻田）筑垒、搭营房，还派土匪驻扎。"烂鼻仔"怕被"大夫松"抢夺地盘，就在离对方四五百公尺地方筑垒、搭营房与他们对峙。两派土匪驻地较近，经常发生枪战。农民在田里割稻子，子弹从头顶飞过，常有被打伤的危险，生命财产毫无保障。
>
> 1943年，大夫松还派人在大步东面的土名樟木的领涌口和村西面，将农民收割的禾艇押往驻地漳澎，再放农民回村拿现款赎回禾艇。村民既要在村中打禾标（每亩交一百多斤谷的现款）给烂鼻仔，又要拿钱去向大夫松赎艇。就这样，大步村给他们掠夺到民穷财尽，民不聊生。那一年饿死了很多人。
>
> 日本人利用土匪的矛盾，使他们自相残杀，从中渔利。驻扎漳澎的日军扶助刘部，驻扎新塘的日军扶助黎部。日军帮刘部攻占麻涌、大步时，新塘的日军不肯出动。待过了一段时间，新塘的日军帮助黎部夺回麻涌、大步，漳澎的日军又不肯出动帮助刘部。就这样，每年两派有两三次的拉锯战，使当地老百姓苦不堪言。[①]

---

① 参见祝如亮《回忆大步村地下党在四十年代的斗争》（手稿复印本），1987年，第3页。

不过，总的说来，在随后多年的冲突中，漳澎逐渐占了上风。除了成功地摆脱了大步村多年的压制之外，漳澎居然还夺取了一些原本属于大步村的土地。漳澎一坊有一处地方，村民们至今普遍习惯称之为"番禺地"，这个地方的来历颇为不寻常。一坊原坊长蔡伯是这样解释的：

> 因为现在漳澎一坊的土地啊，原来都是属于大步围的。大步围，自然是大步村的田地。（由于）大步村以前是属于番禺县的，所以就习惯了（称为番禺地）。大步围有新旧两块。一坊直到九树坡那边，以前都是属于旧围的。新围就是现在的漳澎汽车站那一带。在一段时期以后，大步围就都成为漳澎人的土地。

类似的说法在漳澎流传甚广，至于漳澎获得这块土地的具体过程，人们普遍语焉不详，似乎有所顾虑而不愿多谈及。但无论如何，这块地归属的变迁说明了漳澎的实力日益强大。新中国成立后，政府采取了一系列的措施，使得漳澎与大步之间的矛盾得到了极为有效的缓解。例如，在漳澎与大步的田地交界地带，要求两村自交界线各自向己方划出100米作为缓冲地带，并把这个地带全部划拨给了东村，使得两村田地自此不再直接相连。这一措施就大大地减少了摩擦，双方的争斗至此基本停息。大体上说，历史上形形色色的村落矛盾在1949年以后都得到了妥善的解决，村落之间的纠纷通常都能够通过双方的干部协商或者在上级的干预下解决。不过，有时还是能够看到某些历史关系的遗留。如漳澎与大步两方的村民至今都存在着对方"不好"的刻板印象，彼此间多多少少有污名化对方的现象。而历史上的不良关系造成的最大影响，似乎主要体现在婚姻方面：两村之间的通婚联姻至今为数甚少。

与大步相反，大盛与漳澎的关系非常密切，相互称为"世好村落"。据说，旧时漳澎"龙舟景"[①] 时来宾很少，但大盛村每次必到捧场以示彼此关系密切。而据双方的老人回忆，漳澎与大盛的"世好"关系即兄弟关系结成于日军侵华时期。1940年土匪伙同日军试图攻击漳澎村，村民事先得到了消息，集体划船沿河涌逃往外地避难，最后得到了大盛村民的热诚帮助，很多

---

① 珠江三角洲多有"龙舟景"，指的是传统的端午节划龙舟（当地人俗称为"扒龙舟"）以及相关的民俗活动。由于未知的原因，传统上漳澎村将每年的扒龙舟活动安排在农历五月十九。参见张振江、陈志伟《麻涌民俗志——岭南水乡社会研究》，汕头大学出版社2008年版，第298页。

漳澎人因此得以幸免于难。此事过后,漳澎与大盛就结为了世交。当然,之后大盛也多次在危难的时刻得到漳澎的有力帮助。由于大盛村小人少地寡,与漳澎结成世交有助于在村落间争斗中得到奥援,而事实上每次漳澎村也都会拔刀相助。

新中国成立前,国家的力量在今麻涌地区长期薄弱到几乎不存在——当时即以"三不管"地带闻名遐迩,因此,村落之间的世交、世仇关系所形成的关系网络非常重要,构成了当时村落关系的基础。即使是在七约公所机制涵盖的范围之内,世交村落仍然是自身村落利益可以信赖的保证力量。以麻二村为例:

> 每年之春,农历正月初四"游会",是军城村传统的民间节日。
> 按照惯例,"游会"行在先头开路的是五十多人的"大班"……青年村民则抬着"北帝""帅府"菩萨(民间观念的菩萨,非宗教意义上的)……1947年的年初四,景象与往年不同,气氛浓烈,场面更加热闹。茅岗村有一百多人带来轻机枪数挺,步枪数十支,趁军城"游会",举行了前所未有的"游枪会",以助高兴,显示实力。何故呢?因为去年(1946年)军城与大步郭坊为争禾埗利益而一度发生冲突,矛盾尚未激化,隐藏着一场即将爆发的械斗。当时大步郭坊已在下渡头筑起炮台,枪口瞄准军城村。故此,"世好"茅岗村值军城"游会"之际,举行大规模"游枪会",以助军城村的威势。
> 此举一时震动四乡,大步知道我村(军城村)有相当实力,不敢轻举妄动。后来,矛盾逐步缓解。①

军城与大步同属七约公所所管辖的范围,在行政上也同属于番禺的十五屯乡,其实力远非当时的漳澎可比。但由上述故事可知,无论是来源于地域社会力量的七约公所,还是背靠国家力量的十五屯乡,都不能保证军城与大步的安全。而保证军城安全的最重要的力量,还是自己的世交村落。强大的军城与大步尚且如此,新起而又多年孤立的漳澎更毋庸多言。而正是在这种需要依靠自己多方图谋的背景下,漳澎终于艰难立村,开始了之后仍然艰难但不断成长的历程。

---

① 参见麻二村支部、麻二村村民委员会编印《麻二村百年记事》,2003年,第71页。

第二节　漳澎村落社会的形成与发展

一、漳澎立村

关于漳澎何时立村，地方文献以及漳澎的村民至今仍有不同解说而无一致意见，最主要的代表性说法有两种，分别见于《麻涌镇志》和《思贤亭碑记》。而如果仔细分析这两种说法，似乎有助于我们理解麻涌地域社会中的权力结构在文化领域的建构路径。

漳澎是在什么时期立村的？立村之初是什么样的情形？最初的漳澎人是哪些人或者是什么人？这些自然是引人注意的地方性话题，人们也早就试着进行回答。麻涌镇政府新编写的《麻涌镇志》中有三处涉及这些问题：

> 清康熙二年（1663年）漳澎立村。此地与番禺莲花山隔狮子洋相望，因村建在漳澎涌边而得名。该村地大人多，是麻涌镇一个重点村。
>
> 清康熙二年（1663年）漳澎立村。有陈、林、刘、丁、黄、卢、吴、胡、殷等姓氏族聚居，他们祖辈大多来自水上渔民。
>
> （漳澎）建村于清康熙十二年（1673年）。因濒临狮子洋，立村前，多为流动渔民泊居。后因冲积而成的沙洲不断扩大，渐成草滩，渔民便选高地搭棚盖房定居。每当水退，垦土造田耕种，水涨回棚休息或打鱼，故名"涨棚"。自从居住环境得到改善，人们有了安居之所，较之以往漂泊的渔民生活，总算安乐得多，故又称"平乐"村，后定名为"漳澎"村，沿用至今。从该村内的天后庙对联"大地西临狮塔影，远天难渡虎门潮"，便可概知其貌。①

关于漳澎立村的时间，《麻涌镇志》其实是同时给了两个说法，即漳澎立村于清康熙二年（1663年）和清康熙十二年（1673年）。至于为什么会出现这样明显的舛误，我们始终不得而知。《麻涌镇志》也试图解答漳澎立村之时是怎样的情形，最初的居民是哪些人等问题。镇志认为漳澎最初的村民都是渔民，他们"选高地搭棚盖房定居。每当水退垦土造田耕种，水涨回

---

① 参见麻涌镇人民政府《麻涌镇志》（电子稿），2007年，第23页、第101页、第670页。

棚休息或打鱼",所以漳澎最初的名字是"涨棚"(今名漳澎即由此谐音而来)。而随着后来沙田等日渐增多,渔民们最终得以在此安定下来,故又改村名为"平乐"。

对于《麻涌镇志》所给出的漳澎立村时间,我们发现接受访谈的大部分村民并不认同。村民比较认同的看法见于《思贤亭碑记》。思贤亭位于漳澎中学的操场前端,面临出村的河涌,其碑记上记录了与此相关的部分文字。

> 漳澎立村于嘉庆年间(1796—1820年),始建于新庄,初时村舍随着潮水涨搭棚而居,因而名"涨棚",谐音改称"漳澎"。同治元年(1862年),曾改名"平乐"……

《思贤亭碑记》的作者是胡裕祥,他是第一位出自漳澎的麻涌镇党委书记,在漳澎相当有名望。他于1975—1976年出任漳澎生产大队党支部书记,1977—1983年间出任麻涌公社党委书记,1983—1985年任麻涌区党委书记。之后上调东莞市工作,目前已经离休。按照《思贤亭碑记》中的文字,漳澎立村于清代嘉庆年间(1796—1820年)。即使取折中的算法,也比镇志中所给的康熙二年(1663年)、康熙十二年(1673年)迟了130年左右。碑记还认为,漳澎立村于境内一个称为新庄的地方,而不是现村落地境所在之处,这一点是镇志中完全没有提及的。但在解释漳澎村名来源时,碑记则与镇志的认识相同,即都认为是由于"村舍随着潮水涨搭棚而居,因而名'涨棚'",后来取其谐音为"漳澎"。最后,它给出了漳澎改名为"平乐"的具体时间,即同治元年(1862年)。

比较上述两种说法:镇志认为漳澎立村于清康熙年间(但有两种具体的时间),立村时最初的村民为渔民,在得到耕种的土地后逐渐转为农民。《思贤亭碑记》认为漳澎立村于嘉庆年间,村落最初选址于新庄,后来才迁至现所在地,但对于漳澎最初的村民是什么人则态度相当暧昧。与我们所得到的访谈资料相比较,第二种说法的立村时间与地点都更为合理,也与其他资料或者证据相吻合,应该是可靠的。因此,如果我们承认新庄是漳澎村的前身,那么,最初的漳澎村民也就是入住新庄的村民。

在老人们的记忆中,村落地境内最早的高地是位于天后庙附近的敦厚里,比较早的大块土地则应该是在南盛坊一带。这与我们的调查、访谈和实地考察的结果相吻合。村民们又认为,四坊的地势是村落地境内最低的。四坊位于东庆坊和南安坊交界处,按照河流搬运作用的规律来说,高地边缘的地势普遍比其中心低许多。由此来看，东庆坊和南安坊最初就是在这里被流水隔开的，后来才慢慢形成了陆地（即现在的四坊），并将两大块高地连成了一体。人们普遍认为天后庙所在的六坊、七坊是村落内最早的有较多人口定居的地境。定居这里的陈姓上魁一脉，就被普遍认为是最早的一批漳澎村民。

据《凤翔上魁陈氏谱源谱序》记载，漳澎陈氏一脉迁自增城仙村桥头，始祖是上魁公。此脉在漳澎传至今天大约历经了九代①，按照一般的观念即一代人为20～25年的时间，则九代的时间大约180年。由此上推可知，上魁公等人是在1812年前后即嘉庆年间迁入漳澎的。假定上魁公确实是最早的漳澎村民之一，那么，漳澎自然也应该是立村于清嘉庆年间。我们还可以从漳澎的墓葬山坟上找到更有力的证据。漳澎人普遍实行二次葬，即逝者入棺后先葬于一处稍高的地方，三年后家人再"捡金"（即捡起尸骨）放入特制的坛（即金塔）中。依照习俗，金塔一般按家族集中有序地安放，一个家族的金塔通常呈人字形，即辈分最高的一世祖放在最中间、最顶层，其下的左边放辈分稍低的，右边又比左边低，如此类推。但后来随着山坟修建形式发生变化，很多都已经不呈人字形而是呈一字形，即金塔摆放的相对顺序不变但全部上移与一世祖的金塔形成一条直线（见图1-1）。根据这个特性，我们可以看出一处墓地从一世祖开始的代数，进而大致推算出他们定居于漳澎的时间。

图1-1　漳澎的山坟

我们选择漳澎有代表性的几个家族墓地，仔细考察这些家族墓地的世代数，并在此基础上加上2代作为他们在漳澎定居的时间。其结果分别是：天水堂赵姓5代，彭城刘门5代，颍川堂陈门5代，一支陇西李门5代，另一支陇西李门7代，江夏黄门4代，天水礼义堂赵姓6代，孔门5代，永川堂

---

① 参见《凤翔上魁陈氏谱源谱序》，第78～93页。

陈姓6代，胡门4代，太原郭门7代。由此可见，大部分家族定居于漳澎的时间稍微靠后，至今大约经历了4～7代。换算后同样可知，他们在漳澎的定居时间大概是在80～140年。这也就是说，这些家族是从清代后期至民国前期陆续迁入漳澎的，定居漳澎的时间没有早于陈姓上魁一脉的。由此看来，认为康熙年间漳澎已经建村的说法似乎不妥，《思贤亭碑记》的说法可能更为合理。

我们始终没有发现古籍中有关漳澎的确切记载，但在历代志书的地图中有时可见漳澎的模糊身影。因此，我们尝试通过比较历代的地图间的差异，以观察漳澎是在什么时期进入地方官府的视野中的，这样可以间接推测漳澎的立村时间。

在清康熙年间所编《东莞县志》的"卷首"（见图1-2），我们可以清楚地看到麻涌、新基、大步、东村等村落。虽然大步的位置明显有错误，但在地图上我们没有发现漳澎村的身影，现在的漳澎村落在那时仍然是一片广阔的水面。

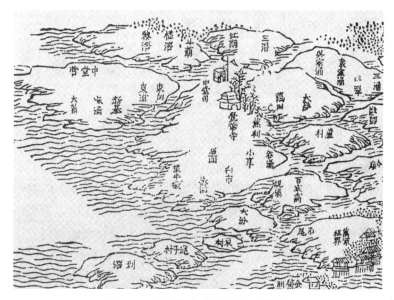

图1-2 康熙年间东莞县图（截图）

学术界普遍认为，康熙版的《东莞县志》其实主要是沿袭了明代崇祯版《东莞县志》的内容。因此之故，图1-2或者不能够充分证明清代康熙年间的地理事实。但在道光年间的"东莞县中堂司图"（见图1-3）中，我们仍然只能看到麻涌、新基、东涌、守府（可能为大步村），仍然没有"漳澎"或"平乐"的名字，东涌和守府以外依然是汪洋一片。这个事实说明，直到那时今漳澎地境还没有浮出水面，当时还不存在漳澎村。

图1-3　清道光年间东莞县中堂司图①

1865年，广东的著名学者陈澧②应两广总督瑞麟、广东巡抚郭嵩焘之聘，与其学生赵婴一起开始编制广东省全图。经过广泛地搜集大量的资料和数据，陈澧等人最终绘制了《广东图》20卷以及资料翔实的《广东图说》92卷，成为认识当时广东地理、风物等方面的珍贵资料。《广东图》中的东莞县图，虽然比以前的地图要详细得多，但是就麻涌镇境内而言依然有很多错误，这可能与当时沙田不断浮出而又变化不定有关。无论如何，这张图极为有力地说明，最迟在1865年即编制这幅地图时漳澎已经存在。在《广东图·卷八》的东莞县图（见图1-4）中，第一次出现了漳澎的名字，同时出现的还有华阳、华表等今麻涌境内的村落。

---

① 参见（清）阮元修《（道光）广东通志·舆地略》。
② 陈澧（1810—1882），字兰甫，世称东塾先生，广东近代学术史上的重要人物。祖籍江苏南京，出生在广州城木排头，一生几乎都在广州度过，培养成材的学生极多。陈澧博学多才，天文、地理、历史、数学、诗文、乐律、文字学、方言、书法均有极深的造诣，所著的《东塾读书记》尤为人所重。

通过比较发现，图1-4反映的东莞县中堂司的地理与村落分布等情况，与光绪年间的《广东舆地全图·东莞县图》所反映的基本相同（见图1-5）。

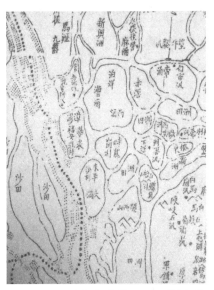

图1-4 同治年间东莞县图（截图）①

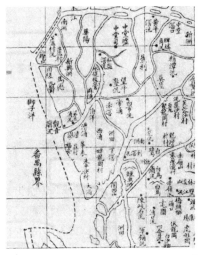

图1-5 光绪年间东莞县图（截图）②

① 本图转引自东莞市政协主编《东莞历代地图选》，广东人民出版社2012年版，第64页。原图载于《广东图·卷八》（同治五年刻本）。
② 引自《广东舆地全图·东莞县图》（光绪二十三年石印本）。

民国时期为重修《东莞县志》，编修人员利用新的测绘方法绘制出比以往都精确很多的东莞县地图。因此，在这时编制的地图中，现麻涌镇境内的各村落都被精确地标示出来。有关漳澎的标示也相当准确，如图1-6所示。

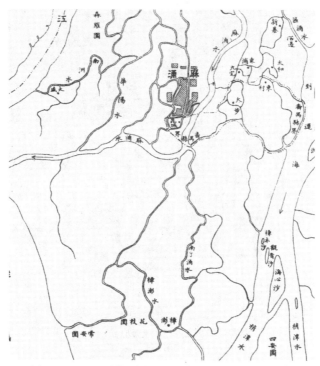

图1-6 民国时期《东莞县志》中的东莞县地图①

由上面几幅地图的简单对比研究可知，至同治年间漳澎才出现在相关的地图中。一般来说，漳澎这样一个小地方自然不可能一出现就被收录于名册或者绘于地图之上。但无论如何，这个对比也清楚地说明，漳澎立村的时间不可能是康熙年间而要稍后一些。

我们发现，漳澎村内有一些古树，虽然数目稀少，但古树树龄的测评对于认识村落的历史具有重要的参考价值。东莞市有关部门曾经测评了漳澎境内古树的年龄，发现村内没有树龄超过200年的古树，绝大部分在100～180年之间（见表1-2）。如果这些测评数据可信的话，似乎就等于说漳澎的历史不会超过200年。有人认为漳澎的立村时间是在清代的道光至同治之间，此说或许还值得进一步研究，但显然比认为是康熙时立村更为合理。

---

① 引自叶觉迈修、陈伯陶纂《东莞县志》，台湾成文出版社1967年版。

表1-2　漳澎村内古树树龄

位置	编号	树种	树龄（年）	级别	责任者
漳澎四坊漳澎东正街	27—048	细叶榕	150	三级古树	漳澎村委会
漳澎一坊桥头	27—049	细叶榕	200	三级古树	漳澎村委会
漳澎一坊桥头	27—050	细叶榕	200	三级古树	漳澎村委会
漳澎十坊桥头	27—051	细叶榕	120	三级古树	漳澎村委会
漳澎十坊桥头	27—052	细叶榕	120	三级古树	漳澎村委会
漳澎十坊同和社	27—053	细叶榕	180	三级古树	漳澎村委会

因此，结合漳澎几个主要家族的迁入时间、地图中漳澎的变迁轨迹及漳澎古树树龄，村民认为漳澎立村于嘉庆年间的说法是可信的。实际上，迄今也没有人能够拿出什么有力的文献或者实物证据，用以证明漳澎立村于康熙年间。

至于上引碑文中所说的漳澎"始建于新庄"，应该也是历史事实。漳澎境内至今有一处称为新庄的地方，位于大步与漳澎之间一处称为"摩西围"的地方的东面。不过，新庄现在既是一个地名，同时又是一条河涌的名字。在这条河的两岸，人们至今经常可以发现碎瓦、颓垣等残迹，说明这里以前确实是一处颇有规模的聚落。但更多的情况，漳澎的村民们已经不太清楚，似乎普遍对新庄记忆甚少。在穷苦的年代，其实这也不足为怪。

对于漳澎最初的居民的族群属性，至今犹有不同的说法，而在漳澎人的口中则显得较为神秘。在我们看来，从类似村落的经验的事实来看，漳澎先民至少有相当一部分源自疍民与围口人①。这也可从漳澎自身的某些特征看出来。漳澎位于海陆交界之地，又是四面环水、河涌密布的水乡，各种渔获历来极为丰富，渔民逐鱼而集聚于此自是不难想见。漳澎的一些风俗习惯很有特点，明显地有别于周围的陆地居民。至今漳澎有些老年妇女仍保留着包

---

① 疍民，早期有写作"蛋民"者，生活在广东、福建等沿海地区，以船为家，少数人上岸居住。疍民的社会地位不高，长期被列入贱籍而受到一系列的限制，如不准穿鞋，不准建屋，不准与岸上人通婚，死后不准在陆地埋葬。围口人，又称为"围田人"，在明清时期以至民国初年，今东江流域下游的东莞、深圳等沿海地带开始大规模地围海造田，需要大批的劳动力，故吸引了周围许多地区的人们携家带口前往劳作，有不少人家随后定居下来。最初的"围口人"或者"围田人"，可能只是本地人对这些人的居住地或者工作的一种描述性称呼，后来成为一种人群分类方式。但到了现在，随着区域性的大融合，除了年过70的老人之外，东莞或者深圳等地很少有人知道曾经有过这一群体。本书第四章第二节有相关访谈内容，可参考。

头巾的习俗，部分家屋还保留着进门就是厨房的设计。这些可能都是旧时水上人家习俗的遗留。由此看来，《麻涌镇志》中"……漳澎立村。有陈、林、刘、丁、黄、卢、吴、胡、殷等姓氏族聚居，他们祖辈大多来自水上渔民"的说法，至少是有相当充分的资料支持的。

我们在调查时发现，许多漳澎老人私下其实也愿意承认，最初在漳澎境内搭棚居住的人就是渔民（渔民与疍民的区别、联系详见后文）。不过在日常生活中，大部分村民，特别是有一定规模的家族族人对这一点都讳莫如深。因此，我们在2007年和2013年的两次调查中，都很难见到有人坦然承认自己家族的疍民渊源这个历史事实。翻检漳澎人的族谱，我们发现所有的漳澎家族都认为自己出自陆地，而从来没有自认出自疍民的。更为有趣的情况是，许多村民通常会说其他坊的人源自渔民，而自己所在的坊都是陆上人迁入的。现在更为常见的一种情况是，漳澎人几乎总是把渔民的称号送给角尾、新沙、花枝围三个自然村的村民，认为自己不是渔民而只有这几个村子的人才是渔民。有些人甚至具体地认为这些村子的人直到新中国成立前还都是渔民，如"他们是在新中国成立后才分得土地，才慢慢改为陆上人的"一类的说法很常见。由此看来，《思贤亭碑记》中述及最初的居民时显得非常隐晦，似乎不是无意而为之的。村民的种种说法其实与事实不完全符合，但这种社会认知与祖先记忆很有深意。学术界普遍相信，所有的社会记忆其实都不是纯粹的关于历史的客观记忆，而从来都是有其特殊目的的选择性记忆，而且记忆的深度总是与记忆的目的有着直接的关系。对比《思贤亭碑记》、漳澎人的隐晦与《麻涌镇志》的坦白，可以发现完全不同的策略运用及其中包含的不同的目的。

在《麻涌镇志》中，编者将漳澎的经验回放到立村之初的清朝，直白地指出漳澎人实际上是渔民的后代。但在大部分漳澎人的相关历史记忆中，自己的祖先与渔民毫无关系，而只有新中国成立前后发展出的角尾、新沙、花枝围才是真正的渔民居所。由此看来，渔民的身份是造成二者表述差异的关键所在。"渔民"这个如今普通的称呼，其实是新中国成立后经人民政府提倡才普遍使用的。历史上与之对应的叫法，则是带有轻蔑意味的"疍民"。实际上，当时的疍民也可以认为就是贱民的代名词，意味着穷、弱、没文化、血统不纯，甚至非我族类。这种意识虽然经过新中国成立后的多方努力有所减弱，但依然没有完全绝迹。在现在的麻涌镇各处村落，如果直接说某人是渔民出身，仍会被认为是不好的，至少是不礼貌的。在许多时候，渔民依然被当成了一种负面的标签，而这种标签的应用实际上折射出微妙的地域社会中的权力关系。

在漳澎,不论是借助于口述故事还是通过族谱,人们普遍宣称自己的祖先来源于周围各处的陆地居民,是后来才因故迁入漳澎并定居务农的。但是,这些声音始终限于民间,至今不能够得到某种形式的官方认定。在《麻涌镇志》中,编修人员采用了麻涌村几个主要家族对自己来源于陆上大户人家的解释。例如:

> 宋淳熙七年(1180年)是年农历九月,麻涌萧氏迁入定居,其始祖别号德隆,原先居于南雄珠玑巷,后因避乱才迁到广州府东莞县古梅乡(今麻涌)落籍。

> 宋景定四年(1263年)发祥于江西的袁氏族,相传到莞邑的第九代的袁珗可,由东莞温塘分支一派迁入麻涌,在市心坊、三房基一带(今属麻一)聚居。①

这实际上是以编修地方志书的形式肯定了民间解释的合法性,肯定了麻涌作为区域中心的合理性。

但就在这同一本镇志中,漳澎村落的几个主要家族的来源则都被直白地定性为渔民。虽然这一种说法可能更接近事实,但几乎可以说完全无视漳澎人自己的社会性解释或者祖先记忆。编者之所以能够指出历史事实,可能与他们不是漳澎人有关,也可能与跳出村落小圈子因而能够做到比较客观有关。但是,不论这样处理的真实原因是什么,在这场渔民标签的较量中,漳澎至今仍然处于下风。换句话说,在麻涌镇这个具体的地域社会中,麻涌村已经明显地占据了话语的优势,而漳澎则成了相对弱势的一方。② 从新中国成立前能独力与麻涌、大步等大村抗衡的一方大村,变成麻涌镇下辖的一个村落,渔民的标签可能只是这种地域结构在文化上的折射。

就这个意义上说,漳澎人拒不承认自己祖先的疍民来源,既是传统的漂白出身策略的再次运用,又是对自身地位的有效保护。而《麻涌镇志》的编修,则进一步巩固了以麻涌村为中心的权力结构,而压制了所有其他潜在的对手,并使之通过官方的形式变为正统化而显得理所应当。"渔民"这个词

---

① 参见麻涌镇人民政府《麻涌镇志》(电子稿),2007年,第19页。
② 此处的思考受启发于萧凤霞、刘志伟《宗族、市场、盗寇与疍民——明以后珠江三角洲的族群与社会》(载《中国社会经济史研究》2004年第3期)较多,谨致谢意。

语因其带有的社会文化意义，给地域社会提供了一条有效的文化建构或者再造的途径。

二、漳澎的自立与发展（上）

漳澎立村之后，财富逐渐积累，人口则因为自然增长和移民而急剧增加，很快成为公认的人口大村。凭借着不断增长的实力，至同治年间时漳澎已经能够摆脱周围大村的控制，开始逐步自主地发展起来。而大致到了清末民初，漳澎村落社会的各种组织形式已经相当完善。借助于这些不同的民间组织形式，来自不同地方、不同姓氏、不同背景的漳澎人得以在漳澎的名义下共同生存。

（一）羌女传说

我们在访谈过程中意外地发现，不同的漳澎人在谈到漳澎与大步之间的历史恩怨时，几乎总是会讲一个主题相同、情节梗概相同但细节可能互有差异的故事。故事的主角是一个叫作"羌女"的传奇女子。这位传奇女子从外面某处（可能是山区人，即客家人）嫁到漳澎来，而在大步与漳澎的冲突中，恰恰是这位外来的羌女打败了大步人并最终结束了他们的欺凌与压制。如同通常所听闻的民间故事一样，这个故事也有很多版本，不同版本在具体的细节、表述方面有一定的差异，下面主要介绍我们略事整理后两个较为流行的版本。

第一个版本即本章第一节解释漳澎与大步形成世仇关系时的故事，故事中"把大步十几个流氓打得屁滚尿流"的韩氏媳妇便是羌女。第二个版本如下：

> 漳澎的形成是后来的，是天力与人力共同的结果。
>
> 以前，大步前面是一片汪洋，有些沙墩，还没有土地。最初呢，是一批渔民在漳澎这里打鱼，这里以前鱼虾什么的很多。这些人应该是疍民，他们就在这里搭了棚子住了下来。后来，沙越积越多，大步人也往漳澎这里筑垒围田。那个时候啊，官兵又管不到这里，就有很多没有土地的四处漂泊的农民，为了揾两餐（即谋生）就来到这里，有一些是通过亲戚关系来的。后来人越来越多，沙也越积越多了。通过天力和人力共同作用，田地也越来越多了。这时候村子就大了、强了，就把大步人赶走了。

赶走大步佬的，是一个卖艺的女人。她早年跟父亲在外卖艺，所以是会武功的。后来啊，她嫁给了漳澎的一位姓韩的人家当媳妇。她具体的名字我记不住了，只知道都叫她"羌女"。由于她以前是卖艺的，有武功，她就把大步佬赶跑了。
　　漳澎壮大起来后，田地多起来了。这样啊，就又有很多有钱有势的人，从四面八方进来住了。

这一个版本是由张金华老人提供的，他在漳澎颇有名望，许多人都说"他懂得多、记忆好，而且为人公正"。这位老人自幼就对漳澎的历史很感兴趣，自述年少时就经常向老人询问关于漳澎村落历史的许多问题。据他回忆，羌女嫁入韩家后生了一个女儿，名叫韩女。韩女嫁人后生了几个孩子，他还清楚地记得韩女最小的那个孩子叫善锦。张金华老人对我们回忆，他小的时候还亲眼见过善锦这个人。由此说来，羌女应当是漳澎历史上真实存在的人物。张金华老人认为，善锦如果活到现在大概120岁，也就是说善锦出生的时间是19世纪八九十年代，羌女则应该出生在19世纪四五十年代。至于羌女嫁入漳澎的时间，应该在六七十年代。如果确实如此，则这个故事的年代背景应该是19世纪70年代前后。

羌女的故事可能源自一件真实发生过的事情，而在一向重男轻女的漳澎社会中，一个外来女子的故事被清晰地记忆下来并传承至今，当是因为她的这一异常而又及时的"壮举"，对漳澎的独立与发展来说具有标志性的意义。在我们看来，这个故事非常好地说明：到了19世纪70年代前后，漳澎已经有足够的力量与大步抗衡了。梳理漳澎的历史时，我们发现几个有趣的事实：漳澎人在同治四年（1865年）时重修了天后庙，漳澎几个最为重要的家族大体上也自此时开始修建自己的祠堂，同治元年（1862年）漳澎被官府正式定名为平乐，等等。这些都发生在19世纪70年代前后，无疑都是漳澎在那时已经相当强大的有力佐证。正是有了这种强大的实力作为坚强后盾，羌女之类的人物才得以抵抗外来流氓的骚扰。在这个意义上，羌女可以认为是一个象征符号，象征着19世纪后半期，漳澎已经到了自立发展的阶段。

（二）人口的增加与土地的积聚

从某种意义上说，漳澎的历史发展过程其实也就是一个人口与土地逐步积聚并增加的过程。漳澎位于海陆交界处，随着沙田不断浮出，土地面积不断增大,各地的渔民与四处漂泊的流民为了"揾两餐",在很短的时间内涌入漳澎并定居下来,造就了漳澎这个难以匹敌的人口大村。

通过翻检族谱以及分析访谈资料可知,如今漳澎的主要姓氏如刘、卢、孔、简、李、黄、殷、赵、徐、陈、丁、林等,几乎都是在差不多的时间流入漳澎的。大体来说,这些人家都不承认自己是渔民的后代,而是认为自己的祖先源自东莞本地及周围的增城、番禺、中山等地的为多,即漳澎先民主要是来自邻近地区的陆上居民。林姓是漳澎的大姓之一,位居所谓的"漳澎四大姓"之首,林氏族谱认为他们的先民主要由厚街的桑岗、增城的中新等地迁来。林姓中的一部分人可能是先迁居至距离漳澎约15公里的新基村里一个叫作田头洛(又作落)的地方,后来才因故再次迁移进入漳澎。访谈时,几位老人说起过再次迁徙的原因,我们觉得很有启发性:

> (在新基的田头洛居住的时候,这批)林姓人为了祭祖,就要杀一头猪。猪杀死以后,就暂时放在一旁,(没想到就)被村中其他的家族抢走了。这时有个算命佬告诉林姓人:你们不要继续留在田头洛了,免得被人欺负。后来,这些林姓人就迁到漳澎了。

新基的历史比漳澎早得多,居民中莫姓占了绝对的优势地位。在一个已经稳定地建立了社会生活秩序的村落中,新来乍到且实力相对较弱的林姓人家受气遭欺自是常情。这批林姓人家迁居漳澎,有力地证明了当时漳澎的吸引力以及对于外来人的欢迎。这与民国初期漳澎开始拒绝外人的情况形成了鲜明的对比。漳澎的老人经常很自豪地说,到了民国初期再想要落籍漳澎就很不容易了,就算是名人也不行。漳澎至今普遍流传着一个故事,大意是说东莞著名的历史文化名人、前清探花陈伯陶[①],在漳澎拥有土地并买有一处宅子,曾经想过要落籍漳澎,但是因为主持乡里的吴擎国等人坚决不同意,他最终只好作罢。人们普遍说从这时开始,男人想要落籍漳澎通常就只有两个办法,就是过继或是入赘。

众多的人口从附近区域迅速集聚到漳澎,结果导致漳澎的姓氏异常繁多、人口数量庞大。至1949年,漳澎竟然已经有100多个姓氏。我们访谈

---

① 陈伯陶(1855—1930),东莞市历史文化名人之一。祖籍中堂镇凤涌,生于东莞莞城。光绪十八年(1892年)中壬辰科进士,殿试获一甲第三名即探花,成为东莞历史上唯一的文探花。后授翰林院编修、文渊阁校理、武英殿协修等职,又任国史馆协修、总纂等。晚年隐居香港,有《东莞县志》等多种著述传世。

过漳澎的一位老干部蔡老伯，他年轻时多年任漳澎大队的会计，因此对漳澎的事情有着较全面的认识。据他回忆，新中国成立初期漳澎的人口已经在5000人左右。《麻涌镇志》认为，土地改革时期漳澎有1000户、4950人。结合我们的访谈来看，这两种近乎一致的说法应该是合乎事实的。实际上，由于在土地改革时期有不少人逃亡他乡，所以当时漳澎的人口可能超出5000人。应该说，姓氏和人口如此之多的村落，在当时的中国其实是很难见到的。由于村民的来历不同，漳澎人的历史族群构成也相当复杂，有广府人、客家人以及漳澎人不愿意承认的疍民，甚至还有属于闽方言系统的各类移民。漳澎（以及周围其他乡镇的部分人）至今存在着孙大圣信仰，而这种信仰只出现在福建人和潮汕人之中。如果不是历史上有这些地区来源的移民，就很难解释漳澎的这种信仰现象①。

就生计来说，当时的漳澎有靠海为生的疍家，也有以农为主的各类陆上人口以及围口人。实际上，一直到了20世纪中叶漳澎早已被公认为"鱼米之乡"的时候，村民实际的生计还是半渔半农，20世纪80年代初期还是处处渔歌。在人口大幅增加的同时，由于自然和人为两方面的因素，漳澎的土地也迅速增加。例如，海水的持续退却使得漳澎的南部新增了许多土地，而在漳澎的北面，随着沙田不断向北延伸，漳澎最终与大步、麻涌相接于太公墩一带。②据老人回忆，土地改革时漳澎的土地除分了一部分给角尾、新沙和花枝围三村之外，村民每人还分得4亩土地。这就是说，新中国成立初期漳澎一个村子就有20000多亩的土地，数量大得实在惊人。不过，当时漳澎几乎所有土地一年只能够收获一季，这种单作的田称为"水田"（即经常被水淹没的田地）；只有很小的一部分田地能够一年双作，漳澎人称为"围田"（即有围堤保护不受潮水影响的田地）。

不过，历史上漳澎人的土地占有量是极其不均衡的，分化极为严重。漳澎土地改革时的资料显示，当时全村拥有的约20000亩耕地中，竟然有16000亩属于37户地主所有。我们的访谈对象之一蔡老伯，亲身经历过当时分田地的情况。他回忆，当时地主只占漳澎总人口的3.7%，却占有总耕地面积的80%以上。另外的几位老人都回忆，新中国成立前夕大财主丁世九一

---

① 本书第四章相关部分有具体描写与论述。
② 太公墩，具体位置在今"四乡联围"大运河的北岸。据调查，直到新中国成立前夕，太公墩一般仍然被认作是漳澎与麻涌、大步的分界标志。由于该处成陆较迟，新中国成立初期还是一个无人居住的荒墩，据老人回忆只有中间凸起而其四周仍然"一片都是水"。

家所拥有的土地，就近 2000 多亩，占了漳澎土地总面积的 10% 左右。据说，他的土地都是花了大价钱请人筑围而得的，即属于漳澎人所谓的后出土地。

当时的土地所属还有一个较为引人注目的现象，即东莞的莞城以及漳澎周围的麻涌、大步等其他村落的财主，在漳澎也占有相当多的土地。综合访谈资料来看，可能是这些人家组织人力进行大规模围海造田的结果，漳澎至今仍有许多带"围"字的地名。不论具体的原因是什么，外地人在漳澎占有相对多的土地当属实情。据张金华老人回忆，民国后期与他同居一个里的一位村民，就购买了一块原本属于一位东莞财主的土地，还准备出佃给他耕种，这块土地就位于角尾村附近。① 由于不少外地的大地主难以时时在场，漳澎因此出现了不少"二路地主"，他们主要居住在番禺地和现在的二坊、三坊境内。番禺地的卢家欢就是一个这样的二路地主，新中国成立时他所拥有的 200 亩水田其实不是他自己的，而是一位东莞人的。他花钱承耕后，再转手把一部分佃租给他人耕种，另一部分则雇人耕种。种种原因导致的漳澎田地的高度集中，远远超出了当时麻涌镇的整体土地所属情况。下面我们引用《麻涌镇志》的材料来作为对比。

> 新中国成立前，农村的土地是封建所有制，大部分耕地为少数地主、富农所占有。据《麻涌镇志》（第一辑）的记载，"麻涌本乡（含军城村）总户数 2100，其中地主户数 143，占总户数的 6.8%；总人口 8500，其中地主（户）人口 580，占总人口数的 6.8%。全乡耕地总面积 15217 亩，其中地主占有 14567 亩（内含公偿田 5000 亩），占耕地总面积的 95%"。其中有一户大地主就占有土地 1957 亩。据 1952 年的调查统计，全镇（乡）总耕地 60210 亩，其中占总人口 7.2% 的地主、富农占有耕地 34292 亩，为全乡耕地总数的 57%；占总人口 92.8% 的农民及其他阶层，仅有耕地 25968 亩，占全乡总耕地的 43%。（见图 1-7）有些地方占有比例更为悬殊，如麻四村，全村总人口 2600 人，共有耕地 5800 亩。人口占 9.8% 的地主、富农竟占有耕地 5200 亩（含公偿

---

① 由于时隔日久，现在的漳澎老人也只能够笼统地说当时村内的很多土地属于"东莞的有钱佬"，但具体所属几乎都已经不可得知。此外，当时还有部分漳澎的土地属于东莞著名的明伦堂。我们的调查发现，明伦堂通过各种手段在麻涌、沙田等地占有相当多的土地，当地人民对此褒贬不一。关于明伦堂的详细情况，可参见《东莞县志》（民国版）；韦锦新《地方公产与地方控制——东莞明伦堂研究（1845—1953）》，中山大学历史学系硕士学位论文，2002 年；叶少华《我所知道的东莞明伦堂》，载《东莞文史》第 16 辑。

田),占全村耕地总面积的89.6%;而占全村人口90.2%的农民,仅占全村耕地总面积的10.4%。①

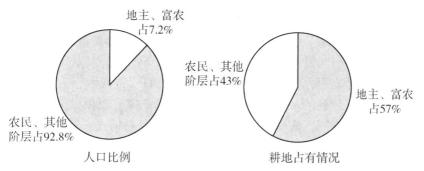

图1-7 新中国成立前麻涌乡(镇)人口比例及耕地占有情况

至于为什么会出现这种差异,访谈中所得到的一般说法是"其他地方有钱的人多"。不过,在我们看来,这应该与漳澎较晚立村因而在各方面都处于劣势有关,与当时围海造田需要大量的人力、物力、财力也有关。但是,这种情况的出现与家族或者宗族势力似乎没有多少必然的关系,最为基本的原因则是漳澎始终不以家族或者宗族势力强大而见长。实际上,漳澎存在着拥有较多土地的地主家庭,但没听说过家族或宗族占有众多土地。

(三)家、亲房与宗族

在调查期间,我们曾经与一位到漳澎挂职的莞城籍干部谈起对漳澎的认识,他颇有感触地指出,漳澎人"爱分家"。在他看来,漳澎男子一旦结婚就几乎马上与其父母分家,这与东莞山区片②通行的在父母作古后才分家的习俗有相当大的差异。在我们看来,漳澎人确实爱分家,而分家直接推动了漳澎的人口繁衍与区域社会的发展,开枝散叶对于这个后起而又强敌环伺的村落有着更为重要的现实意义。

学术界普遍认为,家庭是由婚姻与血缘关系(或拟血缘)联结而成的,是由父母与子女形成的关系集合。依照一般通行的分类体系,家庭类型可以

---

① 参见麻涌镇人民政府《麻涌镇志》(电子稿),2007年,第306~307页。
② 指东莞的清溪、樟木头、塘厦、凤岗、谢岗等镇一带,这些地区处于山区而得名"山区片"。与之相对应,麻涌、沙田、洪梅等镇被统称为"水乡片"。一般认为,东莞山区片的居民多为明清时代尤其是清代初叶自他地迁入的客家人,故前文我们猜测传说来源于山里的羌女可能是客家人。

分为核心家庭、主干家庭、扩展家庭等几种。① 如果采用这种分类法，则漳澎绝大多数的家庭都属于所谓的核心家庭。随着家庭周期的变迁，漳澎的这种核心家庭则呈现出三种不同的具体模式。第一种是夫妇新婚后就分家，但小家庭几年内不生育，此类核心家庭维持的时间较短，小孩的出生标志着此家庭周期的结束。第二种是夫妇分家后生儿育女并与未婚的子女组成家庭，此类家庭的延续时间较长，一般以最后一个孩子结婚并分家为结束标志。第三种是所有的子女都结婚，分家后由剩下的夫妇双方或者一方所组成的家庭，这种家庭延续到老人去世为止。② 至于漳澎的家庭规模，则随着核心家庭的不同模式而不同，从一人到几十人不等。第一种模式一般为两人。第二种家庭模式的规模不定，但由于以前人们普遍追求多子多福，所以通常这种家庭都会有七八个人，即夫妇加上存活的五六个孩子。在第三种模式的家庭中，最少时只有夫妇中的一个，由于其配偶已经去世，所以俗称他们为"守寡佬"或者"守寡婆"。

漳澎的家庭在生活中发挥着各种功能③，而生育是其首要目的。与中国其他地区的汉人一样，漳澎人将生育孩子特别是生育男孩看作家庭的第一要务，生男孩是对祖宗负责，没有男孩即没有后代则对不起祖宗。如果由于某种原因导致没有后代，过继就成为通行的弥补方法。民国时期的漳澎，通过过继以延续香火的现象相当常见。我们访谈的张金华老人，其兄弟之中就有一人过继给了同里的一位无子的寡妇。

漳澎历史上还存在过一种较为特别的过继形式，当时的漳澎人极为形象地称之为"箩一椿芋"。这是说，如果某家无子，或者几代都是单传而家里又穷，此户人家就可以收养一整个家庭。被收养的这个家庭，通常都还没有在漳澎落籍而处于相当不利的地位，因为那时候，"如果没在漳澎落户，那些'烂仔'就能欺侮你，任意抢夺你财产，没人保护你"。一般来说，这个家庭中要有大人、小孩，小孩最好有好几个。过继的这户人家，大人、小孩要全部改姓，之后落户漳澎正式成为收养人所在家族的成员。人们普遍认为这种过继方式很好，因为它既解决了一方没有后代的难题，又把外地人转化成漳澎人，从而增强了漳澎的实力。据张金华老人讲述，上魁陈姓祖上有一

---

① 核心家庭指由父母和未婚子女所构成的家庭。参见［美］默多克《社会结构》，许木柱、林舜宜等译，台湾洪叶文化事业有限公司1996年版，第1～3页。

② 漳澎历史上也曾经出现过纳妾现象，即多偶家庭。据说民国时期做官的丁锡伍就先后娶了四房太太。不过，漳澎人纳妾的现象始终极为少见，或者完全可以视为例外形式，故此处不予讨论。

③ 关于漳澎家庭的功能的详细描述，参见张振江、陈志伟《麻涌民俗志——岭南水乡社会研究》，汕头大学出版社2006年版，第128～139页。

房是几代单传，传到陈九德这一代时又没有儿子，陈九德就收养了一户人家。这户人家有三个孩子，男主人是"斗木佬"（即木匠）。过继陈家后他们都改姓陈入了漳澎籍，成为陈九德的后人。不过，新中国成立后这户人家又改回了本姓，并且搬到东莞的莞城居住了。

儿子长大成人是父母的最终期盼，这也意味着家庭的安全和发展有了可靠的保障和动力。但是，家庭首先就要为之提供结婚的各种条件，最重要的是拥有单独的房子。在传统的漳澎社会中，人们始终认为房子极其重要。接受我们的访谈时，有些村民甚至说，父母活着其实不过就是为孩子攒钱盖房子而已。可能是受疍民传统生活的影响和开枝散叶以获取更大的利益的现实需要，漳澎的男孩子结婚后几乎都会依照习俗马上与父母分家。一般来说，漳澎人的分家要进行两次：第一次是儿子结婚后与父母分家，第二次是父母过世后兄弟分父母的遗产。第一次分家时最重要的是分割房子和土地，第二次分家时则是分割已逝父母的遗产和债务。一般来说，两次分家都采用平均分割的原则，即每个儿子得到平等的份额。但长子通常可以多分一份，因为他要承担祭祀的责任。人们认为长子多出的那一份其实是给长孙的，实际上可以看成家族传承的标志之一。父母全部过世后，大儿子的家庭首先担负起祭祀父母与祖先的责任。按照场地的不同，这种祭祀一般可以分家祭、墓祭和祠祭三种。

漳澎人分家的过程通常都很简单，由舅家见证或者主持进行即可，分家时通常气氛轻松、欢乐。一些比较传统的人家，可能还会举行另一套比较简单的仪式。① 大体上是：婆婆先买来香、"四金四银"（即纸做的四种金银冥币）、"寿金"（即纸扎的金元宝）与水果之类的祭祀用品；准备好一斗米（也可以不用米而用一口米缸代替）、利是钱（数目不定，多少均可）、一套厨具（包括两副碗筷、一口新锅、一块菜板、一把刀等）。此外，还要预先准备一个铜盘或者木盘。仪式开始时婆婆与媳妇都在场，先由婆婆在祖先和神仙的牌位前供上水果、大米，接着烧香给地下的祖先与天上的神仙，再烧"四金四银"给祖先，烧"寿金"给神仙，然后磕头（据说也可以鞠躬代替），之后祈求祖先与神灵保佑儿子儿媳一家幸福。整个祈福期间，儿媳只需站在旁边静观、倾听就可以了。祈完福后，婆婆依次将米（或米缸）、厨具、利是钱和铜盘等递给媳妇，站在一旁的媳妇依次接过婆婆所递给的物事，这时要面带笑容以示感激。待上述所有的东西都逐一交接完毕，分家仪

---

① 参见张振江、陈志伟《麻涌民俗志——岭南水乡社会研究》，汕头大学出版社2008年版，第140～141页。

式即告结束。

从漳澎社会发展来看，分家不仅是具体家庭的产权切割与分配，还是社会关系的重塑与家族势力的顺利扩展。儿子依次分出并独立生活，这时不仅形成了新家庭与原生家庭之间的关系，还形成了一种被称为"亲房"的极为重要的家与家之间的关系。前一种家与家之间的关系是父子关系的延伸，后一种则是基于血缘或系谱的兄弟关系的折射。

在漳澎，人们普遍认为亲房是除父母以外关系与自身最为亲密的一种。《汉语大词典》认为，"亲房"就是"家族的近支"。但是，漳澎的村民对于亲房有着一套自己的解释，经常能听到这样典型的说法："亲房就是兄弟关系""同一个老祖的子孙""在五服之内"，等等。传统漳澎人所谓的兄弟关系是一种类似于常见的"房"的理念，而所谓的在"五服内"与"同一个老祖的子孙"，则明确地表达了漳澎的亲房关系适用的范围。漳澎人的"五服"概念与传统丧葬制度中的"五等凶服"制度虽然密切相关，但真正的意思是五代或者五辈。五代一般是从高祖开始，向下推至己身。而如果从己身向下推算，则至玄孙也是五代。因此也可以说，五服就是传统的九族理念的不同表述。传统漳澎人基于五服而形成的亲房的概念，大致上包括如下几个方面的基本含义：第一，它以男性为中心，亲房的概念是用来描述男性之间的关系的，在系谱上排除了女性；第二，它其实就是房的原则，故民间的惯常表述就是兄弟关系即同一祖先的同辈男性之间的关系；第三，它是民间表述的"五服"原则，即同一个高祖之下的全部父系血缘群体。

但是，除了上述理念上的意义之外，在漳澎人的日常生活实践中，亲房又表达着家庭与家庭的关系。这种亲房的理念往往表现为以同辈男性为中心的家族与家族的关系。每一位同辈的男性就是一个家族的开始，他们之间的关系可以延展为以他们为始的家族之间的关系。因此，在日常的生活交往中，不同世代的亲房关系，就有重视与忽视的区分，这就必然导致世代交替与权力占有的问题，亲房因而在漳澎人的生活中成了一个至关重要的关系标尺。首先，同一亲房就意味着彼此家族之间禁止通婚，它是个严格的外婚群体。其次，在漳澎人的礼物交换中，父系血缘群体中是否为五服关系内的亲房就成为礼物流动的范围的边界。在日常的生活中，亲房之间有相互走动、守望互助、赠送礼物的期望，[①] 它是人们尽力维护和更新的关系之一。最后，在一些传统的民俗活动中，亲房也是重要的关系维度。如在丧礼或者婚礼

---

① 类似的经验可参见韩敏《回应革命与改革——皖北李村的社会变迁与延续》，江苏人民出版社2007年版，第227页。

中，同一亲房的诸家庭要相互赞助劳力、金钱等，也有出席仪式、帮助仪式进行的义务，等等。

美国学者古德认为："中国宗族的'核心'是一个理想的有组织的网络，这个网络被称之为'服丧的亲属'网或'服丧的等级序列'网……宗族本身并不是一个共同的团体，因为其界限明显可以因人而异。"① 但是，在很多情况下，特别是在宗族组织发达的广东、福建等地区，人们其实是以祖先而不是以自己来规定宗族的。② 宗族组织实际上也并不仅仅是血缘群体，还是涉及地缘、利益等复杂的原则的一种传统民间组织。用来界定宗族的共同祖先，在很多情况下并不曾真实地存在过，经常是一种文化的想象。更重要的是，宗族往往是一种组织性很强的群体，而亲房往往表达的只是一种远近关系而非群体组织。漳澎的亲房表现的是同一世代内部横向的关系，而非祖先与子孙连接的一个群体。亲房关系一般是纯血缘或者系谱的反映，血缘或者系谱关系在亲房中是明确的、清晰的。

简单地说，由于岭南开发较晚导致的众多社会环境和自然环境的原因，在珠江三角洲地区的各处村落，作为社会组织的宗族在近代异常地发达。一般来说，当时的宗族有三个典型的外在标志，分别是祠堂、族田与族谱。相比周围的村落来说，漳澎的宗族势力历来较弱，但各个宗族在民国时依然几乎全部拥有这些特征。漳澎人把宗族的财产称为"尝产"。以上魁陈姓为例，在这个宗族中，宗族尝产以房为单位轮流管理，三个房"一年轮一次"，轮到的房要选出一位具体负责的人作为"管数"（类似于会计）。他每年清明祭祖前要核对收支情况，还要负责给每位上魁陈姓男丁发放实物。另一种叫"轮尝"的管理方式，一般适用于尝产较少的家族。如一个家族只有几十亩的尝产，但有好几房子孙，这时通常几房商量着轮流耕种，这样有助于各自积累财富。这时的收入全部归耕种者，但轮到的那房要负责祭祖时的各种祭品。

我们发现，漳澎祠堂的建造时代，大致上处于两个较为集中的时期。第一个时期是19世纪60年代前后，漳澎的上魁陈姓、丁姓、逸南林和悦田林等大姓人家，都在这一时期兴建了属于自己宗族的祠堂。这几个姓氏是较早定居漳澎的大家族，族人迅速积累起属于本族的财富，也占有相当数量的田地，较早建祠也属正常。第二个时期则是民国时期，一些新兴的家族如卢

---

① 参见［美］威廉·J. 古德《家庭》，魏章玲译，社会科学文献出版社1986年版，第168页。
② 常建华在其《20世纪的中国宗族研究》（载《历史研究》1999年第5期）一文中，就比较直接地以祖先规定了宗族："宗族是由共同的祖先界定出来的父系群体。"

姓、绣轩黄姓、茂枝赵姓、徐姓与吴姓等，集中在 20 世纪三四十年代兴建了属于自己的祠堂。（见表 1-3）

表 1-3　漳澎祠堂一览

地址	祠堂	兴建时间	备注
一坊	东明书院（卢家厅）	1938 年	现已不存
二坊	绣轩黄公祠	1942 年	残存门厅
三坊	茂枝赵公祠	1934 年	2006 年改建为"赵氏宗祠"
	荣山赵公祠	未知	于 1975 年拆除
四坊	徐氏公祠（徐家厅）	民国	现已不存
六坊	吴家祠（吴家厅）	民国	现已不存
七坊	丁氏公祠（丁家厅）	清代	现已不存
八坊	上魁陈公祠	清代（据说是光绪年间）	2002 年重修，改为"陈氏宗祠"
九、十坊	逸南林公祠	清代	保存较完整
	德堂林公祠	未知	现已不存
	悦田林公祠	清代	现存门匾一块
	指辉刘公祠	未知	现已不存

在民国时期的漳澎，宗族的构建依赖于系谱关系的确认。但是，想要得到宗族的承认，还需要为新生儿举行"开灯"仪式。不曾举行过开灯仪式的人，原则上是不会被承认为本宗族的成员的，日后自然也就无权享受本宗族的权益。在当时，男孩出生是一件极为重大的事情，家人要在其小孩出生后的第一个春节为其举行开灯仪式。但如果家里当年有人死去，那就要推迟到下一年春节。我们在调查中发现，有一些人家很迟才为儿子开灯，甚至有迟至孩子 20 多岁才开灯的。依照漳澎的传统风俗，男丁只有在开灯以后才能结婚，这时再不"开灯"就不行了。

开灯仪式一般是由男孩的爷爷主持，人们认为这体现出祖辈对孙辈的关爱，如果爷爷去世了则由其父亲代为主持。传统上，每年的正月初一到十五期间（漳澎人俗称"灯头日"）的任意一天，都可以"开灯"。这时需要事先准备好若干份红纸（一般为三份），还要先在红纸上书写"××氏××传×××"字样。到了开灯当天，由爷爷或者父亲携带着这几份红纸出门，到村落不同的地方分别张贴。第一份红纸带到庙里去拜神,拜完神后贴在庙里神位旁,同时要在庙前悬挂红灯笼或其他彩色灯笼。第二份红纸带到本姓氏的祠堂里拜祭祖先,并贴于祖先的神位旁,将灯笼悬挂在祠堂前。第三份红纸要带回家里拜祭祖先,之后贴于祖先的神位旁,还要在祖先神位上挂两个小灯笼。漳澎的人们普遍认为,仪式中需要悬挂灯笼就是这个仪式被称为"开灯"的由来。

"开灯"时,无论如何都要拜神、拜祖先,人们认为如此才可以获得神明和祖先的庇佑。这时可以摆酒席以示庆贺,但也可以不摆酒席。如果当事人的家庭经济条件较差,举行过上述简单的仪式就表示已经为小孩开过灯了,无须另行设宴庆祝。而如果家庭条件较好,则通常会在自己这一支系的祠堂里摆上几围酒席,宴请村里的亲朋好友,其中一定要包括姻亲,即孩子的外祖母家。设宴时通常都会热闹一天,宴席上的菜也有一定的讲究,通常包括九大碗、芽菇、蚬肉等。摆完酒后,还要在家里做礼(即拜神)。依照习俗,每年正月十五是"结灯日",给小孩开过灯的人家要带小孩去庙里与祠堂拜神"化宝"(即烧纸钱)。本书第四章将有较为详细的描述,故此处不再展开论述。

三、漳澎的自立与发展(下)

(一)新中国成立前漳澎的凉棚[①]

自建村起直到清末民初,漳澎一直是移民的乐土。这个村落也一直欢迎新移民加入,实际上还努力吸引移民到来以增强实力对付强敌。这些移民背景不同、来源迥异、迁徙时间不一,凡此种种,导致了漳澎的人群构成异常复杂。这种情况与我们经常在珠江三角洲各处所碰到的"一族一村"不同,也与麻涌镇绝大部分的村落不同。由于这个缘故,传统的家族或者宗族的形式对漳澎村落社会的整合所能起到的效用是相当有限的,漳澎不可能形成也从来没有出现过林耀华所谓的"宗族乡村"。[②] 传统宗族的社会—文化形式

---

① 此处讨论的"凉棚"是基于地缘认同的共同体,后文讨论作为"结拜"组织形式的凉棚。
② 林耀华认为,所谓的"宗族乡村乃乡村的一种。宗族为家族的伸展,同一祖先传衍而来的子孙,称为宗族;村为自然结合的地缘团体,乡乃集村而成的政治团体,今乡村连用,乃采取自然地缘团体的意义,即社区的观念"。参见林耀华《义序的宗族研究》,生活·读书·新知三联书店2000年版,第1页。

无从统合整个村落，而基于地缘认同的整合形式变得异常重要，"凉棚"（社）就是达至这一目的的最为重要的手段之一。

在漳澎村内，最直观也最为表面的地域关系是里巷关系。19世纪的漳澎发展到了一定的阶段，又恰逢有人捐赠了一大笔钱，便在公议后重新规划了村落布局，即采用珠江三角洲地区比较典型的梳式布局重新布置村落各处。这些里巷大致上可以巷尾街为分界，分为大体上呈南北与东西走向的两个大的区域，民居散布于区域内的各条里巷之中。至于居民依何原则共居一里（即同一巷子）已经无从考察，但很可能是依据整治前的自然居住态势。不过，即便是同居一里，人们的认同意识也很淡薄，如以里为单位的集体活动始终并不多见。新中国成立前，如果说同一条里巷中的人家有过合作的话，那也仅限于团结起来负责本里巷的治安之类。在新中国成立之前的很长一段时间内，由于漳澎治安环境恶劣，几乎所有的里巷都建起了自己的门楼。门楼装有"套龙"（即门），晚上里巷中的人家要轮流派出人员看守。每处门楼中都供奉护佑本里的土地神，同一里的居民在农历二月初二要拜祭这位神明。漳澎人对里的认同似乎就限于上述两个方面，日常交往中村民也不认为同里的人会比其他人更加亲近。但相对来说某些女性可能是例外——由于历史上的社会性别意识的限制，女性的日常交往范围主要限于同里的邻居。

而对于新中国成立前的漳澎男性来说，日常个人生活中最重要的关系是"你是哪个凉棚的"。凉棚不仅是漳澎人日常生活的重要场所，还是承担各种民俗活动、参与村落事务和提供安全保障的关键场所，因此又被称为"社"，在漳澎村落社会的整合中发挥着关键作用。

凉棚原本只是一种临水的主要用于消夏的建筑，似乎只存在于麻涌一带的若干水乡地区。凉棚在当地颇为流行，甚至还出现了专门搭建茅棚的"搭棚佬"。凉棚属于茅棚类建筑，最初主要以竹、茅草等材料搭建而成。[①] 在漳澎，广义的茅棚建筑其实有两种。第一种当地人又叫作"茅寮"（有些人说是"私人凉棚"）；第二种当地人称为"凉棚"，漳澎人普遍把茅寮视为凉棚的雏形或者简单的形式。这两种建筑现在都依然可见。现在人们普遍认为，凉棚是平时村民们"讲古"（即说故事）、聊天、唱粤曲、打麻将、睡觉的地方，也是村中男性街坊聚会的地方。由于过去的民居空间普遍有限，青少

---

① 新中国成立后漳澎凉棚的建筑材料几经变迁，具有多种不同形式。此外，新中国成立后政府又修建了若干处凉棚，但这些凉棚因为缺乏历史等原因而不被认可，当地人通常称为凉亭。

年男子一般都是在凉棚里居住，结婚时才搬出去。茅寮则一般是村民自家修建、私人所有的归自家人使用的建筑，很多人家平时就住在里面，使之成为家屋或者家屋的补充。此外，漳澎还有很多茅寮修在蕉基、水田旁边，一般只有农忙时才会有人入住，以便于就近生产。两者在建筑形制上也有某些分别，如茅寮一般只有两檐滴水，而凉棚一般都是四檐滴水；凉棚普遍没有墙体，但许多茅寮都在四周用树皮之类封闭起来；等等。①

但是，二者之间最根本的区别在于凉棚是一种属于特定人群所有的公共空间，是一种村落社会统合的形式。而正因为凉棚具有公共性和社会性，所以在当地又被称为"社"。凉棚整体的高度一般在8米左右，分为两层，上一层是男人晚上过夜的场所，下一层则是男人白天交往的地方。对于为什么会出现凉棚，漳澎人一般有两种说法。第一，漳澎地处河海交界处，潮水对村民的生活影响甚大。尤其是每年五六月份（即漳澎人所谓的"龙舟水"时节）潮水大涨时，村内通常积水严重，甚至不少人家的房屋会被水淹。因此，需要有别的栖身之地。第二，新中国成立前一般人家的房屋面积很小，通常在30～40平方米之间，需要另找地方让到了一定年龄的孩子过夜。②

至于作为公共空间的凉棚始于何时，村民已经无法准确地给出答案。在能搜集到的相关的地方文献中，只有《和平社重修捐资花名榜》表达过一种相关的看法：

> 和平社始建于一八八一年，历经一百二十五年之久，有着岭南水乡独有凉棚特色，成为人们聚会的好地方……承蒙广大社友和友好人士踊跃捐资……

上述引文中所说的和平社，是漳澎一个极为著名的有着悠久历史的凉棚，经重修后至今仍存，现属于三坊所有。如果"和平社建于1881年"的说法可靠的话，则漳澎的凉棚可能出现于19世纪中后期。不过，我们相信可能出现得更早。且不论真实情况如何，到了民国时期漳澎已经形成了18

---

① 参见张振江、陈志伟《麻涌民俗志——岭南水乡社会研究》，汕头大学出版社2008年版，第179～192页；张振江《流水·坊巷·人家——村落漳澎的人类学景观》，中山大学出版社2014年版，第212～217页。

② 凉棚的来源也可能与历史上疍民的生活习惯有密切的关系，可能是其风俗的流变。参见张振江、陈志伟《麻涌民俗志——岭南水乡社会研究》，汕头大学出版社2008年版，第17页。

个凉棚。（见表1-4）

表1-4 漳澎凉棚（社）情况一览

地址	民国时的凉棚	2007年的凉棚	备注
一坊	三处：同庆社（"过桥街凉棚"）、农工社、民英社①	一处：一坊凉棚	现一坊凉棚系由"过桥街凉棚"改建，两层，老人常到此休息；其余两社已拆除
二坊	三处：蛤窟、李姓凉棚、乐义社（原"多虾涌"旁）	一处：蛤窟	现"蛤窟"系重建，两层。另两处已拆除
三坊	两处：和平社（"赵姓凉棚"）、农安社（"许佬凉棚"）	两处：和平社、农安社	均系改革开放后重建，娱乐、休息并重
四坊	一处：协和社（"徐姓凉棚"）	一处：协和社	凉棚旁有一大码头
五坊	无	一处，已废弃	新中国成立前此处少人居住。五坊凉棚为改革开放后建造，两层，旁有较大码头
六坊	两处：高棚、天后庙凉棚	一处：陈冠杰凉棚	"高棚"已拆；改革开放后重建"天后庙凉棚"，两层，近码头，少人使用
七坊	一处：聚福社（"敦厚里凉棚"）	一处：聚福社	两层，多人使用
八坊	两处：重福社（"神王寮凉棚"）、孖巷尾	两处：重福社、孖巷尾	改革开放后重建，两层
九坊	一处位于九坊一巷巷头，靠近河涌位置；另一处称为"和安社"，位于九坊巷尾（今九坊一巷52号侧）	一处：康乐台	"康乐台"系改革开放后新建，实为凉亭。"康乐台"似为旧时"和安社"的一部分
十坊	两处：同和社（"同和堂"）、同英社	三处：同和社、同英社、同力社	改革开放后新建"同力社"

表1-4中所谓的过桥街凉棚，即今一坊凉棚，因为一坊与村中其他坊相隔一条河涌，必须过桥才能够往来，所以一坊又称过桥街，其凉棚称为过桥街凉棚。"蛤窟"是漳澎的土话，形容此处凉棚矮小如蛤蟆的洞，可见这

---

① 农工社、民英社两个凉棚较为特殊，详见后文。

一凉棚相当狭小、简陋。老人们回忆说，蛤窟的社员一般都是没有土地的极为贫穷的雇农，凉棚的窘状可与其身份相互印证。李姓凉棚、赵姓凉棚、许佬凉棚、徐姓凉棚等，则都是依据所有者的姓氏而命名，也可想见这些姓氏在当时的实力。高棚当是得名于这座凉棚建得比较高，但也可能是由于其所在的地势比较高，实际上这两种解释我们都听说过。天后庙凉棚因位于天后庙附近而得名，据老人们说，其社员大多被称为"装虾佬"①。敦厚里凉棚得名于其拥有者主体为敦厚里的居民，据说它是漳澎历史上最富裕的凉棚。至于神王寮凉棚，则得名于打醮时神王安放于其中。也有人说此处原本是一座茅寮，后来才续建或者扩建成为凉棚。由其名字来看，这个说法可能是真的。

根据亲历者的回忆，新中国成立前遍布漳澎各处的凉棚，首先是男性日常休息与休闲的场所，因此显得极为重要。老人们说，由于严重缺少住房，传统上漳澎的男性从很小的时候（通常为十一二岁）开始，晚上就要各自离开家庭到凉棚里过夜，而白天几乎所有的闲暇时间也都是在凉棚中度过，或者以凉棚为活动单位。因此之故，许多人干完活计后不是回家，而是扒着小艇直奔自己所属的凉棚而去。其次，凉棚历来又是男人们休闲、议论、集聚的场所，而唱粤曲和讲古乃是最为常见的娱乐形式。漳澎的粤曲与粤剧在历史上相当有名，20世纪初期的小英雄戏班更是轰动一时。讲古则是珠江三角洲一种传统的艺术形式，与北方的说书、讲故事颇为相似，主要讲的也是中国古代历史演义等，漳澎人传统上最爱听的是三国故事。但当地的讲古并非职业行为，而是由本凉棚中或者村落内一些能说会道且颇有知识的社民在晚上或者空闲时开讲，听众则适当地凑些钱作为报酬。对于凉棚的居住功能、休闲功能以及凉棚在社会化方面的意义，我们在《麻涌民俗志——岭南水乡社会研究》和《流水·坊巷·人家——村落漳澎的人类学景观》中有过详细的描述，故此处不赘。

由于旧时漳澎的青少年男性在夜晚以及白天的闲暇时间几乎都是在凉棚中度过的，多数人实际上把凉棚当成了家，因此，凉棚不仅是一种生活共同体，还是为其社员提供安全保障的一种组织。例如，旧时的麻涌一带治安环境极为恶劣，非但村与村之间争斗频繁，村子内部也是纷争不断、打架频仍，这时同一凉棚中的人就可能为本凉棚遭受欺负的出头。老人回忆说，在新中国成立前的漳澎，经常出现因为居住于不同凉棚的几个人打架，最终引

---

① 漳澎人所谓的"装虾佬"，指的就是捕虾的人。麻涌一带一般用"装"这个动词来表示捕捉某些体积较小的动物，常见的说法有装田鼠、装鱼等。

发了所在的几个凉棚大规模争斗的情况。漳澎又是个姓氏极为繁多而宗族势力有限的村落，许多男丁较少的家庭以至家族的安全经常可能得不到保障，凉棚这时就成为极为有用的安全保障的提供者。也是由于这个缘故，属于同一个凉棚的人员之间通常都有着很强烈的认同感与互助性。

凉棚中的彼此认同，在符号的领域中首先体现在社员们对本凉棚社稷的信仰上。社稷信仰是中国流传千年的古老信仰，社指土地神，稷为谷神。先秦时期只有拥有土地的贵族才能立社，但到了后来即便是一般的乡民也可以立社，并使之成为一个地域共同体的祭祀对象。传统上，漳澎的每一处凉棚都供有自己的社稷，每年新春时节社员们都要集聚在一起共同庆祝、祭拜，这种习俗直到现在依然盛行。凉棚的认同除了表现为社稷信仰，在漳澎天后出巡庆典中也有清楚的展示。旧时每年农历三月廿三，漳澎阖村齐聚隆重举行天后诞庆典，天后出巡①则是整个庆典最重要的部分。依照惯例，出巡的队伍护送天后娘娘回赤湾时要沿着漳澎的主街即漳澎大街行进，最后由村落大埠头②出村。但是，至每个凉棚处都要停下接受供奉并赐福。这个事实极为有力地说明，在这种重大的仪式中，凉棚实际上是被作为村落社会一种独立的社会性单位来对待的。

青少年男子在凉棚中生活需要遵循众多方面的规则，而且这些规则还会成为他们日后生活中的道德规范。因此，凉棚在他们的社会化过程中作用重大。学会并遵守这些规则，亦即文化传承，是生活在凉棚第一要紧的事；触犯这些规则就可能"犯众怒"而被同凉棚的成员疏远，甚至最终被赶出去。这些规则中首要的一条是"大话细听"，意思是长辈或者年龄大的人说的话，后辈、年龄小的人要听从。这其实是漳澎人总在强调的一种优秀品质。如果有人在凉棚里不守规矩，那么除了自家父兄可以管教，同一个凉棚中年龄大的人都可以名正言顺地教训，甚至可以当着其父兄的面进行体罚。当然，"大话细听"要在值得听的前提下才是适用的，暗含的意思就是年长者比后辈更能够理解和代表凉棚这一生活共同体的秩序，与中国社会历来通行的"长老统治"是一脉相承的。新中国成立前，漳澎的凉棚也可以说是一个"熟人社会"，同一凉棚的成员之间"上知三代祖宗，下晓三岁孩童"，可谓彼此知根知底。在这样的"熟人社会"中，人们遵循的是一系列经过长期互

---

① 漳澎的天后出巡不是巡游全村，而是送天后娘娘回到位于今深圳赤湾的娘家。具体的仪式等详见本书第三章。

② 指于河涌两岸修建的码头，通常只是较为简单地以麻石铺就，占地面积不大，有村民私人埠头和村落公共埠头之分。

动而产生的规则,"大话细听"则是这些规则中最重要的一种。

　　除了一系列不成文的规则外,以前的凉棚还有负责监督、管理的人员。这些人员都是来源于本凉棚中的居民,他们都不是专职的,也没有什么报酬或者特权。一般来说,有些凉棚中只有一位类似于凉棚领导者的人统领全局,对凉棚负全责,并负责安排各项事务。但较大的凉棚中,则通常可以细分为三类负责人。一是负责凉棚的日常维护、清扫和看守,一般由勤快、有公德心的后生来担任,俗称为"棚长"。二是负责凉棚的收支等,职能相当于会计。当时的凉棚多多少少会有一些公共财产,主要为售卖便溺等物所得。三是整个凉棚的管理人员,也可以看作凉棚的领导人,一般称为凉棚的"主事人",但也有人称他们"棚长"。这些人对凉棚的影响很大,涉及凉棚的组织活动、对外交涉等事务,通常都是他们出面或者主导。因此,对主事人的要求很高,通常是要热心并且公正,还要"有能力、有门路①"。访谈时,简任权老人认为,维持民英社的秩序,"一是讲年龄,二是讲财富。有钱的话,就可以常常搞点东西让大家分享,这样大家就服他"。对在其他凉棚中居住过的居民做访谈时,我们也得到过类似的说法。如此说来,年龄是当时维持凉棚秩序的一条关键原则,但财富的多寡,确实也会影响到凉棚中一个人的地位。可能是出于同样的原因,主事人一般都会在本凉棚内的大家族子弟中进行选择,人们认为这样便于实际运作。漳澎很多"凉棚"(社)的居民中,都有一个占优势地位的大家族存在,或者说有一个主体姓氏的人群存在。李姓凉棚、赵姓凉棚、许佬凉棚、徐姓凉棚等,就分别明显地体现出李姓、赵姓、许姓、徐姓在凉棚中的重要地位。其他凉棚也多是如此,如同和社以林姓人为主,敦厚里凉棚以丁姓人为主,等等。当然,凉棚毕竟是基于地缘认同的一种村落社会的整合形式,虽然大家族可能在某些凉棚中发挥了更加重要的作用,但凉棚从来不排斥异姓入住。

　　概括地说,过桥街凉棚、蛤窟凉棚、孖巷尾凉棚和天后庙凉棚等更加强调地缘认同,而其他的凉棚则更加强调血缘认同,但所有的凉棚都不是单纯地依靠某一种关系而排斥另外的一种关系。和安社所在的一带,历来是漳澎指辉刘姓一系人家的聚居地,很少有其他姓氏的人家,所以在这座凉棚内居住的青少年,也主要是来自这支刘姓人家。同和社的所在地则是悦田林姓的聚集地,大部分村民都是林姓人,所以同和社的居民也主要是来自这支林姓。而在一定意义上看,过桥街凉棚可以视为漳澎的地缘认同占主导地位的

---

① 漳澎人日常所谓的"门路"的含义相当含混复杂,与普通话中的不完全等同,但大致上等于一个人能够从外部获取各种资源的能力与途径。

一座代表性凉棚。在过桥街亦即所谓的番禺地，生活着卢、简、刘、孔等家族，这些家族彼此人口数量接近而没有哪一个家族能够单独主导这一地域的事务。蔡仲才老人自小就跟随母亲在过桥街生活，因此对那里的情况很了解。在这位已经九十高龄的老人看来，过桥街是新中国成立前漳澎"平均指数"最高的地方，一般的人家都有十几亩的水田，而依靠给人"做工"① 才能够谋生的人家却比较少。其他的漳澎人也都承认，以前过桥街的人最团结，地缘意识最强烈，甚至直到现在仍然如此。

从本质上看，凉棚可以认为是联结血缘的家族与地缘的坊、乡的关键中介，它将姓氏复杂的地域与人群整合成能够相互协同、相互交流的实际存在。凉棚确实依赖于血缘和地域，但同时又超越单纯的血缘认同或者地域认同。因此，凉棚的出现标志着漳澎向地缘认同共同体跨出了关键的、影响深远的一步，对于漳澎村落社会的整合具有关键的作用。

（二）新中国成立前漳澎的地缘认同——坊

在新中国成立前的漳澎，位于村落社会之下、里巷和凉棚等之上的最为重要的社会性组织形式，应该说就是"坊"。甚至可以说，由于当时的漳澎四面环水而与外界交往较少，再加上国家力量对基层社会的渗透有限，对许多人来说坊才是唯一的真实的社会性组织单位。

不知从何时起，漳澎地境逐渐形成了三个坊的体制，分别为东庆坊、南安坊和南盛坊。② 根据老人们的回忆，直至20世纪80年代，坊与坊之间还有着固定的、明确的地理界限，许多接壤处还经常被小河涌分割开来。如东庆坊与南安坊的边界在金花庙、巷尾街一线，南安坊与南盛坊的边界在今漳澎文娱中心（今七坊与八坊交界处）一带。如果以地域的范围来说，东庆坊相当于现在的一坊、二坊和三坊，南安坊相当于现在的四坊、五坊、六坊和七坊，南盛坊相当于现在的八坊、九坊和十坊。其中，属于南安坊的一处称为"木棉基"③ 的地方，大致上等于现在的五坊地境。五坊现在已经很热

---

① 旧时漳澎所谓"做工"的人家，大体上相当于新中国成立后的"雇农"。这些人家自己没有土地，主要通过给本地的雇主提供劳力而勉强维持生活。
② 有人认为旧时漳澎分为四个坊，即东盛坊、东庆坊、南盛坊、南安坊。其中的东盛坊指的就是现在一坊的番禺地。这种分法可能与番禺地的特殊位置和历史有关，番禺地与漳澎其他部分隔着一条涌而相对孤立，历史上长期属于番禺地界而到后来才被漳澎人获得。不过，持这种说法的人较少，故我们采用通行的三坊分类，这更符合漳澎的历史发展事实。
③ 又称为村前基，意为漳澎村的进出口（即村头）。漳澎大部分人都认为天后庙所在一带是漳澎的村头，而番禺地的村民则认为番禺地才是村头，这个差别很有意思。

闹，但在以前还是处于"水连沙"的荒凉状态（即除了水就是沙田而几乎无人居住）。与五坊类似，六坊的历史也较短。①

三个坊的格局应该有历史形成的因素，但对于当时村落认同的具体形式产生了极为重要的影响。对于村民来说，很多时候村落并不重要，坊才是与人们日常生活息息相关的真实存在。在漳澎三个坊的体制中，地缘的认同与符号领域也有相对应的表现。老人们回忆，一直到新中国成立前夕，漳澎一共才只有六座庙宇，即天后庙（有人称为漳澎的村庙）、金花庙、文武庙以及三座土地庙。对于漳澎这样一个人口与面积都堪称巨大的村子来说，这个数量无疑偏少。三座土地庙中，一座位于东庆坊的番禺地，一处位于巷尾街即南安坊境内，还有一处位于南盛坊内。土地神的信仰在中国流传久远，人们认为土地神是一方的保护神，但其神通都有明确的地域限制，即只限于某一特定地域才可以发挥作用，也只保佑这一特定地域之上的人民。因此，民间才有张家村的土地神、李家村的土地神的区别。而在日常生活中，人们又利用土地神的这一特性，把土地神置于村口处以保佑整个村落，并以之作为地域界标以界定村落内部与外部。漳澎一个村子却有三座土地庙，而且分别位于东庆坊、南盛坊和南安坊的边界，使我们怀疑后来的漳澎便是由最初的三个彼此邻近的小村子相向发展而成的。但无论漳澎的历史形成过程如何，我们通过各种途径所能够知道的相关事实都是，漳澎的三座土地庙历来都是各坊自行打理，年节供奉也在各自的坊内进行。例如，每逢土地诞时，每个坊内的每户人家都要向各坊的土地神进献，这就是村民所说的"拜神"。而到了每年农历七月十四的"鬼节"（又称"中元节"，中国大部分地区是七月十五过此节，东莞地区以七月十四为常见），三个坊仍然都是以各自所属的土地庙为中心组织相应的活动。调查时我们曾经参与观察了一次漳澎鬼节的民俗活动，发现虽然现在的漳澎早已经分为十个坊，但一座土地庙所对应的范围仍然与新中国成立前的一个坊的范围完全相同。这无疑意味着在神灵信仰的象征领域，漳澎三个坊各自的认同其实是一直延续至今未曾中断的。

漳澎端午节时的扒龙舟民俗活动，也同样清楚地展示了坊的认同。实际上，对于历史上的漳澎村民来说，坊的认同与扒龙舟的民俗活动尤其关联密切。人们说到民国时期漳澎的三个坊时，总是强调坊的职能主要是负责组织

---

① 随着漳澎人口的迅速发展，到了20世纪中叶，村落内部的宅基地变得极度紧张。当时部分渔民依政策即将迁入漳澎，更加剧了宅基地的紧张程度。为了解决这一难题，当时的村集体把漳澎传统村落地境之外的部分田地改造成宅基地分给村民建房，所以此处成为一定规模的聚落，这就是现在的六坊。

各坊的扒龙舟活动，以及为之筹集、提供相应的资金、人手等。在新中国成立前，端午节扒龙舟总是全体村民参与的集体性民俗活动，村里这时一般都会派出三条龙舟，即东庆坊、南盛坊和南安坊各组织一条。有老人回忆说："（那时的）龙舟可以分为大、中、小三种，就分别以大龙、中龙、小龙命名。以前啊，三个坊都是各自有自己的龙舟。比赛时每个坊出一条龙舟，这个一直是漳澎村子的惯例。"如此看来，每年的龙舟景不仅是彰显各坊居民的精神、气势的场合，还是展示本坊财富和关系网络的适当时机。①

直到新中国成立为止，漳澎的三个坊也都是有各自的领导机构和办事机构的，即旧时珠江三角洲许多地方都可以见到的所谓的"约所"。例如，当时南安坊的约所设在漳澎文武庙②中，今漳澎文娱中心就是建在南盛坊约所的原址之上。约所的活动经费与扒龙舟等民俗所需要的费用，通常出自各坊的"公产"，而公产的取得，则主要来自于坊民们承认的约所所拥有的公权力。例如，当时的约所将本坊村民所拥有的土地整合起来之后，划分出十几个"禾埗"，然后以投标的形式把这些禾埗出租给那些养鸭子的财主使用。由于这个缘故，这些地方又称为鸭埗。养鸭是漳澎传统的养殖项目之一，当地几乎家家户户都有小规模地饲养，一些地主更会雇人饲养几百只甚至几千只的鸭子。而所谓的禾埗，就是供鸭子们在水中嬉戏后上岸休息、觅食的禾田。鸭子在禾田上休息时，还可以帮忙除去害虫而不会破坏水稻，因此人们也愿意出租。老人们回忆，新中国成立前夕每块禾埗每年能换得一千多斤的稻谷，十几块禾埗则可以收到一万多斤的稻谷。这在当时是一笔相当大的财富，足够应付许多活动所需。

而在全村的例行性打醮活动中，东庆坊与南安坊则经常合作组成东安坊，作为一个固定的常在单位参与。所谓打醮，是中国的民间社会与道教共享的一种宗教仪式活动，在过去中国的东南地区尤其常见，主要目的则是通过安抚或者打击一处地域内的污秽之物，从而保证该地域之上人民的安宁。漳澎位处河海交界处，风灾、水灾等各种自然灾害极为多见，而人祸与疾病

---

① 珠江三角洲历史上的扒龙舟，实际上是一套值得深入思考的历史民间社会—文化复合体系。它不但是一种村落内部的整合机制，而且关乎村落之间的"交通"（取列维-斯特劳斯的意思）。以麻涌地区为例，历史上各村举办龙舟景的日期就是有先后次序的，这显然是集体协商后的结果，似乎是为了避免相互重合，因之似乎是一个相接的体系。而"睇龙舟"与"趁龙舟景"，又是村落之间以及宗族之间相互交流的有效机制。此外，在经过近些年政府权力的强力干涉与重新建构后，这套机制发生了哪些改变、现在如何运转、具有哪些功能，这些问题也都值得深入调查和思考。

② 这处文武庙新中国成立后遭拆除，现已不存。后在其原址上修建了现在所见的大同茶楼和漳澎供销社。

则可谓司空见惯。旧时漳澎的麻风病发病率极高，几乎每年都有人因此而丧命。正是因为麻风病多见，新中国成立后政府在漳澎设立了麻风病医院。而每次发生了这类"不好的事情"，村民们通常都会解释为系鬼魂之类在作祟。这时就要进行安抚或者打击，以期村落内部重归洁净、村民获得平安。以前打醮时，几乎都是由乡绅、地主之类的人物出面集资请南无佬（即风水先生一类的民间宗教人士）做法事，但历来分为两个单位分别举行。一个是东安坊即东庆坊与南安坊合作举办的，其醮期是每三年举办一次。另一个是由南盛坊独自举办的，其醮期是每四年举办一次。东安坊的打醮活动以敦厚里凉棚、过桥街凉棚为首，也是轮流组织进行的。

在这一个象征领域内，似乎是东安坊与南盛坊分别代表着同一个村落的两个不同的地域单位。为什么东庆坊与南安坊关系密切，甚至会成为合一的地缘单位东安坊？"这乍看上去似乎比较奇怪。中国古代各地通例远交近攻……漳澎村落实际上为一个弯曲的长条形，自东至西依次为东庆坊、南安坊、南盛坊，因此，按通常的道理说，应该是东庆坊与南盛坊关系密切，而与南安坊关系较差，但实际上却相反。"① 我们认为，导致这种情况的原因之一可能与村落内部的力量对比有关，即南盛坊的实力确实很强，以至于南安坊与东庆坊联合起来才能与之抗衡。漳澎一向有陈、林、刘、赵四大姓之说，而南盛坊内的居民主要属于林、陈、赵三姓，占四大姓的四分之三，由此不难想象其人口之众。许多老人都说，新中国成立前南盛坊是当时漳澎最为富裕的一个坊，当时南盛坊中各姓的宗族几乎都占有大量的土地。而由于土地太多使得生活无忧，人们普遍说这些家庭的子孙都生活得很懒散。此外，漳澎历史上多数乡长也是出自南盛坊中的林姓人家。我们曾经搜集到一份民国时期漳澎乡长的名单，先后任过此职的分别是丁浩凡、林俊千、林绍兴、林少初。在四位乡长中，南盛坊林姓占了三位，由此可见林姓人家实力强盛与高居社会上层之一斑。

而与南盛坊相比，另外两个坊显然在诸多方面都处于劣势。例如，新中国成立前漳澎的市场集中在今三坊、四坊、六坊大街（位于东安坊的境内）上，坊内的徐姓人家更是以经商而闻名于麻涌地区。但是，东安坊虽然控制了漳澎的市场并因此积聚了一定的财富，但在人口以及社会地位等方面却处于劣势地位。在当时的具体历史条件下，仅人口多寡一项因素经常就足以决定彼此的相对实力与地位。传统上东安坊的主要姓氏是丁、吴、徐

---

① 参见张振江、陈志伟《麻涌民俗志——岭南水乡社会研究》，汕头大学出版社2008年版，第169页。

三姓，但在今天的漳澎几乎已经没有吴姓、丁姓的人家，属于徐姓的人家也很少。历史上漳澎并没有出现过具规模意义的居民外迁的情况，由此看来，当时他们的家庭数与人口数必定都是相当有限的。东庆坊虽然人口较多，但历来以普遍贫穷闻名，境内的绝大部分人那时都是无土地或者只有少量土地的穷人。就此而言，"东庆坊"与"南安坊"在村内相互接近，当是可以理解的。

在许多漳澎老人看来，南盛坊经济实力等方面突出是不争的事实，这有许多事例可以证明。如前文所述，每逢龙舟景时东庆坊、南安坊、南盛坊三个坊各自出一条龙舟参与竞赛。东庆坊与南安坊两个坊有时会以东安坊的名义共出一条大龙船出赛，南盛坊却一直是单独派龙舟出标。① 对于这种不合常规的奇异情况，有些老人就归咎于经济原因，如张金华老人说：

> 以前经济不好，装一条龙船要花很多钱，所以要大家一起来。现在不一样了，龙船越来越多，都有十几条了。
>
> 以前，东庆坊、南安坊两坊各有一条龙船。后来年久了，两条龙船都腐朽了。后来，两个坊合在一起又装了一条龙船，叫作"东安坊"。扒龙舟的时候，旗子上就写着"东安坊"。这条龙船扒得特别快，又稳，船尾还有一个"黑面公仔"，很引人注目。这条船叫"老龙"，在这个地区很出名。
>
> 后来"老龙"也不能用了，东安坊就装了一条新龙船。这条新装的龙船叫"醒仔"。之后，南安坊也装了一条新龙船，因为它造得不对，扒的时候总是侧向一边，所以叫"侧头仔"。南盛坊的人最早迁入漳澎，他们比较有钱，所以可以独立制造一只龙船。而东庆坊和南安坊没钱，需要合力才能做一只大龙船。②

我们发现，传统上漳澎人对于三个坊的认同，不仅存在于各种民俗活动

---

① 如今虽然每个坊还有自己的龙舟，但已经改成了以村落为单位举行比赛，竞赛的对手通常是其他村落而不再是村落内的坊。应该说，这个转变非常有深意。

② 实际上，东庆坊不仅有漳澎唯一的书院东明书院，而且田地颇多；南安坊则有漳澎历史上的商业街"东正街"，七坊还出过有"民国第一华人机师"之誉的丁纪才。由此看来，这两个坊的经济实力并不弱。不过，我们发现南盛坊居民的姓氏较少，主要是林氏、陈氏和刘氏，林氏还长期在村中掌握大权，故可能确实如村民所说是最早迁入漳澎的居民。他们的族谱则显示迁入时间约在18世纪中后叶，似可证明是最早迁入漳澎的移民。相形之下，东庆坊和南安坊都是诸姓杂居，应是较晚迁入的缘故。如果确实如此，赛龙舟所体现出来的三个坊的关系就比较好理解。

的组织，而且深入村民的群体意识中，甚至还由此产生了所谓的基于坊的地域偏见或者刻板模式，这在今日的漳澎还颇为常见。如接受我们访谈的一位原属于南安坊的老年坊民就认为：东庆坊的人是漳澎村里最勤劳的人；南盛坊的人则因为条件好而成为村里最懒惰的人；南安坊的人既不勤劳也不懒惰。他还以赛龙舟为例，认为东庆坊每每争得头标，而南盛坊只能够得到尾标（即排名最后），这就是勤奋与否的证明。他又认为东庆坊的人特别是番禺地的人比较淳朴，但是因为缺少文化而不堪大用。我们发现不同坊的村民至今普遍对东庆坊的人有偏见，如认为新中国成立后的多次运动给漳澎造成许多不好的影响，就是由于漳澎的党支部书记大部分出自东庆坊，"是东庆坊的人主事"所致。

（三）结拜、通婚与娘仔房——性别与村落社会

与前文所举的多数凉棚的性质显著不同，位于番禺地的民英社、农工社等几个凉棚，是部分青年男性基于结拜而建立的凉棚，代表了漳澎凉棚的另一面向。在历史上的漳澎，男性结拜是颇为常见的一种情形。

老人们回忆，民英社是"番禺地的一帮后生建成的，这帮后生一共十四人，他们是卢加全、刘寿昌、简任权、刘日光、卢崇恩、卢崇光、周草维、郭洪、简科、孔枢、孔江柱、刘寿枝、卢加棠和郭琼生"。在这十四人当中，以卢加全最为年长，成立民英社时22虚岁。而刘寿枝和郭琼生则是当时最小的"兄弟"，当年同为18虚岁。2007年我们第一次调查漳澎时，这十四人之一的简任权时年90虚岁，而他自述民英社成立时21虚岁。如此说来，民英社应该是在1938年成立的。以前的漳澎流行拜把子（即异姓男子结拜为兄弟），这十四人成立民英社时就是对着天地拜了把子成为异姓兄弟的。他们还在今漳澎一坊沿河巷21号前集资动手搭建了属于自己群体的凉棚——民英社。十四个兄弟按照长幼有序的原则排出等级，此后民英社的秩序也依照"大话细听"的原则来维持。

至于当年为什么这帮人要拜把子成立民英社，人们的说法不一。我们在2007年做访谈时，简任权老伯回忆道：

> 就是你结婚，大家搞点钱……相互支持。大家得出钱，（才能够）结婚……过去家里没什么钱，大家相互帮助，解决一下困难。
>
> 过去土匪多啊，收稻谷的时候他们来抢啊。我们这帮青年人，就帮着收。

大家（要是）齐心，就可以打他（指土匪）。当时要是有个组织，就不会被人欺负，（于是就成立了民英社。）就这么个情况。

　　由此看来，当时成立的民英社主要有三个功能：一是在日常生活中实现互助的功能；二是结婚时相互援助的功能；三是为成员提供安全保障的功能。而在这三个功能中，简任权老人特别强调的是结婚时的互相援助。这种主要出于在结婚时互相援助而成立的结社或者类似的组织，在当时东莞的水乡地区还是比较常见的，故并无多少特异之处。不过，由于民英社没有自己的公产，所以平时必须想方设法才能够达到需要时彼此互助的初衷。

　　相比之下，农工社却因为拥有大约15亩（也有人说是20亩）的水田（即"农工围"）而在互助方面相对容易得多。农工社是由番禺地的一帮后生拜把子后成立的，其成员普遍比民英社的兄弟长一辈。这个社成立于20世纪20年代，具体是哪一年已经无从详考，但肯定比民英社要早一些。农工社的这处公产是如何得到的，漳澎人有两种说法：第一种说法认为是农工社的人集资买来的，第二种说法则认为是农工社的成员自己筑围而获得的。相比较而言，当时由成员自己动手筑围成田的可能性较大。至于农工围这块田地所得的收入，除了需要时互助之外，平时则多是用于"聚个餐啊，吃个大锅饭啊"。

　　不过，虽然民英社、农工社都是一种异姓结拜的结社组织，但是其背后的地缘性质还是非常明显的。例如，民英社的十四位兄弟全部都是番禺地的青年。我们主要的访谈对象蔡仲才老人，虽然幼年就跟随母亲由村中的其他地方迁居番禺地，但他却没能成为民英社的一分子，在该地生活了几十年也没有被真正认为是番禺地人。在漳澎各处，有类似经历或者遭遇的村民可能还不在少数。可能也正是因为这个缘故，如今番禺地的老人们说起民英社时，总是特意强调由原本就居住在番禺地的后生们组织的这一点。这两个社也揭示了当时男性村民日常亲密社交的范围一般都不会超出凉棚或者坊这一事实。实际上，由于平素与本凉棚或者本坊之外的人交流较少，彼此间也就很难产生兄弟般的情义，所以一般来说当时的村民都是与本坊或者本凉棚中"玩得好"的人拜把子。只有在某些特殊的情况下，或者出于结交有实力的人的目的，人们才会刻意认识上述范围之外的某些特定的人士并设法拜把子。这类由于利益的关系而跨出凉棚进行的拜把子，要数当时漳澎的土匪运用得最多，我们将在后文详述。

　　作为在彼此本无关系的男性之间建构社会关系的一种有效形式，拜把子在那时的漳澎非常多见。凡气味相投或爱好相同者，都可以通过拜把子而结为异姓兄弟，并可能组成××堂、××社作为活动的场所。新中国成立前，漳澎男人几乎每人都有拜把子兄弟，而且一般不只一个。一个男人有了结拜兄弟之后就可以加强自己的实力，从而减少被人欺负的几率或者增加自己成事的能力、发展的机会。不过，虽然原则上说拜把子兄弟之间讲的是义，即"有难同当，有福同享"，但在现实中这经常只是一种要求或者一种理想。在很多漳澎人看来，拜把子实际上有很现实的作用，即当地所谓的"聚捞"。这是漳澎人对出于相互利用的目的而拜把子的一种带有讽刺性的说法。人们在评论出于投机的拜把子时，至今还会说"他来聚捞"。在漳澎人看来，有义气的拜把子才代表了拜把子的真意。

那时的漳澎人热衷于拜把子，可能与其移民社会的背景有莫大关系。漳澎的居民全是移民，绝大部分都是为了来此"搵两餐"的无土流民或者是漂泊的水上人家。这样的移民历史导致了漳澎的姓氏异常繁杂，也导致了移民之中不乏好勇斗狠之辈，实际上漳澎人至今仍以"野蛮"闻名于周围的村落。而在漳澎人看来，没有野性（即武力）就没有实力，就会被人欺负。访谈时就有老人直言新中国成立前的某任乡长办事始终不顺利，就是因为他是读书人，不喜欢动武用粗，但漳澎一向是以实力说话。在新中国成立前，麻涌地区各村落都有自己的武装力量并彼此争斗不已，在村落内部同样也是如此。而对于村内具体的个人或者家族而言，在面对危险或者发生矛盾时，虽然凉棚、坊经常可以提供紧急的帮助，但有时却因为各种原因而无力施以援手。通过拜把子将原本没有血缘（或系谱）关系的人们按照一定的文化形式转变为兄弟关系，就使得个人、家庭甚至家族之间建立了守望相助的关系，共同为争得生存与权力而搏斗。这种方式的含义，其实与前文所述的村落间建立世好关系等值。

在拜把子的兄弟之中，有些人则会亲上加亲成为儿女亲家，这种婚姻方式到改革开放后还时而可见。调查时我们的房东夫妇双方的父亲就是拜把子兄弟，两人为了亲上加亲定下了这桩最终被证明没有多少感情的婚姻。但对于那时的漳澎人来说，通婚也是一种主动的、现实的社会关系建构，而不仅仅是单纯的婚姻，因此有无感情并不是最主要的考虑因素。很多漳澎老人将通婚直接称为"做亲戚"，明白地道出了新中国成立前漳澎人通婚时最主要的目的：儿女间的婚事，就是为了彼此的家族成为亲戚。在古代汉语里，亲戚由"亲"和"戚"组成，"亲"包括的是父系血缘群体，"戚"则是指由婚姻而结成的社会关系。父系血缘家族是通过血缘/系谱关系而确定的，对于具体的个人来说是先天的、不可改变的。但在婚姻当中，双方都有互相审视的机会，都可以借此改变自己的地位或者建立联系，因此婚姻是一个主动的而且可以改变的过程，这也就是所谓的"做"。当地人常说过去的漳澎"好女不外嫁"，即指漳澎人的婚姻主要是村内婚。导致这一较为独特的婚姻形态的原因，除了漳澎与周遭村落关系不佳且四面环水缺乏婚嫁机会之外①，也与这种"做亲戚"的思想密切相关，即人们希望通过婚姻增强自己的势力或者形成盟友，从而使得自己在村内处于更加有利的地位。

我们的调查证明，所谓"好女不外嫁"并不是一句俗语，而是漳澎延续多年的婚姻事实。我们收集的新中国成立前番禺地刘、卢两大姓氏的14对婚姻个案中，有13对就是村内婚。实际上，当时还有在同一凉棚范围内通婚的。当漳澎人将婚姻直接称为"做亲戚"时，我们不能说以前的人们的婚姻没有爱情基础，但至少可以说，爱情在家庭或者社会关系建构面前的影响微乎其微——其实在传统中国各地的婚姻个案中，婚前的爱情从来就是奢望。旧时的漳澎人家对于男女之间的大防异常重视，这种重视尤其体现在男女之别的社会培养上。例如，漳澎男性与女性在婚前总是被隔离在不同的空间之中，少男少女在各自的空间中学会成为男人和女人的习俗与规范。应该说，这也是凉棚和娘仔房得以长期盛行的主要原因之一。

漳澎的男性在很小的时候就进入男人的世界即凉棚中生活，相应的，漳澎的女性也有自己成长的空间——"娘仔房"。所谓"娘仔"，是东莞地区对未婚少女的称呼；娘仔房，就是"娘仔"们集中生活的民房。与凉棚不同，娘仔房并不是特地修建的住宿场所，而是由村民自愿捐献出来的原本就存在的民居。这些房子多属于村中独居的年龄较大的妇女②，她们因为终身不嫁、丧偶或者与子女分家等原因，导致身边无人陪伴，故此愿意将多余的房子拿出来供这些无处可住的女孩子过夜。据调查，在大多数情况下，这些妇女都是与娘仔们同住一起。由于她们品行端正、恪守妇道而又有人生智慧，因此可以指导、教诲这些女孩子们。在某种意义上说，她们实际上就是娘仔房中的"家长"，当时一般俗称为"老太"或者"大姐"。传统上"家长"并无教育或者管教娘仔的义务，但通常会有意无意地传授一些古代社会作为女子、女人、妻子须具备的技术、能力和观念，如女红、做饭、煲汤等方面的知识，家庭关系特别是婆媳关系的处理技巧，待人接物方面的经验，还可能会纠正某些女性不该有的行为等。偶有识文断字的家长，还会教授女

---

① 参见张振江《流水·坊巷·人家——村落漳澎的人类学景观》，中山大学出版社2014年版，第68页。

② 此外，有些房主因为不在漳澎居住而自愿把房屋献出来用作娘仔房。

孩们识字。

七坊的村民林老婆婆住过娘仔房，她向我们回忆了当时的情况：

> 过去啊，漳澎人的屋子一般都不大，每个家里面呢，又有儿，又有女，住起来自然就不那么方便了。娘仔房里住的人啊，都是大姐①，又有天井，可以很方便地冲凉，比家里还方便。
>
> 那时候啊，一般的到了八九岁的女孩子呢，就要去娘仔房里面住了。但是呢，她白天都要回家帮妈妈干活的。晚上到了吃饭时间，她还要回去帮家里做饭。吃完饭之后呢，就是再回娘仔房睡觉喽。我记得啊，那时的娘仔房里，一般是两个人睡一张床，也有一些呢，是三个人睡一张床的。一般的娘仔房呢，就是一间房子里放三张床，厅里也放上床②。要是这样的话，那一栋娘仔房里面，就能够住十几个人了。
>
> 那时啊，有不少娘仔房里面啊，都是会住着一个老婆婆（即房屋主人），她就和大家们一起做伴。

据居住过娘仔房的老人回忆，以前不同的娘仔房中居住的人数不定，多在5～10人之间，但据说也有20多人共居的。总体上来说，一处娘仔房中的人数远远少于一处凉棚中容纳的人，这主要是由于那时的家屋面积相当有限所致。她们在此住宿、学习多年，通常持续到结婚后才搬出。娘仔数量的多少与住宿空间的大小有关，但更与家长的名声有关。漳澎人对"家长"的品行很重视，一个品行不好的"家长"即使能够提供足够的用于住宿的房子，人们也断不会送自己的女儿前去就宿。这是因为娘仔房不仅关乎家长的意愿、女孩的住宿与教育，更关系到漳澎传统社会中男女社会性别的构建。而这正是传统村落社会建构的重要资源，也是旧时的漳澎人极为珍视的文化传统。概括地说，娘仔房兼具住宿和教育的双重职能。

事实上，娘仔房不仅是建构社会女性的主要场所，还是女孩拓展以后生活中各种社会关系的空间。居住于同一处娘仔房的女子，通常原本关系就比较好。入住后，她们长期在娘仔房朝夕相处，共同生活、共同游乐、共同成长，无疑更增进了彼此的友谊。旧时每到七夕这天，同一处娘仔房的女孩们都会集聚于娘仔房，在家长的主持下祭拜七姐。她们通常会凑钱购买一些水

---

① 漳澎人俗称未婚的成年女子为"大姐"。但在有些时候，则是指那些因为某些原因而终身不嫁的女性。

② 厅指的是客厅，一般用于待客，有时也用于住宿。详参考本书第二章的相关部分。

果、粉果、糖环之类的供品,另外还要准备若干元宝、油烛、香等祭品。等到夜晚七八点钟的时候,她们在天井中设一张桌台并摆上各类物品,然后分别给七姐献香,祈求七姐保佑自己得偿所愿。祭拜完毕之后,大家聊天、玩耍、分吃水果,通常都要闹腾到深夜才入睡。正是这些共同的活动与经历,使得这些女孩们的关系变得更加非比寻常。同一处娘仔房中的女孩通常按年龄以姐妹相称,许多人都说她们可谓是"情同姐妹"。我们的女房东在十几岁时住进了一处较小的娘仔房,她与同伴们也是按年龄长幼以姐妹互称,而且那时建立的这种情谊维系到了现在,她与还在世的老姐妹们见面时依然彼此互称姐妹。我们也发现这些女孩们在娘仔房中建立的情谊与男人们的"聚捞"不同,通常更加纯粹地仅仅关乎情谊。可能正是因为这个缘故,她们在结婚后也能够保持较为密切的关系。由此看来,娘仔房确实不仅仅是关乎女性个体之间的情谊,还是关乎社会秩序与整合的一种机制。

综上,漳澎的拜把子、婚姻以及娘仔房,在村落社会的构建和维持中发挥了重要的作用。拜把子在男性之间建立起拟兄弟关系,超越了纯粹的血缘或者地域认同。婚姻通过男女的结合产生了一个新的家庭,并连接了两个不同的家族。娘仔房在将女孩培育成女人时也将友谊带入女孩们的心中,成就了将来家庭之间联系的桥梁。站在个体的层面来看,所有的这一切都或多或少地是私人之间的决定,如拜把子几乎总是当事人自己的决定,婚姻可能是双方家长的决定,等等。这些关系与家族、宗族、坊等有很大的不同,后者是先天就存在的,至少是在相当一段时间内很难改变的关系或者关系的组合;而拜把子、婚姻与娘仔房之类所涉及的则少得多,是普通人可以左右的,因此对于他们来说异常重要。综上可知,旧时漳澎村落社会的构建可以分为两个层面:家族、宗族、凉棚、坊等显示的是一种大群体的建构,而拜把子、婚姻与娘仔房显示的是一种小群体的社会构建。

(四) 漳澎的保甲制度(1946—1949年)

漳澎的保甲制度从1946年才真正开始,到1949年即告终止,前后只存在了约四年的时间。它一方面是民国政府的意愿与权力的推行,另一方面也是现代国家对漳澎传统村落社会的第一次大变革。虽然保甲制度对漳澎村落社会的构建格局没有产生根本的影响,但它规划的村落地缘单位的基本架构,却成为新中国成立后漳澎十坊体制的先驱,影响可谓深远。

根据东莞档案馆《民国档案》76全宗472号卷(1948年)的记录,漳澎当时属于漳维乡。漳维乡共有9912人,分为26个保,漳澎属于漳维乡的第1至第13保。具体来说,第1保位于漳澎的番禺地,第2至第4保位于漳澎的东庆坊境内，第5至第8保位于漳澎的南安坊境内，第9至第13保位于南盛坊境内。国民政府当时推行的保甲制度，在理论上是以10户为1保、10保为1甲的形式组织起来的。但这种整齐划一的组织体系只能是理想，无法真正付诸实施。对于当时漳澎的保甲究竟是按照多少户为一保、又是怎么划分出来等细节问题，我们没有找到确切的文献资料，访谈过的漳澎人对这类问题则有不同的说法。有人说是一个甲有12户，一个保则有40户；有人则说是按巷子而不是按照户数划分的，即一个保由几条巷子组成；甚至还有人说是按凉棚计算的。因此，我们目前还无法说清楚漳澎的保甲到底是按照什么来划分的，但从番禺地单独占一个保的情况来看，则有把握说新的保甲制度与漳澎既有的村落社会架构是有一定的关系的。

按照政府原意来说，建立保甲制度的目的或者主要任务是稳定地方治安。但是，当时的国民政府并没有派人直接指导漳澎实施保甲制度以维持社会治安，具体的实施与操作都是借重漳澎的乡绅以及有实力的家族来完成。不过，自清代中叶以来漳澎及其周围一直是土匪的天下，本地乡绅与家族历来都不是非常兴盛，各自对漳澎的控制力相当有限。因此，保甲虽然名义上建立起来了，也委任了乡长、保长、甲长，但他们的权力以及施政效果大打折扣。许多老人都认为，土匪才是保甲时期漳澎真正的统治集团。漳澎流传着一个故事，或许对于我们理解乡绅与土匪的关系、保甲制度的实施等都有帮助。故事的大意是：

> 1947年时，土匪陈佳统治着漳澎。陈佳投靠的是李朗佳，他那时是属于番禺市桥的警备司令。市桥就在漳澎的对面，两地之间就隔着个入海口。
>
> 当时，李朗佳给了陈佳一批枪。后来陈佳发现这批枪是不好使的，其实就是坏的。陈佳（不愿意承担损失），就找到当时的乡长，让乡长把这些武器都买下来，说是可以发给保长、甲长使用。那个乡长不敢不从，就这样漳澎的甲长都有枪了。

防范土匪、维护境内安宁，本来是推行保甲制度的一项主要职能。但是，漳澎的土匪却能够把保长、甲长当作自己的财源。由此可见在保甲时期的漳澎，国民政府及其代表的权力是多么脆弱，土匪又是多么猖狂。从这层意义上说，漳澎是一个自治的村落，但这种自治则因为土匪长期肆虐而颇显特殊。

（五）土匪肆虐的时代

我们在调查漳澎社会历史的时候，意外地发现老人们给我们讲述得最多的历史故事是关于漳澎以及周围村落的土匪的。漳澎的土匪是从什么时期开始出现的，这个问题已经没有人能回答出来，也有些人认为"从一开始立村就有了"。最早的土匪都干了些什么，现在也几乎无人知道。但是，老人们对于民国时期的土匪既作恶多端又保护村落、村民的复杂情况，却记忆得相当清楚。

本地知识丰富而又极为热情的漳澎老人张金华，在接受我们访谈时曾经这样概括地描述民国时期漳澎土匪的历史演变：

> 这个时候啊，最早的土匪是陈宁。大约在1913—1933年，土匪的头目有陈淦、丁福、刘福、徐光，匪帮的名目是"公立堂"。主要成员有吴德仔、刘苏、彭荠、曾焕等人。这些土匪凭借地利，接纳四方土匪头目，比如东江有名的土匪袁虾九。他们人多势众，称霸四方，还曾经攻占东莞县政府一段时间。那时的土匪一般以当海盗为生，日子过得十分昌盛（意为舒服、富裕）。他们不损害漳澎本地，所以村民对他们也没有多少怨言。
>
> 过了一段时期之后，刘福、吴德仔两个土匪头子先后统治漳澎，一直到1933年为止。之后土匪头目刘老定上位，建立了匪帮叫"七星堂"。主要成员有："豆皮佬""高大全""单眼成"、刘苏、刘锦、万友、"西州培"。这些土匪势力不大，还多用外人坐地分肥，所以在漳澎的民怨极大。
>
> 1946年起至新中国成立，陈佳称霸漳澎。这个土匪帮号称"和乐社"，土匪自称为"十九友"，因为有19个人。19个人就是"懵福""大头细"、宜德、生齐、任田、"老早""豆皮庆"①"猪大祥""牙较朋"、曾东、授广、华杰、"煎堆"、林仔、"大眼胜"、森记、朱暖、淦其、树仔。这些人全是漳澎本村人，所以平时基本上各守本分，与村民的关系也比较和谐。

---

① 豆皮庆是"花名"。之所以称他为豆皮，是因为他年少时感染过麻风病，导致面部麻点较多。我们发现在旧时的漳澎，以豆皮为"花名"的人还有很多，由此也可以看出以前漳澎麻风病为害甚烈，患麻风病的人数较多。

广东人流行给人起"花名"（即绰号），时间久了之后以花名通行，真名反倒被人忘记了，这种情况相当常见。上述访谈资料中，有相当多的土匪人们只知道其花名，其真名早已为人所忘。

按照张金华老人的说法，民国时期漳澎最早出现的土匪是陈宁，也就是后来的土匪头子陈淦、陈佳的父亲。陈宁以后的土匪情况，老人分为三段描述：1913—1933年前以陈淦、丁福、徐光为首的"公立堂"土匪帮统治漳澎，继之是以刘老定为首的"七星堂"，最后是1946年以后以陈佳为首的"和乐社"。这种划分与我们访谈其他人所得的大体吻合，以下描述和分析时我们也沿用这种分类。

历史上的东江各地向来土匪蜂出，他们各自占乡为王，以打家劫舍、劫掠过往商船以及向本村的村民收取保护费、禾标等多种手段为生。人们也只知道自民国建立起，陈宁已经是漳澎最大的土匪，但对于其具体的土匪行径已不甚了了。到了1913年，陈宁的儿子陈淦与同村的丁福、刘福和徐光等人拜了把子，陈淦为大哥，丁福为二哥，刘福为三哥，徐光为四哥。之后他们成立了土匪组织"公立堂"，自此开始称霸漳澎。在四个匪首之下，还有吴德仔、刘苏、彭箸、曾焕等"兄弟"（即普通的匪徒）。漳澎老人说陈淦为人非常豪爽，在整个东江流域的土匪圈中威望很高。老人们又说他对漳澎人还算不错，"基本上不会轻易打扰村民"。但据说丁福的性格则比较狠毒，为了报他曾经受辱的一己私仇，竟将漳澎对面某村的村民屠杀殆尽。

到了1920年左右，陈淦趁东莞县城城防空虚之际，纠集东莞水乡地区的其他土匪力量100多人，居然就成功地攻占了东莞县城，他还任命自己为县长。不过，几天后广东省政府发兵反攻，陈淦败退后缩回根据地漳澎以保存实力。此后陈淦主要在漳澎一带活动，实际上主要是以当海盗为业。在漳澎，陈淦最为人津津乐道的不是他当土匪时期的事情，而是他金盆洗手后出资创建了漳澎著名的粤剧戏班，这就是最近几年又重新复办的"小英雄戏班"。1927年，陈淦出资在漳澎招收了若干名13～15岁的男少年来学戏。在最初的一段时期，学员们平日各自活动，只有学戏时才集中在一起。到了1928年，小英雄戏班正式成立。经过辛苦的排练后，小学员们都有了一定的粤剧基础。之后陈淦出面请民国时期的粤剧名角"花鼓江"罗品超介绍剧班到香港九龙油麻地接受正式训练。① 训练结束后小英雄戏班迁往广州，并于1929年在当时广州非常有名的太平戏院正式登台演出。此后小英雄戏班多在四乡演出，并逐渐获得了一定的名气。陈淦死后，小英雄戏班也被迫解散，

---

① 也有人说是由民国时期著名的粤剧编剧陈天纵介绍的。

多年后才得以恢复。

陈淦退出后平日在香港生活，匪帮的日常事务就由丁福接手主持。但在1929年的某一日，丁福传话给陈淦让其速回漳澎，说是有要事相商。陈淦回到漳澎刚进入八坊，就在毫无防备的情况下被丁福或其手下暗杀。此后，丁福就成为公立堂匪帮的老大，继续统治漳澎。1932年，国民党政府收编各种地方武装力量，丁福到石龙从军后遭到刘福的暗算而身亡。[①] 此后就由刘福掌握公立堂，基本的地盘仍然是漳澎。丁福虽然死了，但他的家族实力仍然相当大。他的堂兄弟丁章五，据说就是漳澎村当时最大的地主，有相当数量的土地。而他的另一位堂兄弟丁锡五，据说当时还位居高官。丁锡五的一个儿子叫丁纪徐，成人后留学德国学习驾驶飞机，并最终成为一名空军军官，漳澎人经常颇为自豪地说"他是中国的第一位机师"。据说丁纪徐后来设计派人打死了刘福，算是为丁福报了仇。此后，徐光成为公立堂的老大，直到1935年在一次争斗中他也被人打死。这一次匪帮大伤元气，许多人都说他的死标志着公立堂在漳澎的统治正式结束。

在这之后，七星堂与十九友等土匪帮派又相继出现，继续霸占漳澎为非作歹。1937年前后，刘老定与"豆皮佬""高大全""单眼成"、刘苏、刘锦、万友、"西州培"等拜把子创立七星堂，以刘老定为堂主。刘老定又名刘定加，南盛坊人。七星堂的结拜兄弟中，刘苏、刘锦是其堂兄弟，还有两个是外村人。七星堂专门在漳澎南盛坊境内建了一座四层的洋楼充当巢穴，因为其外形类似飞机，村民俗称之"飞机楼"。很多在东江上行船或者乘船的有钱人被打劫或者被绑架（俗称"揾参"）后，也是关在这座楼中。当时的漳澎土匪中流行一句话，叫作"一生揾一条肥柴就够"，意思是只要绑架一个有钱人并弄来赎金，一辈子的生活就有保证了。与此同时，陈佳也在发展自己的实力，也有十几个拜把子的兄弟。两股实力不相上下的土匪并存，自然很容易产生各种摩擦。后来陈佳失利被迫渡过珠江逃到漳澎对面属于番禺的市桥，投靠了李朗佳、李福龙。

李朗佳那时是番禺土匪的头目，在东江一带也相当有名，据说居然还与汪精卫有某种关系。在李朗佳的大力支持下，陈佳组织来自本村的"懵福""大头细""豆皮庆"等19人成立了和乐社。由于是19个人，故这帮土匪又经常自称为"十九友"。这19人其实是土匪骨干，每人另外带有两三个喽啰（俗称"跟仔"），所以势力不可小觑。1940年，陈佳实力大增后带兵打回漳澎，刘老定被迫退出，转而投靠邻近的道滘的土匪头目刘法如。后来刘老定

---

① 也有人说丁福是陈淦在香港的女儿买人暗杀的，为的是要报杀父之仇。

鼓动日军轰炸漳澎，同时兵分三路对陈佳发动进攻，陈佳再次败退又西渡珠江投靠李朗佳。日军的狂轰滥炸迫使村民四处逃命，大部分扒艇逃往大盛避难。劫后余生的村民们知恩图报，自此与大盛村结为"兄弟村"。

1947年农历七月十四日，在李朗佳的支持下，陈佳引领几艘小军舰从入海口长驱直入漳澎，开炮轰击刘老定股匪。当时刘老定股匪设有两处炮楼，一处在番禺地的河口，一处在文武庙附近，陈佳的队伍对这两处炮楼都实施了密集的攻击，导致七星堂土匪死伤甚多。刘老定大败后，再次东渡淡水河投靠刘法如。一个月后在刘法如的支持下刘老定发起反攻，陈佳又败退回了市桥。"十九友"与七星堂就这样反反复复地争斗，直到1949年10月解放军开进漳澎才告一段落。解放军到来后，土匪把枪支藏在禾田里，人则四散而逃，只有"十九友"的生齐、"猪大祥"、曾东和授广等几个小头目以及若干匪众留在了漳澎。在新中国成立后的"清匪反霸"斗争中，这四个小头目都被抓住枪毙，标志着漳澎的土匪从此彻底消失。

据调查，以前土匪们的收入颇丰，来源也多种多样。最主要的收入来自打劫载货船只和绑架过路客人。漳澎直面入海口，是东江大片地区出海或者内返的船只必经之地，所以土匪干这类无本生意有很多的机会，勒索的钱、财、物也甚多。除打劫和攫取赎金外，土匪还有如下三个经济来源。第一，收禾标，也就是向村民们收取"保护"收割的费用。民国时每一亩田的收取标准为稻谷15市斤，也有人说是50市斤。当地计量谷物时使用一种称为"司马秤"的衡器，15市斤相当于司马秤20斤。当时漳澎有土地2万多亩，即使是每亩收取15市斤，每年土匪也能收到大约30万市斤的稻谷，获利相当可观。第二，向赌档和鸦片馆等收取保护费。民国时期漳澎仅赌场就有10多间，据说赌场的"庄主"（即老板）每年都要向土匪交一笔数额可观的保护费，鸦片馆则要每月交一次保护费。第三，把守各处重要河涌口收取过路费。当时的漳澎不仅四面环水、河网密布，同时还是水陆连接处，往来舟楫众多。土匪在各处河涌口把守，外村人路经漳澎时必须交过路钱之后才能够通过。漳澎偏于一隅，长期远离政权中心，政府的各种势力很难真正进入，因此，有组织又有武装的土匪虽然不是正式的统治者，但在一定意义上真正统治漳澎的却是他们，他们通过手法牟取各种经济暴利也是自不待言。

由于土匪缺乏管理的合法性，平日行事一贯态度嚣张，遇事则几乎全凭武力解决，这就不可避免地造成多重的后果。概括地说，在民国时期的漳澎村落中，土匪与村落的关系是复杂多样的。由于土匪收取的费用一般都不会严重地影响普通漳澎人的日常生活，加上人们认为自己得到土匪的保护，交些保护费也应该，所以一般情况下村民对土匪并没有多少怨言。访谈时许多老人甚至认为，在当时村村有土匪的情况下，没有这些土匪守护，本村的损失可能会更多，这也是漳澎土匪坐大并长期存在的原因之一。人们普遍认为，土匪收取禾标以及其他保护费自然会加重村民们的负担，但他们收取这些钱财有一定的道理，且费用也不是太高，尚在可以接受的水平。加上漳澎是土匪的出生之地和根据地，是他们的家人和族人的居所，土匪们虽然素来嚣张但一般不会乱来，通常并不会无故骚扰本村的老百姓。因此，土匪一些略微异于平民的行为一般来说也不会引起村民的激烈抵制。

土匪在收了村民们的钱财之后几乎确实都尽了保护村民的义务。有不少故事就是说土匪保护本村村民不受外村土匪骚扰的，说明人们对于土匪甚至还有某种好感甚或感激。实际上，在日常生活中，村民对于土匪普遍没有多少恶感，在他们口中有时还会听到"好土匪"的说法，比如陈淦。时至今日，很多老人还都认为陈淦是个"好土匪"，认为他为人豪爽、仗义而且做事公正，认为他非常有品德，乐于帮助漳澎人。当然，土匪毕竟是土匪，他们也有自己的利益要维持，有时甚至还会不惜借助外力对另一派土匪动武从而祸患村民，这些人就成了漳澎人口中的"坏土匪"。比如刘老定，就几乎被所有的漳澎老人认为是一个臭名昭彰的坏土匪，原因之一是他带的土匪组织中有外村人，这些人在漳澎无亲无故，因而有时做事"太过"，严重扰民，大多数漳澎人认为刘老定这样做是引狼入室。但最主要的原因，则是因为他在与别的土匪争斗时招来日本飞机狂轰滥炸，导致无辜的村民们流离失所、损失严重。由于这些缘故，他当时在村民们中的口碑就不好，也始终得不到村民的真正支持，在漳澎的统治也因此始终是不稳固的。

从表面上看，漳澎的土匪组织一般来说都是通过常见的拜把子形成的。但是，我们发现在这些土匪头目的背后，几乎总是能够看到漳澎家族的影子。家族在有意无意之间也使得土匪的权势更加强大，土匪则反过来保证了家族的地位和利益。在这方面最典型的例子，可能是土匪头子丁福。丁姓人家长期是漳澎最为有名的强势家族，很长时间内都称得上是有人有钱又有势力。又如陈宁、陈淦父子出身于漳澎四大姓之一的陈姓；刘老定、刘苏、刘锦等人出身于漳澎四大姓之一的刘姓；而徐光所属的徐姓，虽然现在略有衰败之感，但曾经也是漳澎有名的望族之一。出身于大族无疑会给土匪们带来不少方便，同时也为家族增加了不少威慑力。普通的漳澎人其实也明白这种利害关系，访谈时老人们都会说漳澎"几个大姓都有人在土匪之中"。

当然，参加土匪可能也是大姓人家的一种自保策略，因为虽然是村中的平民大姓，但如果某个"大姓家族没人参加（土匪组织），那个家族就会受到土匪的欺负"。漳澎务农的良民百姓即使属于大姓，毕竟也不是有武装地组织起来的强悍土匪的对手，极易遭受欺凌或者损失。何况即使是大姓人家，长期内也没有多少家族凝聚力可言。漳澎人始终说漳澎是百姓村，但从来没有人说漳澎是大姓村，即始终并不存在大姓统治村落的现象，大姓向来不是漳澎的主导力量。

第三节　村落社会的变迁与延续（一）

漳澎人民很早就开始了追求全新的生活的努力，但迟至20世纪40年代，漳澎一带才出现共产党地下组织。这些革命先驱在极为困难的条件下进行了多方面的努力，终于迎来了"大军"（即解放军），建立了自己的政权。新政权发起的多次运动影响遍及社会、政治与经济多个方面，漳澎村落也经历了有史以来最为剧烈的、多方面的、全方位的转折，在极大程度上型塑了漳澎村落社会的面貌，而1962年确定的村落管理的十坊体制，自此成为漳澎社会诸多方面的基本参与单位或者所属单位。

一、政权建设与村落社会（1949—1951年）

在1949—1951年间，漳澎的变动主要集中在政权层面。新政权通过组织农会等措施重新建立政权和管制渠道，以期通过大力除旧布新建立并稳固自己的权力，培育新的社会与文化形式。

（一）漳澎地下党的活动

与漳澎相邻的大步村，是今麻涌镇境内最早建立中共地下党组织（以下简称"地下党"）的村落。虽然彼此地理上邻近，但大步地下党一直未能真正渗透进漳澎，这可能与两村素来关系紧张有关。直到漳澎人丁福生、黄富恒受党的指派回到家乡，漳澎才开始逐步发展起地下党组织。

丁福生与黄富恒年轻时被漳澎名人丁纪徐选中，得以离开家乡去了丁纪徐所在的广州机场从事地勤工作，当时同去的还有十几个男青年。很可能就是在这段时间内，他们接受了共产党的思想成为中共党员。黄富恒出生在东庆坊（现在属于二坊）一位黄姓地主家庭，其父名黄宜，据说颇善经营而且人缘很好。丁福生出生于一户普通人家，但后来过继给南安坊一户姓丁的地主家。因此，丁福生与黄富恒都是地主的儿子，背后都有强大的家庭支撑，这可能是丁纪徐选中并带他们出去的原因之一。

1947年丁福生与黄富恒被派回漳澎发展地下党组织。按照组织的事先安排，丁福生主要协助黄富恒工作，他自己具体负责的发展对象则是居住于天后庙凉棚中的贫苦村民。在漳澎，居住于天后庙凉棚中的人是出了名的穷，人们至今记得这个社的成员几乎都是穷苦的装虾佬。当时的漳澎虽然贫穷，但一般的人家都不至于需要去捉虾制成菜肴食用，只有穷苦至极实在没有办法的人家才捉虾来当菜凑合下饭。丁福生原本就是聚福社的成员，而聚福社与天后庙凉棚离得很近，所以他来往两处是很自然的，不容易引起他人的怀疑。黄富恒具体负责的发展对象，则是当时在漳澎也极为贫穷的乐义社凉棚的社员。乐义社位于今二坊境内，建在与番禺地交界的多虾涌边上。黄富恒是那片地域的大名人，所以他与乐义社的人往来，既方便也很自然。而且乐义社偏于一隅，隐蔽性很好，不易引人注意，极有利于开展相关工作。黄富恒的工作应该很有成效，乐义社好多位社员后来加入地下党，漳澎新政权的很多干部也是出自这个凉棚。

　　虽然丁福生与黄富恒的地下工作进行得极为隐蔽，但有时还是难免遭遇风险和意外。有一次他们二人组织了十几个积极分子假装外出工作，实际上是要去参加东江纵队。这件事进行得很机密，但还是发生了意外。这些青年中有一人没有对其母亲说明他要外出，导致其母以为儿子失踪了，着急万分的她找到乡长，说自己的儿子突然不见了，请求代为寻找。这件事就很快引起了漳澎土匪的注意，他们怀疑这个人突然消失很可能与黄富恒有关，当时已经有人传言黄富恒是共产党员。村民和与黄富恒有联系的干部们后来都认为，可能是顾忌黄富恒的家庭背景，也可能是得到丁福生的暗中帮助，土匪才没敢对他下手。但这件事情弄得黄富恒很被动，很难再开展工作，不久后他就逃出漳澎参加了东江纵队。黄富恒被迫出走之后，漳澎的地下党组织仍在活动，发展工作也很顺利。大约在1949年初，又有两个漳澎籍贯的年轻党员（即赖敬潮和丁锦宗）从外地回到了漳澎，他们的到来更增加了组织的力量。在漳澎，这两个人也都是很有家庭背景的。赖敬潮是土匪组织"十九友"主要头目之一生齐的儿子，而丁锦宗更是时任乡长丁浩凡的儿子。赖敬潮与丁锦宗早年外出读书，其间加入共产党。他们二人受派回到漳澎后，积极宣传共产党的思想并开展各种活动，一直坚持到新中国成立，据说都取得了不少进展。新中国成立后，丁锦宗患了麻风病，病愈后调往东莞工作；而赖敬潮则调往中堂镇工作。

　　由此可知，漳澎的地下党组织是通过原籍漳澎的青年回乡后发展起来的，这几位在外地学习或者工作过的青年，在漳澎都是有钱、有权、有势力的家庭的后生。他们回乡后利用自己的身份与地位开展工作，充分利用了漳澎旧有的组织形式。总的来说，漳澎地下党组织建立的时间不长，但是成就并不算小。由于这些地下党员辛勤而又细密的工作，到新中国成立前夕，漳澎的地下党组织已经发展到了一定的规模。由于当时的各种资料早已星散，我们只能够依靠访谈收集到一部分地下党员的名单，他们是：丁福生、黄富恒、赖敬潮、丁锦宗、殷锦光、陈树华、李应安、李沛林、李灼林、孔亮发、蔡仲坤、殷新、刘公照、郭善祥、简旺标、谭善禧。① 其中，当时已经是正式党员的有黄富恒、丁福生、赖敬潮、丁锦宗、李沛林、李灼林、蔡仲坤。新中国成立后，这些人中的许多人都顺理成章地成为漳澎村落新政权的精英。他们有的在区政府中担任职务，有的在漳澎村内任领导，成为新的国家权力控制、改造村落社会的有力保障。他们在新中国成立后大致的工作情况如下。

丁福生：调任罗定县县委书记，现已退休。他夫人是漳澎一位地主的女儿。

黄富恒：任东莞第八区区长，后调任广州。土地改革时期黄富恒坚持原则，其父亲黄宜被定性为地主，后被枪毙。

殷锦光：漳澎乡第一任党委书记，后调往海南岛黎县任县长，被错划为"右派"后回麻涌。打倒"四人帮"后平反，恢复公职，曾经主管麻涌镇的文教工作。

陈树华：调往当时的麻涌乡，后任东莞市公安局局长。漳澎村现任党委书记陈沛勤即其子。

李沛林：后升任麻涌镇党委委员，现已退休。

李灼林：李沛林的大哥，后为麻涌镇国药中心干部。

简旺标：土地改革时期表现积极，后被划成"右派"，平反后任中国农业银行麻涌支行的行长。

蔡仲坤：蔡仲才的大哥，漳澎土地改革的积极分子。1960—1962年任漳一大队的大队长。1962年起，任漳澎大队党委副书记。

地下党员中，也有许多人在后来没有获得任用，如殷新、刘公照、郭善祥、孔亮发等人，新中国成立后他们一直是普通的农民，始终没有担任过任何形式的公职，也从来没有得到过什么特殊的照顾。人们一般认为，他们是由于文化水平太低或者性格不适宜等原因而未能"风光"。

---

① 接受我们访谈的蔡仲才老人，应邀写下了这份名单的初稿，我们根据访谈资料略有补充。

(二) 政权的初步建设

新中国成立后，在共产党组织的领导下，原来的地下党成员以及他们所发展的青年人成为新政权改造村落社会的主要力量。张金华老人就是这样一位积极分子，他积极参与了新中国成立初期的许多活动，对这些场景至今仍记忆犹新。2007年接受访谈时，他曾经提纲挈领地向我们回忆了漳澎当时的情景。

> 1949年秋，解放军开进漳澎。一般的穷苦大众内心很是高兴，认为救星到了，穷人有了希望。而阶级敌人眼见大势已去，却不甘心失败，他们就垂死挣扎，比如造谣惑众、拉拢干部。一句话，就是要企图挽回他们失去的天堂。
>
> 政府的方法是先取信于民，(具体的则是) 号召村民大力发展生产，改善生活。政府发肥料、发钱款，为的都是帮助农民。当时，还给坏人一条自新的路。
>
> 政府组织了农会，成为村政领导的核心。后来又建立了村政府，负责处理村政工作，那个村长就是徐任慈。
>
> 漳澎划分十坊，其实就是由这个时候开始的。

根据多位老人的回忆，1949年底，解放军一部约50人进入漳澎，主要任务是剿匪。但当时漳澎土匪的大小头目几乎都早已闻风外逃，只有四个小头目以及若干匪众留下未走。这四个小头目属于陈佳匪帮"十九友"的骨干，在解放军进驻漳澎后几乎立即就缴了枪，随后就成了普通的村民。而在1949—1951年间，新政权的政策对土匪成员都很宽大。生齐就是留下未走的小头目之一，他与张金华属于同一个凉棚。多年后张金华老人回忆说：

> 生齐当时给解放军、农会写了交代、检讨。之后他没事了，还天天在凉棚中喝酒。当时 (政府) 对土匪的政策比较宽，几年后就变了。

随着保甲制度的废除以及土匪的散去，漳澎逐步地建立了起新的政权体系。在解放军驻军和东莞县政府的大力支持和指导下，以原来的地下党员为基本成员、骨干，漳澎成立了第一个合法的、公开的中共党支部。第一任党支部书记是殷锦光，任期是1949年底至1950年。第二任书记是李善均，任期是1950—1953年。在农村工作方面，共产党的经验很丰富，因此，在很短的时间内漳澎的局势就得以安定下来。新政权首先按照政策相当宽大地解决了土匪问题，留下的土匪头目得到安抚并找到合适的出路，这从根本上扫除了长期危及村落的安全隐患。在党支部的努力与领导之下，漳澎先后成立了农会、乡政府、民兵组织，初步建立起了新政权的权威与施政的架构。

新政权在漳澎最先成立的基层组织，是以整个村落为一个统一单位的漳澎农会。据调查，在漳澎农会之下，最初设立了十个农会小组。农会小组同样是按照地域原则划分的，老人们都说与现在十个坊的范围差不多，这应该是上述访谈中老人说十坊在当时就产生了的原因。当时农会的作用涉及多个方面，而最主要的则是如下几项：选举产生农会主席及相应的领导机构；协助村政府处理村落各种日常事务以及民间纠纷；组织民兵维持社会治安，尤其是开展夜间巡逻工作；协助村政府开展征兵和征粮等工作。在新政权的架构中，漳澎旧有的凉棚或者坊其实并没有得到多少重视。对新政权来说，最重要的基本架构是农会组织。农会小组是漳澎党支部按照地域原则划分出来的，而这个地域划分的标准与传统的凉棚或坊等是不一样的。可以说，无论在组织形式上，还是地域划分原则，农会以及农会小组对漳澎人来说都是全新的。

按照当时的政策，作为新政权一种最为基层的组织，农会对成员的要求相当严格。人们回忆，那时"地主和有钱人是没资格入农会的，只有穷人才能加入"。由于是一个新事物，当时的穷人们对于加入农会普遍还有些担心，张金华就是一例典型。他是一位穷苦的佃农，农会成立后他一时还不敢确定未来形势如何，担心土匪会再打回来，所以最初对加入农会很不积极。后来农会需要"有见识的人去广州办事"，而张金华曾经因为机缘巧合在广州待过一段时间，农会的人就找他去帮忙，不想还经历了一番折腾。有一位老人回忆：

> 当时农会要张金华去广州，就是去找丁纪徐那些漳澎名人要钱、要谷子。当时，政府鼓励支援农民生产。但是，漳澎的新政权没钱、没种子、没谷子，漳澎的财主又不能动，所以就想到去找丁纪徐那些人。
>
> 张金华自己那个时候，其实还是很犹豫的，不想去。最后，还是他的母亲发了话，让他参加农会。张金华就想，现在的政府对我们这么好，以前俗语说的"交兵穷，交贼富，交政府掉裤（意为遭殃、遭大难）"是不对的啊。于是，他就狠下心来："反正都是一条命，就跟你啦！"从那时候开始，张金华就成为七坊的一个"三跟仔"，在漳澎后来很有名的。

那位找张金华去广州的农会会员，也是"三跟仔"之一，叫曾矮仔。

与张金华前思后想之后才做下决定不同，蔡仲才因为大哥加入了农会，他也很快就加入了。蔡仲才的大哥蔡仲坤是漳澎地下党员之一，也是农会的积极分子与骨干之一，他要求蔡仲才也加入农会。在农会几年时间的工作不仅极大地锻炼了蔡仲才的能力，还让他掌握了一定的文化知识。在当时，这种人才颇为难得，于是他就被逐步地培养成新政权的基层干部。

漳澎第一任农会主席是莫秉光（也有人说是丁树生，各人说法不一）；而说起第二任主席，漳澎人至今仍充满着复杂的情感。他竟然在1960年左右私自逃去了香港。新中国成立初期，不知道是什么原因，漳澎大土匪陈佳的老婆赵合并没有逃走，而是选择继续待在漳澎。随着"土改"时期针对土匪的政策逐步收紧，"土匪婆"赵合感到了巨大的压力，于是开始谋划逃到香港以躲避打击。赵合的娘家与第二任主席家同属于一个凉棚，可能是念及这种情谊，他故意设法放走了她。到了1960年前后开始强调阶级斗争时，这件事情就被人揭发出来，他仓皇出逃香港以躲避大难。

在农会的基础上漳澎又设立了乡政府，第一任乡长是徐荫慈。徐荫慈是徐佬凉棚的社员，是农会中的积极分子，漳澎的人们普遍认为他为人公道、正直。新政权所依靠的武装力量，最初是驻扎在漳澎的解放军，有人说人数在十余名上下。后来，漳澎村组建了自己的民兵，民兵们所使用的枪支则几乎都是自土匪处缴获的。过了不久又成立了治安委员会，第一任治安委员会主任是陈亮安，他是党员陈树华的堂兄弟。当时治安委员会与民兵最主要的任务，是晚上负责巡逻村内外各处以防止土匪和国民党特务生乱，这个任务持续了很长时间。

漳澎的十个农会小组成立后，各小组先后都产生了自己的小组长。番禺地相对来说比较独立，所以它单独成立了一个农会小组，组长是简改容。相当于现在二坊的区域，成立了以牛检为组长的农会小组。其余几个小组的组长分别是陈庆林、陈汝平、王李才、林焕喜、林玄栈、陈汝光，他们分别负责相当于今三坊至八坊的区域。访谈时张金华在介绍林玄栈时说：

> 林玄栈是小组长，但是，同一个小组的人都称他是大组长。林玄栈原来无权无势，是个穷苦的装虾佬。加入农会后，他因为为人老实，做事公道，所以成了小组长。大家叫他大组长，那是有点开玩笑的意思。

我们发现，不论是在凉棚、娘仔房，还是在坊、农会，为人公道一向是漳澎人最为崇尚的品质之一。同组的人们称林玄樑为"大组长"，虽然可能确实有开玩笑的意思，但反映出了人们对他这一优秀品质的认可。

新政权建立后，社会文化方面较为优先的工作之一，是取消了漳澎存在已久的异姓结社习俗，这当是出于确保新政权运转顺畅从而稳定地方的考虑。异姓结社历来在漳澎村落社会的建构中占有一定的位置，是志趣相同的人们通过拜把子而组成的一种小团体，其性质颇为复杂，极容易被视为一种抗拒新政权的或明或暗的力量。因此，不管是土匪的七星堂、十九友还是番禺地农民的民英社、农工社，这时统统都被解散了。如果拒绝解散，依照当时的政策则会被认为是反动会道门。虽然取消了异姓结社，但漳澎人在很长一段时间内依然热衷于沿用旧习拜把子，地方政府以及治安委员会似乎对此并不太在意，也没听说过有采取诸如抓捕或者办学习班一类的措施。

除了组织漳澎人民建立起政权之外，农会还要努力改变穷人既有的观念。老人们回忆，政府当时大力教育穷苦人家什么是剥削，什么是迷信，什么是爱国，等等。这些是新政权能够稳固的基础，也是新政权获得合法性的社会文化背景。对于村民来说，这些新概念则是一种全新的世界观，是他们理解世界的全新的方式。怎么样让普通漳澎人摒弃传统的观念而接受全新的认识，是这一时期新政权具有根本性意义的主要任务之一。为此，新政权首先大力破除迷信以期改变人们的认识。而当时被定性为迷信的鬼神信仰，是漳澎村落社会既有的文化支柱之一：社稷、土地、天后信仰对旧时漳澎村落社会的建构发挥了关键的作用，拜神、打醮、扒龙舟等活动是漳澎村落社会的传统文化习俗。这些都被列在了首先除去或者禁止之列。1950年，根据区党委的统一部署和指示，漳澎开展大力破除迷信活动。而执行破除迷信的主要力量，是漳澎一些受传统影响较小、易于接受新事物的青少年。他们最初受命破除的是村内的各个"迷信"场所，天后庙、文武庙、金花庙等庙宇以及摆放在其中的神像，都在这一时期遭到破坏。稍后，除了被改作办公场所而侥幸得以保留的天后庙之外，其余的庙宇建筑都被彻底拆除或者分配给村民用作住房了。也是从这时开始，漳澎在相当长的时期内都不准村民们举行各种"迷信活动"，连扒龙舟也遭到禁止，原因是扒龙舟时要先拜神，这也被视为一种迷信活动。

1950年10月中国出兵参加朝鲜战争，结合战争的发展，漳澎大力开展了国家、爱国等主题鲜明的教育，由此极大地增强了村民的国家观念。例如，因应战争的需要，漳澎与周围的许多农村一样，围绕爱国主题发起了"当爱国兵，交爱国粮"的运动。当时国家还没有开始土地改革，依然承认既有的土地关系，但要求地主必须向农民大幅减租，地主还要与普通农民一样按土地面积向国家交公粮。在最初的一段时间内，漳澎的地主不交或者少交公粮的现象很普遍。为了有效地解决这个问题，漳澎农会专门成立了催粮队，队员们打着写有"爱国粮"字样的旗帜登上地主家门，大张旗鼓地催要粮食和钱款。在国家和爱国的大义面前，这时地主都会如数缴纳。就是以这样的日常活动方式，国家以及爱国就第一次真实地进入了漳澎人的观念世界，而他们也确实深受教育。时隔多年之后，许多人回想当年时依然表示那时很受触动，第一次真实地把自己与国家联系在了一起。张金华老人回忆说，那时他还非常年轻，当时觉得自己"是在为国家做事，那时候感觉自己真是很了不起"。

对于旧时的普通漳澎人来说，地处这块"三不管地界"的他们素来与官府没有多少瓜葛，国家或者爱国之类的观念其实离他们很远，可能从来就没有过类似的认识。通过新中国成立初期这类实实在在的行动，共产党通过地方政府对民众在国家、民族等方面进行了卓有成效的教育。人们虽然对于大道理的理解可能还是有限，但已逐步有了国家的观念，也有了表达爱国的方式，有了为国做事的自豪感。这种自豪感来源于农会的思想教育，更来源于真实的富有成效的行动。应该说，新政权从建立政权架构一开始就系统地向村民们灌输自己在社会、政治、文化等方面的规范，建立起了思想与文化上的权威与合法性，为最终有效解构旧有的村落文化形式奠定了基础。

二、漳澎的土地改革（1951—1954 年）

新政权大力实施的土地改革运动其实不仅仅涉及土地，更是一个重新划定社会身份的过程，对漳澎以及漳澎人的方方面面都有着深远的影响。

（一）土地改革的过程

1950 年 6 月，中央人民政府颁布了《中华人民共和国土地改革法》，漳澎的土地改革随即初步开展。漳澎的土地改革运动是 1951 年开始的，当时有两项最主要的任务，即实现耕者有其田和划分阶级成分。上级派来驻村的土地改革工作队与漳澎的干部和积极分子一起，努力完成了土地改革工作。

1951 年夏至 1953 年初，土地改革运动在今麻涌所属各乡村全面铺开，依靠解放军组成的土地改革工作队，积极宣传、贯彻中央的农村阶级路线。农会在土地改革工作队领导下，主要依靠贫农与雇农完成土地改革以推翻旧有的土地制度。漳澎土地改革时期第一个重大的举动，是于 1951 年 9 月开始的针对土匪与地方传统精英的"清匪反霸"运动。从全国范围来看,当时新政权正受到国民党残余武装与各地土匪势力的严重威胁。而从漳澎这个具体的村落来看,虽然大部分匪首或者头面人物已经逃跑,留下来的土匪也已经缴枪变为普通的农民,但当时的匪患依然时有发生。留在村内的几名匪首以及传统意义上的头面人物生活逍遥,村民们依然觉得他们是土匪,他们也确实是潜在的不安全因素。所以在中央政府"清匪反霸"的号召下,漳澎也一改先前的宽大态度,把留在漳澎没有逃跑的几个土匪头子都抓起来枪决了。同时组织了民兵和村落治安委员会,通过巡逻等大力加强防范匪特工作。"清匪反霸"运动之后漳澎旧的统治势力至此基本消失,漳澎已经没有能够威胁到党组织和基层政府的集团势力了。

张金华老人是漳澎村土地改革的积极分子,当时人称"金华大佬"。他告诉我们,当时的情况确实很复杂。例如,仅仅在今七坊一个坊的地域里,就有超过20户的地主家庭,土匪家庭的数量也很多,十九友匪帮中的六七个人就是出自这里。面对新的变革,这些人和这些家庭肯定不会坐以待毙,束手就擒。多年后回首来时路,他是这样概述当时的土地改革情况的。

> (土地改革前,漳澎)向敌人宣战,进行"清匪反霸,减租退押"的八字运动。那些土匪、恶霸,都要进行清理,该禁的禁,该杀的杀。组织农民登门向地主、富农进攻,为土地改革扫除障碍。
>
> 1952年(正式)转入土地改革,口号是三个月完成。由上级委派工作队,大部分是解放军,领导土地改革工作。当时先搞群众工作,分了三个部分,就是教育群众、串联群众、组织群众。
>
> 当时划分阶级成分的标准是:以雇工为生的是雇农;以佃耕为生,生活困苦的是贫农;自耕自给的是中农;有一定土地自耕,长期请雇工的是富农;有小量土地出租的是"小土地";以放债利为生的是"债利";不务农业而贫困的是"贫民";游手好闲、不务正业的是"游民";有一定的土地出租,自己不劳动的是地主。
>
> 跟着是清算斗争。清算者,就是向阶级敌人讨回一切,包括生命,就是血债血偿。
>
> 再后就是分配,具体的有三个方面。土地按人口分配,每人四亩;房屋由众人讨论议定之后分配;家具、农具、衣物这些东西太多,集中在一处十分杂乱,好丑不分,按村民贫困程度排名的名次分配,结果最为不公。现款是有就分配,按群众公议进行分配。

关于上述的划分成分工作，蔡仲才老人进行了补充。据他回忆，当时在地主这个成分中，又分为很多小的类别，计有"工商业兼地主""地主兼工商业""华侨地主""地主华侨""二手地主"等。所谓工商业兼地主，就是"用店铺挣钱之后，再买土地，就是剥削农民"；地主兼工商业相反，是"用出租土地挣钱，然后兼做买卖"。华侨地主指"从外国挣钱回来，买大把的土地"；"地主华侨"相反，是"先当地主挣钱，之后再出国"。而"二手地主"指的是"自己没有土地，是租其他人的土地，然后转租出去剥削农民"。如果只是"有小量土地出租"，则是"小土地"，即小地主。蔡仲才老人说，这些细致的区分在当时很重要，虽然同样都是地主成分，但具体的类别不同，所得到的对待也不同。老人具体举例说：如果划为华侨地主，一般说来不会遭受多少打击；但如果是划为地主华侨，则有大麻烦——"你就是死定了"。

为推进土地改革运动，上级派来的土地改革工作队首先对漳澎的农会进行了清理。当时的土地改革工作队只有三个人，据说就是为了方便指导工作，他们把漳澎重新划分为三个"片"，每人具体负责一个片。历史上，漳澎只有三个坊的体制，而新划出的三个片的范围分别相当于东庆坊、南安坊、南盛坊，因此也可以认为此时的片只是由坊改了名称。这个举动具有明确的象征意义，标志着新政权的力量开始有效地运转并能够起主导作用。由于这时开始禁止举办传统的扒龙舟、打醮、拜神等"迷信活动"，而传统的坊公所也被作为旧权力形式废除，所以三坊的传统划分体系自此作废了。但村民有关三个坊的意识仍然存在，三个坊仍然是各有边界的清晰存在的地理区域，以至1960—1962年行政关系再次调整时，漳澎仍然是按照三个坊的基本范围划分为三个大队，每个大队的地域仍然基本上等于原先的一个坊。

土地改革工作队中，有一个叫戴树德的副队长，他专门负责二片的工作。当时他手下有三个小伙子非常积极，其中一个叫曾矮仔，一个就是前文提及的张金华，村民们称他们为"三跟仔"。所谓"跟仔"是指当时家里最穷而表现又积极的人，"三跟仔"的意思类似于三个跟班。曾矮仔家是在爷爷一辈时才迁居漳澎的，在当地的居住时间说不上多长。但是，曾矮仔年轻时去过广州谋生，会说广州话和国语，在当时的漳澎算是难得的有见识的人，所以很受戴树德器重，他也确实很努力，发挥了许多作用。张金华家在新中国成立前非常贫困，属于雇农一类，所以他母亲鼓励他参加农会并积极工作。但是，他的母亲去世后家中由其大哥主事，而大哥认为他"给公家做工，又没有钱领"，就不让他继续在农会工作了。曾矮仔就找到张的大哥做工作，最后他只好同意张金华参加一些短期的农会工作。

在土地改革工作队的领导下，番禺地的土地改革工作由原地下党组织成员简任权、蔡仲坤具体负责进行。他们二人手下也有三个类似曾矮仔、张金华这样的积极分子，分别是蔡仲才、简改容和简柏。番禺地的阶级成分划分也主要是简任权、蔡仲坤具体负责，当时划分出男女共计13个地主，分别是业仙、刘洪昌、刘耀昌、孔琼芳、孔领、卢崇恩、卢崇禧、卢崇光、卢崇胡、刘文敬（刘文之妻）、卢加欢、卢崇标、殷娥。

好几位老人回忆，殷娥是新中国成立前夕番禺地最有名的地主刘浩的妻子，但刘浩在新中国成立前已经去世。刘浩在番禺地不但很有钱，而且很有眼光。在他的倡议下番禺地建造的东明书院，成为番禺地人共同的骄傲，这也象征着他们对于财富和文化的追求。由于贫穷和历史较短，旧时漳澎很少有社学、书院之类的教育机构，子弟教育依靠的是各个宗族设立的私塾。刘浩决心改变这一点，他倡议番禺地人共同捐资买下100多亩水田出租给人家耕种，所获得的田租就用作东明书院的日常经费。殷娥嫁给刘浩之后，为刘浩生了七个儿女，分别是刘寿昌、刘洪昌、刘福昌、刘耀昌、刘其昌、刘生女、刘美女。前五个是儿子，属于"昌"字辈；后两个是女儿，也当属于昌字辈，但实际使用的却是"女"字以标明辈分。这个差异很好地说明了那时漳澎人的性别意识。漳澎人在新中国成立前没有严格使用字辈的习俗，刘浩严格地使用字辈的做法，似乎也说明其确有一定的文化水平。殷娥的三儿子刘福昌未婚早逝，其余的几个儿子在新中国成立前先后结婚，并依照习俗与她分家而各自独立生活。她的大儿子刘寿昌早逝，媳妇业仙颇会经营，孤儿寡母最终亦过上殷实生活。刘其昌分家后生活放荡，至土地改革时因为已经一贫如洗而被划为贫农。番禺地的13位地主中刘浩家族占了四位，即殷娥（今五坊人）、业仙（今八坊人）、刘洪昌和刘耀昌。

对于当时的地主的整体情况，张金华老人回忆说：

> 孔领是番禺地大地主卢锭加的妻子，她为卢锭加生了五个儿子。这五个儿子是卢崇恩、卢崇光、卢崇禧、卢崇胡，还有一个是卢崇标。这几个儿子大了以后就都分了家，新中国成立后也都划成了地主。所以，在这里的13个地主当中，卢锭加一家就占了六个。
>
> 剩下的三个地主，就是孔琼芳、刘文敬、卢加欢。
>
> 孔琼芳本来是要嫁给番禺地一个刘姓地主的，但是，那个男的还未完婚就早死了。刘家人坚持让孔琼芳入门，漳澎人说的就是守清①。快

---

① 守清是当时的一种习俗，参见本书第三章"订婚"部分。

到新中国成立的时候,孔琼芳就逃到香港去了。刘文敬是刘文的妻子,刘文死得早,刘文敬一个人把三个儿子都养大了。新中国成立前,刘文敬就与三个儿子都分了家。她本身没有多少土地,就是养了几千只鸭子。① 卢加欢是大土匪陈佳的亲家,卢加欢的大儿子卢进洪娶了陈佳的女儿陈燕当老婆。

老人们普遍认为,当时番禺地的土地改革工作还是相对温和的,只有刘文敬的经历比较悲惨。在番禺地批斗时刘文敬并没有受多少罪,但在漳澎乡举办的批斗会上刘文敬却被批斗得很厉害,后来还被枪决了,我们后文再行分析。

新中国成立初的土地改革是一场对中国乡村社会影响巨大的运动,几乎没有哪个村落能够不受波及。从表1-5可以看到,麻涌乡15个村均参与了这场划定成分,没收土地、房屋与耕牛的社会运动,其中漳澎共没收耕地16000亩,在麻涌乡没收地富耕地总数中所占比例将近50%,没收房屋78间、耕牛15头,在全乡没收房屋、耕牛总数中分别约占10%和25%,可见土地改革运动在漳澎村开展贯彻的深度与广度。

土地改革时期虽然名义上是改革土地,但相比起分配土地,这时所划定的成分对漳澎人的影响更为深远。在此后多年,成分的不同首先意味着政治身份的不同,也就是日后各自命运的不同。新政权讲的是阶级斗争,而既然有工农联盟的政权基础,那么就会有被统治阶级。在漳澎,这些被统治阶级就是地主,有些时候还包括富农。成分是一种社会身份,而包括地主等在内的"黑五类"当时是没有社会地位的,以至于他们的人身安全可以任意侵犯。

漳澎最初划分的成分只是针对个人的,所以才有上述的"某某是地主"之类的说法。随着阶级斗争学说日益甚嚣尘上,地主的家人也受到牵连。由于划分出来的成分是固化的,不仅当事者的政治身份一生不会改变,其后代的成分也先天地被决定了。这些后代在诸多方面同样遭受歧视,甚至被剥夺某些权利。作为一种政治、社会等级的成分,其影响持续到20世纪80年代才告一段落。随着改革开放后国家大转型,随着漳澎的村民们开始埋头搞经济,阶级成分这才逐渐没有了意义。

---

① 也有人说这位女地主当时雇请了几个人帮助,但饲养的鸭子只有200多只,但这一说法似乎不太合乎常理。

表1-5 土地改革期间麻涌乡人口、耕地及没收地主、富农财产情况①

项目 村别	总户数（户）	其中地富户数（户）	占总户数（%）	总人口（人）	其中地富人口（人）	占总人口（%）	总耕地面积（亩）	其中地富占地面积（亩）	占总面积（%）	'52年没收地富耕地（亩）	'52年没收地富房屋（间）	'52年没收地富耕牛（头）
麻一	512	49	9.6	2016	245	12.2	1682	1346	80.0	1346	122	2
麻二	455	16	3.5	1617	83	5.1	1720	384	22.3	384	15	1
麻三	480	36	7.5	1945	132	6.8	3700	3300	89.2	3300	83	3
麻四	435	32	7.4	2600	256	9.8	5800	5200	89.7	5200	64	6
漳澎	1000	37	3.7	4950	185	3.7	20000	16000	80	16000	78	15
大步	880	40	4.5	2730	241	8.8	2829	1624	57.4	1624	56	6
东太	565	48	8.5	2382	235	9.9	3050	1525	50	1525	84	5
新基	425	40	9.4	2100	196	9.3	3200	1900	59.4	1900	90	10
螺村	92	4	4.3	374	15	4.0	850	48	5.6	48	12	1
川槎	485	11	2.3	1458	21	1.4	1426	110	7.7	110	9	5
黎滘	125	7	5.6	456	13	2.9	747	85	11.4	85	4	1
鸥涌	270	16	5.9	1090	68	6.2	2600	380	14.6	380	8	1
华阳	462	12	2.6	1695	42	2.5	4156	205	4.9	205	19	3
南洲	205	19	9.3	900	95	10.6	2250	665	29.6	665	32	2
大盛	452	28	6.2	1080	148	13.7	6200	1520	24.5	1520	28	1
合计	6843	395	5.8	27393	1975	7.2	60210	34292	57	34292	704	62

① 资料来源于麻涌镇人民政府《麻涌镇志》（电子稿），2007年，第312～313页。

特别值得一提的是，成分对于漳澎的一些干部也产生了不利的影响，对于那些出自地主家庭或者与地主家庭有联姻等关系的干部影响尤其大。比如黄富恒，他是漳澎最早的地下党员，新中国成立后还成了干部。在土地改革时他的政治立场非常坚定，并公开与其父黄宜断绝了父子关系。黄宜后来遭到枪决，没有任何证据表明黄富恒曾经试图改变这一决定。可能是因为这些缘故，他后来的仕途基本上没有受到出身地主这一因素的较大影响。但是，红极一时的土地改革积极分子张金华的命运可就完全不同了。他虽然出身于贫农，但后来娶了漳澎某地主一位美丽的女儿为妻。应该是这个行为导致人们怀疑他的阶级立场，他因此被排挤出了权力体系。

（二）番禺地地主刘文敬之死

土地改革时期，漳澎共枪毙了两个女地主，其中一个就是番禺地的刘文敬。为什么会枪毙她，似乎至今也难以说清。

我们发现，时至今日已经死亡多年的这个女地主依然是个颇有争议的人物。番禺地之外的漳澎老干部们普遍认为她"为人刻薄，是群众的阶级敌人"，因此是"死有余辜"。而可能是出于某些苦衷，番禺地出身的老干部至今普遍不愿意过多地谈论关于她的任何事情。至于番禺地的普通民众，则较多地敬佩她的能力和毅力，普遍认为丈夫早死的一个寡妇，在那个年代不但能够辛辛苦苦地将五个儿女全部养育成人，还积累下了一笔不小的财富，这确实极为不易、令人佩服。但与此同时，他们似乎也普遍厌恶她的某些行为或者个性，最常见的是说她"事事逃不过算计，对人说话非常刻薄"。应该说，她为人刻薄是番禺地内外一致的认识，或者也是她真正的死因。

由于时隔久远又没有文献资料，漳澎的老人们对于刘文敬的记忆已经有些模糊。人们普遍认为她是在清朝末年出生的，具体的时间则不详。长大后她嫁给了同在番禺地的有钱人家刘文，刘文中年时即去世，给她留下了五个未成年的儿女。此后，刘文敬以一己之力担负起了家庭生活的全部负担。人们普遍反映，当时刘文敬并没有多少土地，她的经济来源主要靠养鸭子。由于地处水乡，养鸭图利在当时的漳澎以至整个东莞都很常见。但是，旧时在漳澎能够大规模地养鸭子的必定是有钱的财主。这是因为养鸭子是一项前期投资颇高的生产活动，需要先期投入很多的资本用以买鸭苗、雇工人，还要交鸭埗的租金。此外，养鸭子的风险也很高，要防范瘟疫、灾害、偷盗、走失等。因此，当时只有相当有钱的财主才能从事这一回报也很高的行当。鸭蛋是这一行当的一大收入来源，当时卖鸭蛋获取的利润很可观。漳澎地处新塘和道滘两个市场圈之间，这种状况一直持续到20世纪70年代漳麻公路通车后才改变,那时漳澎才开始向以麻涌为中心的市场圈靠近。新中国成立前,漳澎人一般多是去新塘的墟市赶集,因为那里的物品较为齐全,而且集市是三日一期,比较方便。当时漳澎人去道滘赶集的为数较少,通常都是因为某些特殊的原因才会去那里。不过,当时卖鸭蛋则几乎总是在道滘进行,据说是因为利润相对高。

蔡仲才老伯在新中国成立前曾经为刘文敬养过鸭子,当时他还是一个只有十几岁的孩子。2007 年访谈时,他曾经对我们回忆说:

> 那时候啊,刘文敬养了 2000 多只鸭子,雇了三个工人,分别是头手、二手和尾手。当时呢,头手总体负责养鸭的事情,二手协助头手,尾手其实就是打杂的,也就是学徒。
>
> 刘文敬雇的头手是道滘人,叫何沛,(当时)年龄 40 多岁。① 二手是番禺地人,叫谭善禧。尾手就是我。② 头手的工资是每个月 200 市斤的谷子,二手每个月 100 市斤谷子,尾手每个月有 50 市斤谷子。
>
> 她(即刘文敬)对我们这几个雇工,应该说还是很好的。比如她给雇工吃的饭菜,也是当时漳澎(雇主所给的饭菜中)最丰盛的。(那时我们这些)帮她做工的一天(能够)吃三餐,比一般人家的生活还好。就算是到现在,漳澎还有不少人家是一天吃两餐呢。③

由此来看,刘文敬对人应该还是不错的。否则,蔡仲才老伯这位前雇工,不会在几十年后还心存感激地说起她。实际上,她应该还帮助过不少当时的穷人。例如,她就帮助过张金华,访谈时有老人对我们回忆道:

> 张金华家本来是没有地的穷人。在 1947 年或 1948 年,跟他一起住过同一个凉棚的丁衡,让张金华佃耕了自己家的 14 亩水田,算是帮他养家糊口。丁衡与张金华还有些老关系,张金华原来的老婆,就是丁衡的小姨子。
>
> 张金华有了可以种的土地,但是没有稻种。张金华母亲的娘家是一

---

① 何沛在漳澎居住多年,新中国成立后也在漳澎分到了土地,并就此在漳澎定居下来而没有回道滘。

② 蔡仲才与谭善禧在养鸭过程中相处甚好,二人后来还因此拜了把子成为把兄弟。

③ 漳澎的旧俗是一天两餐,至今仍然有不少人家遵此习俗。许多老人认为,现在改为一日三餐,"是外地人带来的外地风俗"。参见张振江、陈志伟《麻涌民俗志——岭南水乡社会研究》,汕头大学出版社 2008 年版,第 60~61 页。

坊番禺地的，与刘文敬也有亲戚关系，好像刘文敬是张金华母亲的表嫂。所以，张金华的母亲就去找刘文敬，意思是借些稻种。刘文敬对张金华的母亲很热情，就借给了稻谷种子。新中国成立后，张金华的母亲还特别要求张金华，叫他参加农会活动的时候不要去一坊（斗刘文敬），原因就是这个，就是他妈妈说的"刘文敬对我们家有恩情"。

人们都说刘文敬是个典型的精明农妇，说她虽然对"自己人"很好，但有时仍不免算计；对与自己没关系的人，她就"很刻薄了"。番禺地的老人们谈论起刘文敬的时候，至今仍然是普遍充满了惋惜和无奈，认为刘文敬对番禺地的人确实不错，对亲戚也很好。但是，这些人之外，刘文敬就完全是另外一回事了，"确实是比较刻薄的"几乎是漳澎老人们公认的评价。而与番禺地临近的今二坊、三坊的村民，则对刘文敬颇多痛恨之词。

老人们都说刘文敬对自己人和外人"分得太清楚"，而且还不知道"嘴上留情"，这可能是她致命的缺点。新中国成立后，原来的穷人变成了新政权中的精英，掌握了国家赋予的权力，而刘文敬则被划成了地主成分，成了要打击、清理的阶级敌人。刘文敬原来依持的亲戚网络、地缘网络，在代表国家意志与权力的新政权面前变得无能为力。例如，受过她恩惠的张金华的母亲，也只能在死前嘱咐自己的儿子不要参与对付她；在番禺地举办的批斗会上，人们也没有过多地为难她。这些都说明了传统的地域与血缘关系确实曾给予她保护，但同时也说明了传统的地域与血缘关系所能够给予的保护是多么有限。因此，当刘文敬被推到整个漳澎村的批斗会上，场面就完全不同，她的结局几乎就已经注定。

但是，让人感到奇怪的是，刘文敬只是内外有别、好算计，最多也只是为人刻薄，并没有害死过人，村民应该不至于对她恨之入骨。她也不是漳澎最富有的大地主，漳澎比她富有的大地主多的是，仅番禺地一处就有好几个。那么，为什么是她而不是别人遭受了最终被枪决的命运？

如前文所述，番禺地共划分出13个地主，分别属于四个姓氏，其中以刘姓、卢姓两个地主的势力为最大。刘浩是番禺地境上较早出现的大地主，家族的势力相当强大。蔡仲才老伯就曾经说，他在主持一坊的事务时，做事经常要考虑到刘家会有什么样的反应，有一次他因为与刘家一位族人发生冲突还被打了。蔡老伯在当时已是"公家的"干部，居然还要如此，由此可见刘家实力之强大。卢家与刘家的地位相当，都是番禺地的强族。而除了家族本身的势力之外，刘家和卢家的亲戚更是遍布漳澎各坊。刘浩有7个子女，婚嫁的对象基本上都是在漳澎村内。刘浩的两个兄弟及其一众子女，将盘根错节的亲戚关系网编织得愈加庞大。卢锭加也有6个子女，他们也都是在漳澎村内嫁娶，同样是关系网络异常庞大，在村落里形成极大影响力。

与刘、卢两家的强势相反，女地主刘文敬所能依赖的可靠的社会关系实在很少。她的丈夫过早死去，在传统的农村中这无疑使她失去了一个极为关键的有利因素。她虽然被划为地主，但实际上没有多少土地，最终只能依赖养鸭子谋利，似乎也间接反映出她在村内的关系网有限。更重要的是，她的社会网有一定的缺陷。例如，现在早没有人能够清楚地记得她出生的家庭，也没有人记得她生前如何与娘家互动，这些都说明其娘家在社会地位上是无足轻重的。她虽然育有5个儿女，但也没有借此建起强大的社会网络。她的大儿子刘日光的妻子，居然来自洪梅镇这一漳澎人口中所谓的"东面村仔"，这应该很能说明刘文敬一家在漳澎的地位。"东面村仔"是漳澎的地方性概念，指的是与漳澎邻近的现属于望牛墩镇、洪梅镇的部分村落。这些村落均位于漳澎的东面，面积小，人口也少，一般就是几百个人。对于这些"东面村仔"，当时遭受大村白眼的漳澎人居然也能够心存蔑视，普遍认为这些村子"穷苦、人少、受欺负"。正是因为这些原因，"东面村仔"的女人才愿意嫁到漳澎这个周围的村子不愿与之通婚的村寨。漳澎举办龙舟景时长期鲜有他村光顾，"东面村仔"则经常派人参加，也说明这些村子确实无钱又无势。现在已经无从确悉刘文敬出于什么考虑找了来自这样一个地方的儿媳妇，但我们可以肯定的是，这种婚姻情况不会给她带来任何实质性的社会地位方面的加分。总而言之，刘文敬无疑是番禺地13个地主中处境最为不好的一个。而更加糟糕的是，她还由于自己平素的言行得罪了回头看来不该得罪的人。与其邻近的今属于二坊、三坊的村民，提起她时至今多有痛恨之词。新中国成立初期任职的老干部提起她时，至今仍然几乎都说她是"群众的阶级敌人"。仅根据这些，就不难想见她在当时的人际关系之差。

根据访谈可知，在旧时的漳澎，刘文敬日常的为人与处世虽然绝对算不上出色，但也不至于最差，更丝毫说不上罪大恶极。我们在访谈中发现，没有人能够举出这个女地主干过什么十恶不赦的坏事，很多人其实对于她的一生还是颇多佩服。也是因为这个原因，村里至今无人能够清楚说出其死因，更无人举出实例证明她是"人民的敌人"而必然该死。同时刘文敬也很精明地处理了与番禺地居民的关系，对于自己的亲戚以及雇工也一向颇多关照。因此，如果村落社会环境与权力结构不变，如果漳澎旧有的社会关系与运行机制依然延续，虽然番禺地内外都普遍认为这个精明能干的女财主很刻薄，但她应该还是可以平安度日的。她当时的雇工之一、土地改革时的积极分子张金华老人，在几十年后说起她时还多有誉美甚至感激之词，也说明她本不至于结局悲惨。

但不幸的是,随着原有权力结构的改变,一切都变了。新建立的国家权力带着一整套全新的世界观与运作方式进入了漳澎,漳澎的权力格局与运行机制都发生了巨大的变化,原有的人际关系被新兴的阶级关系替代了。而更为重要的是,"原来的穷人这个时候掌权了"。在当时的漳澎,实际掌握权力的是原来的地下党组织的部分成员,而从地域格局来看,则以今二坊的干部最多。非常不幸的是,这个坊的村民历来不是这位女地主的福星,此处居民至今普遍对刘文敬持有极为负面的看法,认为她"为人非常刻薄"。到了土地改革时期,村落需要配合国家的号召"清匪反霸",这也成为一举彻底解决这个女地主的最好契机。在漳澎对面的番禺沙田地带,老人回忆起那段时期,感叹有时候"所谓的贫苦人民'斗地主',并不是真的'斗地主',而是以'斗地主'的幌子批斗和报复那些新中国成立前在村里引起民愤的人。只要得罪的人多,就很容易变成'阶级敌人'"①。应该说,这种说法在很大程度上是极为真实的。在这个意义上完全可以说:刘文敬之死实际上是国家权力与村落矛盾在特殊时期合谋的必然结果。也因此,她从一个"非常刻薄的人"成为"阶级敌人"。

三、漳澎十坊体制的形成

如前所述,新中国成立初期漳澎即由三个坊改变为三个片。到了1962年,主要是为了行政管理上的方便,政府将三个片又重新划分为十个坊。几十年过去后,不论在行政上还是在生活上,漳澎人已经离不开这个十坊体制了。

当然,十坊的划分也不是凭空而来的,而是有一定的历史渊源与地域依据。如前所述,民国后期时漳澎一度实行保甲制度,漳澎老人们多认为保甲的编制以十多户为一甲,而几条巷子合为一保,仍是基于里巷来分隔地域。实际上,最好的分隔漳澎地域的工具一直是里巷。如此看来,民国时期的十三个保与后来十个坊的划分在形式上虽有所不同,精神上却是极为相似的。有些老人认为,漳澎从三个坊再细分为十个坊的时间是在新中国成立初期,认为那时漳澎成立的十个农会小组就标志着十坊体制的形成,这是很有道理的。不过,现在已经没人能记清楚当时每个农会小组所覆盖的具体地域范

---

① 参见曾惠娟《从沧海沙田到现代水乡——20世纪珠江口沙田围口聚落的社会史》,中山大学硕士学位论文,2015年。

围,况且农会只涉及特定的人群,更多的是一种政治导向的社会组织,而与漳澎十个坊的地域划分在性质上是完全不同的。无论如何,基于地域的这种十坊的行政区划,可能是经历一定的演变之后在1962年最终确定的。漳澎传统的三坊划分虽然仍有地理的边界,也经常对人们的某些生活如祭祀土地起到作用,但更多的只是存留在人们的意识中,而不再像从前那样具有实质的意义。

新中国成立后不久,全国农村地区逐步实施社会主义改造运动,从互助组到初级社,再到高级社,最终到人民公社,全国的农村一步步进入了集体生产的社会主义社会。这为漳澎十坊体制的最终确立奠定了坚实的政治基础。1953年2月15日,中共中央通过《关于农业生产互助合作的决议》。同年,东莞县建立了一大批农业生产互助组,开始推广前的试验。当时的漳澎有七个试验互助组,互助组内实行耕作互助、农具互用等。1954年初,中共东莞县委根据中共中央《关于发展农业生产合作社的决议》的精神,试办初级农业生产合作社,并于第二年在全县推广。在当时的漳澎,也由互助组组长和联组组长集体签名向政府递交申请书,申请成立初级社并获得批准全面实施。漳澎当时共计有68个初级社,由管理委员会统一负责管理。在初级社中实行"四个统一"原则:耕地统一经营;耕牛、农具、股金统一使用,年终结算分红;劳动力统一安排,按劳分配,评工记分;种植和生产统一计划。初级社因地制宜推广农业技术和田间管理经验,并利用农闲时间把部分劳力投入工业、副业生产,有效地增加了村民的收入,因此至今还深得很多漳澎老人的好评。

到了1956年,漳澎开始推行高级社体制。当时一共建立了三个高级社,每个社在地域上则各自相当于三坊体制时的一个坊。对于高级社的活动及其历史意义,《麻涌镇志》有过介绍和评价,大体上也适用于漳澎:

> 高级社的建立,使生产资料从私有制转为集体所有制。其组织领导方面,进一步加强农业社管理委员会的力量,设主任、副主任、生产队长、会计、出纳、保管、记分员等;经济体制上,高级社为基本核算单位,统一经营,统一分配,生产队为生产单位,实行"三包一奖罚"责任制(包产、包工、包成本、超产奖励、减产扣罚),承认队与队的差别;政策处理上,生产资料转为公有,土地无偿入社,取消土地分红,生产收益实行按劳分配,耕牛农具折价归公,作为公有股份基金,按劳力等级,推平负担,多还少补。自留地一般按人口分给农户自己安排种植(平均每个人在0.03~0.1亩之间)。高级社建立后,把劳力集中起

来，在农田基本建设（修筑"四乡大联围"，统一规划修建水闸、堤坝，开挖规范的河沟、兴修水利排灌涵窦等）、耕作制度改革（单造改双造）、作物布局、劳力与行业分工、多种经营等方面有了整体的统筹安排，对发挥集体力量起到积极作用，促进了农业的发展。①

依靠集体的力量，高级社做了许多工作。而最为漳澎人所称道的是高级社修建各种水利设施，尤其是政府组织当时的漳澎、麻涌、大步、新基等四个乡合作，以集体的力量完成了著名的"四乡大联围"，这是对于今日的漳澎具有决定意义的一项水利工程。旧时漳澎的田地几乎都是经常遭受海水淹没且只能一年一造的水田，产量极低。四乡大联围及其配套设施的建成，极大地改善了生活与生产环境，漳澎的水稻种植转为一年两造，从此产量大增，人们的生活水平也大幅提高。②

1958年10月，漳澎开始逐步推行人民公社制度。1962年，中共中央发出《关于改变农村人民公社基本核算单位问题的指示》，提出"三级所有，队为基础"的管理体制。根据这一项指示，漳澎又把三个高级社合为一体，成立了统一的漳澎农业生产大队，大队下再分为十个坊。很多访谈对象都回忆说，当时十个坊的划分体制，是漳澎的多位党员、干部集体讨论后决定的，主要目的则是便于行政方面的管理。在性质上说，这时的十个坊相当于十个生产队，每个坊负责全面管理各自坊内的生产与行政事务，因此也可以认为是一级政治与经济的组织形式。可以说，到了1962年，漳澎的十坊体制就确定并巩固起来，所辖地域至今没有发生根本性的改变。不过，从1978年开始，漳澎与全国一样逐步开始实行家庭联产承包责任制，坊集体组织生产权力下放，各户自主独立经营，这使得坊的各种作用受到很大程度的削弱，尤其是其集体经济的功能极大地弱化。2002年东莞市试行农村股份合作制，随后在全市范围的农村推行。根据政府主导的统一行动，漳澎十个坊都成立了自己的股份经济合作社，以股份制经营坊的集体财产。如今，十坊体制依旧在村落管理、集体经济以及日常行政中发挥着重要作用，但已经完全不同于集体生产时期的作用。

如今的漳澎十个坊各自独立、自主经营，每个坊有自己的坊长，坊事实

---

① 参见麻涌镇人民政府《麻涌镇志》（电子稿），2007年，第315页。
② 具体可参见张振江、陈志伟《麻涌民俗志——岭南水乡社会研究》，汕头大学出版社2008年版，第14～15页；张振江《流水·坊巷·人家——村落漳澎的人类学景观》，中山大学出版社2014年版，第288～292页。

上成为一级社会组织，也有一定的经济功能。全村十个坊的事务，则由漳澎的村委会与村支委总体负责，主任和书记统筹全村集体事务，这种权力架构显示了国家权力对村落社会传统的改造与吸收。但似乎可以说，十坊体制在很大程度上又变成了纯粹的地域概念，一如历史时期的三坊。

第四节　村落社会的变迁与延续（二）

新中国成立后尤其是改革开放后，漳澎社会的生计方式发生了根本性的转折，村落传统与文化相应地经历了急剧的变迁。某些传统消失，某些传统则在消失后又得以恢复或者重建，使得传统的村落展示出新的顽强的一面。研究国家权力与乡村社会的学者或专注于乡村社会的变迁方面，或聚焦于其延续的方面，但漳澎的经验则告诉我们，乡村社会本是多面向、多层面的存在，简单地认定乡村变迁或者延续，可能都是比较草率的。

一、拜把子与娘仔房

由拜把子而形成的异姓结社这种习俗，如今已经完全消失了。但是，作为一种传统的有效的建立个人关系的途径，拜把子在新中国成立后的一段时间内还在一定范围内存在。不过，人们这时拜把子通常会有许多新的考虑或者顾虑。此次调查中，有一位老人向我们回忆张金华和人拜把子时的情况：

> 新中国成立后，有一段时间，张金华是七坊最有名的"跟仔"，那时很风光。
>
> 那个时候，张金华已经20多岁了，还是住在凉棚里，并且跟住在那个凉棚的一个后生关系非常好。这个后生的父亲有心眼，让这个后生准备了一些东西，找了十几个后生一起来请张金华，说他们都想跟张金华拜把子。张金华那时是积极分子、红人，当时就有一些顾忌。这十几个人中，张金华只熟悉其中的几个人，其他的人他都不熟悉。最后，张金华就找了个借口，就说里面有些人的年纪太小了，所以不能拜把子。最后呢，就只跟两个人拜了当兄弟。
>
> 就是对这两个拜把子兄弟，张金华的看法也不同。其中一个叫丁创的，与张金华的关系最好。一直到现在，张金华与丁创还会聚会。张金华与另外一个姓周的小弟的关系，一开头就不好。张金华认为那个姓周

的人为人不好，跟别人拜把子是为了利用别人，就是"聚捞"。

张金华这次拜把子的事，大概发生在1953年。当时张金华结拜的这两个小弟，原本就都是一起在敦厚里凉棚居住的，因此他们彼此都很熟悉。丁创是丁福的孙子、丁林的儿子，老人们说他年轻时是个典型的"二世祖"，依仗着祖上家业整日游手好闲、不务正业。姓周的那位小弟的父亲从前当过漳澎的私塾先生，后被划为地主。据说其父与著名的东莞明伦堂还有某种微妙的关系，有人说最初就是明伦堂派他来漳澎教书的。到了土地改革时期，这两户人家都属于成分不好的家庭。当时张金华从一个一无所有的佃农成为协助土地改革的积极分子，在敦厚里凉棚是个大红人。这些人找张金华拜把子，应该是有所图的。后来，张金华也确实时常照顾他们。

这位周姓小弟，除了张金华之外，还与另外的好几个人都通过结拜成为异姓兄弟，其中的两个即蔡仲才、胡某某。他与胡某某拜把子，背后还有段故事，访谈时胡的女儿同时也是这位周小弟的媳妇对我们说：

> 父亲是个勤快的农民。有一次，他从田里扒艇回家，刚上岸就发现有个女人要跳水自杀，他急忙把她救上来，认识这了个女人，她姓叶，她的儿子姓周，与父亲也认识。
> 这位姓周的小弟，为了感谢父亲救了她母亲，就与父亲拜把子，结为异姓兄弟。这是在（20世纪）60年代发生的事情。

两人结拜后，周确实得到胡很多的帮助。20世纪70年代末，政府许可农民多种经营，周也想做点生意，但是没有本钱，于是找到胡向他借一万元作为本钱。在当时，对于普通人家来说一万元几乎是个天文数字。但在集体时期，胡家夫妻两个加上五个儿女共七个人参加集体生产劳动，所以家中的工分挣得多、收入也多，故有较多的积蓄。周利用借到的这一万元做起了药材生意，最终颇有斩获。药材生意还意外培养了他对于医学的兴趣，后来他在哥哥的帮助下进入广州中医学院学习过一段时间，现在已经是漳澎颇有名的一位医生。

到了20世纪80年代初，周、胡二人的孩子都到了嫁娶的年龄。周向胡提议彼此结为亲家，胡于是把他的二女儿嫁给了周的小儿子。其实这对年轻人以前就彼此认识，但依照习俗，还是在双方父母和媒人的安排下见了一面，算是订婚。据说胡家的女儿其实并不愿意，但碍于父辈的情面只好答应。三十多年前张金华结婚时也是经传统的"父母之命，媒妁之言"，所娶的妻子是某地主的女儿。张金华至今还清楚地记得当时的情况：两个人"话都没说几句，光紧张了"。新中国成立后婚姻方面最主要的改变，是不再需要媒婆的介入了。如今有时还会出现需要媒人的场面，不过这已经纯粹是"走形式"，没有实质的意义。至于《中华人民共和国婚姻法》中明令禁止的童养媳、一夫多妻①等现象，在土地改革时期就已经消失。如此说来，真正改变漳澎婚姻中父母之命这种传统的，是当代社会。

据张金华回忆，新中国成立后不久拜把子这种形式就趋于消失，这应该是完全可信的。我们统计后发现，现在55岁左右的村民中大部分都没有拜把子的经历，说明1949年前后出生的第一代漳澎人就不再热衷于拜把子。访谈时已经年届60岁的周伯告诉我们，新中国成立后他们都可以上学了，"都有同学了，那时候啊，拜把子就没有了"。很多人回忆当年的情况时，都将拜把子与同学关系相提并论，认为是同学关系的出现导致拜把子消失。这种解释是漳澎人自己的总结，似乎颇有意思。

新政权待形势稳定之后，迅速在漳澎成立了新式的现代学校。学校内实行男女生同班混编，而每个班级都按照一定的人数编排。老人们都还记得，当时的小学分为两段，即初小三年、高小三年，合计六年。很多老人都说，可能是受当时形势的影响，政府在女性教育的事务上做得特别好。我们也发现如今55岁以下的妇女几乎都或多或少地上过几年学。在校期间形成的同学关系在毕业后通常都能够维持，甚至得到加强。访谈时已经离校多年的周金城说，他们班的同学毕业后关系还在，多年来都是一有时间大家就聚聚，而哪位同学有困难大家都会主动帮忙。只是最近才有些变化，"最近几年，因为很多人出去工作了，所以，只有过年时同学们才能聚会"。

拜把子是传统的异姓男人之间建构关系的一种形式，表面上它是基于"义"这种传统的价值观念。不过，在实际生活中，人们考虑最多的可能还是借此建立并拓展自己的社会关系网。而从文化形式上看，拜把子与同学关系是根本不同的，前者是主动地结拜成为兄弟，后者则是因为现代教育的分班学习而被动地结成。但是，如果从个人的社会关系网来观察，两种形式其实并没有根本的不同。在新形势下接受国家主导的教育的年轻一代看来，传统的拜把子总会显得有点"封建"，相比较之下，同学关系更加自然，而且易于被人接受。在漳澎，同学关系适用于同一班，也可以扩展至同一届、同一校的群体，因此更具有弹性。由此看来，拜把子消失几乎是必然的。

---

① 据调查，漳澎确实有过一夫多妻的现象，但始终极为少见，完全可以视为特例，故本书不讨论。

如前文所述，漳澎传统的娘仔房在为女子提供住宿的同时，又是对女性进行社会性别建构的一种重要场所。新中国成立后，漳澎普通人家的居住条件没有马上发生重大的改变，娘仔房依然有其存在的理由，也确实继续存在了多年。迟至1974年前后，当时还是少女的胡沛娴找来几个平素与自己玩得好的姐妹，共同组织了一处娘仔房。这时娘仔房的基本功能依然是为女孩子们提供过夜的住所，只是在具体的社会性别的教育内容或者方式上稍有变化。新中国成立后的很长时间内，漳澎对女性的社会建构并没有发生多大的转变。除了几个被人们称为"爱出风头"的女性积极分子为人们另眼相看之外，漳澎社会整体上依然以贤惠的妻子、孝顺的媳妇为女性建构目标。在这样的大背景下，娘仔房依然是品行端庄的寡居妇女传授、培养女子行为与品德的合适场所。我们的调查发现，那时漳澎最为有名的一名"家长"就是土匪生齐的妻子。她出生于大户人家，生齐被枪毙之后成了寡妇，可能是出于排解寂寞的需要，便组织了一处娘仔房。人们公认她品行端庄，所以她的这处娘仔房很有名，一般都会有十几个女孩子常住此处，在当时属于一处很大的娘仔房了。她向一众娘仔传授的内容与新中国成立前的大体一样，只是这时不再教授如何拜神了。新中国成立后少女拜七夕的习俗逐渐消失，但培养女孩子的女红技能对于持家仍有重要作用，因而依然受到重视。到了20世纪80年代末期，随着漳澎人住房状况的普遍好转，娘仔房迅速消失，这与漳澎人在婚姻中追求爱情、追求自主几乎同步发生。

在我们看来，婚姻、拜把子与娘仔房等属于传统的第二层面的村落社会建构途径，因此国家权力对它们的影响是不一的。拜把子被同学关系取代，是在国家主导的学校教育影响下进行的。而从村落社会传统来看，我们可以说拜把子是被国家权力瓦解的。至于婚姻与娘仔房，自然也同样受国家权力的影响，但相对来说比较间接而且有限。婚姻中父母的权威弱化是改革开放后的事，娘仔房也是于20世纪80年代末期才彻底消失的，与政权的更迭并不同步。

二、龙舟、坊与凉棚

漳澎的人们普遍认为，扒龙舟在以前的漳澎是影响最大的一种传统的集体性的竞技性民俗活动。但在我们看来，当时的扒龙舟其实并不仅仅是一种竞技活动，它还有着许多其他复杂的社会含义，在村落内外的沟通与整合中都发挥着很大的影响力。它是端午时节最令人快乐的集体比赛活动，对于村落社会来说它是漳澎的地缘单位"坊"的具体呈现。而从村落关系来看，它是沟通地域村落的有效机制，因此龙舟景才至今犹令人津津乐道。扒龙舟时还伴有的拜神、祭祀活动，则是民间信仰的具体体现形式。

漳澎人对赛龙舟的看重程度非同一般，并因此而有着一系列严格的禁忌习俗。旧时孕妇被称为"四眼"，划龙舟时如果碰到了"四眼"，则被认为必然会极大地影响龙船的运气。实际上，漳澎人认为所有的女性都要远离龙舟，参加扒龙舟的人对所有的女性都心存忌讳。因此，旧时赛龙船如果发现有女人站在桥头，龙舟就要掉头走其他的水路，不能被妇女"骑过头"，否则，人们认为不仅必然会输掉比赛，还会出现某种意外。如果有女人登到龙船上，也会被认为不吉利，会因此输掉比赛。一位婆婆曾经向我们回忆起她小时候的经历："那个时候我住在五坊，想看划龙舟（比赛，但是不敢去）。那个时候啊，要是有哪个妇女敢站在桥头看扒龙舟，那些土匪可以用枪指着，就是要把她赶走，说是会招来不吉利。你要是在那个时候还不走啊，就是直接把她打死了，（村民也不会说什么，那个土匪）也不用赔什么。"①

新中国成立后不久，官方认为这种扒龙舟竞赛中多有宗教信仰成分，是一种群体性的迷信活动，因此严格禁止举办。但是，对于村民个人之间纯粹竞技意义上的划龙舟比赛，官方实际上并不禁止。我们在调查时有不少老人回忆，他们年轻时在生产队劳动结束后经常三五成群地互相挑战，然后"跳上龙舟就比赛"。到了1978年，麻涌镇政府顺应民心，正式复办扒龙舟活动。《麻涌镇志》把扒龙舟的迷信标签抹去，换上了一个全新的说法：

> 1978年是年端阳节，纪念爱国诗人屈原的活动复苏。麻涌恢复民间传统的农历五月十六日"龙舟景"佳节活动，群情踊跃。②

如此一来，扒龙舟从原来的迷信活动变成极有教育意义的纪念爱国者屈原的活动，自然就可以大张旗鼓地开展了。作为传统的龙舟大村，漳澎也很快就恢复了扒龙舟活动。但与以前以坊为单位举办不同，这时改为以整个漳澎村为单位。1982年，东莞市政府举办首届龙舟大赛，漳澎派出的龙舟队分别获得男、女队冠军，漳澎龙舟从此声名大振。此后漳澎龙舟队多次代表东莞参加地区性、全国性甚至国际性的比赛，并且都取得非常好的成绩。周围

---

① 不过现在这种状况已经大有改变，女子也可以扒龙舟。2012年漳澎还组织了一支女子龙船队并获得了东莞赛区第一。村中妇女都对这件事津津乐道，认为女性终于吐气扬眉了。参见张振江《流水·坊巷·人家——村落漳澎的人类学景观》，中山大学出版社2014年版，第25页。

② 参见麻涌镇人民政府主编《麻涌镇志》（电子稿），2007年，第52页。

的村寨历来公认"漳澎人扒龙舟很有本事",这种看法自此也得到官方的认可。

政府对扒龙舟的意义的重新阐释使得龙舟活动复苏,龙舟活动也成为国家与乡土社会共享的欢乐盛事,虽然两者对它的理解和阐释可能完全不同。现在的漳澎拥有十几条龙舟,分别属于不同的个人或集体,其中代表整个漳澎的有两条,十个坊也各自拥有一条。漳澎籍的香港名人陈冠杰私人拥有一条特殊的龙舟,[①] 但一般不用于比赛。陈冠杰年少时便离开漳澎到香港发展,早已经不是漳澎人,但由于他对漳澎有很多贡献,村中破例给他拨了一块宅基地供其使用。陈冠杰专门资助原来所在的坊建了一座凉棚,他的龙舟平时就放在这座凉棚内。此外,漳澎的大姓如林、赵等姓氏的人家还拥有属于本姓氏的龙舟。大姓与坊,如今依然是村落内部都承认的实体。大姓关涉村落社会传统之一的宗族的延续与变迁,坊现在则是国家权力的具体体现与村民归属感之所系。在这个意义上说,归属于坊和大姓的龙舟,可以分别被看作国家权力与村落传统的展现。

坊并不仅仅是国家权力的展示,在漳澎民众心中还有更为复杂的意义。如前文所述,漳澎十坊的体制形成于新中国成立前后而定型于1962年。十坊体制的划分当时确实是由干部们决定的,当时参与其事的蔡仲才老伯认为,十坊的划分是为了管理的方便,"当时漳澎人口多达5500人,不细分的话,想管好这么大的地方、这么多人不容易"。但是,他们的决定也不是凭空产生的。经过50年的时间之后,十坊体制早已成为漳澎村落的传统。对于如今的漳澎人来说,十坊是最基本的行政区划与地域标志。十坊体制早已经不是停留在村落管理层面上,而是已经渗入漳澎人生活的各个方面,早已成为国家与村民共享的制度化机制。现在的坊不仅是国家权力的展现,还是漳澎村落社会构建过程中最重要的空间依据之一。坊在村民眼里不只是干部的管理区域,还是自己所属的具体地域。因此,将坊完全对应于国家权力、宗族或者村落社会传统中的任何一个,都是简单化的、武断的。可以说,国家权力与村落社会在坊这一层面相通。

与坊发生了类似变化的是凉棚。新中国成立后,凉棚也随着坊的变动而发生了较大的变化。直到改革开放前,坊的地域范围与凉棚实际上并没有多少关系,二者并不必然相关。一个极为简单的事实是:在实行三坊体制的相当长的时期内,漳澎拥有多座凉棚,而不是只有三座凉棚。这就非常明显地

---

① 关于这条龙舟的具体情况,参见张振江《流水·坊巷·人家——村落漳澎的人类学景观》,中山大学出版社2014年版,第177页。

说明了坊与凉棚并不对应。据我们统计，到新中国成立前夕，漳澎共有19座凉棚。三坊长期拥有两个凉棚，即和平社（俗称赵姓凉棚）和农安社（俗称许佬凉棚），三坊的地域范围大致是两个凉棚地域的合体。而六坊，其地域范围大体上也是高棚与天后庙凉棚两座凉棚地域的合体。当然，这并不是说，坊与凉棚绝不能够出现某种重合。一坊的地域与过桥街凉棚的范围几乎完全一致，这与一坊的地理位置、历史来源以及居民的地域认同有关。而七坊与敦厚里凉棚的范围也基本相同，敦厚里凉棚的主体成员也顺理成章地成为七坊的居民，只有小部分被划到其他的坊。

在六坊境内，至今生活着一位被村民俗称为"贩鱼佬"的老人，行政上属于六坊的他却是敦厚里凉棚的社员。原因在于新中国成立之前他是敦厚里凉棚的社员，后来才被划归六坊。从这个例子可以清楚地看出，凉棚的基本单位是家庭或者家族而非里巷，故凉棚在地域上没有相对整齐划一的分布态势，地域边界是模糊的。1962年时，漳澎划分十坊时最主要的依据则是巷子，即若干条巷子组成一个坊，由此形成了坊整齐的明确的地域范围。在我们看来，这种差异也清楚地说明了坊是基于地缘的，但凉棚则是地缘与血缘的复合体，是基于地缘认同与血缘认同而来的一种传统的村落社会形式，蔡老伯的经历就是一个合适的例子。

蔡老伯原本生活于六坊的一处地境，他出生后不久父亲就过世了，母亲就带着他与大哥蔡仲坤回到了位于番禺地的外婆家，并自此在一坊生活下来。现在蔡老伯已经80多岁，这也意味着他已经在番禺地生活了80多年。虽然他很受番禺地人的尊重，但至今仍没有被视为番禺地的固有成员。主要原因就在于番禺地的人虽然承认蔡老伯是一坊的人，但不承认他是过桥街凉棚的社员。一坊是尤为明显的地缘结合体，凡是1962年之后生活在一坊范围内的村民都成为一坊的坊民。而过桥街凉棚是地缘与血缘的结合，蔡老伯由于在血缘传承上不属于过桥街凉棚的家族，所以直到现在为止仍然不是凉棚的社员。

类似的例子还有许多。如前文所述，漳澎的林姓人家的血缘与历史来源并不相同，而最大的两支（即逸南林和悦田林）分别由厚街的桑岗和增城的中新两处迁来，迁入后一直聚居在地境彼此相邻的九坊和十坊。同和社凉棚原本为十坊的悦田林姓人家所有，可以视为一处地缘与血缘的复合体。改革开放后，漳澎的林姓人家中出现了拟制血缘的情况，全体漳澎的林姓被视作同为一家。在这样的背景下，九坊的人们在自己原先的凉棚坍塌后干脆不再重建，而是捐钱加入同和社与十坊的人共同使用一座凉棚。访谈时人们普遍认为，既然大家都是林姓人，挤在一处凉棚内人多了还更加热闹。这极为明显地展现出血缘关系纽带的作用。

到了今天，随着村民经济水平不断提高，村落安全的日趋稳定，以及学校教育的广泛开展，传统凉棚提供休憩、住宿、完成男孩社会化等方面的功能已经大为弱化，甚至彻底消失。其中，住宿功能在20世纪80年代已经全部消失，休息的功能则小部分保存下来。与此同时，某些传统功能则得到了某种程度的强化。例如，凉棚原来就有的娱乐功能，现在因为经营方式与娱乐内容的改变而大为加强。可以说，大部分凉棚已经变成村民日常打麻将等娱乐或者赌博的场所，传统上用于过夜或者休息的床铺则完全消失了。凉棚的日常维护费用，也不再是全体住宿者设法支付，有一段时间是用出租所得的资金支付，现在则由凉棚的经营人负责。而一旦没有了娱乐与休息功能，凉棚甚至会因此而被抛弃。五坊的凉棚现在就已经无人出入、破败不堪，实际上已经废弃。

在漳澎所有的凉棚中，五坊的凉棚显得比较特别，它是新中国成立后专门择地而建的。在新中国成立前，这个地域始终没有出现过一处凉棚，属于五坊的大多数坊民当时分别是徐佬凉棚、敦厚里凉棚的社员。新中国成立后，据说是为了改善村民的休息条件，五坊特地新建了这一处凉棚。但向来讲究历史传统的漳澎人并不买账，一直很少有人去这处凉棚活动，最终导致其破败收场。应该说，这个个案非常具有启发性，漳澎人的观念里，凉棚必须有历史，否则就只是茅寮之类。①

三、重建宗祠

新中国成立后政府严厉禁止宗族活动，改革开放后，漳澎的宗族文化又经历着显著的变化，至少表面上出现了许多学者所谓的"宗族复兴"。

在新中国成立后相当长的时期内，漳澎宗族的各种组织都被取消了，宗族文化受到严厉的压制，宗族的各种活动几乎全部消失。经历了多次运动之后，各个大家族的祠堂、族谱和偿产等几乎都已经被破坏殆尽。改革开放后，政府在许多方面放松了对村落社会的管制，漳澎几个大的家族先后致力于重建宗族文化，特别是重建带有强烈象征意味的祠堂。

与新中国成立前的宗族相比，现在的漳澎在宗族意识方面最大的一个变化，在于从传统的注重血缘（或系谱）符号，转为看重"同姓"关系基础

---

① 参见张振江《流水·坊巷·人家——村落漳澎的人类学景观》，中山大学出版社2014年版，第211页。

上的血缘关系，即拟制血缘关系，这就是所谓的"同姓联合"。① 看重同姓关系并以之作为宗族建构的资源，这种做法在珠江三角洲的历史上其实很早就出现了。广东著名的都庆堂邓氏，就是通过类似的建构而容纳了五十多处村落的邓姓子孙，虽然这些村落的邓姓人家未必都是有着血缘关系的。② 漳澎的同姓认同还没有深入到需要建构一个新的系谱体系的程度，至今只是停留在某些具体的领域，但在祠堂重建这个具体的事项中，同姓认同则表现得比较明显。我们可以举陈、赵两姓为例进行描述和说明。

漳澎陈姓人家的血缘来历不一，同姓认同其实是在重建陈氏宗祠的过程中完成的。上魁陈氏是漳澎的显族，上魁陈公祠是漳澎最早出现的祠堂之一。经过历次运动的摧残以及风吹雨打，这处祠堂的主体建筑仍然保存得较为完整。在新中国成立后的很长时间内，陈公祠一直被用作村治安委员会的办公场所。2002 年，身为上魁陈姓七世孙的香港富商陈冠杰③发起重建祠堂活动。为获得村委会的支持，陈冠杰答应为村子的建设捐钱，除了负责修桥、修凉棚之外，还答应每年给村委 20 万元人民币作为资助。而对于漳澎 70 岁以上的老人，陈冠杰则许诺给予每人每月 20 元人民币的生活补助。为了争取更多陈姓村民的支持，同为上魁陈氏后裔的陈兆南④等人又提议重建后的祠堂命名为陈氏宗祠，而不会标明为某一支的祠堂，当时还许诺，漳澎所有的陈姓人家均可以在这处祠堂免费办喜事⑤。我们的调查发现，这些许诺也确实都兑现了。2002 年祠堂建成后，由于某些原因，多年没有按照惯例在其中安放祖先的牌位供人瞻仰、祭祀。直到 2007 年年末，才安放了名为"陈上魁祖堂上历代祖先"的牌位，但这与原先的许诺仍有距离。

可以说，这处全新的陈氏宗祠的重建与陈冠杰、陈兆南等人的操作密切关联。他们首先与村委协商，通过大量的资助获得村委会的同意，更以陈姓而不是以同血缘为建构基础，号召所有的陈姓人家参与重建。在重建后名之

---

① 参见麻国庆《家与中国社会结构》，文物出版社 1999 年版，第 131～132 页。
② 有关"宗族联合"的讨论参见［日］濑川昌久《族谱：华南汉族的宗族·风水·移居》，钱杭译，上海书店出版社 1987 年版，第 71～90 页。
③ 据调查，陈冠杰的父亲原是漳澎一位颇为富有的地主，新中国成立初期因恐惧遭到新政权的对付而携带年幼的陈冠杰等家人逃往香港。也有人说，陈父是一人先行逃港，家人稍后感觉可能要受连累才偷渡逃港。以前东莞、香港两地频繁自由往来，东莞一带赴港的大有人在。在新中国成立之初，人们对于边界的观念依然非常模糊，封锁既不是非常严，也并不认为去香港是多么大不了的事情。
④ 陈兆南是上魁陈氏六世孙，曾任漳澎小学校长。重建陈氏宗祠时他任重建委员会主席，并在其中发挥了关键的作用。
⑤ 祠堂有足够的空间、相对宽敞，所以传统上漳澎人习惯于在祠堂中办喜事、摆喜酒。

为"陈氏宗祠",以示该祠堂是漳澎全体陈姓人家共有而不是某一支所独有的祠堂。如今这个意识已经深入人心,陈氏宗祠也成为漳澎陈氏同姓认同的典型象征。不过,从后来上魁一支的某些作为来看,这种同姓认同还是有限度的,并未延伸至其他的相关领域。2006年时上魁陈姓重修了族谱,这本新修的族谱中并未将漳澎的其他同姓人家纳入。而在经过近五年的拖延、协调或者等待后,祠堂中供奉的最终还是上魁一支的祖先牌位,而不是真实的或者虚拟的某位共同的陈姓祖先。

与陈氏宗祠重建过程中错综复杂的官民协商、多方操作相反,漳澎的赵姓人家重建赵氏宗祠的工作,主要是民间悄悄进行的。如今所见的这处崭新的宗祠坐落在三坊一条巷子内,面积比陈氏宗祠小,带有铁栅栏围护。接受我们访谈的一位赵姓老人家回忆,修葺赵氏宗祠是在2006年进行的。

> 那个时候,刚好就有其他村的族亲来访,大家不知怎么就谈起了修宗祠的事情。大家就聚起来议论,认为现在都有一定的经济条件了,赵氏宗祠也旧了,就是应该修整了,就是要"以光祖先"。这之后啊,就动土了。
>
> 漳澎村内全部的赵姓人,还包括周围村的赵姓族人,共同捐了款。现在的赵氏宗祠那里啊,以前是茂枝赵公祠,是漳澎的属于茂枝那一支的赵姓人家的祠堂。那个祠堂是1934年修建的,到重修的时候,已经有70多个年头了。新中国成立前,漳澎的赵姓人家有两座祠堂,除了这座茂枝赵公祠,别处还有一座,叫作荣山赵公祠。这个荣山赵公祠,好像是在"大跃进"的时候就毁掉了。

漳澎的两支赵姓(即茂枝赵与荣山赵)人家原本是没有血缘关系的,人们也知道历来分属两支。而在修建这座新的赵氏祠堂的时候,他们巧妙地避开了这个分歧。依托于宋代皇帝姓赵又曾在南宋末年到过伶仃洋一带这一历史事实,当地的两支赵姓便将宋朝的皇室构建为共同祖先。这虽然极为牵强附会,但有效地抹去了两者之间的血缘差异。我们发现,现在漳澎的赵姓老年人虽然知道彼此历史上并不同源,但并不强调自己是茂枝祖或者荣山祖的后代,而是极力强调所有的赵姓人家都是出自于一位共同的祖先宋魏王(宋太祖赵匡胤的三弟赵廷美),认为赵姓人"都是他的后代"。在这座新修的祠堂内部正厅即叙伦堂中,醒目地挂有宋朝一位皇帝的画像。我们认为这幅画的来源其实有些古怪,但赵姓人家普遍把它作为漳澎赵姓出自宋朝皇室的佐证。①

2006年，漳澎赵姓人家以及附近其他村落的宗亲集资近22万元，对茂枝赵公祠进行了大规模的翻新与扩建。在当时留下的捐款芳名录中，共录有捐款人478名。按照乡村的习惯，宗族等方面的事务一贯由男主人出面代表家庭，这就等于有478个家庭参与其事，因此这次捐款所涉及的家庭算是非常广泛。落成后祠堂命名为赵氏宗祠，以表明此处是漳澎所有的赵姓人家而非某一支系独自拥有的祠堂，祖先牌位也改为北宋魏王而不是某一支原先的祖先。

应该说，漳澎赵姓人家的这种同姓认同过程是有深度的，也是非常有技巧的，在没有造成任何歧见的同时，极为有效地实现了通过合流壮大实力的目的。在此后的各种相关民俗活动中，漳澎的赵姓人家也确实都是作为一个整体参与的。在赵氏宗祠的外墙上张贴有近几年宗祠的几份开支清单，我们发现无论是在村内扒龙舟，还是出去他村参观宗亲组织的龙舟比赛，赵姓都是以宗祠为一个组织单位整体参与的。在如今的漳澎，并没有正式管理族人事务的某种组织以标识宗族的存在。除了祠堂、族谱等作为外在的标志物之外，可以体现宗族存在的主要是拜山②、扒龙舟等例行的民俗活动。

有趣的是，在漳澎近200年的历史中，宗族还从来没有作为扒龙舟的实体出现过。以前的扒龙舟比赛总是在东庆坊、南安坊、南盛坊的名义下进行，漳澎以宗族的名义参加村内比赛或者是一体外出参加龙舟景，则都是改革开放后的民间新创造。这与漳澎正在进行的宗族文化建设有着密切的关系。

第五节　简短的总结与讨论

如今的漳澎是一个人口庞大而在文化的许多方面又都不同于周边村落的独特的巨型村落，成为国家行政体制的有机组成部分。这是经历了漫长而又曲折的发展的结果，是诸多自然和人文因素合力长期作用并反复改变的结果。

---

① 这种建构方式也得到了漳澎之外的赵氏宗亲的赞同。如坑田赵永思堂，为贺祝漳澎赵氏宗祠重修，专门赠送了一副对联："祖德昭彰诚可敬天潢三派长存祯福祉，宗功浩荡实无疆宋裔千秋永固智行昌。"漳澎赵姓的这种族源建构方式，可能曾受到其外地宗亲的影响或者启发。

② 岭南多山，民间的墓地必安在山腰，面向山下，故拜祖宗时也同时"拜山"。因此旧俗把"扫墓""祭墓"称为"拜山"。

一、从浮出水面到融入国家

我们相信，在距今约 250 年的时候，今漳澎地境开始浮出水面。新出的无主土地和位于水陆交界处而带来的丰富的渔获，立刻吸引了周围各处的水上居民和陆地居民相继前来谋生。他们在各处称为"墩"之类的小块高地上搭建棚子暂且栖身，形成了最早的村落建筑。此后，随着更多的陆地浮出水面，漳澎的地境在自然和人力的作用下不断增加，出现了三个彼此接近但不相连的较大的地块，这应该就是后来三个坊的雏形。漳澎村历来有三个村落土地①而显得极为独特，应该就是由此而来。

新出的这个村庄应该是以半渔半耕为主要的生计来源，在许多方面与既有的大步等村落不同，也在许多方面与这些既有村落构成竞争关系。出于文化上的差异和现实利益的争夺，备受歧视的漳澎村与周围的旧有大村多有冲突，由此形成了延续至今的世仇村落。而大概到了 19 世纪初叶，虽然这时还有一众大小河涌穿插其间，这三大片土地由于相向发展而已经大致上逐渐连为一体，由此开始了漳澎的三坊体制时期。这三个坊的设置影响深远，至今仍然可以在许多方面看到其明显的影子，如许多信仰仪式依然以坊为单位进行。三个坊之间的全部关系如今已经不可得知，我们只能够探悉大概。如在东庆坊、南安坊、南盛坊三个坊中，前两者的关系相对较好，所以经常合用东安坊的名义出战龙舟赛。而南盛坊相对来说经济较好，似乎较有话语权。但整体上来说，这时的漳澎在物质和精神意义上都已经大体成形了。

到了 19 世纪中叶三坊体制已经相当稳定且具有强大的支配力的时候，漳澎人意外地得到一笔数量不菲的外来款项。以这笔钱为基础，三个坊重新规划并建设漳澎，修建漳澎大街串联全村，以 80 余条里巷为骨架布置众多民居，由此形成了充分利用土地的梳式布局的村落空间结构，成为漳澎旧村延续至今的基本布局。这时的漳澎百姓杂陈、人烟稠密，家族或者宗族的原型已经出现，但作为相当有限。不过，这时的漳澎人依然普遍贫穷，家屋普遍低矮，空间极为有限，半大的孩子经常都是被迫入住凉棚或者娘仔房过夜，凉棚和娘仔房因此成为那时儿童社会化过程中最为重要的场所之一，也由此形成了漳澎人最为重要的社会关系建构的场所之一。这时的漳澎社会对于天后、金花和土地的信仰应该已经普遍化，分别以村落、坊、家族和家庭

---

① 漳澎的土地有不同的类型，我们把漳澎人相信的保佑全部漳澎地境平安的土地神称为村落土地。参见张振江、陈志伟《麻涌民俗志——岭南水乡社会研究》，汕头大学出版社 2008 年版，第 266 页。

为单位进行的各种祭祀活动令庙宇中的香火日日鼎盛。应该说，这类基于各种因缘而兴起的场所和活动，对于村民形成并巩固漳澎意识绝对是极为重要的。

经历了土匪时代和战乱时代，漳澎人终于迎来了和平时代，从此开始了漳澎建村以来社会变化最大的时代。延续多年的三坊体制至此正式放弃，而主要由行政力量推动的基于地域因素的十坊体制走上舞台并延续至今。更为重要的是，为了建立并巩固新的国家秩序，土地改革时的身份划分彻底改变了许多漳澎人的命运，颠覆了漳澎人旧有的社会关系，直到改革开放后才又发生一定的改变，向传统的身份与社会关系回归。而在社会观念与文化方面，漳澎人经历了更多的风雨，尤其是"破四旧"等铲除"迷信"运动，极大地改变了漳澎的传统文化。这个四面环水、长期孤立的村落突然发现国家及其观念赫然就在身边，漳澎成为新的国家机器中一个有机的组成部分，从此彻底改变了其村落社会某种程度上的自治性质。

二、漳澎经验视野下的国家与地方社会

20世纪以来的中国经历了急剧的变迁，引发了学者们从多角度对中国的传统与现代以及国家与地方关系等问题进行深入讨论。漳澎的发展颇为曲折，其经验既有独特之处又与他地的经历有共性，或许我们在此处可以极为简单地给出自己的些微思考。

在关于当代中国的研究中，传统的变迁与延续是热点问题之一。经历新中国成立后的猛烈改造之后，当代的中国社会与传统社会是断裂的还是延续的？稍早的研究结论认为二者是断裂的，但近20余年来的相关研究却又认为二者间一直存在着密切的关联。根据对漳澎的调查与研究，我们不能同意上述两种似乎稍嫌简单化或者武断化的论述。我们的研究发现，经历了新中国成立后的一系列改造和渗透之后，漳澎村落社会的很多传统确实已经彻底地消失了，有些传统最多只存在于少数老年人的历史记忆之中。例如，过去司空见惯的拜把子、娘仔房、祭拜文武庙、三坊体制等，都已经成为漳澎的历史文化形式。但在另一方面，漳澎村落社会对外力的介入和改变又有相当顽强的抵御力，使得传统不至于全盘倾覆或者全部消失，凉棚典型地体现出这一点。历经新中国成立后的压制以及现代社会体系与运行方式的渗透，虽然凉棚已经彻底地失去包括提供住宿这个基本功能在内的许多传统功能，但它依然能够维持下来而没有消失，甚至还通过现代转型而强化了某些传统的功能，如其作为全体村民共享的村落公共空间的特性变得更加突出。十坊的

体制也不仅仅是国家权力的单向展示,而是得到民众承认的有着充分的地域社会基础的村落社会生活形式。拟制家族、重建祠堂、复办扒龙舟等,无疑都昭示着村落社会传统的延续,尽管具有了新时代的一些特点以及新动力。由此看来,何为"传统"可能关乎我们对现在的理解与想象①,其建构涉及诸多因素,但从来都不是既定的,也始终不是一成不变的。传统其实并不必定涉及过长的历史,也许只是十几年或者几十年的事情,即传统其实并不是只存在于久远的历史之中,而同时还真实地存在于人们不断演进的日常生活的实践之中。由此来看,我们也可以称漳澎现在的村落社会形式为"新传统"或者"在建的传统"。②

在关于明清时期珠江三角洲的诸多研究中,国家与地方几乎可以说是一个恒定的主题,也已经获得了许多杰出的研究成果。我们发现,到了清代中叶,漳澎已经进入国家的视野,因此才会有"平乐"这一官府赋予的正式的村落名称。这个名称象征着国家的承认,但长期内所谓"国家"也似乎仅此而已,整个清代的漳澎可以说是完全自治性质的。即使是到了民国时期,对于普通的漳澎人来说,国家与政府仍然是极为模糊且遥远的。完全可以说,在这两个时期,国家对于漳澎地方社会的直接影响是微乎其微的,即便深入到最基层的保甲制度其实也只是流于形式。实际上,由于长期偏于一隅,又是一个后出的移民社会,漳澎长期遭到周围其他大村落的强烈排斥与压制,长期独立于主流的区域社会之外,更是几乎说不上有什么国家与地方之间的关系。只是到了1949年底,随着掌握强大的军事实力与政治控制力的新政权及其文化强势进入,各种政治与文化运动才迅速把"国家"真实地展示在漳澎人面前,同时又将漳澎迅速地纳入了整个国家的运转体系之中。由此看来,漳澎的经验虽然最终展现的是现代国家与地方关系发展的必由之路,但地方纳入国家未必都是"国家正统文化"作用的结果,也可能并不是必然经由依附"国家正统"。

---

① 参见[英]霍布斯鲍姆、兰杰编《传统的发明》,顾杭、庞冠群译,译林出版社2004年版。

② 针对1949年后中国的社会主义实践,最近有些学者提出了"社会主义新传统"的概念。我们认为在研究1949年以后的中国社会,此概念是值得重视的。参见刘小枫、庄孔韶等《作为学术视角的社会主义新传统》,载《开放时代》2007年第1期。近20年来,从不同角度进行的关于这一时段的研究颇有进展,如黄树民《林村的故事:1949年后的中国农村变革》(生活·读书·新知三联书店2002年版)、赵树冈《星火与香火——大众文化与地方历史视野下的中共国家形构》(台湾联经出版社2014年版)等。黄树民教授在所著《林村的故事:1949年后的中国农村变革》中指出:1949年后,在农民生活普遍得到改善的情况下,传统上封闭、自治而独立的村落社会逐渐受到官方意识形态等的强力影响,但国家与村落民间社会仍处于一种双向的互动中,村落的某些信仰和风俗习惯仍然得以延续下来。

当然，对于漳澎村落的一众村民而言，国家与村落传统其实经常只是匆匆过客，甚至于村落本身也只是暂时的存在。国家与村落社会之间的关系看起来纷繁复杂，但对普通村民而言其实没什么高深玄奥之处。毕竟，附属于村落也好，融入国家体系也罢，普通人所追求的仅仅只是平与乐而已。漳澎曾经拥有的国家和村民都认可的"平乐"一名，也许是两者最好的契合点或者彼此关系的要义。

本章主要参考文献

（一）中文专著

[1] 陈序经. 疍民的研究 [M]. 上海：商务印书馆，1946.

[2] 伍锐麟. 三水疍民调查 [M]. 广州：岭南大学西南社会研究所，1948.

[3] [美] 韩丁. 翻身：一个中国村庄的革命纪实 [M]. 北京：北京出版社，1980.

[4] [美] 威廉·J. 古德. 家庭 [M]. 魏章玲，译. 北京：社会科学文献出版社，1986.

[5] [美] 孔飞力. 中华帝国晚期的叛乱及其敌人：1796—1864 年的军事化与社会结构 [M]. 谢亮生，等，译. 北京：中国社会科学出版社，1990.

[6] 陈其南. 家族与社会：台湾与中国社会研究的基础理念 [M]. 台北：联经出版事业公司，1990.

[7] 郑振满. 明清福建家族组织与社会变迁 [M]. 长沙：湖南教育出版社，1992.

[8] 北京大学社会学人类学研究所. 东亚社会研究 [M]. 北京：北京大学出版社，1993.

[9] 谭棣华. 清代珠江三角洲的沙田 [M]. 广州：广东人民出版社，1993.

[10] 曾昭璇. 岭南史地与民俗 [M]. 广州：广东人民出版社，1994.

[11] 陈礼颂. 一九四九前潮州宗族村落社区的研究 [M]. 上海：上海古籍出版社，1995.

[12] 钱杭，谢维扬. 传统与转型：江西泰和农村宗族形态——一项社会人类学的研究 [M]. 上海：上海社会科学院出版社，1995.

[13] 从翰香. 近代冀鲁豫乡村 [M]. 北京：中国社会科学出版社，1995.

[14] [美] 默多克. 社会结构 [M]. 许木柱，林舜宜，等，译. 台北：洪叶文化事业有限公司，1996.

[15] 折晓叶. 村庄的再造——一个"超级村庄"的社会变迁 [M]. 北京：中国社会科学出版社，1997.

[16] [美] 施坚雅. 中国农村的市场和社会结构 [M]. 史建云，徐秀丽，译. 北京：

中国社会科学出版社，1998.

[17] 张乐天. 告别理想——人民公社制度研究 [M]. 上海：上海人民出版社，1998.

[18] ［日］渡边欣雄. 汉族的民俗宗教——社会人类学的研究 [M]. 周星，译. 天津：天津人民出版社，1998.

[19] ［日］濑川昌久. 族谱：华南汉族的宗族·风水·移居 [M]. 钱杭，译. 上海：上海书店出版社，1999.

[20] 麻国庆. 家与中国社会结构 [M]. 北京：文物出版社，1999.

[21] ［美］马若孟. 中国农民经济：河北和山东的农民发展1890—1949 [M]. 史建云，译. 南京：江苏人民出版社，1999.

[22] 李国庆. 日本农村的社会变迁——富士见町调查 [M]. 北京：中国社会科学出版社，1999.

[23] 林耀华. 金翼——中国家族制度的社会学研究 [M]. 北京：生活·读书·新知三联书店，1999.

[24] ［美］克利福德·格尔兹. 文化的解释 [M]. 纳日碧力戈，等，译. 上海：上海人民出版社，1999.

[25] 阎云翔. 礼物的流动：一个中国村庄中的互惠原则与社会网络 [M]. 李放春，刘瑜，译. 上海：上海人民出版社，2000.

[26] ［美］黄宗智. 华北的小农经济与社会变迁 [M]. 北京：中华书局，2000.

[27] ［美］施坚雅. 中华帝国晚期的城市 [M]. 北京：中华书局，2000.

[28] 毛丹. 一个村落共同体的变迁：关于尖山下村的单位化的观察与阐释 [M]. 上海：学林出版社，2000.

[29] 庄孔韶. 银翅：中国的地方社会与文化变迁 [M]. 北京：生活·读书·新知三联书店，2000.

[30] 黄应贵. 时间、历史与记忆 [M]. 台北："中央研究院"民族学研究所，1999.

[31] 于建嵘. 岳村政治：转型期中国乡村政治结构的变迁 [M]. 北京：商务印书馆，2001.

[32] 孙秋云. 社区历史与乡政村治 [M]. 北京：民族出版社，2001.

[33] 王光振，张炳申. 珠江三角洲经济 [M]. 广州：广东人民出版社，2001.

[34] 杨懋春. 一个中国的村庄：山东台头 [M]. 南京：江苏人民出版社，2001.

[35] 彭勃. 乡村治理——国家介入与体制选择 [M]. 北京：中国社会出版社，2002.

[36] 吴毅. 村治变迁中的权威与秩序——20世纪川东的表达 [M]. 北京：中国社会科学出版社，2002.

[37] 庄英章. 林圯埔：一个台湾市镇的社会经济发展史 [M]. 上海：上海人民出版社，2000.

[38] ［德］齐美尔. 社会是如何可能的：齐美尔社会学文选 [M]. 林荣远，编译. 桂林：广西师范大学出版社，2002.

[39] 谭松林. 中国秘密社会 [M]. 福州：福建人民出版社，2002.

[40] 黄树民. 林村的故事：一九四九年后的中国农村变革［M］. 素兰，纳日碧力戈，译. 北京：生活·读书·新知三联书店，2002.

[41] 郑振满，陈春声. 民间信仰与社会空间［M］. 福州：福建人民出版社，2003.

[42] 秦晖. 传统十论——本土社会的制度、文化及其变革［M］. 上海：复旦大学出版社，2003.

[43] 刘晓春. 仪式与象征的秩序——一个客家村落的历史、权力与记忆［M］. 北京：商务印书馆，2003.

[44] 林美容. 妈祖信仰与汉人社会［M］. 哈尔滨：黑龙江人民出版社，2003.

[45] 张珣，江灿胜. 台湾本土宗教研究的新视野和新思维［M］. 台北：南天书局，2003.

[46] ［美］马歇尔·萨林斯. 历史之岛［M］. 蓝达居，张宏明，等，译. 上海：上海人民出版社，2003.

[47] 费孝通. 江村经济——中国农民的生活［M］. 北京：商务印书馆，2003.

[48] ［英］齐格蒙特·鲍曼. 通过社会学去思考［M］. 北京：社会科学文献出版社，2004.

[49] ［美］杜赞奇. 文化、权力与国家：1900—1942年的华北农村［M］. 王福明译. 南京：江苏人民出版社，2004.

[50] ［英］E. 霍布斯鲍姆，兰杰. 传统的发明［M］. 顾杭，庞冠群，译. 上海：译林出版社，2004.

[51] 张思. 近代华北村落共同体的变迁：农耕结习惯的历史人类学考察［M］. 北京：商务印书馆，2006.

[52] 刘朝晖. 超越乡土社会——一个侨乡村落的历史文化与社会结构［M］. 北京：民族出版社，2005.

[53] 费孝通，张之毅. 云南三村［M］. 北京：社会科学文献出版社，2006.

[54] ［美］詹姆斯·克利福德，乔治·E. 马库斯. 写文化——民族志的诗学与政治学［M］. 高丙中，吴晓黎，李霞，等，译. 北京：商务印书馆，2006.

[55] 费孝通. 乡土中国［M］. 上海：上海人民出版社，2006.

[56] 林耀华. 义序的宗族研究［M］. 北京：生活·读书·新知三联书店，2006.

[57] ［美］葛学溥. 华南的乡村生活——广东凤凰村的家族主义社会学研究［M］. 周大鸣，译. 北京：知识产权出版社，2006.

[58] 程美宝. 地域文化与国家认同：晚清以来"广东文化"观的形成［M］. 北京：生活·读书·新知三联书店，2006.

[59] 阎云翔. 私人生活的变革：一个中国村庄里的爱情、家庭与亲密关系（1949—1999）［M］. 龚小夏，译. 上海：上海书店出版社，2006.

[60] ［美］韦思谛. 中国大众宗教［M］. 陈仲丹，译. 南京：江苏人民出版社，2006.

[61] 周大鸣. 凤凰村的变迁［M］. 北京：社会科学文献出版社，2006.

[62] ［加］伊莎白·柯鲁克，［英］大卫·柯鲁克. 十里店（一）：中国一个村庄的革命［M］. 龚厚军，译. 上海：上海人民出版社，2007.

[63] [加] 伊莎白·柯鲁克，[英] 大卫·柯鲁克. 十里店（二）：中国一个村庄的群众运动 [M]. 冯明岩，朴莲顺，译. 上海：上海人民出版社，2007.
[64] 韩敏. 回应革命与改革——皖北李村的社会变迁与延续 [M]. 陆益龙，徐新玉，译. 南京：江苏人民出版社，2007.
[65] [英] 齐格蒙特·鲍曼. 共同体 [M]. 欧阳景根，译. 南京：江苏人民出版社，2007.

（二）中文论文

[1] 庄英章. 台湾宗族组织的形成及其特征 [G] //乔健. 现代化与中国文化研讨会论文汇编. 香港：香港中文大学社会科学院暨社会研究所，1985.
[2] 郑振满. 中国家族史研究：历史学与人类学的不同视野 [J]. 厦门大学学报：哲学社会科学版，1991（4）.
[3] 麻国庆. 汉人传统社会结构与家族 [J]. 社会科学战线，1993（4）.
[4] 刘志伟. 地域空间中的国家秩序——珠江三角洲"沙田—民田"格局的形成 [J]. 清史研究，1999（2）：14-24.
[5] 科大卫. 国家与礼仪：宋至清中叶珠江三角洲地方社会的国家认同 [J]. 中山大学学报：社会科学版，1999（5）.
[6] 常建华. 20世纪的中国宗族研究 [J]. 历史研究，1999（5）.
[7] 钱杭. 莫里斯·弗利德曼与《中国宗族与社会：福建和广东》[J]. 史林，1999（3）.
[8] 钱杭. 莫里斯·弗利德曼与《中国东南部的宗族组织》[J]. 史林，2000（3）.
[9] 科大卫，刘志伟. 宗族与地方社会的国家认同——明清华南地区宗族发展的意识形态基础 [J]. 历史研究，2000（3）.
[10] 杨春宇，胡鸿保. 弗里德曼及其汉人社会的人类学研究——兼评《中国东南部的宗族组织》[J]. 开放时代，2001（11）.
[11] 刘志伟. 大族阴影下的民间神祭祀——沙湾的北帝崇拜 [G] //汉学研究中心. 寺庙与民间文化研讨会论文集. 台北：行政院文化建设委员会，1995.
[12] 林济. 弗里德曼模式与中国宗族社会史研究 [J]. 史学理论研究，2003（2）.
[13] 黄宗智. 中国的"公共领域"与"市民社会"——国家与社会间的第三领域 [M] //黄宗智. 中国研究的范式问题讨论. 北京：社会科学文献出版社，2003.
[14] 萧凤霞. 传统的循环再生——小榄菊花会的文化、历史与政治经济 [J]. 历史人类学学刊，2003，1（1）：99—131.
[15] 萧凤霞，刘志伟. 宗族、市场、盗寇与疍民——明以后珠江三角洲的族群与社会 [J]. 中国社会经济史研究，2004（3）.
[16] 马莉. 非洲世系群与汉人宗族的概念分析——从《努尔人》和《中国东南部的宗族组织》说起 [J]. 西北民族大学学报，2005（6）.

［17］麻国庆. 作为方法的华南：中心和周边的时空转换［J］. 思想战线，2006（4）：1-9.

［18］刘小枫，庄孔韶，渠敬东，等. 作为学术视角的社会主义新传统［J］. 开放时代，2007（1）：5-48.

［19］杨美惠. 传统、旅行的人类学与中国的现代性话语［J］. 中国农业大学学报，2007（2）.

［20］麻国庆. 家族化公民社会的基础：家族伦理与延续的纵式社会——人类学与儒家的对话［J］. 学术研究，2007（8）：5-14.

（三）地方文献

［1］东莞市人民政府办公室. 东莞县志（康熙版），1995.

［2］东莞市人民政府办公室. 东莞县志（崇祯版），1994.

［3］叶觉迈，陈伯陶. 广东省东莞县志［M］. 台北：成文出版社，1967.

［4］东莞市地方志编纂委员会. 东莞市志［M］. 广州：广东人民出版社，1995.

［5］麻涌镇人民政府. 麻涌镇志（电子版），2007.

［6］政协东莞市文史资料委员会. 东莞历代地图集，2002.

［7］叶少华. 我所知道的东莞明伦堂//政协东莞市文史资料委员会. 东莞文史（第16辑）.

［8］政协东莞市文史资料委员会. 东莞文史（第30期），1999.

［9］祝如亮. 回忆大步村地下党在四十年代的斗争（手稿），1987.

［10］麻二村支部，麻二村村民委员会. 麻二村百年记事，2003.

（四）英文文献

［1］Redfield R. the Little Community and Peasant Society and Culture［M］. Chicago：The University of Chicago Press，1956.

［2］Yang C K. a Chinese Village in Early Communist Transition［M］. Cambridge：Technology Press&Massachusetts Institute of Technology，1959.

［3］Yang C K. Chinese Communist Society：The Family and the Village［M］. Cambridge：M. I. T. Press，1965.

［4］Wolf A P. Religion and Ritual in Chinese Society［M］. Stanford：Stanford University Press，1974.

［5］Chan A，Madsen R，Unger J. Chen Village：The Recent History of a Peasant Community in Mao's China［M］. Berkeley：University of California Press，1984.

［6］Sangren P S. History and Magical Power in a Chinese Community［M］. Stanford：Stanford University Press，1987.

［7］Siu H F. Agents and Victims in South China：Accomplices in Rural Revolution［M］. Yale：Yale University Press，1989.

[8] Potler S H, Potler J M. China's Peasants: The Anthropology of a Revolution [M]. Cambridge: Cambridge University Press, 1990.

[9] Faure D, Siu H F. Down to Earth: The Territorial Bond in South China [M]. Stanford: Stanford University Press, 1995.

第二章 漳澎的传统家屋空间

由于最近20年的飞速发展,如今的漳澎村落地境已经远远超出传统的范围,并由此有了旧村和新村之分。不过,漳澎新村只有20年的历史,村内各类民用建筑几无例外地都是采用新式布局、新式材料、新式工艺,这些建筑可能昭示着漳澎家屋的未来,但并不反映漳澎民居的传统风貌。漳澎旧村的所在才是传统的村落地界,一般认为规划并建设于清代中叶[①],村中建筑以民居及相关的公用和私用设施为主,人们认为这些才是传统家屋的展现。

本章所研究的就是见于漳澎旧村的传统家屋的空间及其特征,它是漳澎传统地域文化的载体之一,是漳澎传统文化的具体表征与体现之一。

第一节 传统家屋的建造过程与习俗

我们在《流水·坊巷·人家——村落漳澎的人类学景观》一书中指出:与周围的其他大村落相比,漳澎成村最晚,地境最晚浮出;从现在所能看到的周详的村落布局以及相当一致的家屋格局来看,19世纪中叶漳澎人重新整治村落时一定经过了充分的借鉴和通盘的考虑,尤其是细致地照顾到自然环境、村落整体、民用建筑及其组合。因此,本节中我们首先探讨漳澎旧村的地理环境和村落布局,然后尝试描述漳澎家屋的建造过程和一般特性。

---

① 参见张振江《流水·坊巷·人家——村落漳澎的人类学景观》,中山大学出版社2014年版,第40页。

一、漳澎旧村建村与重建

（一）漳澎旧村的自然环境

漳澎位于珠江口，它的形成是珠江水系的东江夹带的泥沙长期沉淀的结果。东江呈东北—西南走向，最终在漳澎附近汇入海洋。沿途带来的众多泥沙在入海口堆积，逐渐形成了东江三角洲平原，并一直不断地向南推进。这样的造陆运动渐次形成了一块位于东莞市境内西部的扇形冲积平原，一直延伸到狮子洋沿岸。

漳澎位于水陆相交之处，这也是当时漳澎人规划建造村落时最主要考虑的自然环境。在建村后直至"四乡大联围"的 100 多年中，漳澎人一直在享受水所带来的种种便利，而又时时遭受水所带来的各种不利乃至威胁、破坏。由于处在东江三角洲平原的最南端也就是最接近海水处，漳澎也成为整个麻涌镇境内成陆最晚的一个大村。一般来说，这种由河流冲击所形成的平原通常会有较多厚厚的沉积的泥沙，漳澎村同样如此。在地形学中，依照学术界的一般界定，所谓的沙田指的是积沙而成的海拔略高于海面、近海处标高一般低于 1 米的极为平坦的地形，而平地则是海拔在 1～10 米之间的低平陆地。按照这种标准，漳澎村落及其周围的陆地类型以沙田为主，只有极小部分的平地。在日常生活中，漳澎人也普遍认为自己所在的土地质地是沙田，而"平地"则是对地貌的一种描述。据调查，漳澎的地表下面是一层非常厚的沉积泥沙，其厚度在 10～30 米不等。这种土质透气性强，加之近海、环水而导致地下水位较高，村落内潮气上涌比较严重，因此，传统的漳澎村落及村内的民居长期面临湿气严重的问题。

现在可见的构成漳澎村落地境的大块平地，在最初时应该只是浮出水面的若干块略高的小地块，也就是漳澎一带常说的"墩"。人们相信，后来这些墩逐步发展扩大并渐次相连成片，但整体上依旧彼此隔水相望。正是由于这个原因，漳澎长期严重缺乏足够的、合适的土地用以立村建房，这成为漳澎村落规划与建设的最大制约。最初的漳澎人就是在这些较小的墩上搭建茅寮聊以栖身，这样形成的村落或者聚落、民居群自然并无规划，而所谓的民居也普遍不过是用茅草、竹子随意搭建的寮棚。

如同其他的冲积平原上的村子一样，即使是在这样狭小的土地上，漳澎还要面对诸如沙田土质较为疏松、地下水位较高等问题。这些对于建筑房屋、铺设道路都是极为不利的因素。时至今日还有多位村民向我们抱怨：

> 漳澎村盖房子，不好打桩，土太浅。有些地方往下挖一米多，就见到水了。土松，房子就特别容易垮塌。漳澎有句话，叫"在豆腐上盖房子"。你想想，这样的地上房子能好盖起来吗？
>
> 漳澎（建房子时）打的桩，要打得很深。现在有些房子打桩，都打十几米（深）了。（要是）打得浅了，没有用。这地是泥沙，要打到岩层才行。

漳澎直面大海且四面环水，水一直是旧时漳澎人所要面对的最为重要的难题之一。实际上，旧村的村落选址、村落布局、里巷规划以及民居建筑等方面的擘画，都必须考虑如何面对多种形态的水。

漳澎靠海，潮汐对于漳澎人民的日常生活与生产等有着巨大的影响，而在20世纪50年代修建四乡大联围之前，这种影响自然更大。一般而言，随着河道距离与分支的增加，潮汐对河流及其沿岸地区的影响呈减弱之势；而漳澎恰处于入海口处，潮汐的作用格外强劲。旧时每当涨潮，海水倒灌入河涌向上延伸而包围住整个漳澎，退潮时潮水再沿河道流入大海。每日两次涨落水位通常相差两米左右。而如果涨潮时适逢台风，水面则会更高涨，甚至经常漫过堤岸直接涌入村内淹没许多地方。访谈时许多老人都说，直到20世纪六七十年代，还经常见到大水涌进自家屋内的情况。

除了近海而多水，旧时村落内外也是河网密布。河流不仅是影响漳澎村落与家屋格局的重要因素，还在很大程度上制约了漳澎人的生活与生产。在今天麻涌镇的许多村落，仍然不时可以听到"好女不嫁漳澎男，嫁去漳澎冇路行（意为无路走）"的说法。旧时周围村落经常用这句谚语形容漳澎四面环水而无一条陆路可以与其他村落沟通的窘状，也以此作为不跟漳澎人通婚的理由。我们在调查时也经常听到当地人说起这句话，用以描绘旧时的漳澎被河涌围绕而长期是一座"孤岛"的样貌。据村里老人回忆，旧时村子与农田其实也是被河网分割开的，去田间劳动时需要划几个小时的船才能够往返。

在《麻涌民俗志——岭南水乡社会研究》和《流水·坊巷·人家——村落漳澎的人类学景观》中，我们已经相当详细地描述了漳澎旧村的成陆过程与自然条件，故此处仅作简要讨论。总而言之，严重缺乏宜居陆地与受水制约，是漳澎人建设村落时所要面对的最重要的两项自然条件。人们只有在充分利用这种自然条件的基础上，才能够开基立村、顺利生活。在这个意义上说，整个村落的规划与村落中的建筑样式，是自然因素与人为活动的统一体。

(二) 漳澎旧村的村落格局

面对当时具体的自然条件,漳澎先民在规划旧村时采用了梳式布局这一岭南常见的成熟样式,通过里巷组织、建筑分布,把水系、街市、里巷、祠堂、庙宇、民居、凉棚、埠头等要素融为一体,共同构成一个完整的村落空间。而作为村落最核心要素的家屋,则在这个整体中占据着最为重要的地位。

梳式布局的特点之一,就是祠堂等公共建筑不在村庄的物理中心点,而是位于"梳子"背部的区域,即接近村落的主干道。由此可知,在宗祠普及化即庶民祠堂大量出现之前,这种村落形态是不会出现的。祠堂后面则是村落的其他建筑与公共空间,通常沿里巷逐一排列。建筑学界对于岭南水乡的聚居空间格局已经进行了许多研究,认为其格局可以大致分为沿河或夹河修建的线型水乡、聚居建筑以梳式布局为主的块状水乡以及水网分汊把聚落建筑划分为若干部分的网型水乡。[①] 漳澎村属于梳式布局为主的块状水乡(见图2-1),这是明清时期珠江三角洲一带常见的村落布局样式。人们相信梳式布局的方式可以最大限度地利用土地,因此,岭南各地有许多村落都是采用这种方式的。

对于梳式(又称耙齿式等)布局出现的原因及其主要的优点,我们在《流水·坊巷·人家——村落漳澎的人类学景观》中已经有过较为详细的描述和分析。简单地说,这种布局最大的特点就是能够紧凑、高效地利用有限的土地资源,因此尤其适合于明清时期岭南山区、水乡等土地资源严重匮乏的地区。在采用梳式布局系统的村落中,村落地境平坦、经常濒临河流,这些是梳式布局的重要条件。而在村内,各类建筑及其组合都像梳子的齿一样整齐排列成行,由里巷隔开并统一起来,村落整体上的形状上有如梳子,故称梳式布局。在这类布局的村落中,村头或者相当于梳子背的村落的一侧,几乎都设置为公共活动中心,用于布置祠堂、书院、庙宇、埠头、空地等公共场所,这些建筑经常成为梳式布局村落的引领建筑。在这些建筑的后部,则是有规划地设置里巷以布置家屋,里巷与家屋自成一体,又彼此连接成为整体,既高效地布置了家屋,又便利于人们相互往来。

---

① 参见陆琦《广府民居》,华南理工大学出版社2013年版,第64页。

图2-1　漳澎旧村卫星图①

漳澎旧村的梳式布局,是村民在村落发展到一定的程度之后,充分考虑当地的自然与人口环境,进行整体规划、重新建设的结果。事后猜测,当时重建村落最主要的目的应该有两方面:一是解决持续增多的人口与宜于建筑民居的土地稀少的矛盾;二是解决顺应地势杂乱搭建导致宜于建筑的土地不能充分利用的矛盾。简单地说,漳澎立村之初人烟稀少,当时的渔民先是随意地居住在露出水面的高地上,随后依照地势搭建各自的简陋居所。由此而形成的村落,自然没有进行详细的规划和建设。随着村落不断发展和人口的不断迁入与自然增长,地少人多的矛盾加剧,有目的地规划以便充分、高效地利用土地资源,就势在必行。而在此时,村民又意外地得到相当大的一笔经济资助,重新规划并建设整座村落得以实现,并自此奠定了漳澎的传统村落格局。②

这种梳式布局,以漳澎河为基准沿河道平行修建了漳澎大街,充作梳式布局中"梳子"的背部。漳澎旧村有村口即村头,但在一定意义上说,这个背部其实也可以视为村头,人们由此处大大小小的埠头出入漳澎。传统的祠堂、凉棚与寺庙等公用建筑,也都照例设置于此处。在这些引领建筑的后面,沿着漳澎河依照一定的间隔分别布置较小的街道,并使之向村落内延伸,由此构成了密布漳澎的里巷。这些与漳澎河大体上呈直角相交的里巷,就将全村诸坊、各处空间连成一个整体。而在各个里巷之中,则依照一定的

---

① 图片来源于百度地图。
② 参见张振江《流水·坊巷·人家——村落漳澎的人类学景观》,中山大学出版社2014年版,第117页。

间隔安排民居建筑，民居一排排地有序排列。而前后两排民居建筑之间，通常留有一道30～50厘米宽的空隙或者通道，主要作防火、通风以及通行之用，村民通常称之为巷。因此，漳澎村的民居虽然密度大、彼此间距小，但几乎所有的家屋都能够做到独门独户，在呈现出村落整体极强的互通性的同时保证了家庭各自的私密性。

每两列民居之间，都有一条比漳澎大街窄小，但比巷子略宽一些的巷道，这些就是漳澎人所谓的"里"，也就是古代聚落中的"火巷"。除有防火作用之外，里主要用作通道，是里内居民出入或者前往村内他处的要道。漳澎旧村每列建筑采用横向并排的方式，民居院落的大门通常向侧面开，大门外即为巷道。纵向的民居建筑通常有七八排，但也有十几排甚至更多的，这主要受河流以及可用土地的制约。如果民居太多导致里巷太深，出现同一条里巷前后间的距离太大的情况，则通常在中间部分设一条横巷，主要起联系左右里巷、方便居民出入或者互通的作用，兼有通风、降湿、防火的功效。由于人口数量庞大、建筑极为密集，漳澎旧村中里巷纵横却依然不敷使用，因此出现了很多极长的巷子以及相应的多条横巷。各处的巷子直通河涌与漳澎河等成直角相交状态，这样河面的凉风可以便利地进入巷道，然后通过大门、天井与家屋内部的空气形成对流，从而有效地降低村落内、家屋内的温度和湿度。由于村落内的里、巷、横巷等通道普遍相对狭窄而周围的民居建筑相对较高，因此，他们常常处于建筑物的阴影之下而得以保持较低的气温，这也有利于形成对流和通风，居民获得一个在当时的条件下相对舒适的小微居住环境。①

（三）漳澎传统民居的空间关系

旧时的漳澎不仅四面环水，村内也是河涌密布。这种环境特点不仅影响到整体村落布局，还极大地影响了村内民居的空间关系，此处我们试图从民居与街道、河道的相互关系来略加描述并解释。

在一个完整的民居空间中，最主要的当然是人们赖以栖身的家屋。此外，道路，即一般认为的供居民出入家屋的通道②，也是重要的因素。在漳

---

① 此外，中国的传统农村以小农经济为基础，而且几乎总是以家庭为单位，各类传统的村落布局都必须面对这两个基本的社会生态要素。在这样的经济社会条件下，梳式布局也是实现社会关系和人际资源整合的有效方式。不过，这已经超出了本研究的范围，故暂时不涉及。

② 通道其实还具有多方面的广泛作用，英国学者约翰·斯顿在《地理学与地理学家》中多有令人茅塞顿开的精彩论述。参见约翰·斯顿《地理学与地理学家》，唐晓峰等译，商务印书馆2010年版。

澎旧村，传统的民居空间首先包括民居建筑以及街巷和河道等通道。这两类最为重要的民居要素有着不同的组合方式，由此构成了不同的民居空间类型。在《麻涌民俗志——岭南水乡社会研究》一书中，我们曾根据整个麻涌镇的诸多村落尤其是漳澎旧村的民居空间要素组合方式，区分出"河—街—屋""河—屋—街""屋—街—屋"和"屋—巷—屋"四种类型。而从本处所论来说，这些不同的组合类型实质上体现了漳澎旧村中各类通道对于家屋空间的重要影响。

在如今所见的"河—街—屋"这种空间结构中，河涌、街道、房屋建筑依次排列。历史上，由于漳澎河涌密布，这种结构应该是最为常见的类型。旧村中沿河而建的传统房屋，大多与较大的河涌隔开一定的距离，这应该主要是出于两点考虑。第一，河流沿岸的土地下层通常不够坚固，不宜用来建房居住；第二，家屋如果距离河流太近，容易被涨潮或者泛滥的河水倒灌。在过去，民居家屋与河岸之间一般都有长短不一的空白地带。这处地带最初没有什么特别的用处，部分用于修建凉棚等公共休闲设施以及大小不一的埠头。但后来随着村落的发展，这类空地慢慢地变成了临河的街道或者里巷甚至宅基地，使得原本的"河流—空地—家屋"的空间格局变成了"河流—街巷—家屋"。

当然，呈现出"河流—街巷—家屋"布局的空间结构也有一些最初就是如此规划修建的。例如，现在所见的靠近漳澎大街北侧的一些房屋当初修建时就是这种状态，且一直保持至今。许多老人回忆，其实以前漳澎的民居外依次为水道和街道的情况也相当多见，在当时二者都是出行的通道，水道和街道比邻更为便利村民根据需要而选择使用。当时村内的店铺、庙宇等重要的公共设施，几乎都是开设在沿漳澎河蜿蜒的漳澎大街某处。邻近的人们可能沿街道步行到这些地方，而稍远处的人们通常划船前来，把小船系在埠头后再上岸活动。现在许多原先的水道、河涌已经变成了宅基地或者里巷，这也使得原先的建筑空间格局彻底改变了。

而如今所见的"河—屋—街"这种空间结构中，民居颇为局促地夹在一条河涌与一条街巷之间。如果说上面的"河—街—屋"的布局是历史上河涌密布时期常见的景象的话，那么，这种外侧临河、内侧临街的空间结构，则可以说是现在漳澎村中最为常见的民居空间形式。据调查，早期由于村落内的宅基地极为有限，这种类型的房屋相对少见。这种空间格局在后来普遍出现，考其形成过程，主要有两种情况。一是旧时村内河涌众多，人们被迫在两条河流中间的地带选址兴建家屋，后来某一侧的河流因为自然淤积或者人工填塞而成为街道。二是家屋当时就是在河涌与街道之间的空地上兴建的。

我们的实地考察与访谈发现，随着后来人口的持续增加以及河道持续成陆，后一种情况形成的家屋相对较为多见，最终使得这种空间布局不断取代"河—街—屋"式格局。在这种形态的家屋空间格局中，民居几乎都是依河涌两岸并排分布，家屋的头门①对着街巷开设。据说以前此类家屋后方都开有一处便门，并在便门的邻水处建有小码头，以便于家人出入。到了现在，有些人家还在便门的水边、码头处建设小花园之类的景观，既美化了环境，又有一定的调节温度的作用。

在村内商铺集中的区域和远离河涌的村落核心区域，民居空间结构样式则有明显的不同，常常呈现为"屋—街—屋"或者"屋—巷—屋"结构样式。这两种结构可以在有限的地域内最大程度地布置民居，最大程度地解决居住问题，因此，岭南地区采用梳式布局的村落多采用这两种样式，漳澎也不例外。随着村内河涌大量迅速地消失，现在越来越多的家屋逐渐远离河道，这两种类型的民居空间格局也越来越多地出现。由于这两种类型极为寻常且已有较多的描述和讨论，此处不再赘述。

二、漳澎的传统家屋类型及特征

（一）传统家屋的分类

漳澎旧村中的传统居所，实际上可以分为两大类别。第一类是全部或者部分建造在水面之上的棚子，形制上极其类似北方的窝棚或者大棚。老人们回忆，以前这些棚子零散地立于村内以及村落周围各处水中高地之上或者水边。这种建筑工艺简陋、用料随意，说不上多少技术含量。这种棚子应该就是漳澎人最初的居所，但在漳澎很少被认为是房屋。早期搭建的早已经消失殆尽，如今偶尔所见的新近搭建的这类棚子，主要用于临时盛放杂物，或者用于特定时间在田间看管、料理作物，并不作住人之用。第二类居所即通常所见的各类家屋，它们才是漳澎人心目中的民居。这些民居大多数建造在村落内各处宅基地上，但也有小部分是建造在水面上，即传统上所谓的干栏式民居，本章所要研究的家屋即是这两种传统民居。在漳澎，这些式样的家屋已经存在了200年左右，至今依然普遍存在，这为我们的考察与研究提供了极大的方便。

不过，由于漳澎的传统家屋一向是属于民间的，而对于众多彼此存在一

---

① 所谓头门，指的是整座民居的大门，用于沟通房屋内部与外界。

定差异的家屋，村民们向来并无一致的分类。实际上，被普遍采用的民间分类法经常不是排他性的，而是彼此有重合的。根据我们的调查，漳澎人对于家屋的分类或者命名，主要有如下一些常见的方式或者说法。

以建材和楼层为准，可大致分为单层的泥砖屋、单层的青砖屋、单层的红砖屋、双层的水泥屋几类。①

以有无天井为准，可大致分为天井屋和行扒头屋（即无天井的房屋）两类。

以屋顶形状为准，可大致分为"金"字屋（即尖顶的房屋）和平顶屋两类。②

以房屋的空间布局形态为准，主要比照汉字可以分为三类，即"目"字屋、"明"字屋、三间两廊三种类型。

相比较而言，最后一种分类在漳澎民间最为常见。根据调查可知，迟至20世纪80年代开始普遍建设新式房屋时为止，漳澎人在建设旧村中的各处家屋时，始终采用这三种固定的传统空间布局模式。因此，本文也采用这种分类法，把漳澎的传统民居分为"目"字屋、"明"字屋和三间两廊结构三种。比较珠江三角洲各地广府村落可以发现，这三种类型也是这些地方常见的民居样式③，其历史已经相当悠久。在漳澎旧村内，这三种类型的家屋虽然至今可见，但总的趋势则是因为拆除而越来越少，而高层的、采用较高级的建材建造的新式房屋则越来越多。

从历时的视角来看，如今漳澎旧村所见的这些不同类型、不同建材、不同空间结构形态的房屋，其出现是有先后顺序的，这些不同的房屋类型大体上对应于漳澎历史上不同阶段社会、经济、物质与文化等诸多方面的形态。大体上说，从建村起到20世纪60年代之前，漳澎绝大部分的民居都是单层泥砖质地的家屋，村民普遍称之为"天井屋"或者"行扒头屋"。这种家屋的面积几乎都是在30～40平方米之间，空间结构则以"目"字屋居多。那时只有少数生活极为宽裕的人家，才可能居住于"明"字屋之中，但使用的建材几乎仍然都是泥砖。在这一个长达200年左右的漫长时期内，除了祠堂

---

① 如果以历史为据，泥砖和青砖是当地最早的建材，红砖次之，水泥等建材是20世纪中叶才出现的。

② 漳澎的传统民居几乎都是"金"字屋，平顶屋非常罕见。不过，现在有一些老房屋经过修葺重建之后改造成平顶。

③ 参见陆琦《广府民居》，华南理工大学出版社2013年版，第2～18页。

全部或者部分使用青砖建成之外，几乎所有的民居都是用泥砖修建的单层房屋，这种情况就与当时漳澎人的经济和物质条件密切相关。历史上，整个麻涌地区都是不产青砖的，各类建筑所需的青砖几乎都要到顺德、番禺和增城等地购买，然后装船沿水路辗转运入漳澎，之后再搬运到村内。购买费用加上运输费用相当不菲，当时一般的家庭根本无力承担。实际上，即使是当时一些富裕人家的房子，也只能够采用下面青砖、上面泥砖的结构，即便这样，墙体最下面几层青砖的高度一般也不超过1米。漳澎地下水位高，对墙体基层建筑材料的抗水与防腐蚀要求相应也较高。泥砖虽然便宜且方便易得，但由于是泥土压制而成，抗水性较差。而青砖则完全不同，由于是经过烧制而成，其硬度较强，既不怕水浸泡也更抗腐蚀，因此过去的人们尤其钟意青砖。不过，限于经济条件，人们无力做到大规模使用青砖。只有到了20世纪50年代"四乡大联围"完成之后，漳澎人盖房子时才普遍"不论穷富，都要用点青砖的"。到了20世纪60年代，漳澎及其周围都有了烧制红砖的砖厂。红砖价格相对便宜，又不需要远距离运输，抗水性能还远超泥砖，因此成为当时漳澎主要的建筑材料。但是，红砖质量通常不如青砖，使用寿命也比青砖短。

我们可以看出，建材对于历史上的家屋的影响特别大。以多见的"金"字屋为例——旧村中的传统家屋大多是属于这一类型，其房顶虽然总体上为尖形，但并非全部都是倾斜的顶。实际上这种类型的家屋顶部一般分为两部分，前一小部分是平顶，后一大部分才是倾斜的屋顶（见图2-2、图2-3）。这种样式的屋顶，两侧的房檐在高低、长短等方面都有一定的不同。如朝向正门一侧的房檐高一点、坡面相对短一些，另一侧的房檐则低一点、坡面相对长一些。这种较为特殊的建筑样式的出现，主要就是受建材条件限制的结果。墙体主要使用泥砖作为建材，导致墙体的强度和承载力相当有限，人们只好把家屋修建得相对矮小，以确保家屋的安全。但是，这无疑对家屋的通风、采光等产生了极为负面的影响，逼迫人们另外设法解决。而修建这种方式的屋顶，对于解决这些缺陷不无裨益。如图2-2所示，人们在平顶与斜面相交处开设小窗户，有效地改善了通风、采光效果。

图2-2 金字屋侧剖示意

图2-3 金字屋侧面

(二) 不同类型家屋的一般特征

1. "目"字屋

由于宜于建设家屋的土地极为有限，里巷制体系下的漳澎传统房屋多为长条形，而整体上呈现出前后窄而左右长的特征。许多传统家屋都是在屋子内部再砌两堵墙，从而把一座长条型的房屋隔断，通常分为面积均等或者不等的三个房间。从整体上看，这种家屋结构极为类似于汉字的"目"字，因此，漳澎人历来俗称之"目"字屋。

从家屋空间的角度来看，那时漳澎一般的"目"字屋民居的面积都是在 30～40 平方米之间，因而普遍显得狭小、逼仄，偶尔才可见有极少数面积超过 40 平方米的。两堵隔墙阻隔之下，一处完整的空间就变成了三个相对独立但又彼此连通的空间组合。如图 2-4 所示这两堵墙所分出

图 2-4　"目"字屋布局

的三个区域，由头门至最里面分别为天井、厅堂、卧室。这三个空间有明有暗，独立发挥各自的功能，但又服从于一个完整的居家的要求。由于这种空间布局实用性非常高，而且只需要在内部建造两堵隔墙，造价相对便宜，便成为漳澎村最为多见的一种传统家屋样式。实际上，由于这种家屋较好地解决了有限建筑空间中的区隔要求，因此这种类型的民居也普遍多见于珠江三角洲一带土地有限的村落。

漳澎传统的"目"字屋，实际上可以细分为两种具体的类型。一种是如图 2-4 所示的有露天天井的"目"字屋，而另一种房屋则没有天井。露天天井的建造成本相对较高，还因此而减少了一间可用的房间，降低了家屋作为栖身之所的基本功能。因此，过去经济上尤其紧张或者人口较多的人家，普遍修建没有天井的"目"字屋，以降低成本或者增加居住面积。漳澎人专门把这种没有露天天井的家屋类型称为"行扒头"，这个称呼似乎说明在过去这种家屋较为多见。

"目"字屋的开门朝向不统一，常见的是头门开在正面即正对客厅的方向上。图 2-4 所示的这种建筑就是如此，而且其三个门均开在同一个方向。这样的房屋，漳澎人有时又称之为"直行屋"，意思是可以从民居之外一路直行走到家屋最里面。此外，修建于不同时期的"目"字屋也有一定的差

异，而最主要的差别在于是单层还是两层。20世纪60年代之前建造的无一例外都是单层的，主要原因是那时人们的经济能力有限，极为简陋的建材也无力承载较大的重量。大概从1964年开始，漳澎出现了两层的"目"字屋。而在两层的家屋中，第一层仍然按照传统的目字结构布局，第二层则普遍称为"天棚"，说明不是正式的家屋。我们实地考察后发现，较早修葺的这种两层的"目"字屋的第二层，都是尤为低矮、逼仄，通常仅仅能够勉强栖身而已。

个案：青砖"目"字型民居

屋主为一位高龄的女性老人，婚后她一直居住于此。据她说，这处民居已有逾百年的历史，但具体修建年份不详。据我们所见，这处民居极具沧桑感，应该有100年的历史了。

这处民居只有一层，为青砖砌成，这在当地较为少见。整体上为典型的"目"字结构，由南至北依次展开，整座面积约40平方米。头门向南开，正对前排民居的后墙。以由南至北为序，整座房屋分为三个区间。第一个部分为天井，面积约10平方米。天井的顶部，开有一个约30厘米×30厘米的天窗，主要用于采光和通风，但也有集水和排水的功能。第二部分为厅堂，面积约20平方米。由于仅仅在厅堂的东侧墙壁高处开有一扇30厘米×30厘米的窗户，因此厅堂显得较为昏暗。第三部分为卧室，约10平方米。在东侧墙壁高处也开有一扇小窗用于通风、采光，但室内光线极为昏暗。

这种"目"字型家屋以前较为多见，也与特定社会条件下人们的心理有关。概括地说，"目"字屋的天井位于家屋的最外部，厅堂在中间，卧室在最里面的布局，部分地反映出当时漳澎人的安全观和方位认知。或者也可以反过来说，这种家屋是受当时的安全观和方位认知制约的结果。例如，在漳澎人看来，漳澎的天井在"外"，不但有排水、集水等多重功能，而且可以给进入客厅的人提供充足的光线，以示主人家待客光明正大、堂堂皇皇。而相对"外"来说，"内"代表着私密和安全。因此，唯一的卧室设置在家屋的最深处，这样就可以防止外人随意窥视或者进入卧室，最大程度地做到隐秘和安全。在长期的居住实践中，漳澎人对于这种布局的合理性认识得非常清楚，我们的一位主要报道人李老师说：

这种"目"字屋一进门，先是天井，然后是厅堂，最后是房间。这样的布局是有着必然性和合理性的。

首先，房间是不能在最外面，是不能贴近门口的。否则，外人在大门外一眼就可以看到房间里面，这样住起来的话肯定就是很不方便。其次，如果房间在中间的位置，厅堂就要设在最外面，要不然就只能是设在最里面。要是在最外面的话，也是一下子就被人全部看到了，这样不是很好。漳澎过去有很多土匪，盗贼更多，即使是出于安全的考虑，厅也不能够设在外面。但是，如果设在里面，家中要是来客人了，就要穿过卧室才能到达客厅，显然更加不合理。所以，厅设在中间是最好的。卧室在最里面，这样不但安全，还贴近河涌，因此也比较凉爽一些。卧室要是在房屋的最中间的位置，就会太闷热。最后，漳澎的天井主要是取水用的，就是收集拿来做饭、冲凉用的水。要是放在最里面，肯定很不方便，所以要在门口的位置。这样设置的话，还能起到阻隔外人视线的作用。

所以说啊，现在这样的布局，就是最为合理的。

2. "明"字屋

我们相信这种被称为"明"字屋的家屋，在过去的漳澎应该是较为高级的民居。访谈时很多漳澎老人都说，以前"贫下农一般都是住在'目'字屋里面的。'明'字屋的面积比'目'字屋要大一些。那时一般都是富农、中农才居住得起的，是他们房屋的常见形式"。我们的访谈与实地考察都发现，旧时的实际情况也确实如此。

实地考察漳澎旧村所见的"明"字屋，最为常见的基本结构布局也有两种，大体上分别如图2-5、图2-6所示。

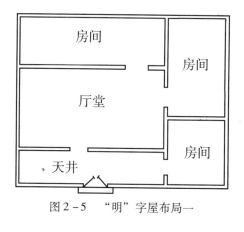

图2-5　"明"字屋布局一

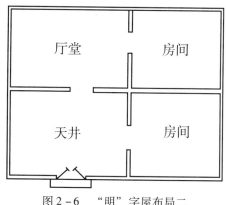

图2-6　"明"字屋布局二

整体上说，采用"明"字屋布局的房屋，一般都是以天井和厅堂为核心空间，两者的中轴线处在同一直线上。因此，这种家屋总体上可以分为两大部分，一部分由天井和厅堂组成一个"日"字（部分"明"字屋在厅堂后面仍有一个房间），另一部分则由两个房间组成一个"日"字。因此，这种房屋其实是由两个"日"字所组成的，但漳澎人却称之为"明"字屋。

与"目"字屋相比，"明"字屋可以看作是它的某种变体，主要的差别似乎只有两点。第一，一般的"明"字屋比"目"字屋面积略大一些，故可以设立两个甚至三个房间。我们实地考察后发现，这种类型的家屋一般的面积都在40~50平方米之间。第二，厅堂与天井的相对位置维持不变，但与房间的相对位置关系不同。除此之外，二者几乎没有根本的差别。

个案：三坊五巷7号"明"字屋

这处民居建于1954年，现在的屋主为一对老年夫妇。这处房屋是他们两人结婚时所盖，婚后夫妇俩一直居住于此。

实地测量这座民居发现，其占地面积略大于40平方米。其头门朝东，进入头门后就是天井。天井的面积约为10平方米，顶部同样开有一处天窗。为了便于排水，天井的地面比厅堂低10厘米左右。连通天井与厅堂的正门也朝东而开，进入正门后就是厅堂。厅堂的面积约20平方米，铺有地砖。在厅堂的南侧墙壁偏上部，开有一处窗户。但最初时的窗户较小，后来为了增加采光才将窗子扩大至现在的面积。在天井的北侧有一个房门，穿过房门即为卧室。此房间原为储物之用，因近些年来夫妇俩年岁渐大且丈夫长期患病，妻子才搬入其中居住。厅堂的北侧是另一个卧室，这个卧室的墙壁上部也开一处小窗户，但采光能力相当有限。这里长期是夫妇二人的卧室，现在只有生病的丈夫仍然居住于其中。

3. 三间两廊结构的房屋

在漳澎，"三间两廊"这种类型的家屋可以说是最为复杂的民居样式。"三间两廊"使用青砖、木头和瓦片为主要的建筑材料，造价相当昂贵，故这种房屋在漳澎民居中始终只是少数。据调查，漳澎旧村中现在所见的"三间两廊"式样的房子，历史都在70~100年之间，可以说是三种家屋类型中最为晚出的传统样式，这也间接说明其造价确实不菲。

这种家屋的面积一般都在40~50平方米之间，只有极为个别的面积可能超过50平方米。现存的所有三间两廊式房屋的墙体，自下至上通体都使用青砖修建而成，也都采用"金"字屋样式，房顶为瓦片与木头相间的瓦脊结构。这种家屋还有面积不大的一处院子作为附属，面积通常在10平方米左右。不过，由于近些年来不断出现的房屋加建、改建、扩建等，这种院落也不断被占用，现在残存的一般都只有几平方米，因此显得更加狭小。

在这种家屋格局中，两间卧室、一间厅呈现出一排横陈的态势，厅在中间而两侧各有一处房间。因此，整座房子总体上横向分为三间，构成了"三间两廊"中所谓的"三间"。而在两处卧室的墙外分别是一条巷子，构成了所谓的"两廊"。这种民居的大致结构如图2-7所示。

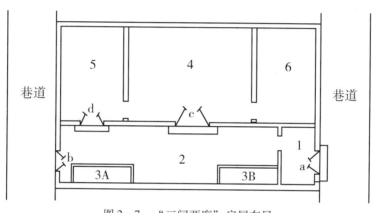

图2-7　"三间两廊"房屋布局

在图2-7中，区域1为一个门房。这种类型的家屋通常都有一处门房，设在两个正门（即图中的a处和b处）中的一侧，图2-7的门房就是设在a处。一般来说，门房的门也被作为整座家屋的正门使用。漳澎的这类门房面积不大，一般都只有3～4平方米，通常用作厨房以及临时摆放一些生活用品或者生产工具，诸如雨伞、雨鞋、农具、斗笠，等等。门房一般比较低矮，比高大宽敞的正房明显要矮小很多，使得"三间两廊"类型的家屋呈现出一种错落有致的态势。

门房与位于家屋建筑中间区域的天井用一堵墙隔开，墙上较高处一般都有一处镂空窗，面积大多只有0.5平方米左右，主要用来为门房透光、通风。这堵墙还可以防止外人从外部一眼望进院落甚至家屋内部，故其功用类似于北方大院落中的影背墙。但与影背墙两侧皆可通行不同，这种墙只在一侧留有一个门供人通行，另一边则与院墙建筑完全连在一起，由此形成了门房这样一个单独的房间。这堵墙的最上缘一般都铺设有瓦片，以便于雨季排水。

图2-7标为2的区域是一处天井，其实相当于一处小院子，主要作用是连通门房和正厅。在过去，天井还有一些其他的附加功能，如用以集水、采光、通风、改变小微气候等。① 可能是由于这些原因，漳澎的天井几乎都是全露天的。由于以前漳澎人的生活非常艰难，居住面积尤其有限，因此天井的面积一般来说都不是很大。天井边角处经常还都设有较为简陋的冲凉房和厕所以便家人使用，其通常的位置如图2-7中3A处或3B处所示。这些设施有的是建房时就规划好的，有一些则是后期才加建的。随着居住条件的大为改善，如今此类家屋中的天井多用于放置杂物、晾晒衣服、养花种草等。

图2-7中的区域4、5、6三处，是三间两廊类型家屋中的三间房屋，也就是漳澎人所谓的正房。三间房屋的桁数②，一般分别为9桁、17桁、9桁，居中的房间明显比其他两个房间大，通常要大一倍左右。在这三间房屋中，中间的一间通常用作厅堂，两边的则用作卧室，人们普遍认为这样的布局比较合理。在漳澎，厅堂通常是招待客人的地方，位于中间便于客人沿天井直接出入。此外，厅堂在中间而卧室分别在其两边，也方便居住于不同房间的家人进出厅堂。漳澎人的卧室向来是相当私密的处所，一般是不能让别人进入的，即使是家人也如此。而采用这种空间分割，就比较好地避免了进出厅堂时需要经过卧室的尴尬。访谈时许多老人都说，这样的布局还有一个好处，就是家长和孩子分住在隔着厅堂的一侧，既能够保证两代人互不干扰，又便于家长随时过去照看孩子。

三、漳澎传统家屋的建造程序与习俗

受多方面因素的影响，漳澎传统家屋的建造包含诸多环节，不仅包括诸多建筑学方面的程序，还包含众多与建筑和居住相关的文化习俗或者信仰习俗，由此体现出漳澎人的方位观念、家庭观念、安全观念、洁净观念，等等。下文我们按照房屋建造的时间先后顺序，择要介绍主要的建造程序与文化因素。

（一）传统家屋的面积

漳澎人中有一个较为有趣的现象，即人们关于房屋大小的概念，往往只

---

① 天井这些方面的具体作用及其原理，参见张振江《流水·坊巷·人家——村落漳澎的人类学景观》，中山大学出版社2014年版，第87页。
② 桁是当地房屋建筑中所使用的一种宽度计量单位，一桁等于24厘米，详见后文所述。

是集中于房屋的宽度而很少涉及长度。这可能与传统的房屋在长度上相差不大有关，因为我们实地测量后发现，漳澎虽然有不同类型的传统家屋，但其长度几乎都在 10 米左右。应该是由于这个缘故，人们讲到房屋的面积时就用宽度来代替，因此传统上漳澎人没有平方丈、平方尺这些关于面积的概念，现在也少见平方米的说法。当地用以衡量房屋大小的单位，几乎总是与衡量房屋宽度的单位同一，多用"桁"来表示。当地的 1 桁等于 24 厘米，过去的房屋最为常见的桁数为 17。我们在调查阶段所见过的功能齐全的民居建筑中，最为窄小的房屋（不包括小屋等特殊用途的房屋）是 11 桁。面积较大的家屋几乎总是使用青砖建造，我们见过有 21 桁甚至 23 桁的，相形之下确实显得尤为宽敞。

比较来看，似乎明清时期岭南地区普遍使用桁来计算面积。华南理工大学建筑学院博士生冯江在论文《明清广州府的开垦、聚族而居与宗族祠堂的衍变研究》[①] 中引用了一份历史文献《佛山脚创立新村小引》，引文同样也是以"桁"为主要的计量单位。

> 是村之屋式，每座横过三间，以青砖墙计桁数，厅取十七桁，两房两廊各十三桁。如系坭墙，房廊各十一桁。其地横阔包皮三丈二尺八，直深包皮二丈九尺七。每座一概照式。

上述引文中所讲的房屋样式，应该就是我们在前文所述的三间两廊结构。但我们在漳澎所调查的三间两廊型房屋最为常见的宽度，分别是 9 桁、17 桁、9 桁。与引文中所述的相比较，二者厅的面积彼此相当，都是 17 桁，但漳澎其他两房的面积多是 9 桁，明显要小一些。在明清时期各处的岭南村落中，这种三间两廊结构应该是最为豪华的民居建筑类型了。而三间两廊建筑与"明"字屋、"目"字屋最大的差别就在于彼此的桁数不同，一般是后二者的两倍左右。村民们反映，家屋的桁数历来只有单数而没有双数，这应该是由于岭南的房屋通常都是轴对称所致。

对于漳澎人而言，中轴线在各类民居建筑中尤为重要，建房时有许多与此相关的习俗需要遵守。据调查，守得最严的是一种被称为"破中"的习俗，具体是指修建房子时需要绝对避免出现地板砖的接缝与中轴线平行的情形。旧时宅基的地下水位极高，漳澎人很早就在房屋地面上铺设各种质地的

---

① 这篇博士学位论文后来出版为专著，参见冯江《祖先之翼：明清广州府的开垦、聚族而居与宗族祠堂的衍变》，中国建筑工业出版社 2010 年版。

地板砖用以防水和防潮。但是，习俗要求地板砖的接缝不能够刚好处于房屋的中轴线的位置。因此，漳澎人在铺地板的时候，总是先在中轴线的延长线处铺上一整块地板，并确保其中心位于中轴线上，这样即保证不会出现砖缝平行于中轴线的情形，之后再大体对称地往房屋两边逐排铺设地板砖。①

此外，漳澎人建造房屋时还有一条不成文的习俗，即相邻的两处家屋，后建的房子的外中轴（实际的体现为屋脊）要比先盖的房子稍高一些，这就是漳澎人通常所说的"哪怕高一块砖、两块砖都行"。村民们普遍认为，这一习俗寓意着后建者的日子会越来越好，其家人也会步步高升。虽然现在当地普遍建三四层甚至七八层高的楼房，事实上已经没有了传统意义上的屋脊，但这个习俗依然存在，相邻的两处楼房即使是相同的楼层数，后建的那座仍然要略高出一点。在北方的某些汉族的农村，这样做通常会被认为有挑衅、诅咒的意思，可能会遭遇到强烈的反对。但在漳澎，人们对此都能理解，不会抱怨，更不会因此而导致纠纷和冲突。

（二）传统家屋的选址与朝向

在漳澎，选址并不是困扰人们建房的重大问题，因为紧张的住房用地条件和早已规划好的里巷布局，这些都决定了人们修建家屋时几乎没有太多选择。同样的，漳澎人没有条件来讲究房屋的风水，他们所理解的房屋风水与其他地区的有很大的不同。漳澎人如果说某处民居的风水好，经常是指家屋位于凉爽、靠近河边或者较为清静的地方，等等。

就家屋选址时一般的禁忌情况来说，最主要的只有两条。一是忌临近墓地。当地人普遍认为，在古墓之上或者墓地附近修建家屋是不好的，因为这些地方有晦气、邪气等"不好的东西"，会给屋主一家带来晦气，对其生活与发展都会产生严重的负面影响。如果因为某些原因不得不在这些地方修建家屋，就要举行一种冲晦仪式来禳解。不过，这种仪式通常非常简单，一般只要选个吉日在家屋门楣上悬挂八卦镜等镇宅物，或者是悬挂柚子皮、香茅草等吉祥物即可。居民普遍相信，这样可以达到冲除晦气的作用。我们在东莞其他广府人的地区调查时发现，许多地方都有与此相同或者类似的观念与习俗。选址时另一个传统的禁忌，则是要避免房屋门尤其是正门正对着路口，即要避免"犯冲"。漳澎人至今普遍认为，路口这种地方是鬼魂等"不

---

① 对于"破中"，当地人还有另一种解释：习俗要求在厅堂铺砌地砖时，地砖的边线不能正对厅堂门正中，否则，会被认为是破坏家里的风水。由于这一缘故，麻涌各处人家在铺设地砖时，至今总是略微偏左或略微偏右。

吉利的、污秽的东西"较为集中之处，也是它们日夜出没时的必经之处。因此，门正对路口容易招鬼等"不好的东西"进入家内，给居住于房屋内的家人带来厄运。如果因故家屋只能够修建在对着路口的地方，这时就要设置所谓的"镇宅物"以破除凶煞。漳澎的镇宅物有很多种，后文将有专门介绍，此处不赘。

受河涌流向、具体地势以及里巷走向的限制，漳澎传统家屋的朝向和大门开门的方向无法做到两者一致，也无法做到其他汉族地区惯常所见的坐北朝南。关于房子的坐向和大门的朝向，漳澎人也有吉向的说法，但是他们又普遍认为，"吉向年年都是不一样的"，"不是所有的房子都要朝一个方向，也没有某一个固定的、吉利的方向"。根据我们在漳澎旧村的实地考察来看，旧村传统家屋的大门普遍朝南或朝东，而很少有朝向西面或者北面的。当地的一位报道人这样对我们解释："朝东、朝南开的话（家里就）凉爽，（因为）东南风凉爽嘛，这样比较好。基本上都不会朝向西面和北面的，因为西北风不好。"这个解释确实是符合实际的，但这种朝向可能也是受旧村里巷走向制约的结果。为了顺应当地的河涌流向、具体的地势和气候因素，漳澎旧村的里巷大体上呈东南—西北走向，这样最有利于应对潮湿高温的环境。漳澎家屋的这种开门朝向，既与里巷的走向相适应，又充分利用地利达到宜居的效果。

与此有一定关联的是，漳澎人在建造家屋时至今普遍遵守两条基本的禁忌：第一，房屋的头门朝向墓地是非常不吉利的，应该极力避免。我们仔细观察过漳澎旧村中的传统家屋，几乎没有发现头门朝向墓地。即使是在今天，如果某些家屋因故只能够朝一个方向开头门，而头门恰巧对着一块墓地，这样的房屋以及相应的地块就会被认为不吉利，导致价格相当低廉。

个案：头门忌朝向墓地

五坊境内有一块地，这块地靠近河岸，有水利之便。这块地的朝向也好，极其适宜于建房后向东方开门。但是，向东开头门后对面为一处老墓地，在当地人看起来非常不吉利，这一点极大地连累了这块地的价格。漳澎村委会卖这块地的时候，没有人愿意买。村委会只好一再降价，直到地价降到了同等面积的住房用地的一半，才被人买走。

买家买了这块地后，专门做了一场很大的"拜地头"仪式（详见后文）以祛除邪气、消弭邪恶，之后才敢在地块上动工建造房屋。

第二，需要避免出现"金鸡落井"的情况。漳澎传统民居，特别是

"金"字屋类型的家屋屋脊的两端，一般都装饰有繁简不一的雕饰物或顶角，俗称之"金鸡"。如果盖房子时将"金鸡"沿着房子的侧面墙壁的延长面延长，出现了正好对着周边某栋房屋的天井的情况，当地就称之为"金鸡落井"。在漳澎人看来，"金鸡"掉在别人家井里的那户房子的风水非常不好，家人会因此破财。所以，人们在盖房子时都会极力避免出现这种情况，不会将天井对准别人家的房屋顶角。我们在旧村观察多日，也没有发现这种情况的房屋。如果是无意间形成了这种情况，那就需要后建房屋的人家部分改动空间布局来"破解"。而如果是后建的房屋刻意将天井对准了别人先建的家屋的顶角，则会被视为存在恶意，常会因此引发严重的冲突。①

（三）奠基

奠基是建房的第一个基础性步骤，在漳澎也被认为是第一个最为关键的步骤。因为它不但包括建造地基这一工程性工作，还涉及相应的信仰观念及其仪式，人们以此向掌管此处土地的神灵报告将要建造房屋并祈求福祉。人们普遍相信，奠基时的工程状况和祭奠状况将会直接影响房子的质量和以后居住在房里的人员的运数。

旧时正式动工之前，需要选择适宜动工的吉日（简称"择吉"），只有在吉日才能够破土动工。择吉既可以请风水先生、道士、南无佬等专业人士进行，也可以由事主自行择定。但不论采用哪一种方式，主要都是根据历书中对每一日的凶吉和宜忌等方面的描述来做出吉凶的判定。下面是现在漳澎较为常见的一种历书中关于某一日吉凶与宜忌情况的描述：

×年×月×日，农历×月×（日），星期×。
民天德日，十一辛酉木房定，宜修造动土。

依据上述"宜修造动土"的描述，可判定当日是适宜动工建房的吉日。吉日来临开工前，事主家一般会放鞭炮以示庆祝。这时还要在地基中间竖起石头、砖块等，并贴上上书"开工大吉"四字的红纸块。如果吉日那天恰逢天气不好等原因实在无法动工，也要象征性地在地基上挖几下，借以表示依

---

① 麻涌镇其他村的人们普遍称之为"金鸡啄井"，但有较为不同的解释。常见的一种解释是：民居厅堂中摆放的神龛或者神牌等，通常都要略微错开家屋的中心线而不能在中心线上。如果前后两处民居的中心线不在同一直线上，那么，前排民居屋顶的鸡嘴状屋脊就有可能与后排民居的神堂在一条直线上，人们认为这样就破坏了后排民居的风水。参见张振江、陈志伟《麻涌民俗志——岭南水乡社会研究》，汕头大学出版社2008年版，第166页。

时开工而没有耽误吉时。

旧时漳澎可用的工具有限且严重缺乏打深桩的工具，所以一般房屋的地基都较浅。漳澎的地下水位普遍较高，在当时的建材条件下也不适宜打较深的地基。不过，传统民居相当窄小低矮，重量相对较轻，也无须打深的地基。当时即使是较为讲究的房屋的地基，一般也只是向下挖 0.5～1 米左右即可，随后便开始堆砌石砖充当地基，或者以简单的木桩支撑。由于地基较浅，再加上地下水位较高的影响，这样的地基并不牢固，时间久了，建于其上的房屋容易出现墙体垮塌或者房屋地面下陷等问题。在漳澎旧村中，就有许多由于这些原因导致的危房。当地政府从 2008 年开始对旧村内年代较久的房屋进行修葺、改造，这一类没有深地基的传统房屋成为重点照顾的对象。

等到地基处理工作基本完成后，就要举行一种称为"拜地头"的仪式。现在这种仪式又称为"烧地契"，但在不久前拜地头与烧地契还是两个不同性质的仪式。据说两者在民间信仰实践中往往相连并见，后来逐渐合成为一个完整的仪式。这个仪式的过程虽然相对简单，但有多重目的，而最主要的有四点：一是告知这块宅基地的"地主"[①] 主人家要在这里建造房屋，请他认得这间屋子以后的主人；二是请走原来居住在这里的孤魂野鬼等各种"秽物"或者"不好的东西"，告知他们这里将有新的主人；三是要告知祖先事主将要在此地建造新的房屋，希望得到祖先保佑，同时还要明确告知祖先居住者是谁，以便逢年过节祭奠时祖先可以找到亲人所居的新住所享受进献；四是向"满天神佛"[②] 祈求福祉，祈求其保佑即将居住在这个新家屋之中的家人的运势。

依照传统，这个仪式要请专业人士主持完成。旧时多是请南无佬（即风水师）、地理先生一类的人物，但现在漳澎以及周边村寨的南无佬几乎绝迹，人们请来主持其事的多是神婆。"神婆"是旧时漳澎的一类事神人员，主管拜神、还神等事宜。调查中我们发现，如今漳澎的神婆日常最主要的"业务"，其实已经变成了"帮人做拜地头"。我们的主要报道人之一袁老婆婆，便是这样的一名神婆。我们曾先后两次陪同她去不同的人家拜地头，两次仪式过程基本一致。下面呈现的是其中一次仪式的过程。

---

① 所谓"地主"，当地有不同说法，有说是此地之前的主人，也有说是掌管土地的土地公。
② 漳澎人普遍相信天上有"满天神佛"，共计有 360 位大神、720 位大将。本书第 172 页对此有进一步介绍。

个案："拜地头"仪式

时间：2013年7月6日（农历五月廿九）下午3点。原定下午4点举行，但因为要下雨而临时提前。这个日子是经过选择的，择吉的结果是该日为"平日"（即平安的日子），故可以动工建房。

地点：漳澎村五坊二队龙冲四巷16号，仪式地点在即将兴建的房屋的地基上。地基高出地面约半米，已经基本打好，总面积约50平方米。新房建在主人家旧房的正前方，与旧房的距离不到两米，但贴近路边。

主人家情况：CZR，男主人，40多岁；LJF，女主人，40多岁；CJM20，约25岁，屋主人的长女；CYK，20岁左右，屋主人的长子。

仪式主导者：袁婆婆，70多岁，原籍漳澎，现定居在东莞莞城，但常常回到漳澎居住，经常在村内主持拜地头等祭拜仪式。据她说，所有的祷词均为其自编，在仪式中也是由她唱或者念。仪式由她主导，众人均听她指挥，而且均称其为婆婆，说明彼此很熟悉。

仪式参与者：X婆婆，60多岁，负责辅助袁婆婆进行仪式。举办这种仪式时，主人家中的男性成员尤其是男主人一般都要参加。但是，由于该家男主人临时外出工作，而儿子正在海上驾船，所以改为女主人和其女儿代为参与。

供品：主要分为两种，即食物类和花烛类。这些祭品分装在两个大的篮子里，在仪式开始前已经由主人家准备妥当。

食物类主要包括：茶若干、酒一瓶、烟一盒、烧鸡一只、烧肉一份、米饭三碗、鸡肝、鸡胗、烧鸭、鸡肠、鱼肉（只有鱼头和鱼尾，寓意好事都轮到你，有头有尾）、炸腐竹（寓意一帆风顺，也有用炸豆腐块代替的）、旦财仔即海蛎（寓意有子有女）、白菜（寓意有财）、凤爪（寓意能够挣钱、发财）、盐焗鸡、煎蛋、两个粽子（寓意总要给足你，大钱小钱都给你）、一锅糖水（寓意由头甜到尾）、一锅粥、一锅香茅水、一碗鸡汤。除此之外，还有一个装有糖果的果盒，在一个铁皮盒子里面摆放有米、糖、生腐竹、苹果和槟榔，这些是给所"邀请"来的祖先等饭后食用的。这些食物配有相应的餐具，即杯子三个、红色筷子三双。关于食物类供品，当地有个说法，即一共需要九种菜品，而鱼头鱼尾、烧鸭、煎蛋、烧肉、鸡肉、凤爪和豆制品是不能少的。

花烛类供品相对来说种类较少，主要包括：纸折元宝十一袋、纸钱和各类纸符若干、香和红色蜡烛若干、用香蕉粗梗做的香台若干、鞭炮、印制的旧式地契两张（一张为红色，另一张为黄色）。

仪式流程：

15：10 女主人同袁婆婆一起开始摆放供品。这时先在地基中间摆放一张桌子，桌子的位置与计划中的新房主要房间的门口必须处在同一条轴线上。根据所计划的新房的结构，这张桌子被自然地分出了内与外：靠近门口的一边是外，而与之相对的一边则是内。摆放供品时，要注意供品间彼此的里外关系：三个茶杯要摆在桌子最外边的位置，往里面是三个酒杯及相应的三双筷子，再往里摆放的是食物，最里面是香台及其上面所插的三支香和三支蜡烛（见图2-8）。在桌子的下面，则摆放着粥、香茅水、糖水以及餐后享用的糖果、水果等供品。

图2-8　CZR家建新房时拜地头所用的供品（部分）

15：20 将十一袋元宝分别摆放在地基的四个角落和门口位置（各一袋），以及桌子的前后（前二后三），同时准备好香、烛和鞭炮。摆放元宝的位置，也就是仪式中袁婆婆需要分别念唱祷词、请神等的地方。地基上面向门口的方向对应于桌子前的元宝，代表天；地基上朝里的方向对应于桌子后的元宝，代表"地主"。从门口往里看的四个角落依次为右里、左里、左外、右外，拜这四个角落称为拜四周，当地人认为这是拜天兵天将的意思。门口位置的元宝，则用于祭拜过往的鬼神和左邻右舍等。

15：25　袁婆婆将烟、槟榔片、火柴放在一张纸上，然后放在桌子前端的一角以备用。漳澎人认为，嚼食槟榔后的汁水为红色，色彩显得艳丽，所以十分吉利。

15：30　袁婆婆将一个煮熟的鸡蛋剥壳，并准备好鸡汤，然后将鸡蛋放入鸡汤之中，随后开始倒茶，同时准备好香蕉梗做成的香台，并在房间四个角落也准备好香蕉梗。这时一个帮忙的婆婆将腐竹也放在鸡汤中，袁老婆婆拿来果盒，放于桌子后端的角落。与此同时，主人家的女儿开始写地契（见图2-9）。在两张地契上，都要清楚地写明房屋的具体位置。在漳澎，地契通常由主人家中的男性书写，但因为屋主家的男性家人都不在，而女主人由于文化水平低无法书写，所以最终改由女儿代写。依照习俗，地契中不能出现活着的人的名字，因为在稍后的仪式中会将一张地契烧成灰，纸灰将与另一张地契同存放在罐子里埋放于地基中。

关于烧地契，我们所得到的相关说法有两种。一种说法认为是烧给此地以前已经过世的主人，告诉他此地已经为"我"所有，请他快点离开这里，以后不要来捣乱；另一种说法则认为是烧给事主自家祖先的，告诉祖先们说自己建了新的房子，以后可以回来这里享用后人的祭祀，并祈求他们保佑子孙后人。

图2-9　写地契

15：44　袁婆婆点燃香和红烛，准备开始进行仪式。这时她先请主人家将其家屋地址、家人姓名等写到一个纸板上。在仪式的唱念环节中，袁婆婆会先后表明所建房屋的地址和屋主一家人的姓名，因为怕忘记，所以需要主人家事先写好，供她在唱念时查看。

16：00　仪式开始，这时要先拜天。袁婆婆在桌子后部插上十二支香和两根红烛，然后手拿一摞纸钱在桌子后面跪下，面向门口开始唱夹念。在唱夹念过程中，她必须准确地说出新房的确切地址以及主人家人的准确名字。我们在现场记录并事后请袁婆婆核对，她这时所唱念的文句是：

"一拜请，二拜请，请到天上玉皇大帝，请到天上观音娘娘，请到天上天后元君天后娘娘，请到天上三宝法爷，请到天上洪圣王爷爷，请到天上土地公公土地婆婆，请到天上地藏王爷爷王母娘娘，请到天上太上老君奶奶地母娘娘，请到天上南斗北斗，请到天上北帝爷爷，请到天上太阴太卯，请到天上太阴太阳，请到天上雷公雷婆，请到天上车公车母，请到天上九天玄女，请到天上金花夫人，请到天上转运童子转运童王，请到天上鸡谷夫人，请到天上茅山师傅，请到天上黄大仙爷爷，请啊请到天上医灵菩萨，请到天上保寿爷爷，请到天上富贵公公、富贵婆婆，请到天上包公爷爷，你又晓阴时又晓阳，请到天上五土地主，请到天上城隍老爷，请到天上七姐七娘，请到天上如来佛祖，请到天上四个角头四姐妹，请到天上财神爷爷、车公爷爷、关帝爷爷，请到天上360位大神、720位大将。

请到天上众位灵神一起来，今日你坐上灵台，坐高望远，坐低望近，上天为本，落地为子民。今日人求我，我求神，求得我出来为子民（此处报上拜地头人家的地址、姓名）。今日是满日，今日台头摆到（了）九碗样样有，叫你慢慢来品尝。你食一个凤凰头（即鸡头），不好跟我这么多计较；你食一个鸡脚趾，你从今以后唔好（意为不要）没口齿（意为不说好话）；你食一个鸡尾嘴，你从今以后都没得罪；你吃一块肉，让主人做事很娴熟；你吃一块鱼，让主人做事好踌躇（筹备）；你食几条菜，让主人赚得钱财入满袋，幸福日子日日来。多有多派，少有少派，各受各领，无谓相争来。今日得黄金白银来买此地，让X家门上百无禁忌；今日将黄金白银交到你手，你要从今以后不要转头；你食够拿够回山头去，从今以后都不要回。今天旺过地头，让L阖家人等百无禁忌；旺过地头日日好，大病大痛全部好；旺过地头多兴旺，让L家有儿孙福满堂；旺过地头多吉利，让L家世世代代无是非；旺过地头真稳阵（意为稳定），他又掷黄金又掷银；旺过地头多多好处，又给人丁又给财；旺过地头有幸福，让L家门上赚金赚银赚满屋；旺过地头有好运，让L家阖家遇财神；旺过地头多得庆贺，阖家大小住得安宁；老人住过添福寿，后生住过发财又添丁；旺过地头主人来住长久地，让他男男女女住得平安稳，让他男男女女住得多赚钱银；旺过地头多欢喜，阖家大小笑微微。今天保佑L家一帆风顺全家福，让他出入平安自然来。神台有四福，保他好顺好运赚钱来，保他赚到钱财快嫁女，幸福日子日日来。保他心想事成样样有，让他阖家大小都住洋楼。……保佑他同人有缘同神有缘，人神共乐多欢喜，阖家欢乐笑微微。

拜得神多神保佑，人们安乐啊叩谢神灵（此句重复三次）。

多谢天上玉皇大帝……（按开头所请的神灵次序逐一叩谢神灵）。

16：20 唱念结束，婆婆磕十二个头后起身，拿着纸钱来到桌前对应于天的元宝的位置，点燃纸钱和元宝。烧完一袋纸钱之后，她拿起茶杯，将茶水泼在桌前的地上，随后再拿起酒杯将酒倒在地上。至此，拜天部分结束。关于泼茶和泼酒，其顺序为先茶后酒。袁婆婆说这个顺序寓意"先茶后酒，钱财赚到手，富贵又长久"。

16：30 开始拜地头，仪式过程与拜天时的类似，唱念的内容也只是略有区别。在拜完地头之后，依次拜四周、房间的四个角落。这时也要唱念，但时间稍短。每个地方都要烧纸钱、烧元宝、泼茶、泼酒，但拜四周时均用香三支、叩头六下。

17：30 开始拜门口。仪式过程与前述相仿，同样为三香六叩。但在准备香烛时需要先准备一个供盘，以便在开始唱念之前从供桌上取鸡肉、鱼、烧肉、三碗米饭、酒杯、茶杯等供品一并放在供盘上。其空间顺序为：茶杯摆放在最外边，其后是酒杯及配设的筷子，再是菜肴，最后一排则是米饭。供盘在当地基本上家家都有，据主人家讲，即便不是很信神的家里也都会准备这样一个供盘。供盘是一个木制托盘，大概70厘米长，30~40厘米宽，盘底为朱红色。将装有供品的供盘端至门口外路边的位置放好后，随即开始唱念。全部程序仪式结束后烧元宝、纸钱，并将没有烧完的香烛一并烧完，所有的酒泼出，饭需要全部扔在地上，但肉只需要扔掉几块即可。至此，拜祭的部分基本结束了。袁婆婆说道：把供盘放在门口外的意思是，借此把祭品等食品都拿出去给左邻右舍的街坊以及过路的鬼魂享用，目的是告诉他们以后不要随便进入这家，因为这里已经有新主人而且要盖新房子了。

17：50 袁婆婆将主人家事先准备好的粥、糖水、香茅水依次倒撒于房屋将来的四边墙体、椽头以及主梁的位置上。在倒撒的过程中,她仍然需要唱念不止,大意仍是求神保佑主人家平安、发财等。

18:20　掷圣杯①,这是一个属于卜问性质的程序。这种仪式中要掷两次圣杯,一次面对门口(即问天),一次背对门口(即问地头),须两次所得都为"圣杯"才可以。袁婆婆依次掷出两次,每次都顺利地获得"圣杯"(见图2-10),意为天和地对于本次祭拜都非常满意。由于极为顺利地获得神明的首肯,女主人非常高兴。掷圣杯结束后,主人一家以及仪式操作者一起叩头十二下,感谢天地和菩萨等神明保佑。

18:30　开始烧地契。将其中黄色的地契纸焚烧,另外一张红色的地契折叠起来后连同鸡头、鸡尾一起放在一个罐子中。依照习俗,这些要与所焚烧的那张地契的灰烬一起埋入房子宅基。

至此,仪式结束。

图2-10　两杯面一上一下为"圣杯"

---

①　掷圣杯是请示神灵意愿的一种方式,漳澎人相信,掷圣杯时会出现"圣杯""阴杯""阳杯"三种结果。"圣杯"表示菩萨同意或高兴;"阴杯"表示菩萨不同意、不高兴;"阳杯"则表示菩萨不置可否,无法判断菩萨是否同意。按漳澎的习俗,掷圣杯时往往要连续掷杯直至得到"圣杯"。

在拜地头的整个仪式过程中，人们最为看重的是神婆将书写有确切的新房地址、屋主一家姓名的地契烧给土地神灵，并通过掷圣杯获得神灵的首肯。人们认为，如果这两个过程能够完美结束，就说明自此可以在神界正式确立此处土地的合法归属。这时的地契被认为是一种在阳世显示宅基地归属的证据，以及与阴间实现沟通的媒介，焚烧地契即代表着地契由人交给了神明。在漳澎人传承至今的观念中，拜地头仪式最大的意义，就在于这处宅基地的归属借此在阳世和阴间都正式地确定了下来，如此这般交付了地契，标志着这块土地的归属以及归属的变更得到神灵以及世人的认可。正是因为这个缘故，在完成焚烧地契仪式后，屋主人就可以发自内心地认为自己合法地拥有了这块土地，从此可以放心地居住在这里，而不会受尘世与阴间的各种干扰。人们普遍认为，从此这处家屋主人就能够得到神灵的庇佑，日后居住于其中就可以获得安康，家中的运势就会蒸蒸日上。

在拜地头的仪式过程中，有诸多环节极好地体现了漳澎人对于家屋、土地、自身和方位的特有认知。而只有当拜地头仪式结束才算奠基工作全部完结，则显示出奠基在漳澎人心目中绝对不仅仅是一项物理层面的工程，而更加是一项获得心灵确认的文化习俗。漳澎人至今普遍认为，只有经过这个仪式才能够心安。从这个意义上说，家屋的确是存在于内心的永远的家园。

（四）行墙和安门

房屋地基工作完成之后，即进入了"行墙"（即砌墙）阶段。这一阶段并无特别的仪式，但在砌墙时，旧时有一个习俗是家屋的前后两堵墙体不能够砌得一样长，通常是后墙必须比前墙略微长一点点。这种细微的长度差异又必须处理得非常巧妙，以免使外人看出。由于这个习俗，漳澎旧村的传统民居实际上整体呈前略窄，后略宽近似于畚斗的形状。这种形状有着深厚的心理和文化意义，在村民们看来，只有这种形状的房屋才可以更好地聚集财气。

当一处家屋的四面墙壁修筑到一定高度后，便可进入漳澎人口中的"安门"环节。所谓安门，又称上门，就是给家屋安装上大门。如果纯粹从家屋建筑的工艺来看，这是较为寻常的一个阶段，技术上来说并无特别之处。但是，在心理或者文化上它却极有意义。在漳澎，一处家屋可以没有窗户，但绝对不能够没有门，没有门就意味着这户人家被隔绝，或者主人家因故抛弃了这处家屋。旧时的漳澎人认为，门既是沟通屋内与屋外的一个关键节点，也是隔断外界与家屋、保障屋内安全的一道坚实屏障，甚至是最后的屏障。因此，漳澎人对于安门历来都极为看重。实际上，中国各地对于房屋安门都比较看重，不独漳澎为然。

到了安门当日，屋主通常会给干活的人以及前来帮忙的亲戚朋友派发利是、点心、水果等，期望借此获得好兆头、好运气。安门过程包括几个主要的程序：修建门阶，安装门槛、门框与门板，摆放镇宅物。漳澎旧村房屋的镇宅物有多种，但最为常用的始终是八卦镜和符箓，一般都是放置于大门门楣最中间的位置。在安门过程中，按照习俗还要用红布包起一两枚铜钱或者硬币放置在门框之上的墙体中，摆放好之后继续行墙，直至将红布和铜钱等完全裹住与墙体成为一体。

此环节中最为重要的当然是安门，但其他环节也很重要，如门阶、门槛的修筑。旧时漳澎经常遭受大水之患，海水涌入村内是家常便饭，而门槛和门阶最主要的作用，就是用于挡水和防止水浸家屋。漳澎传统样式的门阶主要有两种：一种与门槛相连；另一种则与头门走廊相连，直通巷道。我们发现有些家屋只有一种门阶，另一些家屋则两种都有，据说是根据房屋所在的具体位置、朝向、宅基地高度而定的。漳澎的家屋通常都有门楣，门楣有着重要的实用意义与象征意义。门楣可以用于满足世俗的需要，如贴春联；也可以用于满足精神或者信仰层面的需要，如挂太极镜、八卦镜、彩绘神像及其他镇宅物品、辟邪物件。漳澎人相信，借助于挂在门楣上的种种镇宅物、辟邪物，可以有效地将外界空间与家屋空间隔绝开来，从而为家屋提供扎实的保护。在这个意义上说，门楣就成为漳澎人心目中安全与危险或者洁净与肮脏的有效的分水岭。

（五）上梁

上梁代表着一座房屋即将基本成形，在全国各地的房屋建筑中都是极为重要的一个环节。很多有关建筑房屋的礼仪的典籍都强调上梁的重要性，漳澎流行的一种通书中就有"上梁有如人之加冠"的说法。在漳澎，家屋的主梁又称为中梁、大梁等，而所谓的上梁程序就是为房屋安装主梁。中梁既是一座家屋使用寿命根本性的、决定性的因素之一，有着建筑结构上的实用意义；又被赋予了丰富的无形的文化层面的意义，有着仪式性和民间意涵。

因为上梁极其重要，所以也必须择定吉日进行，这时所根据的同样是通书一类的书籍。由于漳澎的传统家屋大多为金字屋，故所谓的中梁通常指安放于金字盖顶点、处于屋内最高点的那条梁，其上就是屋脊。在选定吉日之前，主梁还只是一根普通的梁木。一旦选定了吉日，这根梁木则被赋予了信仰等方面的文化含义，如代表着这座家屋以及居住于其内的主人家的运势，所以屋主一家自此开始对主梁要恭恭敬敬。漳澎人至今普遍相信，一座房屋的好坏、使用时间长短以及房屋主人与家庭的运势等，都与中梁密切相关。

传统上漳澎人对于家屋中梁的材质、形状、粗细等都有相当严格的要求：材质以杉木①为最好；形状上则要求笔直，且一头较粗、一头略细。漳澎人历来以粗的一头为大、细的一头为小，粗的一头的具体朝向需要事先精准地测定好。中梁两边相邻的其他梁木，则需粗的一头与细的一头逐一交错排布，如果出现完全是粗的一头或者细的一头并排的情况，漳澎人就称之为"筷子梁"，这是极其不吉利的一种，会给家人带来厄运甚至造成家人横死。而从力学原理来分析，出现这种情况显然不利于梁木均匀分散自身的重量，也不利于梁木均匀承担屋顶的重量，容易导致家屋垮塌。由此说来，漳澎人的这种传统禁忌其实有着非常现实的根据与智慧。

吉日当天，上梁的主人家要向帮忙建房子的人派发利是，还要准备宴席宴请修建房子的工人以及前来庆贺或者帮忙的亲戚朋友。利是、宴席等大体准备妥当之后，就可以正式开始上梁了。传统上一般采用吊装的方式，先把中梁吊至合适的位置，然后精准地依照测定的方位安置好。中梁准确就位还只是完成了上梁的前半部分工作，随即还要在中梁上安置各种镇宅物、吉祥物等。漳澎用于此处的镇宅物或者吉祥物一般有两样：第一样通常为一块大红布，人们将这块红布悬挂于主梁的正中间而四角垂下，每个角上都吊上若干铜钱或者硬币。第二样则是笔、墨、纸、砚等文房四宝，寓意主人家的子女日后学业精进、文星高照。这时人们先将覆盖主梁中间上方的孔洞的瓦片打开（俗称"开龙口"），逐一放入文房四宝后再将瓦片封好。至此上梁程序全部完成，主家会随即鸣放鞭炮以示庆贺。

完成上梁标志着房屋建造基本结束，而传统上建成家屋是一件大事，所以这一日主人家的亲戚、朋友等都会前来送礼祝贺，漳澎人俗称为"贺梁"。主人家则会大摆宴席招待亲朋和工人，当天新房内外充满喜气。

（六）出火耗和入伙

上梁完成之后，随即开始覆盖瓦片或者铺设稻草充作屋顶。旧时漳澎的人们普遍贫穷，很少有人家能够负担得起在家屋内进行各种装修。所谓的装修，几乎都不过是简单地用白粉粉刷墙壁之类。因此，覆顶标志着一处家屋就此建成，可以随时入住了。

但是，入住之前还要举行一项非常重要的仪式——"出火耗"，之后才

---

① 漳澎人认为杉木笔直，木质坚硬，防腐蚀性强，因此是造主梁的最好材料。

能够正式"入伙"。在东莞以及珠江三角洲的其他许多地方,也都可以见到这种习俗。漳澎人又把出火耗称为"出耗",本质上这是一个除秽的仪式,目的在于清除新宅内以及新宅地下的各种"阴鬼、旧神"等魂灵,确保入住后家人平安吉祥。漳澎人普遍认为,虽然在奠基阶段已经向神灵说明了土地的归属或者变更情况,也进行了相应的除秽或者清除的仪式,但新宅中可能仍然有阴鬼、旧神之类的赖着不走。因此,如果想要安康太平地住在新宅中,就必须再次举行仪式彻底除秽。我们在漳澎调查期间未遇到有人新屋入伙,听说村民其实也不愿意外人观看这个仪式,因此只能综合对多位报道人的访谈,大致呈现其过程如下:

> 举行出火耗仪式,同样也要择吉,就是选定通书中认为合适的吉日。选定日子之后,请南无佬或者神婆来具体负责仪式。
>
> 仪式开始前,主人家需要准备一定的祭品,包括纸叠的金元宝、银元宝及香烛、瓶子、柴、米、油、盐等生活必备品,神婆还会自己带来铜锣或者铃铛作为法器。仪式开始后,先由南无佬或者神婆焚烧元宝、香烛祭拜天神、土地。在这之后南无佬或者神婆就会唱念祷词,大意是:这里已经有了新的主人,还建立起了新的房子。请你们快点离开这里,如果还停留在这里,就要遭到驱逐了。你们这些野鬼,跟着锣声(或者铃铛声),赶快离开这里。
>
> 然后,新房的主人随着南无佬或者神婆,拿着装在一个瓶子中的柴、米、油、盐等生活必需品,敲着锣或者摇铃铛从房屋内走出,一直走到某条河涌的边上,意思是借此将新宅之中或者宅地之下的野鬼、旧神等通过河涌送走。瓶子里装的柴、米、油、盐等,都要放置于河涌边上不能够带走,意思是留给这些野鬼和旧神等迁出后日常使用。
>
> 主人家随后即可回家招待宾客,整个仪式结束。

经历了这样的洁净仪式之后,主人家才可以最终确定新房屋不但归属于自己,而且是既干净又安全的,才可以正式入住。依照传统习俗,乔迁新居的日子当然也需要择吉。但是,实际上吉日当天的所谓搬迁物品"正式入住",在大多数情况下只是仪式性的程序。一般情况下,早在正式入伙之前主人家已经把新房子安排得很妥当,日常生活所需的一应物品也都已经准备齐全了。因此,人们在吉日当天通常只是象征性地搬入一些零散的生活用品,借以表明是正式入住而已。但是,这种仪式无疑增强了主人家对于迁入新屋的喜悦感和满足感，还借此周告村民自己迁入新居了。

漳澎人一般在出火耗仪式结束后即举办入伙仪式，具体包括拜祖敬神和吃入伙酒两大部分。入伙当天，新房的主人一家要先敬拜房屋内的土地神和自家祖先，告知他们自己家今日正式迁入新居，同时也请他们庇佑自己的新家。这个仪式中最为热闹的部分，也是入伙的重头戏，要数"入伙酒"。所谓入伙酒，实际上就是主人家摆的宴请前来庆贺的宾朋的酒席，招待对象通常包括亲戚、朋友、邻居、街坊以及负责建房的工人等。一般来说，这种酒席都是颇为丰盛的，而且历时颇长，往往至宾主尽欢方才各自散去。而前来赴宴的亲朋好友等也都会携带礼物或者礼金以示祝贺，毕竟旧时盖房子几乎是村民一辈子仅有的几件最为重要的事情之一。旧时的漳澎人家经济能力普遍有限，这种宴席通常都是在新居内摆设的，所食用的菜肴几乎都是主人家亲自或请师傅烧煮的。虽然地方可能局促，但总是非常喜庆热闹。

酒宴结束也就宣告一座房屋整个建筑过程的彻底结束。新家屋从此开始了另一段具有物质与精神双重含义的新历程。

第二节　漳澎传统家屋作为日常生活空间

漳澎的家屋是一个人神共居的空间，本节描述并讨论家屋作为日常生活空间的含义与特征。[①] 家屋空间与村落的其他公共空间其实是相互连通的，实际上也可以说家屋空间就是村落公共空间的一部分。而且漳澎人的生活空间并不是完全封闭的、局限于固定范围的，而是与部分村落公共空间重合，部分公共空间更是长期被用作家屋空间的补充而成为扩大的家屋空间。因此，本节也将分为两个部分来描述并分析，即传统家屋内的日常生活空间和传统家屋空间的补充或者扩大。在本节的最后部分，将略论漳澎传统家屋空间分配的指向类型。

---

① 许多学者从其他角度对家屋进行了相关研究，可参见何翠萍《人与家屋：从中国西南几个族群的例子谈起》，载张江华、张佩国主编《区域文化与地方社会："区域社会与文化类型"国际学术研讨会论文集》，学林出版社2011年版，第296～342页；郭立新《折冲于生命事实和攀附求同之间：龙脊壮人家屋逻辑探究》，载《历史人类学学刊》2008年一二期合刊，第173～218页；赵薇《家屋空间重组的变迁研究——以浦东龚路镇为例》，上海大学硕士学位论文，2008年；董敬畏《空间、家屋与人观——以关中邓村为例》，载《北方民族大学学报》（哲学社会科学版）2011年第2期。

一、传统家屋内的日常生活空间

通常所谓的"家门",在漳澎指的就是家屋的头门。漳澎人在物理上区分家屋之内与家屋之外的空间的最明显的标志,便是家屋的头门。人们历来认为头门之内的空间便是家屋空间,这里既是家人日常生活的地方,也是进行休息、饮食、聚集等其他活动的地方。

(一) 门与家屋内空间的区隔

漳澎的传统家屋有多处门,当地人一般分别称之为头门、大门和房间门等。不同的门,人们有不同的要求与规范,从而展示出不同的特征。

传统上,家屋的各种门有着明确的尺寸要求。历史上,漳澎人总是以市制的尺寸来描述门的长度,但经常使用"簇"① 这个度量单位来描述宽度,一簇等于9寸。漳澎的传统家屋通常有三重门,每一道门的尺寸要求历来都不相同。第一重即前文提到的头门,一般的规格是高6尺3寸、宽3簇。第二重为从天井进入正厅的门,通常称为大门,一般的规格是高8尺1寸、宽3簇半。第三重门为卧室房间的门,漳澎人一般称为房间门,常见的规格是高6尺3寸、宽2簇半。

这三道门的尺寸比例很有意思,从高度上看依次体现为矮、高、矮的格局,从宽度上看则体现为中、宽、窄。应该说,这种尺寸是特定的社会条件下形成的漳澎人安全观的直接产物或者体现。

概括地说,历史上漳澎水陆交通极为便利,可谓连接内陆与海路的咽喉要冲,但也因此而招致匪患。旧时的漳澎又是社会规范尚未完全建立的一个移民社会,村内以及周边地区悍匪林立,彼此火并、杀人越货、绑架勒索之类的恶性案件可以说是层出不穷。面对这种凶险的局面,那时的漳澎人在设计家屋时首要考虑的,应该并非家人日常出入方便等,而是尽可能地保证自己的家屋以及居住于内的家人的安全。在三道门上的反映,就是头门普遍狭窄到难以让两人并肩进入,这样才能够最大限度地防止土匪歹人一拥而入(见图2-11)。家屋内的楼梯普遍设置得非常陡,坡度经常为60~70度,而且窄到连一人通过都有些困难,应该也是出于防卫的考虑。厅堂的大门一般相对较大,则是为了采光和通风。大门通常使用实木而且做得非常厚重结实,应该也是基于尽可能地确保安全的考虑。

---

① 簇,记音字,原字不明。

图 2-11　窄而高的头门

在这些传统家屋头门处的木门上，至今还普遍使用一种结构特殊的暗锁，这种锁在国内其他许多地区都已经不可见了。其锁孔形状类似于汉字的"凸"字，所用的钥匙则为一块扁平的小铜板（见图 2-12）。钥匙的后部是一片细长的铜片，前部是椭圆或者正圆形状的铜片，其上有不同的镂空图案。使用时将这种钥匙放进"凸"字形的下部插入门内，卡住机关之后上提并向左或者向右扭动，便可打开位于门内的锁栓。这种锁不但结构简单、使用方便，而且非常安全。我们曾经试验过，不是相应的钥匙很难打开特定的门。不过，现在这种锁在漳澎也已经不多见，仅在旧村内某些传统的家屋还有保留。

图 2-12　漳澎传统木门的锁孔

除了上述的三道门之外,当地一些民居的头门外侧,可能还另有约一米高的两扇可部分折叠的木质或铁质的半高门,当地俗称之"掩门"(见图2-13)。其具体的设置位置略有差异,以在头门门框的下部和中部两种最为常见。在岭南的各处广府村落中,这种门相当普遍多见,被认为是广府民居的传统之一。但在漳澎,这种门却不是非常见。我们相信,这种差别可能说明漳澎人的族群特性与历史上的来源。至于其具体的作用,依据漳澎人的说法大致有三种:关闭此门可以防止鸡、鸭、犬等禽畜进入或者跑出家门;成年人外出时关闭掩门,可以防止家中孩童随意外出而招致意外;关闭此门后可以遮蔽外人的视线,防止其过多地窥视家屋内的家庭生活。总而言之,"掩门"具有保护隐私和安全的功能,但同时又不影响家庭获得足够的采光和通风。我们在多处广府人居住地所听到的说法,大体与此类似。

图 2-13 掩门

以功能而论,这三道门各有作用,但又合力构成一个完整的防卫体系。从家屋空间的观点来看,其最主要的功能则是界定整座家屋的不同空间构成与合力保护家屋及家人的安全。

简单地说，这三道门分割出四块空间，即家屋以外的公共空间，家屋内的院落与天井、厅堂、卧室等三处空间，同时起到表明空间属性与分割具体的空间的作用，暗示着人们调整并遵守不同的空间行为规范。应该说，世界各处民居的门都有区分或者标识不同空间的功能，这也可以称为门的基本属性。但相对来说较为特别的是，旧时漳澎的各种门尤其注重安全功能。漳澎旧村中的传统家屋建筑几无例外地采用高而窄的大门与正门，如此虽然造成人们进出不甚方便，但也提高了安全性，有利于阻止盗贼等不速之客进入。三道门分别在高度上呈现出矮、高、矮的格局，在宽度上呈现出中、宽、窄的格局，则具体地显示了这种追求的细节差异。相对于头门和大门来说，房间门显得矮而小，最主要的目的也就在借此标识此为私密空间，暗示人们不要轻易进入。

在中国的许多其他地方，也可以见到类似于漳澎房间门相对较为矮小的情况，说明不同地方的人们在追求私密性方面是相同的。但是，其他地方的民居建筑中相当于漳澎头门的院落门以及房屋的大门，通常极力追求高大、宽阔、气派，门上所涂的油漆色彩也极为讲究，这鲜明地展示出各自不同的建筑理念或者追求，也暗示了各自所处的社会环境的不同。

（二）日常生活空间

漳澎长期处于条件艰苦的农业社会，传统上人们闲暇在家的时间并不多。一般来说，漳澎人在家中的日常活动，除了睡觉之外就是一日两餐。漳澎的传统家屋中鲜有功能明确单一的厨房和餐厅，天井往往同时承担了这个功能。厅堂则是漳澎人家中主要的活动空间，也是最重要的家庭公共空间。因此，研究漳澎传统家屋中的日常生活空间，一定意义上也就是研究其天井和厅堂。

1. 天井

我国北方的传统民居几乎都有院落[①]而少见天井，但在南方地区的传统民居中则普遍设置有天井，用以采光、排水、集水。天井更是漳澎传统家屋不可或缺的一个重要组成部分，除了少数极为狭小逼仄的家屋之外，几乎所有的传统民居都设置有天井。这些天井不但同样起到上述的作用，而且经常充当厨房或者杂物间使用，还是外人进入屋内的第一个区域，因此显得更为

---

① 在传统的漳澎家屋中，只有三间两廊结构才会有一个面积不大的院落，但无论是否具有院落，几乎所有的家屋都有天井。由于院落极为少见，故此处不予讨论。

重要。

漳澎的天井通常都以头门将其与外界相隔开，又由正门将其与厅堂相隔开，从而形成一个独立的功能空间。因此，从家屋整体空间来看，天井第一个重要的功能，就是必须能够有效地保护厅堂和房间。因此之故，漳澎的传统天井通常并不是笔直地对着厅堂，而是彼此略有错开。即便是头门和大门都处在相互平行的两堵墙壁上，二者也会刻意相互错开。因此，家屋大门所在的墙壁通常就隔开了天井和厅堂，起到了照壁的作用，从而很好地避免了外面的人由天井直接窥视厅堂甚至卧室。

在不同类型的传统家屋中，天井的具体情况略有差异，但整体的结构基本相同。如均为方形，面积一般都在 10 平方米左右。天井的地面通常使用石块或者石板铺设，一般比厅堂以及其他相邻区域的地面低 10 厘米左右。这主要是出于更好地集水的考虑，同时也是为了防止雨水流入厅内、房间内。那些不是露天的天井，在其顶部一般都会开设一个 30 厘米 × 30 厘米的天窗（见图 2–14），以使落到房顶各处的雨水汇流到地面上来，同时也具有采光、通风、换气、排湿的作用。

图 2–14　天井上的天窗

这个天窗极为重要。漳澎的传统民居大多呈窄而深的竹筒状，由于面积有限显得非常逼仄、窄小，加上出于安全的考虑，往往不设窗户或者只在高处设置数量极少、面积狭小的窗户，因此几乎所有家屋的房间内都较为阴暗。我们的实地考察发现，即便是在阳光最充足的正午，房间内仍然普遍昏暗不明，也因空气流通不畅而显得闷热、潮湿。而设置天井并在天井上部开一处天窗，则在一定程度上有助于弥补上述不足。事实上，天窗通过虹吸效应促进局部气流的循环，房间内的空气得以与外界交换，从而改善了空气质量，降低了温度和湿度。

漳澎人对于天井及天窗深有认识，在讲述天井的功能和设置天窗的必要性时，居住于九坊的一位老人就以切身的体会对我们说：

> （旧村）里面啊，那个房子太密了，（导致）那个屋子里，白天都是黑蒙蒙的，（因为）房子（密，挡光）挡得太厉害。那些房子的窗子又小，所以整天家里都是比较暗啊。
>
> 开个天窗，就是那个地方，阳光就可以照下来了嘛，这样一来就亮了一点嘛。要是有时候觉得还不够亮，还可以在厅的那个屋顶上，再拿下一两块瓦片，房间里就够亮了。
>
> 天井那里也做饭的嘛，开着天窗，这样房子里就没有烟了。我们这种房子啊不好，也不透气。所以啊，现在的人才高高地建屋，还开天窗，就是要方便屋里透透气。

我们的访谈发现，村民普遍认为天井在采光和通风方面都具有比较明显的作用。但是，人们同样认为，以前的天井最重要的作用是集水和排水。虽然过去的漳澎村落周遭全是水且村落内部遍布大大小小的河涌，但并非所有的水都可以便利地获得及使用。而漳澎多雨，人们普遍认为雨水不但非常干净，而且不需劳力就可以获得，因此，漳澎人长期有收集并使用雨水的习惯。在雨天，每当雨下过一段时间把屋顶等处冲刷干净后，人们就开始收集经由天井流下来的雨水，习惯上，这种水被称为"天水"，还有人幽默地称为"无根水"。访谈时有一位老人家回忆说，以前漳澎有一种用这种水酿制的米酒，味道特别好，很出名。一位老人感慨道："现在漳澎有钱了，条件好了，但是空气污染也严重了，连雨水也不敢使用了，说是酸雨。唉，实在说不准以前好还是现在好。"

家庭日常生活中产生的污水或者多余的水，也主要借助于设置在天井的排水渠排出。传统上，漳澎的人家日常所排的水大体上有三种，即生活污水、多余的雨水和倒灌入家屋内的河水。前两种相当常见，第三种一般是在暴雨或者大潮的时节才出现。漳澎旧村传统家屋内的水渠都是暗渠，相当巧妙地铺设在天井的地板之下，并在靠近街巷的那个角落设置排水口，这样既节省了空间又掩藏了不洁。生活污水或者多余的雨水倒入或者集聚到天井中后，再由天井地下的水渠流出汇入街巷内或明或暗的水渠，排出家门后最终流入附近的河涌之中。一处家屋中的水渠并非仅仅关涉天井，实际上涉及家屋的多个区域，但天井是最主要的用水、集水之地，因此也成了最主要的排水之所。

历史上，漳澎人家的水渠修建得相当有特点。如前文所述，天井几乎都与厅堂处于同一条中轴线上，而厅堂的正墙中间则一般是神龛的所在，这种布局寓意着祖先保佑招财。漳澎人修建水渠时至今通行的一种习俗，就是要做到"上水流渠，下水流巷"。所谓的上水，指的是天井处聚集的自屋顶上流下来的雨水；而所谓的下水，指的是家庭产生的各种生活污水。老人们认为，这种安排还与风水信仰有关。在漳澎通行的方言中，水有钱财之意。因此，天井流下来的雨水不能够直接排出家外，否则会散财，而是必须沿着凿好的沟渠在天井中绕行一圈之后再排到巷子里的水渠中。人们认为只有这样才能够聚拢财气。因此，天井处的排水渠流出的水总是呈现出流经神堂之势，总是在环绕天井侧边之后绕到民居的右侧才最后排出。而从位于民居侧边的巷子来看，传统上水渠总是位于家屋的左侧，因此，旧时的漳澎人建房时几乎必然要遵守的一条通则，就是人们至今常说的"左手留巷，右手留渠"。旧时巷子里的水渠多为明渠，贴近民居墙体。村民家中的各类污水通过天井的渠道流出后注入这道主渠再排入河涌。那时一般房屋的最外面部分，通常用作冲凉房和厨房，其原因就在于只有这样才能最大程度地减少自己家修渠的距离而又方便地排水。现在旧村内大部分的渠都已经改为暗渠，里巷因此显得更为洁净整齐。

如前文所述，漳澎传统家屋中的天井并不仅仅是通常意义上的天井，由于旧时家庭贫穷、生活艰难，天井还承担了日常生活中多种琐碎的功能。例如，在保护厅堂和房间之外，旧时的天井几乎要同时充当烹调、盥洗、沐浴、如厕等用途的场所。

我们发现漳澎的传统民居中大多是没有独立的厨房的[①]，而以前承担这一功能的区域便是天井。有些天井中的主要摆设便是厨具（见图2－15）。但有些天井只是在紧靠正门的某一侧摆放一些厨具用作厨房，另一侧作为他用。我们在《麻涌民俗志——岭南水乡社会研究》中对于漳澎村普遍把天井充作厨房的现象进行了描述与讨论，认为这是历史上漳澎人生活状况的残留：以前漳澎人家普遍不设独立的厨房而把位于头门处的区域充当厨房，应

---

① 一般来说，只有部分三间两廊样式的传统民居才有独立的厨房，通常只有4～5平方米。

该与其过去的船上生活有关,因为渔民就总是在船头处煮饭烧菜。① 在一处传统的漳澎家庭中,一般的厨房用具主要包括灶台、水缸、平台、橱柜等。由于天井面积有限而且要承担通道的作用,这就需要精巧地安排以最大限度地利用空间。在漳澎,几乎所有人家的天井中的物件,都是尽可能地贴墙摆放,为的就是尽量地节省空间。

图2-15 用作厨房的天井

漳澎传统房屋中以"目"字屋居多,"目"字屋的天井颇能够反映传统家屋中厨房的情形。下面描述一处比较有代表性的"目"字屋的厨房布局。这处家屋位于漳澎三坊,建于20世纪40年代,为现屋主的祖父所建。在20世纪70年代加盖如今所见的第二层,并将原有的各处窗子凿阔以增强采光、通风等效果。家屋内部的装饰也有所更新,但整体的家屋类型和空间格局都没有改变。据屋主介绍,其中的天井部分仍然基本上保留了原有的布局和结构。天井如今主要用作厨房,原来设在天井处的冲凉房和厕所则搬入了改建时单独加盖的一栋小建筑内。这处房屋的头门开在侧面,入门即为天井。左手边墙壁开正门,进去便是厅堂,厅堂正墙之后为卧室。天井的布局如图

---

① 参见张振江、陈志伟《麻涌民俗志——岭南水乡社会研究》,汕头大学出版社2008年版,第50页。我们在阳江一带调查时发现,许多渔民上岸搬入家屋定居后,布局家屋时依然沿用在船上的方式,即相当于船头的部分用作厨房,相当于船舱的部分用作客厅,相当于后舱的部分用作卧室。整体上看,整座家屋呈现一体式,一如渔船的空间结构,这或许也可以作为佐证。

2-16所示。

A为一个木柜。木柜分为上下两层,下层放大米等粮食,上层由隔板隔出两个空间,分别放置碗筷、调味品等。

B为一口小灶。必要时辅助主灶煮饭,可以放置一口正常大小的炒锅用于炒菜。小灶原用泥砖砌成,在改建时改用红砖砌成,现已弃用。上面加置一块木板作为平台,用于放置煤气灶。据了解,村内已经几乎无人烧柴火煮饭。

C为主灶。据屋主人回忆,以前一家人的主食就在这里烧煮。灶上原有一口大铁锅,以前煮饭、煮粥都是用这口大锅。灶台台面宽度约有70厘米,原用青砖和泥砖砌成,后来改建时使用红砖砌就。靠近主灶的侧面墙壁有一凹处G,原刻有灶神神像,现已模糊不清,改由贴在墙上的上书"灶神"二字的红纸代替。灶神位旁边,是一个插香、蜡烛的竹筒,用于供奉灶神。

D为排水处,洗菜煮饭等产生的废水从这里倒出去经暗渠进入巷内的水渠,最终流入河涌之中。

E为一处平台,是一块较为光滑的石板,下边用青砖支撑起。这个平台用来摆放各种食品,也用于切菜、洗菜。

F为一处蓄水池,使用青砖、水泥砌成。以前漳澎没有自来水的时候,家中的用水主要为河水。居民先用水桶从河中取来水,倒入水池内澄清,之后作为饮食以及其他各种用水。在过去,由于条件有限,居民较多使用普通的水缸。

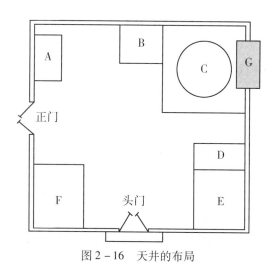

图2-16 天井的布局

我们观察了旧村中的多处传统民居后发现，这一处的厨房完全可以说是传统漳澎厨房的典型样式。旧时漳澎人长期条件有限、生活艰苦，人们没有条件讲究，饮食非常简单粗陋，而烧煮方面则以快捷、方便为要。这些特点在厨房上的反映，即体现为厨房普遍简陋狭小、厨具简单且有限。

天井另一些常见的功用，就是充作洗澡、浣洗以及如厕的场所。旧时漳澎宅基地有限，家庭住房极其紧张，到了一定岁数的孩子甚至必须长期在外过夜，漳澎因此才会长期存在凉棚和娘仔房。如此条件下，家屋内自然没有多余的地方可以用来设置单独的洗澡房、厕所之类的空间。当时人们普遍都是在天井内设一个蓄水的池子，从河涌中取来水后倒入池子内，供"冲凉"所用。在天井内洗澡还有一个便利之处，就是天井排水方便不至于形成积水。也是因为这个缘故，天井也往往成为在家中浣洗衣物的场所。根据我们的调查，旧时的漳澎人或者在村内的埠头处洗涤，埠头普遍设有麻石台阶，是相当便利的洗涤场所；或者在自己家内洗刷衣物，这时通常都是在天井进行，天井处铺设的石板以及下设的排水道同样提供了诸多方便。至于如厕，旧时漳澎的家屋（即便是大地主的家屋内）均无单独设立的厕所，几乎都是在天井处摆放一个较为牢靠的木桶充作厕所。每隔一段时间，人们便把桶内集聚到一定量的粪便运去田间作为肥料。可以看出，这种厕所使用起来颇为不便，访谈时就有老人开玩笑地说，就是因为这个原因那时的人才较少互相串门。

2. 厅堂

在漳澎的家屋中，厅堂占有十分重要的地位。这里既是家人日常饮食的场所，也是家人休闲、娱乐、闲聚、议事、拜祭祖先与神明的场所。一言以蔽之，厅堂既是建筑意义上一座家屋的中心区域，也是精神意义上一家最主要的公共活动空间。因此，无论是作为建筑的一部分，还是作为人居空间来说，厅堂都有着极为重要的文化意涵。

我们仔细观察过漳澎旧村中的传统家屋，发现厅堂总是一座家屋中面积最大、最为宽敞的一个空间，其面积一般都在 15～20 平方米。如果考虑到当时整座家屋的面积通常只有 30～40 平方米，这个面积甚至大得不成比例。由此不难看出厅堂在人们心目中的重要性。

在"目"字屋或者"明"字屋中，厅堂一般由两堵墙分别与天井和卧室隔开。从大门出去就是天井，从其两侧的门出去就是卧室。而在三间两廊建筑中，厅堂则位于整栋建筑的正中间，由其大门连通院子，左右两边各开房门连通侧卧。相对于卧室等其他的房间来说，漳澎的传统厅堂都显得较高。由于旧时没有风扇等降温设备，只有增加层高才可以较好地实现空气流通，从而使得房间内相对凉爽一些。厅堂较高同样有利于采光，从而保证了客厅的亮度。传统上，中国人待客时讲究光明正大、堂堂正正，故厅堂尤其要亮堂以展示这类文化含义与规范。此外，如果家屋还建有第二层楼，则楼梯一般也都是设置在厅堂后部贴近墙壁处。这也需要相对较高的厅堂才能够方便地设置楼梯。厅堂的地面比天井的地面高一些，主要为了防止天井中的雨水倒灌进房屋内。现今厅堂的地面一般改用瓷砖铺设，只有极少的相对简陋一些的人家，仍然使用传统的泥砖或者红色的防潮砖。在过去，多数人家无力对厅堂的地面进行像样的处理，最多是使用泥砖或者防潮砖阻挡一下潮气，这时一般还要在其下方铺上一定厚度的沙子。但这两种材料防潮效果有限，人们待在这类民居中经常会感到湿漉漉的。村民们反映，过去每到春天，家屋的"地面上都是水珠，像是水洗的一样"。

在漳澎，不论属于何种样式的传统民居，其厅堂在空间布局、器具陈设和基本功能等方面，几乎是完全一样的。厅堂之所以是一座家屋中最为重要的空间，也就是通过这些方面及相应的活动体现出来。纯粹就建筑上说，厅堂最顶部的梁是当时的民居建筑中人们最看重的部分，故又称为主梁。对于主梁，人们历来有许多特殊的规定与要求。如旧时要求主梁必须与厅堂形成上下严整的对应而不能够有丝毫的偏差，为的就是借此显示主人家堂堂正正、光明磊落。可以这样说，厅堂的布局与建筑并不仅仅是纯粹的建筑问题，而且是与深厚的文化意蕴时刻相连的。我们参观过多处传统家屋的厅堂，下面介绍两处在布局和设置上较有代表性的厅堂，一处位于两层的"目"字屋内，一处位于单层的"明"字屋内。这两座家屋都建于1949年之前，虽在后来都经过修葺，但整体的空间布局仍保留着传统的样式。

第一处家屋位于漳澎村三坊，建于20世纪40年代。最初所建的是一座传统样式的"目"字屋，虽然有两层，但第二层非常低矮，实际上相当于一处阁楼，到了70年代，经过改建加高才成为真正的两层楼房。这座家屋的厅堂布局大致如图2-17所示。

A区域为一个台式柜，长约2米，高约80厘米。分上下两层，有木框玻璃柜门，内放有茶叶、水杯、药品等生活物品。柜子上面摆着电视机以及其他杂物。在如今漳澎家屋的厅堂中，这种柜子相当常见，主要用作电视机柜，一般都是分为上下两层，目的是尽可能多地摆放物品。这种柜子一般都是紧靠正墙摆放，一般来说进入正门就可看到。

B区域为一个神楼（即神龛），分为上、中、下三层。上层摆放菩萨塑像，中间摆放祖先牌位，下面则是土地神位，三层各自摆有供品和香炉。分三层摆放不同的神祇，体现出漳澎人对于信仰体系中不同神灵的等级次序的认识。在现在的漳澎，这样的神楼相当常见。设置神楼时的基本原则，是摆放的位置要与头门错开，二者的中轴线不能在一条直线上。

C区域为木质沙发，相对较为简单。在以前，摆放的则是各种凳子。

D区域为一张小茶几，上放置茶叶、茶杯等物件。

E区域摆放着一个衣架，F区域放置着一些杂物。传统上，这两个区域都是放置生活杂物的地方。

G为小板凳，方便不时之需。

H区域为通向二楼的楼梯，陡峭而逼仄。漳澎家屋中的楼梯大部分设置于厅堂之中，贴靠一侧的墙壁修建。楼梯陡峭狭窄主要是出于安全的考虑，与漳澎历史上匪患不绝有关。这样的楼梯设计，真可说是"一夫当关，万夫莫开"。

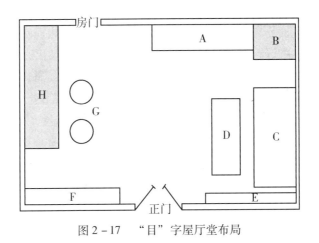

图 2-17 "目"字屋厅堂布局

另一处房屋为"明"字屋，同样是建于20世纪40年代，后来也经过一定程度的改建。家屋的整体布局与上述"目"字屋相仿，其厅堂布置如图2-18所示。

A区域为神龛。在漳澎，这种神龛比较有代表性，也是传统的形式。在漳澎的传统家屋中，经常可见这种传统结构的神龛样式。人们把一块厚2寸左右、长1米左右的木板嵌入或者架在厅堂后墙的墙壁上形成一个距离地面约2米的平台，各种神像、牌位、供品以及香炉都摆放在神龛上。据调查，在旧时的漳澎，家屋厅堂中如果设有神楼，都是采用这种方式。

B为一个柜子，柜子上方的墙壁上挂着很多镜框。在漳澎，在墙壁上悬挂或者张贴各种物事的习俗颇为流行，一般都是亲友合照、先人的相片等，这些通常逐一放入镜框内以利于保存。在没有照片的过去，人们通常是悬挂先人画像以示纪念。到了现在，有许多人家则在这面墙壁上贴满子女读书所获的各种奖状，孩子逐渐成为漳澎人生活的中心。

C为两层的电视柜。

D为沙发。

E为茶几。

G和F也是摆放杂物的地方。

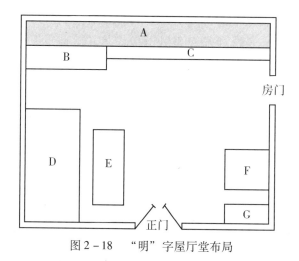

图2-18 "明"字屋厅堂布局

概括地说，漳澎的人们普遍认为厅堂具有对内和对外两个基本的功能。而从家屋作为人居空间的人文属性来看，厅堂在一处家屋中的极端重要性，其实也主要就是通过这两种功能体现出来。由于所涉及的内容太多，下文仅从内外两个方面举例加以描述并说明。

从其对内的功能来看，一处厅堂通常是一家最为神圣的所在，也就是大致上等于西方学术界所谓的神圣空间。例如，传统上的中国人尤其敬奉祖先，家屋中通常设有祖先牌位或者其他标识物以代表祖先，而这些通常摆放在厅堂某处。漳澎人家同样普遍如此（见图2-19），几乎家家户户都在厅堂后墙中间偏上部嵌入一块一定尺寸的木板，用以摆放祖先牌位。而在神牌的上方，通常还悬挂或者张贴着先人的画像（现在则多为照片）。主要是由于传统观念的影响，再加上环境极端险恶令人深感世事无常，旧时的漳澎人普遍寄望于神明护佑自己和家人。实际上，漳澎人家的家屋各处至今也是遍布神物。他们所敬奉的各种神明如观音、菩萨等的坐像，也都是与代表祖先的牌位摆放在一起。旧时漳澎人习惯把祖先牌位与神明塑像并排，但分左右分别摆设。现在越来越多的人家采用上、中、下三段式的神台，如今最为多见的方式是上层摆放菩萨塑像、中间摆放祖先牌位、下层摆放土地神位，并且在每一层都摆上供品和香炉等。漳澎人尤其是女性老年人至今仍深信，自己和家人得以平安甚至获益，全是祖先与神明保佑的结果。因此，即使是在寻常的日子里，人们也都要祭拜并敬奉祖先和神明；逢年过节更要隆重祭祀，厅堂也成为祭祀、祭拜的主要场所。例如，春节时全家会齐聚在厅堂举行隆重的祭祀仪式，感谢祖先和神明在过去一年中的保佑，同时祈求来年继续保佑。漳澎人婚礼或者丧礼的许多环节都是在他处进行，但关键的仪式则一定要在厅堂，意思是祭拜并告知祖先自己家中添加了新人或者有人去世。因此，厅堂虽然也是日常生活的主要区域，但确实较其他区域有着更加神圣的性质。

图 2-19　一处相对简陋的厅堂

而从世俗的角度来看，厅堂同样是一处家屋之中最为重要的空间。在许多漳澎人看来，厅堂就是一家聚集、交流、饮食等的场所，是全家日常生活的核心区域，其地位颇为类似于我国西南少数民族地区至今普遍多见的火塘①。旧时的娱乐生活相对单一，闲暇时或者晚上一家人常聚集在一起闲聊、交流或者听长辈讲各种故事作为消遣。也是因为这个缘故，厅堂中总是摆放着众多的椅子、凳子、茶几等物件，以备随时使用。在过去，这种似乎不经意的几乎日复一日地重复的沟通与交际方式，其实具有极为重要的意义。例如，后代关于自家的祖先、血缘传承、社会网络等方面的知识，经常都是来源于这种闲谈。而关于生产、持家的各种知识，也总是这种家庭沟通与交流的重要内容。厅堂的这种世俗性同样也体现在其布置和设施上。漳澎人家中所有的较为重要的日常生活用品，几乎都摆放在厅堂各处，常见的如电视机、电冰箱等。除此以外，还会摆设或者悬挂各种装饰品和字画等。从20世纪80年代开始，电视机迅速出现在漳澎人的生活中，进而占据厅堂之中最为显眼的位置，电视前方随即成为家庭日常文化生活的中心。这种情况在世界各地均可见到，不独漳澎为然。到现在，许多人尤其是老年人的日常生活，几乎都是围绕厅堂中的电视机而展开。以电视为代表的大众传媒的迅速普及，固然令家人集聚聊天的场景日渐稀少，厅堂主要成为村民观看电视节目的场所，但厅堂仍然是今日漳澎人家屋中培养家庭凝聚力、维系家庭团结的核心区域，通过在厅堂举办的各种神圣或者世俗的活动，家人更加紧密地团结在一起，从而巩固了家庭和共有的观念。

厅堂对外的作用，主要体现为厅堂是家庭日常会客的地方，一定程度上成为一户人家向社会展示自己家境的场合。厅堂位于天井和卧室之间，处于公共空间到私密空间的过渡地带，来访的亲朋好友亦止步于此。也因厅堂是待客之所，故不论主人家是贫是富，都会在厅堂摆设椅子、板凳、茶几等，只是简陋或精致有别而已。主人与来客在此或谈天闲聊，或聚餐小酌，厅堂便成为村民间尤其是男性村民日常社会交往最重要的地方。

基于厅堂具有对外展示自家形象的社会性空间属性，一家的集体照、先人照片、祖传珍品、所拥有的名人作品、家人所获得的奖状等所有能够显示主人家荣耀或者光辉的物件，几乎都是摆放或者张贴在厅堂显眼之处。在我们参观过的一处民居内，厅堂一侧的墙壁上密密麻麻地粘贴着主人家长子在小学、中学阶段的所有奖状和获奖证书，另一侧的墙壁上则悬挂着多幅家庭合照以及男主人的毛笔书法作品。在我们的整个参观过程中，屋主一直自豪

---

① 关于火塘的简明介绍，可参见杨福泉、郑晓云《火塘文化录》，云南人民出版社2000年版。

地向我们展示厅堂中的这些陈设，还不厌其烦地逐一讲述其历史和背后的故事。这时的厅堂已经不仅仅是一处待客场所，在某种程度上已经成为一个社会舞台和宣传场所，屋主通过这个社会舞台将家族或者家庭中引以为豪的人或事集中地展示出来，以显示自家的光辉、成就或者在村落中的地位。

3. 卧室

由于占地面积极其有限，漳澎传统的家屋大多只能够设置一个卧室。即便是两层的"目"字屋，所谓的二层通常也十分逼仄低矮，人们只能直接在地面上铺席子睡觉。① 旧时只有在"明"字屋和三间两廊结构的家屋中才普遍地设有两个卧室。过去的漳澎人家生育率高，子女众多②，如何才能够给家人提供足够的休息空间，长期困扰着所有的家屋主人。

在只有一间卧室的众多家屋中，父母以及婴幼儿只能够挤在一起，自然也就无所谓主次房间之说。在有两个或者两个以上卧室的传统家屋中，漳澎人一般认为位于厅堂正后方的那间是主卧，其他的为次卧。在三间两廊的结构中，漳澎人一般认为厅堂左边的是主卧室，其余的为次。有位接受访谈的漳澎人说：

> 过去的那些老房子里，很多就是只有一个卧室，就在厅堂的后面。大部分（村民）都认为，那个是主人房。就算有一些房子还有别的房间当卧室，大家也还是认为那个才是主人房。
>
> 在三间两廊那种屋子里啊，左边的那间（卧室）就是主人房。原因啊，就是漳澎人自来都是认为左边为大。

对于家屋空间，漳澎人有着某些相当特殊的认识。例如，人们认为第一层楼比第二层楼重要，而家屋的左边较右边占有更尊贵、更重要的地位。这些认识影响了家屋以及家屋生活中的众多方面。

漳澎人经常把主卧室称为主人房，惯例是用作屋主夫妇的卧室。如果夫妇因故分居，则一般由男主人居住。漳澎人历来认为，卧室属于家屋内隐秘性最强的私人空间，因此采光方面通常隐而不彰。在新中国成立之前修建的各类民居之中，卧室的面积都普遍狭小，最为多见的是 7～9 平方米。完全可以说，传统家屋中面积最小的就是卧室。由于面积太小而又需要放置许多重要的物件，卧室看起来总是拥挤不堪（见图 2-20）。

---

① 约从 20 世纪中叶开始，这种房屋的二楼才变得相对高大，这时才可能成为一间真正的卧室。
② 旧时漳澎的家庭普遍孩子较多，据说最多的人家有 12 个孩子，一般的人家也都有四五个。

图 2-20　家屋中拥挤的卧室

　　也由于上述观念的影响，传统的卧室在采光和通风等方面，几乎始终是家屋中最差的。卧室通过一扇小门与厅堂相通，房间门一般都是相对窄小但材质相当厚实、坚固，这主要就是出于安全与私密性的考虑。传统上，有些卧室甚至可能不开设窗户而仅靠房门采光，或者仅在临近河涌、横巷、里巷的一侧开设一个小窗户，这种窗户以30厘米见方为最多，窗子下沿距地面一般都在两米以上。这样既大大增强了卧室安全性与隐秘性，又能够较好地防止有人偷窥或盗贼从窗子进入家中为恶。实际上，由于采光不足，即使从厅堂往内也很难窥探房间内的情况。

　　我们发现漳澎的传统卧室主要依靠房门采光、通风，因此白天这扇门很少完全关闭。但大多数的房门挂有门帘，可以在不太影响采光和通风的同时兼顾私密保护。实际上，传统上的漳澎人家不许外人随意出入自家的卧室。本次调查过程中我们多次进入居民家中，但进入卧室观察的情况寥寥无几。可以说，卧室是漳澎民居中真正意义上的私人领域，往往也是家中主人讨论一些私密话题的场所。我们的一位报道人给我们讲述过一个个案，个案中可以很好地体现这一点。

　　　　我的爷爷过世的时候，留下了房子给我父亲。我二伯来到同我父亲讲，他现在住的地方很不好，想要这个房子，他们就在房间讲这个事情。当时我们兄弟姊妹几个还小，都在厅外面，（他们）不让我们进去听。

当时家里面人多，不好当面讲这些事情，所以就去房间里讲。我父亲后来说，我二伯平时都不管我爷爷的，捧水、洗面这些都是我父亲做的，所以房子不能给我二伯。我二伯后来也没有讲出什么道理，所以房子就是我父亲的了。这些啊，我当然都是后来才听父亲说的。

当时的房间，都是不给小孩子进去听这些。家里的这些事情小孩子听了不好嘛。（外面）人也多，不好讲这些。

在漳澎的传统民居中，主卧室总是由主人夫妇共同居住，孩子居住于次卧室、厅堂、凉棚/娘仔房或者他处。忙活了一天之后，主人夫妇晚上休息时会一起商量涉及整个家庭的重要的事情，或者总结一天的得失，等等。或者是由于这个缘故，每当有重要的事情需要商量时，他们总会到卧室这个较为私密、封闭的空间中去。这可能是出于习惯，也可能为了避免孩子无意中听到后散布出去。但无论如何，重要的事情到卧室中商量，却成了传承至今的习俗。

漳澎的传统卧室强调私密性，这个特性也使之成为旧时漳澎成年女性聊天、交流的理想场所。传统上，漳澎社会重男轻女，严厉禁止女性在较为开阔的公共空间聚集或者交际。那时社会对女性的社交场所有严格的限定，就是漳澎人至今耳熟能详的所谓"男人街，女人巷；男人厅，女人房"。其意思就是说，女人如果在公共空间交际，通常只能够在自家家屋附近的巷子进行；而如果是在家庭内的交际，通常只能在房间内进行。正是由于这个缘故，漳澎的房间还具有了社会性别的含义。旧时的漳澎少女经常因为家中住房紧张而搬到娘仔房住，同一娘仔房的诸多女子在婚后还经常保持较为密切的往来。访谈中许多老年妇女回忆，相聚时都会她们躲进房间中窃窃私语，分享各自的家庭生活，共叙往昔的情谊，等等。

除此之外，卧室还有储藏的功能，而这项功能更加剧了其采光不良与通风不畅的弊端。除了需要放置衣物、粮食等日常生活用品之外，一家的钱财、首饰等贵重物品，也几无例外地保存在卧室中。人们普遍认为，钱财以及其他贵重物品只有放在卧室，置于主人身边才能够最大程度地确保安全。有不少传统家屋的卧室中专门搭建小阁楼或者在墙壁嵌入充作平台的一块厚木板，用于存放粮食或者搁置一般的重要物品，而最为重要的财物则通常置于主人床下。在卧室中隔出一处专门的空间用于存放粮食，差不多是旧时民居的标准做法。由于人们普遍谨守"财不外露"的原则，排斥明亮也成为必然，这就直接导致了卧室内普遍昏暗。卧室同时是保管室，更强化了其私密性，更不允许外人随便进入。

当然，现在卧室的面貌与功能等都已经有了较大的变化。人们普遍不会把粮食等放在卧室内。图 2-21 是一处至今仍在使用的传统民居的卧室的平面示意，其布局与摆设具有一定的代表性，借此可以想象往昔的基本情况。

A 区域为床，床上堆放着被褥等卧具。一般的卧室中，床大多是如图放置在房门的斜对角。床有两边紧贴内墙，这样主要是为了充分利用空间，同时也便于居住。

B 区域为香炉，摆放在床脚下贴近墙体处，用于祭拜土地。有些人家还会在临近香炉处放置一个小柜子，上面放置金花夫人像和十二奶娘像。

C 区域为一张桌子和若干板凳。

D 区域为一个衣柜，用于放置衣服等。

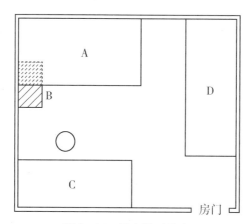

图 2-21　卧室平面示意

到了卧室普遍增加的当代，在如何分配卧室方面，人们既继承了传统，又出现了若干新的变化，而家庭成员的地位始终与卧室分配有着重要的联系。家庭成员的权力是相对较为抽象但又时时刻刻具体而微地体现出来的一个概念，其决定因素是多方面的。在漳澎，常见的家庭权力持有者包括长者、男性、家庭经济支柱、长子、为家族或者家庭增光者，等等。这些人通常在家庭中和社会上都具有较高的地位，在家庭的空间分割方面也占据优势地位。

以我们调查过的一处传统民居的卧室分配为例，屋主是年逾70岁的刘老伯（访谈中简称"刘"）。这处房屋原为两层民居，经过两次翻修、改建后成为三层小楼，但整座家屋的空间布局与分割仍然基本上保持传统的样式。一楼为天井、厅堂和一个小房间，整体上呈目字格局，只是如今小房间无人居住而用于堆放杂物。二楼和三楼各有一间较大的卧室，都非常宽敞、明亮。刘老伯的儿子早已分出去单过，其太太也已经在多年前去世，现在只有一位哥哥在夏季会回来与他同住，平日里只有他一人。但是，他平日只居住在条件相对较差的三楼的卧室，而不是条件相对较好的二楼，从中可以看到这种地位因素的些微痕迹。

我们：伯伯您一个人住在这里吗？那您是睡在哪里？

刘：平时就是一个人住喽，我就是睡三楼的那间卧室的。

我们：那二楼呢？我看二楼有一个很大的卧室啊。

刘：那个给我大哥睡的。

我们：您哥哥不是不在漳澎吗？

刘：他就厉害了，大多数时间都在北京住。不过呢，每年夏天都回来这里住。二楼的那个房间啊，就是专门留给我这个大哥住的，就是让他回来时候睡那个卧室。三楼热，住得不舒服，（所以）给他睡二楼。

我们：您这么好啊！那您睡三楼，不是也热吗？您哥哥不在的时候，您可以下来睡的嘛。

刘：不用啦，我都习惯了。我这个大哥很厉害的，很小就离家了。他原来是东莞的游泳（队）队员，后头还当过教练。现在在北京住，还有国务院给的津贴。他游水是漳澎最厉害的了，从小就很出名，我们这里人人都知道他。你们看过《东莞名人录》那本书没有？里面就有他！

我们：他这么厉害啊！那他在村里没有房子吗？

刘：他很小就走了，常年在北京，（所以）在漳澎这里没有房子。回来呢，就住我这里。我们整个家里啊，就数他最厉害了。好比我游水就不行，比不了他。除了游泳，他别的方面也很厉害。比如，你看下这里挂着的字，这些就都是他写的。我们家的这个对联，也都是他写的，所以说啊，他的书法也是很好的（按：老人家中厅堂墙上挂着很多书法作品，均为其大哥所写）。

刘老伯的哥哥是漳澎非常有名望的体育名人，又在首都北京工作，还享受国务院津贴待遇，这些在农村人看来难以企及的辉煌和荣耀，使得他哥哥无论是在其家族中还是在整个漳澎都拥有很高的地位和权力，因此包括族人、家人在内的村民都对他十分敬重。这也对房屋的空间布局和使用有着决定性的影响，如刘老伯在装饰房子时会将这位兄长的书法作品作为最主要的装饰品悬挂在厅堂中最为显眼的位置，会将家中最好的卧室作为其夏天回乡探亲时居住的房间。实际上，这位哥哥每年最多也只是回来探亲一个月左右，但刘老伯仍然将此房间作为他哥哥的固定住所。

如上文所述，传统上只有家屋主人夫妇才有固定的、完全属于自己的卧室，子女们则通常在不同的年龄阶段在不同的地方过夜，一般都是直到结婚后才有了自己的新宅，这时也才有了完全属于自己的固定的卧室。在这个意义上说，旧时村民们的卧室是流动式的。

依照传统的习俗，小孩子从出生到十岁左右之前，一般都是睡在自己家中的。① 婴幼儿时期的孩子不论男女，都是与父母同床而睡，这样方便父母照看子女。等到他们长到六七岁，就要搬出父母的卧室。如在只有一个卧室的传统"目"字屋中，孩子们搬出后通常要在厅堂中或者二楼低矮的阁楼里栖身。因此，这些家庭的厅堂里几乎总是放有一块床板，供孩子晚上睡在上面，白天则靠墙竖放起来节约空间。在一些两层的"目"字屋之中，孩子这时普遍到二楼的阁楼睡。旧时的阁楼普遍阴暗低矮，孩子们同样也只能够是铺床板当床，甚至直接把席子铺在地上睡觉。据调查，直至20世纪70年代后阁楼才开始变得高而阔，这时才可以作为正常的房间来使用，成为通常的卧室。旧时漳澎人家普遍多子女，所以一处这样的"卧室"总是几个孩子挤着睡。

孩子十岁左右的时候，一般已经具备铺卧具、夜间自己盖被子等基本的自我照顾的能力，也具备了游泳等基本的自我保护能力②。随着年龄渐大他们也不太方便和异性亲人住在一起，于是就开始走出家屋另行觅地睡觉。这时孩子们所谓的"卧室"，就从各自的家中流动到村中坊间的某些公共空间。在过去的漳澎，青少年男性普遍在凉棚过夜，少女则睡在娘仔房，一般直到结婚才会搬出。按照漳澎的传统习俗，父母有义务为儿子修建一处新居供儿子结婚之用。新婚后不久，新人夫妇就会依照惯例与父母分家而正式入住新房，这时睡觉的地点就又从村坊中的公共空间转移到家中。一般来说，旧时只有到结婚后漳澎人才算真正有了完全属于自己的卧室。

就未婚的男性而言，他们选择睡觉场所较为随意。如住在家中，则可以选择主卧室以外的任何地方。但需要特别指出的是，在旧时的漳澎，不论家

---

① 孩子离家睡觉并没有具体的年龄限制，多在晚上睡觉能够自己盖好被子、不踢被子以后。
② 凉棚近水，入住其中的孩子须具备一定的游泳技能以自保安全。

里是贫是富,也不论家里是否有足够的卧室,男孩子通常都会外出到某处凉棚中居住,如果留宿家中,可能遭到小伙伴们的嘲笑或者歧视。未婚女性的情况则不同,由于旧时社会对女子的贞操尤为看重,只有一部分少女会搬进娘仔房等"公共卧室"居住,另外一部分少女仍会住在自己家中直至出嫁。住在家中的少女们一般是栖身在前文曾提到的阁楼"卧室"中,这种地方的私密性与安全性相对更高,与外界隔绝得更彻底,可以更好地保护或者证明女子的贞洁。正是由于这个原因,有些人家会在小卧室中用木板隔出一处小小的闺房,专供这些未婚女子居住。图 2-22 中的这处阁楼较为宽敞,它修建于 20 世纪 70 年代,当时供屋主一名未婚的女儿居住。

传统漳澎人在不同的"卧室"的选择与使用上,再次证明了空间本质上是文化的。即使是同一空间,在不同文化环境下的解释也可能非常不同。

图 2-22 传统民居的隔间

二、传统家屋空间的扩充

由于家屋面积普遍狭小,人们日常活动的某些部分必须在家屋外的公共空间进行。在这个意义上说,这时的公共空间成为家屋空间的扩充,甚至可以认为在一定程度上已经内化为家屋空间的一部分,家屋空间与这些公共空间合在一起共同构成了漳澎人完整的日常生活空间。

（一）巷道

漳澎旧村采用梳式布局安排民居，民居依附于漳澎大街和诸多里巷有序分布。旧村中修建的几十条巷道分布在各个坊中，这些里巷形成了村落格局的骨架，也成为漳澎人重要的日常生活空间之一，是漳澎家屋的重要补充。街和里巷最基本的作用是供居民出入家屋、来往村内各处，以至到达村外。由于街巷周围密布家屋，它们也自然成为相邻的人们日常生活和交往的重要场所。

当地人普遍认为，漳澎旧村重建时统一规划并建筑了70余条里巷。这些里巷如今依旧存在，但大部分改为了水泥质地，原本则是统一由麻石条铺成。这些麻石的规格相当一致，即长约130厘米、宽约30厘米、厚约20厘米。麻石的铺设也相当有规则：如果麻石条竖铺，则代表该巷子为"通头巷"，可以顺畅便捷地通往其他街巷；而如果是横铺，则代表该巷子是前无出路的"绝头巷"。按照中国古代的道路宽度标准，漳澎的巷道的宽度基本与"径"相当，最为多见的里巷宽度在1.2～2米之间①。

英国著名的人文地理学家约翰·斯顿令人信服地证明了：道路、街巷其实远远不只是通道，而且具有极为重要的社会作用，在乡村社会中更是不可或缺的主要的社会交往空间之一。② 同样的，街道、里巷历史上一直是漳澎人展开日常交往的重要地带，是家屋中作为交际场所的厅堂和房间的有效扩大或者补充。尤其是所谓的"绝头巷"，由于只能一头出入，通行的人、车等较少，出入其内的几乎总是左邻右舍的少数人，这就使得这种巷子至今事实上还是一种半私密的、半封闭的适合于亲近关系的交往空间。当然，受制于传统文化的某些因素，漳澎的大街和里巷作为公共空间时是有着相当明显的区别的。例如，漳澎大街是一种使用人群范围较大，同时也更为开放的公共空间，旧时只有男人在此集聚、交流。而相对来说，里巷尤其是绝头巷，则是一种范围较小、使用人群相对固定的半私密的公共空间，平日在此聚集聊天的总是妇女们。时至今日，还经常可以见到三五名女性邻居坐在某一处家屋门口或者侧边的巷道边，一边聊天一边做些家务，或者纯粹说些儿女情长、家长里短。我们曾经指出，这种场合以及女性们在这种场合所聊的一切，对于当地女孩的社会化养成极有意义，里巷同时也是女孩子完成其社会化过程的重要场所。前文提及的漳澎人所说的"男人街，女人巷；男人厅，女人房"指的就是这种情况，它简洁而又形象地概括出传统上两性与空间的关系。

---

① 古代道路划分为路、道、涂、畛、径五种，路最宽，径最窄。依郑玄的解释，"径容牛马"，其宽度约等于两头牛并行的距离，为4～6尺。

② 参见［英］R. J. 约翰斯顿《地理学与地理学家》，唐晓峰等译，商务印书馆2010年版。

当然，大街和里巷作为公共空间的扩大，并不仅仅限于充作这种互动性的交际场所，在日常家庭生活中还有着更为直接的扩充家屋狭小空间的意义。与狭小、阴暗而又湿热不堪的家屋相比，巷道显得宽敞明亮、凉爽宜人（见图2-23），因此过去绝大多数人家就是在里巷中吃饭的。据村民回忆，过去每到午饭或者晚饭的时候，人们经常端着碗碟坐在家门外的麻石条凳上，一边吃饭一边与邻里闲聊。访谈中有一位老人不胜怀念地回忆道，他小的时候每到用餐的时间，从巷口向里面望过去，"一条巷子里面，家家户户的门口都是端着碗吃饭的人。（人们）一边吃一边聊天，十分快活。现在啊，个个家里的房子都变大了，就都有条件在家里面吃了，就再也看不见这种情况了"。而每到晚上，里巷又成为男子的"公共卧室"。由于漳澎从立村开始住房就极为紧张，孩子年纪稍长便不得不离开主卧室，有一些孩子尤其是男孩子就选择睡在家门外的里巷内。我们的实地体验发现，由于旧村里巷与河涌的相对位置设计得非常巧妙，各处河涌的凉风得以沿里巷长驱而入，即使在炎热的夏日中午里巷内也经常是凉风习习。而孩子就睡在自家门外，不仅更为安全，而且便于父母随时照看。实际上，很多父亲也是在里巷内铺个席子与孩子一起消夏过夜。① 访谈时不少老人都回忆起那时睡前与父亲打闹、嬉戏或者听父亲讲故事，一派其乐融融的景象。

图2-23 漳澎的巷道

---

① 据村民回忆，过去母亲们如果忍受不了卧室内的闷热，则可以在家屋内的天井处过夜。虽然天井没有里巷那样凉爽，但比起闷热而又潮湿的卧室则有云泥之别。

（二）埠头

漳澎的河涌水道曾是村民联系外界最为主要的通道，在河道的两岸，则错落地排布着埠头、凉棚、榕树、祠堂、庙宇。大小不一的埠头除了起到转换水陆的交通要津的作用之外，还是村民们休息、娱乐、聚集、闲聊等的重要场所。在这个意义上说，漳澎的埠头也已经不仅仅是人们日常上船远行或者登岸归家之处，而且成为家屋空间扩展的一种重要形式。

漳澎的埠头分布在村内外大大小小的河涌边上，虽然具体的形制不一，但几乎都是以麻石条为材料铺就的。按照河岸陆地与水面的方位关系，埠头可以分为平行式、垂直式和转折式等。① 而从使用的群体来划分，则可以分为供全村或者几个坊使用的公共大埠头、供一个坊使用的大埠头以及仅供一家使用的私家小埠头。由于较大的埠头及附近一带在那时是进出漳澎村落的必经之处，埠头边又有石台可以休息，周围还有较为宽阔的空地以及高大古老的树木可以遮阴②，此外，每座大一些的埠头边上通常都有一处可以供人休息、过夜的凉棚，凉棚历来更是人多之处，埠头于是就成为旧时漳澎的男人茶余饭后常去的地方。

特别值得一提的是，过去埠头也常是人们取水满足一家日常之用的地方。现在随着自来水进入各家各户，埠头取水也已经成为远去的历史记忆。

> 问：以前漳澎没有自来水，怎么吃水、用水呢？
> 答：都是去河里挑的，就是去埠头那里取水。记得我刚到学校的时候，还没有自来水，冲凉都去河边。这里的河水随着潮水的，碰到涨潮那就是咸水，这时候洗澡洗不干净的。身上洗完了，是干干的感觉。
> 问：那做饭的水也都从河里取么？
> 答：是啊。那时候我们下了班，就有好多老师回家，然后又挑着水桶出来，从河边埠头那里打水回去。那时候，家家都有一个大的水泥砌的池子，就是存水用的。从河里装了水回去，就倒在里面。
> 问：那咸水怎么吃？
> 答：咸水吃倒是没什么事，就是做的饭不好吃，煮不熟。所以挑水

---

① 这几种形式的含义，参见陆琦著《广府民居》，华南理工大学出版社2013年版，第75页。
② 传统上，漳澎村落内外极少有树木，树木通常见于埠头和凉棚等处。即便是时至今日，漳澎内外依旧可以说是林木稀少。至于其原因何在，我们目前还不是非常清楚。

的时间，是有讲究的，要挑时间（取得淡水）。

问：那洗衣服什么的也是么？

答：那时候一般都是在河边直接洗，也是在埠头那里。挑水回去洗的，也有。

问：那你们有没有在埠头捞鱼吃的？

答：有啊。过去水好，我那时候在埠头下水游水，都有鱼游进我裤子里面。听说那时候有些人吃饭的时候，家里开始煮上饭了，男人就去水田里随便一捞，就能抓到不少鱼，就带回家吃。

(三) 凉棚和娘仔房

在旧时的漳澎，对于许多人家尤其是穷苦人家来说，凉棚和娘仔房是极为重要的公共空间，是对家屋空间的有效扩大。当时漳澎宜居地少，大部分家庭都无法在家屋内给每一位家庭成员提供睡觉的场所，凉棚和娘仔房的出现与长期存在极大地缓解了这种矛盾，非常有效地解决了困扰家长们的难题。

凉棚这种极具岭南水乡特色的建筑，主要见于漳澎河靠近村落的一边，一般都是临近大埠头、有大树遮阴。其样式和材质并无统一规定，但旧时限于经济能力多由茅草和竹子搭建。如前文所述，旧时漳澎村民家中的男孩子到十二三岁的时候，就要搬出自己家到凉棚中居住过夜，此后在凉棚中连续居住多年，一直住到结婚才会搬出。据我们的调查所知，一般都要在其中生活10年左右，有一位男子甚至在凉棚中生活了长达22年之久。凉棚中的人不断地流动变化，结了婚的会搬出凉棚，同时又有新的孩子搬进来。按照年龄大小，在其中就形成了一套权力体系。年长者属于凉棚的管理者，在凉棚里通常有最好的贴近河涌的睡觉位置，那里通风凉爽。而新来的年纪相对较小的孩子不仅要挤在其他孩子中间睡觉，还要睡在凉棚的中间位置，这里通常是凉棚内最热的地方。凉棚普遍分为上下两层，下层主要供村民们白天临时休息、闲聚和娱乐之用，上层则几无例外地为村落中的青少年男子晚上住宿所用。由于男性青少年时期大部分的时间都是在凉棚中度过，因此可以说凉棚是漳澎男性村民完成社会化过程的一处重要场所。调查期间，我们对一位住过凉棚的老人做了访谈，可以呈现当时凉棚中生活的若干基本情况。

问：小时候您在凉棚怎么睡呀？您是多大年纪去的？

答：我啊，是到了十二三岁才去睡凉棚的。我去的时候，那个凉棚里面都没地方睡了，我就只好在下面一层和人家挤着睡，我睡在中间，经常半夜热得睡不着。两边都有人都挤着睡觉，我动都不能动。

问：那您不能选个好点的地方吗？

答：凉棚里面啊，都是岁数最大的说了算的。他们去得最早，就先选了好的地方睡觉。就是凉棚靠河的那个角上，那里最凉快嘛。好比他走了，那年龄第二大的就去睡那里。小孩子都是没得选的，有地方睡就不错。那时候还有的凉棚都睡不了，没地方，只好去睡街上。

问：那凉棚里的事情都是岁数最大的说了算，是不是？

答：是啊。但是，平时也没什么特别的事情。小孩子就是在那里住，平时也就在那里和别家的孩子一起玩。要是谁家里做好饭了，就来凉棚叫，就回家吃饭。

问：你们在一起都干吗？

答：没什么事的时候，你就随便玩吧。有些大人到凉棚里玩粤剧（意为唱粤剧），小孩就待在一边玩，都没有什么事情。

问：你们要负责打扫卫生吗？

答：也打扫。不过，凉棚没什么好打扫的。天天有人在那里睡的，不会脏的。（不过，）有时候打台风（导致凉棚受到损坏），我们就一起修凉棚。

旧时漳澎的男性村民，就在这样的集体生活中度过自己的青葱岁月。经由凉棚生活，他们不但在身体上长大成人，还在文化上成长为一个合乎传统社会规范的男性角色。

除供未婚男性居住之外，凉棚还是男性村民平时聚集、娱乐的重要去处。老人们回忆，每到闲暇时，男性村民们就会聚集到各自的凉棚内，一起闲聊、玩乐器、唱粤剧等，而居住于凉棚中的孩子则在一旁观摩、学习或者倾听。大概从 20 世纪 80 年代末期开始，村民居住条件的极大改善使得凉棚逐渐失去住宿这一功能，但直到今天，凉棚仍然是村民聚集休息、娱乐、交谈的好去处，几乎每个坊仍有一两间属于本坊的凉棚（见图 2-24）。

娘仔房则是旧时漳澎村内另一种用于居住的公共空间。在以前的某些家庭中，女孩子长到不宜和家中男性混居的年龄时，就要离开家到娘仔房过夜，一般也要住到结婚才会搬出。与凉棚需要特地搭建不同，娘仔房都是由

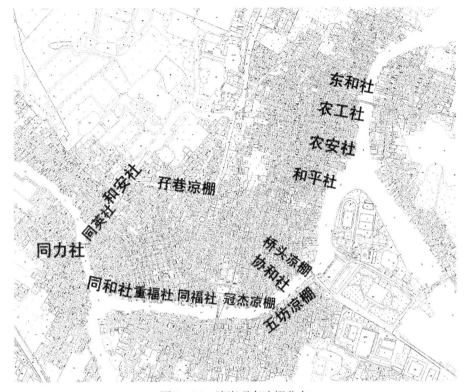

图 2-24 漳澎现存凉棚分布

已有的空闲房屋转化而来,本身就是传统的民居;相比于凉棚总是位于村边河涌处,所有的娘仔房都是位于村落内部,人们认为只有如此才可以确保居住于其中的女孩子们的安全。

在一处娘仔房中,一众未婚少女们闲暇时聚集在一起生活,并共同学习女红、生活技艺、持家技巧等具体的知识,也学习漳澎社会通行的文化、习俗、观念等相对较为抽象的知识。在这个意义上说,娘仔房对于那时漳澎的少女完成社会化同样有着重要的实际意义。

随着时代的进步,漳澎普通人家的居住条件得到了极大的改善。到了 20 世纪 80 年代末期,已经没有什么人家还需要把女儿送到娘仔房中过夜,这直接导致娘仔房迅速而又彻底地消失。老人们回忆道,那时"先是没有人在娘仔房里过夜了,接着也没有人在凉棚里过夜了"。如此说来,娘仔房是先于凉棚失去住宿的功能的。这其实合乎一般的乡村生活原则:"女儿更要看紧些"——很多漳澎老人直到现在还无比自然地说起这句老话。

第三节　漳澎传统家屋作为信仰空间

传统上，岭南地区就一直是"多淫祀、尚鬼神"，漳澎同样如此。除了极少信仰基督教的，漳澎村民普遍信奉鬼、神、祖先等民间信仰对象，具体包括观音、天后、金花夫人、土地公、齐天大圣、祖先、满天神佛等。我们调查时发现，许多中老年妇女每日最为重要的一项例行性的事务，就是祈祷、供奉各处的神明，举行求神拜佛之类的仪式。

漳澎人的信仰对象多元繁杂，相应的祭拜、祭祀场所也颇为多见。但如果以空间论，则较多集中于祠堂、庙宇和埠头等空间。

一、房间内的传统信仰对象与仪式空间

漳澎传统家屋中供奉的神祇众多，不同的神祇被供奉在不同的位置，起着不同的功能。人们认为这些神明有两个最基本的功能：阻挡各种野鬼邪神侵害家屋，护佑家人兴旺发达。

按照传统惯例，负责阻挡野鬼邪神的家屋神有石敢当、门官、门神等，而负责护佑家屋人丁的家屋神有土地、金花夫人、观音、天后和满天神佛等。阻挡野鬼邪神的神祇往往设置在房间之外或者家屋的分隔界限处，人们也在这些地方进行相应的仪式。而护佑家屋和人丁的神灵，则多放置于房间之内，人们祈求神灵保佑也是在房间中进行的仪式。

（一）进门处的神明：灶君

如前所述，厨房在漳澎传统民居中并不是重要的功能区域，甚至不少人家里至今也没有专门的厨房。厨房最为明显的标志是一口灶，有灶的地方不论是否是专门做饭的区域，传统上漳澎人都称之为厨房。在历史上，这个所谓的厨房经常位于外人进入家屋时最先看到的天井的内部，连带灶君也成为一处家屋内最先为外人看到的神明。

由于旧时漳澎人经济能力有限，各家各户的灶多是自制的土灶，形制相当不一，普遍极为简陋。许多老人都认为，传统家屋之中的灶神牌位并不如门官、土地等神祇那样常见，地位也没有那么重要。据老人们回忆，清末以前的漳澎极少有人在自己家中供奉灶神的。这个习俗也很有意思，似乎可以说明漳澎人的来源，因为陆上人家极少不是很早就拜灶君的。[①] 但无论如何，

[①] 《麻涌民俗志——岭南水乡社会研究》（张振江、陈志伟著，汕头大学出版社2008年版）认为不注重划出厨房是疍民的遗俗，灶神也并非疍民供奉的神祇。

现在几乎所有人家的灶上都贴着一张红纸，用以代表灶神。如今他们普遍认为，灶神司职厨房，地位重要，因为"有了灶神，家人才有饭吃"，灶神还肩负向上天汇报主人家的情况的职责，因此都会时时在意并善加供奉。

如今漳澎人家平日拜祭灶神时，普遍只是插香于锅灶处。每年农历腊月二十四日，则会奉上专门制作的祭品。村民在这一天先把糯米炒熟后磨成粉，然后制成一种特殊的团子，寓意"养大猪，快快大"。此外，还要准备各色水果、香米、腐竹、糖砖等物品。到了下午四五点钟（漳澎人家吃晚饭的时候），通常由女主人用这些物品拜祭灶君，恭送灶君上天。传说灶君每年要在这日回天庭一趟，向玉皇大帝汇报它所在的这户人家在这一年中所做的事情，① 因此，这时人们必须用糖把灶君的嘴粘住，为的是使灶君开不了口，无法说自家的坏话。由于这个缘故，这时的祭品中一定要有糖砖。这种习俗和说法不独漳澎具有，在全国多地都有这样的习俗。在漳澎还有另一种说法，认为奉上糖砖是让灶君的"嘴巴变甜"，使之多说好话而不说坏话。在漳澎市场里可以买到的"灶君经"上，经常印有"上天言好事，下界降吉祥"等字样，似乎可以与这一说法相互印证。

到了正月十五元宵节当天，人们还要焚烧一种称为灶君衣的纸衣，意思是把灶君从天庭接回家中，并求其继续保佑家屋及家人。

（二）厅堂里的神：祖先及其他

一处家屋中厅堂具有中心地位，在这个空间里摆放的都是漳澎人心目中等级最高的神明。不过，不同人家所摆设的具体神明略有差别，而以五方五土地主神、祖先、观音以及关公最为多见。

1. 五方五土神

在漳澎，五方五土神又称为地主土地，人们普遍的认识是：所谓的地主土地指的就是一处家屋宅基的前主人。也有些人认为，地主土地并不是指某一个确切的人或者鬼，而是曾经拥有过这片宅基地的人或者鬼的统称。出于尊敬，人们一般不把他们称为鬼，而是归为神类。

在漳澎人看来，现实中大大小小的土地都由与之对应的土地神负责管辖。概括起来说，漳澎其实有三种土地神，即土地庙里的"土地"（一般称土地公公）、家屋中的"地主土地"和"门官土地"。人们认为这三者是有

---

① 这种说法似乎是中国古来说法的留传，在晋代《抱朴子·内篇》、元明时期民间流传的《东厨司命灯仪》等著述中均有类似的说法。如清代的《敬灶全书》中说："灶君受一家香火，保一家康泰。察一家善恶，奏一家功过。每奉庚申日，上奏玉帝，终月则算。功多者，三年之后，天必降之福寿；过多者，三年之后，天必降之灾殃。"

等级区别的,所负的责任以及管辖的范围也各不相同。在漳澎人的心目中,地主土地的级别是高于门官土地的,因为地主土地管理的是整座房子的土地,而门官土地只负责大门。访谈时有人非常形象地描述道:门官土地是保安,地主土地是管家,土地公公是村长。漳澎颇为忙碌的神婆袁婆婆,就明确区分三者做法事,她认为:"五方五土地主是管屋子的,(庙里的)土地公公是管路的土地。要是哪一家出现了什么不顺,那这户人家就会去求签、去问卦。要是得的结果说是有两个(地主)土地,那就要上两炷香拜了。所以,漳澎人才会说'老地主,嫩地主'。这个说法是老人们遗传下来的,就是这个家里一直都是有这个地主爷(指地主土地)的。"

以前的漳澎人普遍相信,每块土地都有其阴间的主人,买这块土地时便要与地主土地明确订立契约,借以告知这块土地已经易主。这个仪式就是前文所述的"拜地头"。在这个仪式的过程中,要烧大量的金银纸,还要将一张地契烧给"地主",最后还要把地契和仪式用的鸡头一并放入一个瓶子里,然后埋在地基的最中间。这个瓶子所在的位置,便是房子建好后五方五土地主牌位(见图2-25)的所在。

图2-25 五方五土神(地主土地)牌位

供奉在家屋厅堂中的土地公,是负责掌管整个家屋建筑所占的土地的神灵。在不同的漳澎人家中,五方五土神可能仅仅简称作"地主"或者"地主财神",但也有人家给出其全名"五方五土龙神,前后地主财神"。漳澎人普遍相信，这个土地神可以清除、赶走家屋中的各种鬼怪邪神，从而保佑家宅中的人平安康健。土地神的牌位多摆放在厅堂正墙中间的墙根处，或者在神楼的最下一层。传统上，这位土地神一般没有塑像而只有牌位，如今各户普遍供奉一种新式的神牌，上面多书写金色的"五方五土龙神，前后地主财神"字样。这些字样的两旁还经常有对联，多见的是"土能生白玉，土可出黄金"，也有为"地藏天下宝，主纳世间财"的。牌位前设一香炉，供居民每日焚香拜祭所用。根据我们的调查，这种形式的地主神牌也是最近20余年才在漳澎出现的。由于各家各户所用的神牌与对联都是购买来的工业制品，因此形制相当统一。

2. 祖宗（家神）

漳澎人日常生活中通常称呼祖宗为"伯公"，有时又简称为"伯"。如今的漳澎人普遍认为这是对去世的亲人的尊称，但实情可能并不是如此，这个称呼似乎说明漳澎的先民中至少有部分是客家人，客家地区才普遍有类似的称法。漳澎人中有部分所谓的"围口人"，这个人群来源很杂，其中不乏客家出身的。

漳澎人普遍相信人死后会变成鬼，而亲人死后便会成为"家鬼"。人们认为，家鬼虽然是鬼，但不会害家人，还会尽心保佑后代。在日常生活中，据说主要是出于对祖先的尊重，漳澎人都不会把自家的祖先归类为鬼，而普遍称之为"家神"。漳澎人相信死者的灵魂是随处游荡并可能在游荡时作恶，因此，后人要在厅堂的神台处为其建立神主牌，这样祖先的灵魂才不会胡乱游荡，而是回到家里来。人们相信也只有这样，家神才能享受子孙后代的祭拜，也才能够保佑其后人。依照漳澎人的习俗，死者需要到冥寿满101岁时才能正式地升格为祖先。故在此之前供奉时都是用死者的照片，在此之后才可以设立神主牌和其他祖先一起受后人祭拜。

在漳澎，神龛普遍放置于厅堂之中，常见的有两种形制。传统上漳澎人在客厅正中的后墙嵌入一块厚度2寸左右的木板作为神台，离地2米左右，其上摆放祖先的神主牌、神像以及供品和香炉（见图2-26）。在现存的漳澎传统家屋中，凡是历史较久的神龛都属此类。神龛上供奉的神祇有神明和祖先，二者摆放的位置有严格的规定。如前文所述，漳澎人历来以左为大，故习俗要求"菩萨在左，伯公在右"。具体则是以神台的中间为界，其左边摆放菩萨塑像，右边摆放祖先的牌位。漳澎人认为祖先的等级比观音、天后等神要低，所以神台上祖先的神牌总是放在菩萨等神像的右边。如果不止一种牌位，则在各自的内部按照等级次序依次向两侧摆设。有些人家的神龛上只摆放了祖先牌位而无神明牌位，这时放在中间的是最早的祖先，最靠边摆放的是刚进入祖先行列不久的伯公。在神台的横沿上,则多贴有四字横批联,一般为"神人共乐""金玉满堂""长命百岁"等字样,这些内容反映了漳澎人祭拜神灵的主要目的或者期盼。(见图2-27)

图2-26 传统的神堂(一)

图2-27 传统的神堂(二)

以前所用的神主牌是一块长方形的木制牌位，大小不一，上面刻有或者写上祖先的姓名，更多的则是"××（姓氏）/堂上历代祖先"之类的字样。以前的渔民四处漂泊，居无定所，因此都会随船带着一块小的神主牌。不少漳澎老人认为，这是如今所见的神主牌最早的形态。我们发现这种神主牌确实有不少特殊之处，如普遍特别小，只有大约8厘米宽、15厘米长。渔民郭大伯的家里便供奉着四个这样的神主牌，分别置于神台的两边。现在漳澎人家里的神主牌，大都是15厘米宽、25厘米长的规格，上面写着"×门堂上历代祖先神位"之类的字样。有的还会在"门堂上"前加上地望，如图2-28所见的"西河林门堂上历代祖先神位"。神主牌的上部，一般都会贴上写有"子孙昌盛"等字样的一张红纸，人们认为这是祖先和生人所最期盼的，也是后人拜祭祖先的主要目的之一。图2-28中神牌上方两个角各有一个三角形的装饰物，漳澎人称之为"神红"，只有祖先神位和观音菩萨之类的神位才能使用这种饰物，由此不难看出漳澎人对祖先的尊重。一般来说，这些神红和红纸要每年更换一次，表示每年"带来新的好运气"。

图2-28　漳澎民居中的祖先神位

如今仍然使用先人的照片代替神主牌，或者使用旧式神主的已经是少数，较为多见的是前文所见的"三段式"神楼。这种神楼通常高度为1.5米，分为上、中、下三层，依次摆放神明牌位或者塑像、祖先牌位和土地神位。三层内各自摆放有供品和香炉，便于家人日常祭拜之用。在神楼的两侧通常都贴有一副对联，内容多为求福泽、平安，而最常见的为"宝鼎呈祥香结彩，银台报喜烛生花"。原则上，神楼摆放的位置要与正门错开，二者的中心线不能处在同一条中轴线上，否则，人们认为这会给家庭带来不祥。有人称这种摆放方式为"地天泰"，即上有天神、下有土地、中有历代祖先，如此天、地、人三才齐备。① 这种三段式是最近20余年才出现的。随着村民经济条件的大为改善，人们普遍不再自己设立神楼，而是直接从市场买来。

漳澎祭祖的习俗至今依然非常盛行，人们普遍认为只有敬事祖宗才能够人丁兴旺、平安发达。与在祠堂中供奉全体祖先不同，在家屋中供奉的祖先往往只是家族中本支的祖先甚至自家的祖先。在这些祖先中，写有确切名字的祖先牌位并不太多，这些几乎都是非常近的父辈、祖辈，一般的格式为"×显××世祖 考讳××公府君神位/妣×母×氏孺人神位"。更远的祖先则以列祖列宗统称，常见的牌位内容格式为"××地×门堂上历代祖先神位"。在牌位的两侧贴有一副对联，多为"世代源流远，宗枝奕叶长"。日常生活中居民几乎天天要为祖先添香、上供、祭酒，而每年清明、春节、冬至等主要的时节则要隆重祭祀。据村民回忆，旧时每到这些时节，家人都会阖家集聚一起祭拜祖先、追思先人。其仪式过程大致为：

> 准备三杯酒、三碗饭、三碗菜肴、三双筷子、若干水果，将祭品摆在一个红色的托盘之上，放于厅堂的祖先牌位前面。然后燃香、祭拜，恭敬地请祖先回到家中享用供品，祈求祖先庇佑后人，保佑家中人丁平安、发达、昌盛。祭拜之后，饭菜等供品分给家人食用。

相较于祠堂中进行的全族大规模祭拜，家屋中的祭祖体现了日常化和简单化的特征，仪式相对简单很多，现在甚至简化到只剩燃香、敬拜而已。本书第四章对祖先及祭祖有较多的描述，故此处不赘。

---

① 似乎越来越多的漳澎人家采用这种方式，普遍认为这种方式气派，更足以显示敬意。但也有人质疑并认为："这是流于形式、迎合心理的江湖派做法。结果是祖先敬畏神佛不敢前来，神佛护法则嫌地方太脏不来，加上没有经过正规的开光程序，天天香火供奉只会招来游魂野鬼，俗话说'多只香炉多只鬼'，一点也不假。我们人性化地想一想：作为普通老百姓的祖先能坐到皇帝的身边吗？一个天（佛界、天神），一个地（阴间、地府），两者能拉到一起吗？"

3. 神像

漳澎人家普遍喜欢在家中放置神像以便每天祭拜，但不同的人家具体供奉的神明则有明显的不同。

一般来说，漳澎人家中供奉观世音菩萨的最多。漳澎人普遍相信观音神通广大、法力高深，能保佑虔诚的民众，所以旧时几乎家家供奉观音，并且将其塑像或者神位摆在神龛中最为重要的位置（通常是神台的中心）。不过祭拜观音的仪式则比较简单，一般是在观音塑像前焚香、跪拜、点燃油灯。（详见本书第四章）

在漳澎常见村民把所相信的主要神明一并画在同一幅神像上的情况，如图2-29所示。从图中可以看出漳澎人的一些神明观念。例如，众神中以观音为最大，其下方从左至右分别是天后、齐天

图2-29　漳澎常见的"众神像"

大圣和北帝①。漳澎历来以天后为主神，故居左，显示其地位较北帝重要。齐天大圣信仰多见于福建一带，但在漳澎及其周围的一些村落同样流行。据一位"鬼婆"②的说法，齐天大圣其实是一个"细蚊仔"（即小孩子），并不是一位地位很高的神，然而该神像却显示出其比天后和北帝还重要，这引起了我们的疑惑。调查后发现，这家男主人的太婆是一名鬼婆，据说有让齐天大圣降身的能力，于是便把齐天大圣放在重要的位置上了。我们走访漳澎民居发现，凡供奉齐天大圣像的，家里几乎都有鬼婆或曾经有过鬼婆。

概括地说，将菩萨、祖先和土地置于厅堂之中，体现了厅堂作为信仰空间的某些特点，如光明、正大、庄严和公开，这些特点与厅堂作为居住空间所具备的客观条件是相关联的。厅堂是一家之中进行聚会与交流的重要空间，因此也成为家人凝聚共同信仰的重要场所。就此而言，厅堂的意义是多

---

① 全称"北方真武玄天上帝"，道教大神之一，珠江三角洲民间则俗称北帝。传说中北帝是管水的。

② 旧时漳澎除"神婆"之外的另一类事神人员，主管请鬼、问鬼及神灵降身事宜。鬼婆与神婆的区别详见本书第四章。

方面的。

(三) 卧室里的神

在传统的漳澎家屋中，人们有在主卧室的床头或者床下摆放金花夫人和"十二婆娘"的塑像进行供奉的习俗①，借此祈求神明保佑家中添丁，孩子顺利、健康地成长。漳澎人同样喜欢在床底下放置一个香炉，据说就是用来拜祭金花娘娘和"十二婆娘"的。

漳澎家屋中所供奉的神祇类别众多，但只有金花夫人和"十二婆娘"可以摆放在卧室之中供奉，这显得相当特殊。我们认为与这两种神明的功能密切相关。在漳澎人看来，金花夫人是本地主管生育的女性神祇，具有保佑生育、庇护孩子平安健康成长等功能。按照漳澎的传统习俗，女子婚后求生儿育女，就可以到供奉金花夫人的金花庙中求花。求得白花意味着会生男孩，而求得红花则寓意着女孩。明末清初屈大均的《广东新语·神语》记有当地的一则俗语："祈子金花，多得白花。三年两朵，离离成果。"意思是说，婚后的女子到庙中求花就可以求得多生子女。人们认为将所求得的花带回家中供奉于金花夫人像旁，并且每日供奉，如此便可"求男女，得男女"。从这个角度来看，人们在自己的家中供奉金花夫人，其实也就是将庙宇中的部分功能家庭化或者私人化。

而所谓的"十二婆娘"，就是漳澎金花庙中的十二奶娘的俗称。人们认为这十二位神明是金花夫人的得力助手，同样具有庇佑信众得子、养子的作用。具体来说，十二个女性神仙各有各的职责，包括投胎、怀胎、分娩、养育、成长等，涉及从胚胎形成到婴幼儿时期的几个阶段。例如，人们认为如果小孩子不乖，就可以在晚上拿着小孩的衣服上几炷香给婆娘，然后喊"婆娘惊"（详见本书第四章），这样小孩便会变得听话了。

依照传统习俗，人们要经常拜祭十二奶娘，否则，她们就可能不再继续保佑。如果是日常祭拜，每天给婆娘上一炷清香即可，但这时要按照先拜伯公后拜奶娘的顺序进行。而每到了农历二月初二"婆娘诞"当天，则要在不同的地方隆重祭拜。除到金花庙中祭祀之外，还要准备三碗饭、三碗菜（有荤有素）和烧酒，对着自家床下的香炉祭拜金花夫人和十二奶娘，这一仪式称为"拜婆会"（记音词）。每逢农历九月初九重阳节和七月十四鬼节，也要隆重拜祭金花娘娘和十二奶娘。人们认为婆娘的责任是保佑小孩健康长

---

① 漳澎的部分人家还有在床底下摆放"床头公"和"床头婆"的习俗，寓意夫妇和睦。根据我们的调查，这种习俗只流行于小部分人家且仪式简单，故本文不予讨论。

大，因此，等到16岁（传统习俗都为虚岁）孩子长大成人经历了"出花园"（即成人礼，详见本书第四章）之后，就可以不用拜婆娘了。

见于卧室中的这些神明都是女性神明，这非常符合汉人传统的性别与空间观念。各地所见的卧室内的神明，毫无例外地都是女性神。而如果运用现代的观点来看，漳澎人将这些女性神摆放在卧室之中，其实有着非常实际的原因，暗合卧室的实际功能。首先，旧时漳澎的许多人家中都只有一处卧室，这里既是夫妻日常生活、商议大事的地方，更是夫妻进行性生活繁衍后代的场所，这才是真正的得"花"的缘由。其次，漳澎的婴幼儿都是在卧室中与父母同睡，方便父母照顾，这才是"花"得以健康成长的真正保障。因此，婆娘摆放在卧室之中既是一种深刻的暗喻，也是实际生活的写照。

漳澎家屋中尤其是卧室中的这些神明及其含义，尤其具有启发性。例如，在近些年有关的研究中，学者们多沿用源自西方世界的神圣与世俗这种二元对立的思维，把家屋内神龛等所在的地方称为神圣空间。① 采用这一分类，则漳澎传统家屋中同样存在着神圣空间，每个区域也都有特定的宗教信仰方面的文化含义。实际上，由于漳澎家屋内一众神祇共同将家屋与外界隔绝开，形成了一个独立的、安全的信仰空间，在这个意义上说，家屋也可以看成是村落中公共信仰空间的具体化、细微化，家屋中的神楼、祖先牌位甚至可以看成是村落中庙宇和祠堂等公共空间的"家屋化"。在这样一个空间中，人与神秩序井然，共同形成了漳澎人的居住特性、居住习俗尤其是空间分割。但是，如同大多数汉族地区所见的一样，漳澎并不存在一个完全独立的、功能唯一的、神圣不可侵犯的拜神或者祭祀的区域。这也就是说，所谓的家屋中的神圣空间，通常是与世俗空间合一或者是共用的。甚至可以说，当时漳澎所谓的神圣空间，在相当长的时间内完全存在于世俗空间之中，至少是经常同时用作世俗空间。② 这自然与旧时漳澎的家屋面积极为有限有莫大的关系，但根本上则与汉人社会对神圣与世俗以及相应的空间的认知有关。

---

① 这一思路的典型论著，可参见［美］米尔恰·伊利亚德著《神圣的存在：比较宗教的范型》，晏可佳、姚蓓琴译，广西师范大学出版社2008年版。相关研究的一般综述与评介，可参见刘亚玲《神圣与世俗——甲居民俗研究》，四川大学博士学位论文，2009年；王伟正《水族家屋空间研究——以贵州双星水族村为例》，中山大学硕士学位论文，2011年。

② 漳澎人家历来多在厅堂设立神龛，但过去由于家屋空间极为有限，神龛经常也会用于放置生活杂物。随着居住条件大为改善，现在家中所设的神龛不仅越来越讲究，而且几乎是专用于拜祭或者供奉等信仰活动。在这个意义上说，漳澎人家中普遍正在逐渐形成一处独立的、功能单一的信仰空间。但是，神龛之外其他祭拜、供奉活动的场所，依然与日常的世俗活动共享空间，最多只是所用的设施或者器具变得精良而已。

二、房屋周边的传统信仰对象与仪式空间

漳澎人房屋的周边或者外墙上,也同样存在着一众神明,也需要进行相应的祭拜仪式。这些神明对于维护家屋以及居住于其中的家人同样具有重要意义,本书第四章中有较为详细的描述,此处只择要简单介绍。

(一) 石敢当和其他镇宅物

石敢当,漳澎人又称为"泰山石敢当",是漳澎古今都较为常见的主要镇宅物之一。其形制为一块石头或者一块石板,至今依然如此。如果是一块石头制成的,通常放置于家屋的头门之外;如果是石板制成的,则几乎都是嵌入家屋建筑外墙的高处,如图2-30所示。

这种辟邪物可见于许多汉人聚集区,但是,形制为石板并嵌入外墙的,确实相当少见。这两种类型的石敢当上面,都同样刻有或书写有"石敢当"或者"泰山石敢当"字样。历史上漳澎人如何认识石敢当已经不得而知,现在的认识则相当复杂,有些人认为是神,有些则

图2-30 嵌入墙上的石敢当

认为只是镇宅物。主流的看法则认为石敢当与挂在头门上的八卦镜、柚子皮、香茅草等物相当(见图2-31),都能够起到镇宅、辟邪的作用。

石敢当在漳澎至今普遍多见,特别是正对路口的墙壁等位置几乎必然会有。当地普遍相信街巷是比较集中有鬼出入的地方,因此对着街巷的人家往往都会放置石敢当。当地一位老者告诉我们:"泰山石敢当,很早的时候就有,一般如果房子对着路口,就需要摆放泰山石敢当,是用来挡鬼的……好比说到这个路口,车就转弯啦,人也转弯了,如果看到这个石敢当,鬼也会转弯,没有办法进入家门。"

图 2-31 其他镇宅物

（二）守门的神

在神圣生活中，门并不是被简单地看成是一个进出的通道，而是从一个空间进入另一个空间的通道或者障碍。门被认为是一种空间暗示的符号，表明门两边的空间属性发生了某种改变。[①] 在漳澎人的意识中，门以内（即家屋）是一个私密空间，与门以外的外部空间必须严格区隔开来。人们认为外部的空间里充满着许多不确定的和危险的因素，如游魂野鬼、邪神等。为了防止这些不好的东西入侵家里，门便成了第一道防线。因此，漳澎人在门口这个空间附近布置的家居神特别多，最主要的就是门神和门官。

1. 门神

如同中国的大部分地区一样，漳澎人也喜欢在门上贴门神。如今贴得最多的是关羽与张飞，或者秦琼与尉迟恭。不过，现在的漳澎人虽然普遍认为必须张贴门神，但并不怎么区分，甚至不知道这两对门神究竟是谁。人们同样不讲究哪位门神贴在哪一边，甚至经常有将张飞与秦琼、关羽与尉迟恭搭配在一起等贴错门神的情况出现。人们认为如果出现这种情况，则被错贴的

---

① 参见徐笑非《门的解析》，西南交通大学硕士学位论文，2010 年，第 1 页。

门神之间会吵架,因此,漳澎人经常用"贴错门神"这句话来形容两个人经常吵架。

在过去的漳澎,有一些门神是请人刻在门板上的,有一些则是购买用刻板制成的民俗年画。到了现在,村民们图方便,普遍都是买来印刷成品后直接贴在门上。但由于印刷这些门神的多是周围乡镇私人办的小厂,这些厂家对于门神也没有什么研究,所以常常弄错门神的穿戴或者手持的武器。依照传统的认识,关羽是手持青龙偃月刀,张飞手拿丈八蛇矛(见图2-32),但有些门神画中关羽和张飞都是手拿大刀。

图2-32 漳澎常见的门神:张飞与关羽

对于如今的大部分村民来说,贴哪种门神或者门神印刷对错其实都不重要,只需要门神的样子足够凶恶或者威武,可以把野鬼挡在门外就足够了。本次调查中,有村民跟笔者做了个形象的比喻:"门神其实就是保安而已,就是要把不好的东西挡在门外。"不过,有些人家并不贴门神,而是在大门上悬挂柚子皮和香茅草,人们认为二者同样具有辟邪驱鬼的作用。如此看来,漳澎贴门神的历史可能不是太久。

2. 门官

对于门官,漳澎人认为它是护卫民居门户的天官,其作用和门神几乎相同。据调查,漳澎很早就有门官习俗,现在经常是和门口土地相连并见。如今的门官牌位多为一块红色的木板,偶尔也可见到沿用红纸的,但上面都会写明门官牌位，常见的字样为"门兴官赐福，土旺地生财""门官赐福""护宅土地，门官神位""门官土地，福德正神"等。

据老人们回忆，在民国初期之前，大多数漳澎人家都是在天井与厅堂相连的墙上设置一个方形或者上尖下方的壁龛，门官神位安置在其内。如果壁龛有多余的空间，则用于放置香炉和供品。我们发现，直到现在仍有一些传统民居沿用这种摆设方法，如图2-33a、2-33b所示。

图2-33 漳澎的门官

大致从20世纪60年代起，大多数的民居逐步将门官改为设置在头门左侧的墙上或正门右侧的墙上、墙角处，如图2-33c所示。应该说，这种位置的变化是民居中天井地位变化的一种体现。天井历来是院落的一部分，但如今在大多数漳澎人看来，天井相对来说没有厅堂或者房间那样"圣洁"，不宜摆放神明。此外，门官既然是抵御外在的邪气或者邪神的，自然以位于头门之外为宜。传统上，人们认为门官属于神明系统，其作用就是单纯地为一户人家守门护院。但为了讨得"好彩"（即好运气），在表示门官土地神位的红纸上，人们几乎都还会写上"赐福""发财"一类的吉利词语。但是，人们仍然认为其最主要的功能是"看家护宅"，隔断内外以阻止邪气等"不好的东西"进入家屋内部，如袁婆婆所说的：

有了这些门官，就不用怕外面的脏东西了，它们也进不来家里。（这样）家里住着才能安全，（家人）不生病，做生意也会兴旺。

而如果家中出现了某些细微的异常，人们首先就会认为可能就是门官出了什么问题。我们的主要报道人之一袁婆婆告诉我们，如果某人家里出现了一些略微不顺心的情况，这时就可以念"门官经"：

> 有些家庭要是有了小的灾难，这时候就要"镇经"（记音词），就是要拜门官爷。门官经是这么念的："念念门官经，门官土地十分灵。日行千里路，夜静守门厅，招财进宝入我门厅。门官爷爷，土地爷爷，保安康，保平安！"
> 每天上香的时候都要唱这个，这样就会保佑家宅平安、稳妥。要是家里出了不好的大事，那念这个经就不行了，就要去求签、问卦，看看找哪个菩萨来镇经。

人们认为，经此之后就可以回归正常。但如果家屋中进了某种严重的"不干净的东西"（如孤魂野鬼），并且造成了严重的后果，就要在测定后请来合适的人举行合适的仪式，这就是袁老婆婆所说的"看看找哪个菩萨来镇经"。旧时每到这些时候，都是请神婆或者南无佬来主持仪式。其仪式过程大致如下：

> 主家需要准备三杯酒、三碗饭、三双筷子、一个红色木盘等物品。待神婆或者南无佬来之后，按照酒在前、饭在后的顺序在托盘中摆好放于门口外，燃香放置于托盘之前，神婆或南无佬便开始唱念经文。
> 经文内容并不固定，多为神婆或者南无佬自己所编，大意为：路过的孤魂野鬼，主家请你们来用餐，请你们吃好菜，喝好酒，吃饱饭。吃了之后就快点离去，不要再纠缠主人家，更不要进入主人家中。再不走，我就要赶你走了。
> 唱念完之后，主家把所用的米饭、酒菜等倒入河涌之中①，象征着送走入侵的野鬼、邪神等。

在漳澎人看来，经过这样的仪式之后，进入家屋的野鬼等就会被驱除出去，家屋又得以回归宁静与平安。实际上，即便家屋中没有"不好的东西"进入，漳澎人家也会定期祭拜以保证家屋的安全。对于漳澎人来说，内与外是两个完全不同的空间，务必要做到只有"好的东西"（如家神和菩萨）才

---

① 在漳澎，一般认为祭拜完祖先的祭品是可以吃的，而拜野鬼的东西则是绝对不可以吃的，这从另一个角度展示了漳澎人"洁净与危险"的观念。

能留在家里。因此，门作为连接内外两个空间的节点极为重要，需要石敢当、八卦镜、门神和门官土地共同把守这一关口，合力做到把"不好的东西"全部都隔绝于屋外，从而保持屋内的绝对"洁净"。

（三）天井：满天神佛

天井与外界有头门相隔，与厅堂有正门相隔，是进入家屋后的第一个区域，它既是沟通房间内外的区域，也是一个独立的功能空间。在漳澎人的信仰空间中，天井与天空相接，也就连上了满天神佛。至于满天神佛到底是什么神明，村民也说不清楚，一般认为是玉帝、观音、七姐、九天玄女等神明，是包含佛教和道教神明的一个混合体。

人们认为满天神佛的地位非常高，"是最大的神"，因此，日常在家里拜神时首先要拜的便是满天神佛。但由于没有神位，人们都是对着天空拜祭，再把香插到香炉里，所以又叫"拜当天"。（详见本书第四章）

三、漳澎传统文化语境下家屋的内与外

由前文的描述可知，村民们对于家屋的内与外有着明确的认知与区隔。以下我们根据前文的叙述和分析，简略讨论漳澎传统家屋内与外的文化含义。

内与外其实是一对相对的概念，因为相互对比才得以同时存在，也只有在一定的文化语境中才会显示出处彼此不同的对立意义。例如，无论是就家屋内部还是就整座民居而言，其实都有内外之分，漳澎人也同样都加以区分。但人们日常所说的内或者外，几乎总是以整座家屋空间为基本参考系的。这时所谓的外，经常指的是整座家屋空间以外的所有区域，包括街巷、河涌和各类公共空间。而所谓的里，则经常是指头门以内的所有家屋空间，包括天井、房间等。访谈时漳澎人常对我们说的"来，里面说"，就等于"进我家里聊"。而如果是要表明具体房间等空间的内或者外的时候，则一般都会说成"屋里""屋外"。

漳澎人历来极为重视家屋空间的内与外，其实并不仅仅是要区分彼此在相对方位上的差异，而且是要借之表达出更为重要的文化观念。就我们的认识来说，漳澎人传统的内与外之别，实际上也就等于安全与危险的区分或者对立，而且这种区别或者对立，贯穿于从家屋建造到日常居住和使用的方方面面。例如，在房屋奠基时举行的拜地头仪式过程中，总是需要拜祭各种神灵，而且有着严格的空间次序之分，必须遵循由天至地、由家屋里面至家屋

外面、由房间内至房间外的空间顺序进行。这样的次序固然可以认为是漳澎人区分神明等级的反映,但无疑也透露出人们对于内(亦即安全)更加重视。实际上,也正是出于同样的原因,人们才认为摆放于家屋空间内的供品在祭拜之后是可以食用的,而摆放在头门之外的祭品则断不可食用。访谈时漳澎的老人经常说,这是因为家屋内的供品是用来祭拜自己祖先的,所以可以食用;而外面的供品是送给孤魂野鬼的,故不可食用。但在我们看来,真实的原因则在于人们认为家屋内的是安全的,而家屋外的是危险的。

这种内外之别(即安全与危险之别)在中国甚至世界范围的乡村地区,都经常可以看到。但是,达致这一区分的具体途径或者方式,则可能各不相同。就旧时的漳澎人而言,最主要的手段就是借助于洁净与封闭。他们认为,家屋空间不仅是人最为重要的生活场所,还是神明保佑居住于其中的人的重要场所,要想获得神明的庇佑,必须做到洁净,那么家屋空间内只能有家神而不能够有邪神或者类似的"不好的东西"。如前文所述,漳澎人所说的家神有广义和狭义之分。狭义的家神指的是自家的祖先,漳澎人相信敬奉祖先就能获得其保佑。广义的家神则还包括存在于家屋空间各处的守护家人的神,如门神、门官、土地神、灶神、金花娘娘等。家屋于是成为漳澎人非常重要的仪式实践空间。人们每日都要敬奉这些家神,而逢年过节时尤其要隆重祭祀。实际上,拜神早已自然地成为人们日常生活中的组成部分,访谈中多位婆婆都向我们表示:"一天不拜神,浑身都不自在,就不舒服。"

在那时的漳澎人看来,屋内有一众家神守护,就能保佑家人并为自家招来福气和财气。而屋外则游荡着众多随时会伤害活人的游魂野鬼,是一个充满不确定性的、危险的、肮脏的空间。因此,漳澎人要尽力维持家屋空间的封闭性,保持家屋内的洁净,最终达到防止各路邪神进入家屋害人的目的。这种封闭性在实践中主要体现为多层次的信仰行为。例如,人们用酒、肉等祭拜村落外或者偏僻处的游魂野鬼,实际上是通过贿赂"不好的东西"以防止它们进入家园。而在家屋空间的外墙上,人们又设立石敢当、门官、门神等辟邪物,期望借此严防邪气邪神等入侵。而在天井等家屋的内部空间各处,同样满布各种神明。万一这些神明或者神物仍然抵御不住,人们就要借助南无佬等有法力的人士,把家屋空间内"不好的东西"赶出去,最终恢复家屋空间洁净与相对封闭的常态。

漳澎这种有关神明的内外有别的空间观念,在世俗生活中同样得到充分的反映。或者应该反过来说,正是由于长期存在不同层次的内外有别的世俗观念,才导致了这种信仰观念以及相应的行为。

简单地说,旧时的漳澎四面环水自成一体,长期备受敌视且孤立无援,对那时的村民来说，"内"便意味着安全，而"外"则意味着隐患或者威胁。漳澎村内至今广泛流传的"羌女"抵御外敌最终令村落获得安宁之类的故事，也反映了这种世俗认知。这种认知还深刻影响了村落与家屋布局：漳澎的里巷铺设得很讲究，有活巷与死巷之别；每处里巷入口都设有坚固的门和门楼，每到晚上都关门上锁并有专人轮流看守；家屋采用窄门、高窗，设置陡峭的楼梯，除了厅堂各处房间的采光都严重不足，主卧房内更是晦暗不明……完全可以说，传统漳澎的村落与家屋布局，正是基于层层设防以最大程度地防御外来危险的思路的结果。其实漳澎人早就明白，鬼神保佑之类的毕竟实属虚妄，最多只能够带来些许心理慰藉，保障安全还是要靠自己扎实的努力。

第四节　漳澎传统家屋与漳澎社会

家屋的基本功能是为居住于其内的家人遮蔽风雨，但这不是家屋的全部功能，它还有着更为深刻的社会含义与作用。漳澎的传统家屋与漳澎的传统社会有着千丝万缕的关系，是各种社会观念与习俗的重要体现或者产物，也是各种社会活动得以展开的重要场所。本节我们将从两个方面进行描述和分析。

一、漳澎传统家屋的时空对应性

漳澎的传统家屋是人们生活与交往的重要场所，但是，在村民不同的人生阶段中，家屋空间被赋予的意义是有所不同的。也就是说，家屋空间与时间从来不是断然割裂的，而是彼此对应的。由本研究看来，这种对应性最主要反映在两个方面：个体随年龄增长成正比地扩大对家屋空间的影响；个体随着年龄增长逐渐从家屋空间走向公共空间。不同时间维度下家屋内外的生活与交往都必须遵守空间规范，即特定的人必须在特定的空间开展相应的活动。

（一）婴幼儿时期的家屋空间

我们所谓的成正比地扩大对空间的影响，指的是随着年龄的不断增加，个人影响和控制家屋空间的范围不断地扩大。这种影响既涉及空间的布局和功能，也涉及特定空间中的互动关系和支配关系。

这个过程早在胎儿时期便已经开始了。对于负有繁衍传承责任的孕妇，漳澎社会历来都给予格外照顾和关怀，其表现之一就是在居住空间方面的改善。如前所述，漳澎传统民居中的卧室多阴暗潮湿，一年中的大多数时间都是闷热难耐。而从孕妇怀孕开始，家人便尽其所能地努力为其改善居住环境。居住于漳澎三坊的李婆婆如今已年逾七十高龄，她在家中对我们回忆过怀孕时的住宿情况①。

> 结婚后的第二年，就怀了孕。那个时候，我与丈夫一起在村里的生产队干活，白天要给甘蔗培土、种水稻，都是很重的活，那时候真是很辛苦。家里（卧室的）窗子实在太小，通不了什么风。漳澎又是一年到头热的时候多，劳动回来之后就热得睡不着。
>
> 刚怀孕一段时间，（我的）身体和情绪都出现了一些不好的情况。那时是非常热的夏天，夜里我就更加烦躁，就是整夜整夜地睡不着。白天还得参加生产队集体劳动，那时劳动强度很大。（我的）身体（于是）就变得非常不好。当时身体虚得实在不行，就是整夜都是不停地出大汗。
>
> 那时（我的）婆婆就过来张罗，让他儿子就是我老公把家里的厅堂收拾好，说是改成（给我住的）卧室。那时就是把厅堂里的那些桌子、椅子那一些，都搬到厅堂的一边，然后腾出空地来，就摆放了一张单人的床，就让我晚上在那里睡觉。每天晚上睡觉的时候，还要把门窗都打开，这样就通风，就能够睡着了。就这样睡，一直睡到孩子生下来。
>
> 那个整个时候，我老公就是还一直睡在房间里，跟以前一样。

依照漳澎旧时的习俗，夫妇尤其是新婚夫妇必须居住于家屋内的卧室之中。家中平时在厅堂之中过夜的，必然是没有房间可以居住的未成年的孩子。但家庭出于对孕妇（也是对于胎儿）的关怀，会安排孕妇在需要时到厅堂暂住一段时间，以便得到更好的休息、睡眠和调养。在这个意义上说，胎儿虽未出生但已经开始对生活空间产生影响。与此同时，孕妇日常的活动空间也会发生改变，以防止因为空间的原因而使胎儿遭受意外。访谈中有一名孕妇告诉我们，自从她怀孕开始，家里人就将她从二楼的卧室移至一楼，便

---

① 李婆婆的住所是一处有几十年历史的传统样式的民居，原为传统的单层"目"字屋，20世纪70年代李婆婆新婚时在原有基础上加盖，变为如今所见的两层家屋。李婆婆的丈夫已经去世多年，如今只有她一人独居此处。

是担心其上下楼梯不便发生意外。

　　在胎儿顺利降生之后，家人会尽可能地为之创造出一个安全而又舒适的成长空间。例如，在婴儿刚刚降生的一段时间内，除父母之外的其他人要尽量避免到婴儿所在的房间串门，以免给孩子带去不好的影响，如传播疾病。在孩子出生之后到会走路之前，漳澎人很少把孩子抱到家屋以外的空间活动，为的就是避免出现疾病感染等意外事件。这段时间内，婴儿最主要的活动空间仅限于家屋尤其是父母的房间之内。在父母的卧房之中，家人会准备特制的桶、盆等器皿以满足婴儿日常生活所需。这个阶段婴儿的活动空间，基本上等同于母亲的活动空间，睡觉也是在母亲的身边。

　　随着孩子逐渐成长以及对周围空间的逐渐熟悉，其空间活动范围也不断变大。一般来说，孩子到了三四岁时，虽然大部分时间还是在家屋内活动，但是所接触的空间已经大了许多。例如，家人会带孩子到家门之外的各种公共空间活动，其中一个最有代表性的活动就是去埠头处学习游泳。旧时的漳澎尤其多水，游泳是每一个漳澎人必备的基本生存技能，孩子三四岁时就会在家人的陪同和保护下在埠头的浅水处学游泳，许多人都把这看成是孩子即将走出家门的标志性事件。更为重要的是，到了这个时候，孩子也开始走出父母的卧室在家中其他地方睡觉，逐渐走出母亲的活动空间形成自己的活动空间，在家屋空间中开始有了自己相对独立的位置。如前所述，旧时只有很少的家庭可以提供专门的卧房给孩子睡觉，绝大多数的孩子只能够睡在厅堂之中或者狭小的阁楼里。从生活空间的意义上来说，厅堂和阁楼会由家中所有的孩子共享，但在旧时有限的条件下这也成为孩子们在家屋范围内所拥有的第一处相对独立的小天地。孩子通常要在这里住到十二岁左右，然后离开家屋住进凉棚或者娘仔房，从而开启全新的社会化过程。

　　（二）走向公共空间

　　从家屋走向公共空间，这是所有漳澎儿童必经的一个重要的社会化过程，这个过程也反映出新的个体如何将家屋空间与公共空间联系在一起。此过程中的一个重要节点，就是孩子们离家去凉棚或者娘仔房睡觉。

　　如前所述，睡凉棚是旧时漳澎男性社会化的一个重要空间，孩子们在其中睡觉、生活、玩耍等，一言以蔽之，除了吃饭之外的大部分时间都是在其中度过的，除了家庭劳动之外的大部分活动都是在其中进行的。经过这段长达十年左右的学习与磨炼，他们逐步掌握了融入村落社会所必需的一系列社会规范与行为准则，也掌握了如何处理人与人之间的矛盾，基本完成了从幼儿到社会人的转变。

我们的一位报道人回忆了他在凉棚生活的片段，从中可以看出孩子们如何从家屋空间走向村落的公共空间。

> 问：您是从什么时候开始睡凉棚的？
> 答：那时候？大概是十几岁吧。
> 问：怎么就决定不在家里睡了呢？
> 答：那时候我们这里都是这样的。过去家里地方小，没有地方睡，（男孩子）就都出来睡凉棚了。你要是到了十几岁还不出来睡，别人都会笑话你的。过去啊，就是有点残疾的那些人，他们才不出来睡凉棚。
> 问：你们在凉棚里怎么睡？睡在哪里有规定吗？
> 答：有规定的。那个岁数比较大的，他们就是管着我们这些新进去的小孩子。他们就睡在边上，那里比较凉爽嘛。我们就中间挤着睡，连翻身都翻不了。
> 问：一起睡凉棚的男孩子们，要不要一起劳动？比如说修凉棚？
> 答：有。比如说有一年打台风，这个（凉棚的）顶都吹烂了。那（我们）就得一起修。那时候啊，要是晚上听到有人说着火了，住在附近凉棚的人都会出去救火的，就弄得一夜不睡了。
> 问：会不会与别的凉棚的人有矛盾？
> 答：也有的。我们这个凉棚，那个时候属于十坊一队的。（那时）还有一个二队的（凉棚）。我们两个凉棚里的人，就经常一起赛龙舟。那时候体力好，干完活以后再去赛，也不觉得累。有一次他们输了，晚上就跟我们打架，都是整个凉棚去打架。
> 问：那后来怎么样了？
> 答：那些大的（即成人），还有生产队，这个时候就会出来调解嘛。（小孩子打架）这些都是小事情嘛，打完以后啊，大家很快又会和好了。

随着孩子们逐渐从家屋走向村落，他们的活动区域逐渐将家屋空间与公共空间融合起来，埠头、凉棚等公共空间具有了家屋空间的一些主要功能，甚至可以说是家屋空间的补充或者扩大。这种人与家屋空间的对应性是持续的、循环的，漳澎人就这样一代接一代地在家屋空间和村落空间中成长起来。

二、家屋空间的分立与传承

漳澎流行父母与已经结婚成家的儿子分家而居的习俗，因此，分家就成为每个漳澎男人结婚后立刻要面对的大事。也是到了这个时刻，男子才第一次真正拥有了完全属于自己的家屋空间。直到若干年后父母去世，原本属于父母的家屋归于儿子名下，他们才可能再次拥有儿时生活过的家屋空间，从而完成一个完整的家屋空间循环的过程。

（一）分立家屋

分家是漳澎至今盛行的一种传统习俗，与北方某些汉人村落社会中被迫分家或者满怀痛苦地分家不同，漳澎人把分家看成一件喜事，看成是自家开枝散叶、势力扩大的成果或者表现，看成是儿子长大成人的标志之一。传统上，这种分家在男子成家之后便会进行。分家后新人夫妇搬入属于自己的家屋中居住，自此与父母分别在不同的家屋空间中生活。

我们的调查发现，如今的漳澎人普遍认为这种结婚即分家的习俗历史悠久，其形成的原因主要有以下两种。① 首先，旧时的漳澎住宅面积相当有限，连孩子都被迫离开家屋到他处栖身过夜，如果再加入新婚家庭，确实无法共同居住，必须另寻住处。其次，漳澎人至今普遍认为，两代人之间会存在比较严重的生活习惯分歧，诸如口味、爱好等方面可能都不一致，如果共同生活则难免产生矛盾，必定会给彼此造成诸多不便。

自分家开始，儿子便不会再回到父母的家屋中居住。即使父母栖身困难，儿子自己有充足的家屋空间，他们也基本上不会让父母搬来同住。访谈时我们发现，许多老人已经习惯于在自己的家屋或者祠堂中独居，认为与儿子分开居住是很好的习惯，也不会认为儿子不尽孝道。

个案：父子分居

L夫妇现在约70岁，只有一个儿子，这个儿子娶了一位外地籍贯的女人。儿子结婚时，L夫妇帮儿子盖了一处家屋作为新房，L夫妇则仍住在原来简陋、矮小的房子里。

儿子后来在外地挣了不少钱，就回漳澎盖了一栋非常宽敞、豪华的房子，之后他结婚时所住的房子就空置了。他的妻子于是就提议让L夫妇入住，借此改善L夫妇的居住条件。但是，儿子非常不理解，认为那处房子是父母给自己盖的，虽然闲着也不应该请父母来住。由于他的妻

---

① 《麻涌民俗志——岭南水乡社会研究》（张振江、陈志伟著，汕头大学出版社2008年版）对历史上的漳澎以及麻涌一带人们分家的动因进行了分析，认为分家是当时扩大地盘和实力最有效的途径之一。应该说，历史上南北各地的分家，原因及目的并不总是完全一致。

子坚持要给 L 夫妇住，儿子只好去和父母说。但是，L 夫妇也非常不理解，认为这所房子是早就给了儿子的，所以他们不能搬过去住。L 夫妇对其儿子说："你不住了，就租出去啊。不用让我们去住。"儿子回来说父母拒绝了，妻子非常不能理解，因为在她的家乡父母总是跟某位儿子一起住的。

新建的这处大房子里面房间很多，儿媳妇又提出，让 L 夫妇搬进来与他们一家一起住，这样也方便彼此照顾。但是，儿子觉得这样更是不可理解的，所以根本就没有跟 L 夫妇提起过。

关于分家，漳澎至今留有很多传统的社会习俗或者约定。例如，尚未成年的儿子绝对不会分出去，已经成年但没有结婚的儿子也不会分出去单独生活。在漳澎，古今都有成年男子因故不婚的，不过这种情况非常少见。女儿也无须分家，女儿长大了会嫁人，到时就自然而然地进入夫家而从父母的家庭中脱离出去。漳澎的分家同样包括许多内容，但从一定意义上说，分家其实也就是分立家屋空间并从此各自独立生活。本书第四章将有详细论述。

由此看来，漳澎人分家时最明显的外在标志，不是常见的分灶而是分立家屋空间。因此，父母很早就要筹划如何建房以备儿子使用。而一旦儿子结婚后，分立家屋空间很快就提上议程。而从分家一开始，新人夫妇就不会再回到父母所在的家屋空间中居住，也很少回到父母的家屋中吃饭。① 在这个意义上说，一处新的居住空间也就是分家的基础或者基本前提。②

在极个别的情况下，父母因故实在无力为儿子建置新房，这时就要把自己居住的家屋空间让给儿子，自己则另觅他地聊以栖身。这种情况相对少见，但尤其可以看出居住空间在分家过程中的重要性。

（二）分立家屋后的空间运用

分立家屋空间后，原先的父子现在各自独立掌握并支配属于自己的家屋

---

① 在现在的漳澎，一般儿子的新房子都是高大、明亮、宽敞的高层建筑，各方面的生活条件都比父母所在的老房子好得多，因此，如果儿子与父母一起吃饭，通常也都是父母到儿子处。此外，随着近几年越来越多的人离开漳澎外出工作，有很多人在外地安家定居，有些新婚夫妇就将小孩子留给漳澎的老人照顾，逢年过节或者某些特殊的时日回漳澎时则在父母的老房子里短暂小住。

② 以前分家后父母与儿子夫妇各自分开生活即可，新中国成立后则还要涉及户口变更问题。儿子这时通常要从父母的户口单位中独立出来，与妻子共同组成一个新的户口单位。一般来说，户口分开要晚于分开生活。此外，也有儿子结婚分家后不将户口分出来的情况。因此，最明显的分家标志是家庭自此分开居住、独立饮食。

空间。两处家屋从此进入了另一轮循环，开始了完全不同的命运。

逐次分家后，原来的家屋空间中——漳澎人口中的"老房子"，最终只剩下原先的夫妇。由于子女们先后搬出，原来拥挤的家屋空间顿时变得充裕多了，这时父母们才可能去过自己感兴趣的生活。例如，漳澎的老人历来喜欢在家里养花、养鱼、种草，这时就可以一偿夙愿了；漳澎是"粤曲之乡"，粤剧和粤曲在村民中非常流行，以前由于家屋空间的限制他们只能去凉棚表演欣赏，到了这时才可能在家自拉自唱，或者招来同好互相交流。

而从整体上说，这处家屋空间以及生活于其中的人，都开始走向一个完整的家屋空间循环的结束部分，其中的日常活动也逐渐变得不同。家屋主人不可避免地日益衰老并最终走向生命的终点，在他们还具备劳动和基本生活自理能力的时候，几乎都不会求助于子女；一旦他们丧失了自理能力需要求助于儿女时，儿女通常会来到"老房子"照顾老人的日常生活，但几乎从来不会在这里居住或者过夜，因为他们认为彼此属于不同的人家。一般的情况是，儿子或者儿媳妇过来帮助老人做饭、洗刷等，忙完后便返回自己的家。如果一对夫妇有多个儿子，则通常由儿子们协商后采取各家轮流照顾的方式。如今生活节奏变快，人们普遍奔波忙碌，同时经济能力已经大为改善，越来越多的家庭聘请保姆照顾老人，所需的费用则由子女共同分担。两代人各自拥有的独立的家屋空间的含义此时表现得非常清楚。依照习惯，漳澎老人都是在原本的家屋空间中度完余生，他们的身后事也多是在此办理；父母都去世之后，这处家屋空间则进入了传承阶段。

同父母一样，儿子夫妇分出去后便独立掌握一处属于自己的家屋空间，他们在那里生活，在那里开展各种活动。他们要在新房子里独自面对各种生活的压力，努力创造属于自家的物质财富。而就本研究来说，他们也从此正式开始了这处家屋空间的一个完整的社会循环过程。婚后不久他们可能就要在这里生儿育女，然后把子女抚养成人直至各自独立门户，最终只剩下他们夫妇。而更重要的是，他们在使用这处空间的几十年中，开始了自主的符合习俗的日常社会交往。漳澎至今仍然可以说是一处传统的农村社会，日常生活中邻里间走动频繁，亲朋好友相互串门司空见惯。按照通行的社会习俗，特定的人只能够在家屋中特定的空间展开交往，而影响这种空间规范的最主要因素是社会性别观念，具体表现为不同性别的村民在不同的家屋空间中交往。

如同在许多农村地区所见的一样，漳澎社会中两性的社会区隔历来非常明显，并由此形成了许多习俗认定的社会性别空间。我们的调查发现，漳澎村落中许多所谓的公共空间，其实始终都有着相当严格的性别单一性的限制。例如，热闹的凉棚里有各种各样的活动，但历史上一直都是"男人的地方"，并不允许女性随意进入。实际上，一直到了20世纪末，日常进入凉棚活动的女性依然极为稀少，即便进入也只是短暂地停留。如今，随着凉棚性质的重大改变，在凉棚内能见到的女性日渐增多，但以中老年妇女为主，几乎见不到少女的身影。而在家屋中，这种社会性别观念对女性的制约作用也通过空间分隔极为明显地展示出来。如前文所述，漳澎至今仍流传着"男人厅，女人房；男人街，女人巷"的俗语，就非常具体而简明地展示了漳澎传统社会中家屋空间与社会性别的关系。在传统的漳澎男权社会中，厅堂是男性日常交往的地方，是一个家屋空间中男性权威的恰当的象征。在旧时，男性的访客总是由男主人接待。这时家中包括女主人在内的所有女性都会识趣地到房间、天井，甚至门外避开。当时社会上认为女性居于从属地位，不宜过多地在社会空间中"抛头露面"，她们的交往必须在相对封闭的空间中进行。已婚的女性可以在家门口或者家屋附近的里巷中闲聊、畅叙，这类景象至今依然可见；未出嫁的青少年女性或在娘仔房，或挤在阁楼里做女红、说悄悄话。这种社会空间观念及其影响，我们在前文已略有论及，而在《流水·坊巷·人家——村落漳澎的人类学景观》中也有详细的描述和分析，故此不赘。

(三) 家屋的传承

在漳澎，传统的家屋传承主要有两种方式。一种普遍多见且充满喜气，即在儿子结婚时父母帮助孩子盖好房子后高兴地赠予儿子。另一种则是在老人过世之后，儿子继承父母在世时所居住的老房子，这种传承标志着一处家屋走到了其社会性周期的末端。

依照漳澎的传统习俗，儿子结婚前父母就必须盖好房子并在其内布置基本的生活用具，等到婚后分家时正式交给儿子。据调查，历史上人们多是通过购买或者新开辟的方式获得所需的宅基地，也有人是在原宅基地上翻盖新房。由于那时的漳澎还是个农村社会，也即所谓的熟人社会，盖房、交房都无须什么特别的手续，村民周知公认即可。到了新中国成立后的集体生产时期，生产用地等都已经全部收归生产队或者大队等集体所有，儿子准备结婚之前父母就必须向生产队申请。生产队在原本用于生产的田地中划出一块，免费给予申请者。一般情况下，属于同一生产队的每户人家在有需要时都可以免费获得，所以人们认为这是公平的做法。也主要是由于这个缘故，漳澎村落地境首次得到扩大。新房子一般都是先归于父母的名下，等到儿子结婚后再更换成儿子的姓名。到了现在，人们必须通过购买才能够得到宅基地，房子过户时要先在漳澎村委会开一份证明材料,再到麻涌镇相关机构办手续。

有不止一个儿子时,父母要依照结婚的先后顺序逐一为他们盖房,最终使得每个儿子都有一处属于自己的家屋。由于所有的儿子在婚后都有属于自己的房子,因此一旦父母都去世了,他们在世时的家屋就要进行分配。如果一对夫妇只有一个儿子,自然由独子继承家屋。如果不止一个儿子,依照漳澎的风俗,这时是由其中某一个儿子继承,而不是平均分配,通常也不会对未分到房子的儿子进行补偿。据调查,这时有两种具体的分配方式较为多见。一种是按照惯例传给大儿子。旧时一般认为,长子为家里出力较多,在弟妹年幼时对弟妹多有照顾,因此应该得到父母遗留下来的家屋作为补偿。另一种则是分配给平日里为老人"捧水"比较多的那位儿子。日常为老人提供端水、送饭等多方面的照顾,漳澎人俗称之为"捧水"。如果某位儿子平时对父母尤为孝顺,多有照顾,人们认为他得到这处遗产是当之无愧的。这时候如果有别的儿子试图争夺这处房产,他便可理直气壮地说:"捧水都是我捧。捧水的时候不见你来,现在分房子你来了。"其他儿子也只好放弃,继承了房屋的儿子在老人的葬礼中将起主要作用,要负责帮老人洗面等。

个案:"捧水"者继承家屋

漳澎老人L伯伯,从多年前老伴过世后就一直独居。他在过世之前指定自己所住的房子归其二儿子继承。这位二儿子就住在L伯伯房子的隔壁,平日对老人的生活起居多有照顾,老人辞世前也主要是他在身边伺候。

L伯伯共有三个儿子。大儿子居住在漳澎,不久前在漳澎村口处买了一块宅基地,起了一栋大房子。三儿子在麻涌镇政府某部门工作,房子也在麻涌镇上,平时较少回漳澎。丧礼结束后,大儿子对二儿子继承老人的家屋很有意见,找到二儿子提出自己的要求,意思是要按照这所老房子的市场价分别补偿自己和三儿子。但是,二儿子没有同意,其理由就是大儿子和三儿子平时很少照顾老人,既然没有尽到应尽的义务,也不应该得到这处遗产。三儿子自知理亏,没有提出任何要求,大儿子孤掌难鸣,最终只好作罢。

我们发现,漳澎的村民普遍认为,二儿子确实应该得到这处房子,因为平时是他"捧水"即孝敬老人。对于大儿子较少照顾老人而没有得到这处房子,人们认为本来就应该如此,并没有什么意见或者不理解。

漳澎社会是典型的传统汉人社会，家庭是其最为核心的单位。家屋则是家庭最为重要的物化实体形式，实际上在某种程度上也就等同于家庭。因此，家屋的传承有着极为丰富的物质与精神含义。其中，宅基地的传承最为重要。

表面上，漳澎的家屋传承是父子间一处具体的居住空间的代际传承，但实际上，所传承的其实并不总是家屋本身，而是这处家屋所在的宅基地。在一定意义上说，漳澎传统的家屋空间的世俗意义，比起其所具有的世代传承的精神或者象征意义更为重要。过去漳澎的建筑材料极为简陋，建房工艺极为简单，房屋的地基又普遍偏浅，民居修建得并不坚固。加上周遭都是水而村内又河涌密布的限制，漳澎旧村的地下水位高，河水还经常涌入街道甚至漫入家中，因此旧时的家屋建筑以及地基所遭受的腐蚀，均远比内陆地区的严重得多，房屋坍塌的现象时有发生。即使是一所新建的房屋，通常最多也只能够使用一代人的时间。传统上在建筑方面最为讲究的祠堂或者庙宇，其墙壁由于使用麻石或者青砖而相当坚固，但其屋顶则每隔若干年就必须翻修一次，整体建筑每隔几十年至多一百年左右就要大修或者重建一次，否则就可能垮塌。而那些使用泥砖、泥沙、稻草之类的材料修建的类似于干打垒的普通民居，自然更是无法长久存在。因此，就财产继承的意义而言，家屋传承最主要的不在于这处祖屋建筑本身而在于它所在的宅基地，即漳澎人普遍所称的"蔗留地"（记音词）。实际上，以前的漳澎人可能根本没有所谓祖屋的观念。①

而在另一方面，不断的建房的需求也决定了漳澎人必须拆除祖屋以获得所需要的宝贵的空间。例如，传统上儿子结婚时父母都必须为其修建一处单独的家屋空间，仅仅为了满足这一习俗，就必然需要大量的单独的宅基地。在新中国成立前相当长的时间内，人们主要通过购买的方式获得，这对于多数家庭来说是一个沉重的负担。有些人家就是因为无力获得必需的宅基地，只好把自己居住的家屋空间让给儿子一家，自己则搬到祠堂等地或者搭棚勉强栖身。如果能够通过继承的方式获得一处宅基地，或许在他们看来是祖先赐予的最大的恩惠，拆除已经破旧不堪的老房子，盖上新房以供新人成家之用便成了常见之事。

---

① 中山大学曾惠娟在其硕士学位论文《从沧海沙田到到现代水乡——20世纪珠江口沙田围口聚落的社会史》中谈及漳澎对岸的番禺一带沙田居民的类似习俗时认为："在围口沙民的知识结构中，根本没有'祖屋'（祖辈最早的房屋）的概念，他们对于祖辈留下来的房屋没有给予特别的重视，从其表述的语气，他们不认为'最初的茅寮'有何宝贵之处，茅寮从来就是可以四处移动和重新再造的。"这应该是完全可以成立的说法，确实不是所有的人群都有祖屋的观念。

在这个意义上说，漳澎传统的家屋空间的传承方式，其实也就是循环使用宅基地的方式。

第五节　当代漳澎家屋的若干变化

家屋作为一种极为重要的民用建筑，表面上看仅是一栋为特定的人遮风挡雨的人造物。但实际上，家屋是人与屋的结合，是当地的文化和对自我及周边环境认知的一个载体或者展演，有着多重的含义和丰富的文化内涵。到了当代，漳澎的家屋则出现了历史上从来未有过的变化。面对全新的社会与文化环境，新出现的家屋空间在许多方面都已经与传统上的完全不同。由于本研究主要关注的是传统漳澎家屋历史上的某些侧面，所以我们此处只简要描述近二三十年来漳澎民居变化的几个主要方面及其透露出来的主要含义，权且作为本次历时性研究的一个补充。

一、急剧变化中的漳澎家屋

根据访谈可知，在漳澎立村之初，人们在高处散乱地搭建棚子聊以栖身，而在从重新规划并建设漳澎旧村到 20 世纪 80 年代之前的漫长时间内，除了极个别的地方之外，漳澎的村落地境几乎没有任何变化。与之相对应，传统的家屋类型也几乎没有什么变化。大体上从 20 世纪 80 年代末期开始，随着漳澎社会的急剧转型，人民生活水平极大提高，文化需求凸显，漳澎村落面积急剧扩大甚至形成了新村，当地的民居建筑也日新月异，各类新型建筑层出不穷，传统的民居其实已经是少数。

这种变化首先体现在，有别于传统样式的新式家屋大量地出现在漳澎的民居群落中。特别是在漳澎新村中，近些年修建的全部为新式房屋，其样式更加贴近一般城镇中所见的房屋。从家屋格局来看，这些新式房屋大致上可以分为两个类型。

第一种是虽然采用了全新的建材、全新的建筑技术，但仍然按照或者大体上按照传统的房屋样式修建的。比如，在家屋格局和家屋空间的分配上，很多新房子仍然沿袭或者采用传统样式与空间分割。这些新家屋高大、宽敞、房间众多，但仍然不设置独立的厨房，主人卧室仍然安排在家屋最里面的房间以确保其隐秘、安全。第二种则彻底地改变了原有的空间分配习惯，家屋内部空间和空间功能分区都进行了全新的布局，而且具体空间的文化含义也已经不同。如很多新房子取消了天井，把厅堂变成了多功能的区域——既是待客的地方，也是一个进出家屋的过渡区域，实际上具有了传统天井的功能。大致上说，漳澎的新式房屋样式与房间分割已经脱离了乡村生活，反映了现代城市民居的示范作用。如今的漳澎正在迅速地被城市同化，家屋出现的这种变化在所难免。

二、由临河而居向沿路而居转变

如前文所述，旧时的漳澎不仅四面环水，而且境内河涌密布，人们往来以及外出皆须凭借舟艇，河涌是村内外交通最主要的通道。① 同样由于多水，当时所建的各处家屋最初也总是临涌濒河，几乎所有的人家都有自家的小埠头以备使用。完全可以说，那时的漳澎家屋以面水临河为优。

随着近二三十年来漳澎村经济与社会的发展，当地的陆路交通有了非常大的改善，通往广州、东莞以及周边乡镇各处的宽阔的公路早已成为人们出行的主要途径。即使是在漳澎旧村内部，埠头临风、麻石小巷的水乡风貌也已经大体消失，取而代之的是水泥铺就的路面和街道，以及穿梭于路上的摩托车和汽车。随着公共交通的快速普及，汽车早已成为漳澎人最主要的交通工具，如今人们出行时几乎总是选择陆路。以往不可或缺的连通漳澎与对面的番禺的舟艇，现在也已经变得非常少见，村里的快艇也只是一种游览、娱乐项目。

另一方面，20世纪50年代起陆续修建的四乡大联围等设施彻底杜绝了漳澎的水患，但也间接地使漳澎的一些河涌干涸而成为陆地。近二十年来，漳澎村落开发建设用地，更致使许多河道被全部或者部分填塞，旧时的水系已经彻底地改变。完全可以说，总的趋势是漳澎内外的河涌数目不断减少，同时河涌总面积不断地缩小。这种改变的直接后果之一，就是导致了原先的"河—屋—河"的民居空间布局，变成了"路—屋—路"。我们在调查时多次听到老人叹息道，现在的民居就是想要面水临河，也几乎完全做不到了。临水生活、借助河涌出行的场景已经远离现代的漳澎人而去，漳澎村落的自然环境已经彻底地改变。

总的来说，随着道路不断增加，河涌不断减少，随着人们的往来改为陆路为主以及出行工具相应地由船艇变为汽车，河涌在漳澎人日常生活与工作

---

① 现在人们多认为河涌是交通的阻碍，但是，历史上的河涌经常作为出行通道，漳澎人的历史实践充分说明这一点。我们在贵州省黔南州调查时，意外地发现当地的苗语中"河涌"一词同时具有河流和道路两个含义，说明历史上河涌确是重要的交通通道。

中的作用已经大不如前，甚至可以认为已经降低到无关紧要的地步。相形之下，道路的作用则大幅上升，已经完全取代往昔的河涌，成为新的获得生活便利的至关重要的因素。这也就是说，现在漳澎的房屋对于街道或者里巷的要求变得突出起来，因为只有贴近街道或者里巷，才能够便于车辆出入从而方便生活。漳澎民居的选址，已经从重临河变为要沿路。

实际上，这种变化不限于民居。当地的一位老人曾经对我们讲述过漳澎村市场的位置变化，很有启发意义：

> 漳澎的市场，原本在五坊那边，就是在河边上，大同茶楼的对岸。贴着河边那里啊，在过去那里是村子的中心，最热闹的。过去漳澎没有什么路，（去哪里）都是扒艇（划小艇）。那时去田里干活，出麻涌办事，都是扒艇去。那个时候，那里就是最多人的地方。
>
> 现在那里已经没人了，那个市场现在都废了。（原来的市场的）三楼，现在变成了文化社晚上排练的地方。现在的市场，就搬到了村口那里。那里原来是蚝壳涌，就是一条河。（后来把蚝壳涌填平了，）现在就是市场了。那里是村口，离车站又近，（所以）现在成为最多人的了。新市场的那些地方，原本是田地，都没有房子的，现在就很多了。

由于同样的原因，漳澎村委会、球场、公园以及学校等村落内最为重要的一些公共空间，现在也已经从原来面河临水的旧址迁移到新村的公路沿线各处。这些转变的背后是漳澎村落的骨架与行动力的迁移，漳澎旧村正在不断褪去且还将进一步褪去往昔的繁华。

三、家屋空间的扩大化

当代漳澎房屋的最大变化之一，是家屋空间和房间面积的扩大。

传统上，漳澎不同类型或者样式的民居建筑都普遍极为狭小逼仄，一般在 30～40 平方米之间。造成这一状况的最主要的制约因素有两方面，一是当时村内适于建筑房屋的宅基地极为有限，二是当时人们的经济能力普遍有限。而从 20 世纪 50 年代开始，四乡大联围有效地控制了水患，更多土地成为宜居之地，可用的宅基地面积扩大了。尤其是随着 20 世纪 80 年代经济的大发展，村落地境开始扩大，人们的家屋空间也随之变大。

新式的房屋面积不一，但都远远大于传统家屋的面积。家屋面积变大的原因有多种可能，如人们的经济条件迅速地大幅改善，但在我们看来，这与当时漳澎村关于土地开发和管理的机制变动有莫大的关联。新中国成立后至20世纪80年代之前，漳澎人获得宅基地主要有两个途径：一是由拆除老房子而来，二是向生产队申请。但借助于这两种方式所获得的宅基地，都是传统的制式面积，即通常都是30～40平方米，所建成的家屋面积也只能够在这个范围内。而由于那时的建筑技术、建筑材料都极为简陋，家屋通常都是一层的，最多加盖一个小阁楼，房间数目、面积都受到很大的限制。改革开放后，漳澎人获得宅基地的方式发生了重大的改变，这时必须通过购买才能够获得，但对于购买面积的限制则大幅放宽。同时随着村落地境开始不断向漳澎河以外的地区延展，原先大量的田地或者荒地变成新的住宅用地，为人们提供了充足的宅基地。因此，家庭的经济能力成为决定房屋面积的最主要的因素。我们的一位报道人的新房子位于村口新开发的地区，占地将近200平方米，这在过去拥挤的村落中是绝对不可能出现的（见图2-34）。

图2-34 新村的楼房

家屋空间的扩大也与村民们违反乡村传统规范获得宅基地有关。我们的调查发现，大致上也是从这一时期开始，部分漳澎人开始侵吞村落内外的河道用以扩大家屋空间。旧时的漳澎村落内外河网密布，河道也远比现在宽阔得多。河涌两岸则分布着密集的里巷、家屋及其他公共空间。那时对于河涌、滩涂与空地等公共空间的使用有着不成文但极为严格的规范。老人们回忆,那时的人们严格遵守这些规范,否则会受到集体严厉的惩罚。但是,随着近些年来宗族与基层组织控制力的全面减弱,许多临河的村民不断以各种方式侵蚀河道,使之最终变成自家用地。目前最为常见的一种情况是,背靠河岸的人家私自将房屋所临的河道填成平地,用于建造家屋或者乘凉的棚子(见图2-35)。也有一些人家在临近家屋的部分河道打桩,然后把家屋或者棚子延伸至河道之上,形成一种干栏式的水上民居。应该说,私自占用河道的情况不在少数,这直接导致了漳澎河面的急剧萎缩。

图2-35　一处占用河道的私家凉棚

在宅基地因为各种原因得以增加的同时,建筑材料和建筑技术等也都取得了长足的进展,这从另一方面改变了漳澎的家屋形态与空间分布。据调查,如今在漳澎所能够见到的单层房屋几乎都是老房子。而从20世纪70年代末期开始,漳澎出现了真正的两层楼房,这无疑得益于建材和技术等方面的进步。而近二十年间修建的家屋普遍以高层的楼房为主。以前人们无法处理好地基,致使传统家屋因为地基浅不能盖得很高。而技术和机械的进步将深打地基变得易如反掌。现在的人们普遍打很深的地基,甚至出现深达十余米的。在打深桩之后布设一定数量的钢筋并灌入大量的混凝土，最终形成极为坚固的地基，之后再在地基上盖楼房，这种方式在漳澎非常流行，这种房屋甚至出现了一个专门的名称"满堂红"。

新式家屋在形态上与传统民居完全不同，家屋内部房间众多，也在很大程度上改变了传统的家屋空间与公共空间的关系。由于家屋变大、房间数目增多，村民某些传统的生活空间得以方便地转移到家屋内部并就此固定下来，村民对于某些传统的公共空间的依存度和参与度也因此迅速降低。正是由于这个缘故，长期流传的作为少女宿舍的娘仔房，到了20世纪80年代几乎同步迅速消失。长期作为少男宿舍的凉棚虽然没有消失，但也几乎同步地失去了过夜的功能，转化成欢迎女性出入的营利性的娱乐场所。传统上人们由于生活所需在家屋空间与公共空间之间建立起的这类密切的联系，如今已经淡到几乎感觉不到。对于村中的年轻人来说，凉棚、埠头等传统的家屋空间的重要补充，早已经彻底退出了他们的日常生活空间。如今还出入凉棚等处的几乎都是老年人，我们相信他们颇有"白头宫女在，闲坐说玄宗"的唏嘘。

四、布局由单一向多元发展

漳澎的家屋空间也出现了根本性的改变，在布局、结构、样式以及空间分割等方面都已经全然不同。

例如，传统家屋的空间布局相对单调，绝大多数的家屋不论大小都遵循着同样的排布方式：头门以内依次为天井、厅堂和卧室。新式房屋几乎都打破了这样的布局模式。以某家大体上呈面南背北的三层楼的家屋为例，这处家屋共计三层，每层约80平方米，据调查是在2008年建造。第一层分为前后两个部分，以一堵在侧边留有门的隔墙隔开。前一部分约50平方米，主要用作客厅和通道，这堵隔墙的中间偏上位置有一处神堂。后部分大体上等分为三个区域，由里至外依次为女主人居住的小房子、厨房以及卫生间。二楼的中间是一处厅堂，厅堂中间设有一处神龛，两边分别有两个房间。三楼为一个约40平方米的摆有电视等娱乐设备的大厅堂，西北角设有一个约10平方米的房间，平日充作男主人的卧室。另外约30平方米用作天台，男主人日常闲暇时在这里种植各种花草。

而家屋内部的空间分割也与传统的分割方式相去甚远。例如，旧时的家屋普遍低矮，需要开设天井来采光、透气、排湿，天井还经常要充作厨房、卫生间等。新式房屋普遍修建得高大、宽敞，室内各处明亮、清爽，几乎全部取消了天井这一传统上极为重要的区域。在新式家屋中，厨房、卫生间等也都有单独的区域，有些人家中还设置了储藏间、书房等相当现代化的功能区。以相对较为多见的三层楼来说，一楼经常用作客厅、女主人卧室以及饮食的场所，二楼主要作为未成年子女休息和学习的场所，三楼则主要用于放置杂物和充作男主人的卧室，以及晾晒衣物或者种植花草等。而在每一层楼，通常都设有一处洗手间。完全可以说，漳澎新式家屋空间的布局更讲究时代性，人们经常依照城市住宅的布局来分割自己的家屋空间。家屋是一个小小的缩影，有力地证明了漳澎正在褪去传统水乡的特征，迅速走向现代化和多样化。

总体上看，新式家屋为漳澎的人们提供了更好的生活空间，使得人们在创造生活的同时也能够尽情地享受生活。随着新房子的面积越来越大，两代人共居的情况开始出现，更多的子女在有条件之后希望能够照顾老人的生活起居，两代甚至三代人生活在一起的情况越来越多见。有了足够的空间，人们可以在自己的家屋范围内开展各种活动。与此同时，传统的村落公共空间地位也迅速降低，村民越来越难以聚集一起进行集体活动，许多漳澎老人都在感叹集体感已经大不如前。调查中我们发现，如图2-36显示的那种温馨、安逸的场景正在迅速地远离漳澎人而去，都市生活正在把传统的田园宁谧变为越来越模糊的、意义含混的底色。

图2-36 凉棚内老人在打牌

本章主要参考文献

(一) 中文专著

[1] [美] 白馥兰. 技术与性别: 晚期帝制中国的权力经纬 [M]. 南京: 江苏人民出版社, 2006.

[2] [英] G·勃罗德彭特. 符号·象征与建筑 [M]. 乐民成, 译. 北京: 中国建筑工业出版社, 1991.

[3] 程建军. 藏风得水: 风水与建筑 [M]. 北京: 中国电影出版社, 2004.

[4] 蔡英文. 政治实践与公共空间 [M]. 北京: 新星出版社, 2006.

[5] 黄应贵. 空间、力与社会 [M]. 台北: "中央研究院"民族学研究所, 1995.

[6] 刘沛林. 古村落: 和谐的人聚空间 [M]. 北京: 生活·读书·新知三联书店, 1997.

[7] 楼庆西. 南社村 [M]. 石家庄: 河北教育出版社, 2004.

[8] 陆琦. 广府民居 [M]. 广州: 华南理工大学出版社, 2013.

[9] 梁林. 雷州民居 [M]. 广州: 华南理工大学出版社, 2013.

[10] [美] 路易斯·亨利·摩尔根. 美洲土著的房屋和家庭生活 [M]. 李培茱, 译. 北京: 中国社会科学出版社, 1985.

[11] 郑振满, 陈春声. 民间信仰与社会空间 [M]. 福州: 福建人民出版社, 2003.

[12] 孟彤. 中国传统建筑中的时间观念研究 [M]. 北京: 中国建筑工业出版社, 2008.

[13] 杨念群. 空间·记忆·社会转型 [M]. 上海: 上海人民出版社, 2001.

[14] 覃彩銮, 黄恩厚, 韦熙强, 等. 壮侗民族建筑文化 [M]. 南宁: 广西民族出版社, 2006.

[15] 潘安, 郭惠华, 魏建平, 等. 客家民居 [M]. 广州: 华南理工大学出版社, 2013.

[16] 潘莹. 潮汕民居 [M]. 广州: 华南理工大学出版社, 2013.

[17] 汤国华. 岭南湿热气候与传统建筑 [M]. 北京: 中国建筑工业出版社, 2005.

[18] 王其亨. 风水理论研究 [M]. 天津: 天津大学出版社, 1992.

[19] 王贵祥. 东西方的建筑空间——传统中国与中世纪西方建筑文化阐释 [M]. 天津: 百花文艺出版社, 2006.

[20] [苏] 谢苗诺夫. 婚姻和家庭的起源 [M]. 蔡俊生, 译. 北京: 中国社会科学出版社, 1983.

[21] [美] 阎云翔. 私人生活的变革: 一个中国村庄里的爱情、家庭与亲密关系 [M]. 龚小夏, 译. 上海: 上海书店出版社, 2009.

[22] 赵鑫珊. 人—屋—世界: 建筑哲学与建筑美学 [M]. 天津: 百花文艺出版社, 2004.

[23] 张振江. 流水·坊巷·人家——村落漳澎的人类学景观 [M]. 广州：中山大学出版社，2014.

[24] 张振江，陈志伟. 麻涌民俗志 [M]. 汕头：汕头大学出版社，2008.

（二）中文论文

[1] 蔡筱君，张兴杰，夏铸九. 重读达悟家屋——达悟家屋之空间生产 [J]. 建筑历史与理论，1994（6/7）.

[2] 陈默. 西藏农区的家屋空间及其意义——以西藏曲水县茶巴朗村社区调查为例 [J]. 中国藏学，2009（1）.

[3] 陈亚颦，余明九. 西双版纳傣族文化的空间隐喻 [J]. 学术探索，2009（1）.

[4] 成少伟. 建筑空间的构成 [J]. 华中建筑，1999（1）.

[5] 陈桂珠，马曼杰. 东莞市漳澎地区农业生态环境调查分析 [J]. 中山大学学报（自然科学）论丛，1990（1）.

[6] 董敬畏. 空间、家屋与人观——以关中邓村为例 [J]. 北方民族大学学报，2011（2）.

[7] 冯智明. 身体与家屋空间的构建——红瑶身体的空间性及其象征研究 [J]. 西南民族大学学报，2012（3）.

[8] 郭立新. 折冲于生命事实和攀附求同之间——广西龙脊壮人家屋逻辑探究 [J]. 历史人类学学刊，2008（1/2）.

[9] 冯江. 广府村落田野调查个案：塱头 [J]. 新建筑，2010（5）.

[10] 郭鹏飞. 岭南水乡村落的节点空间形态初探——以杏坛镇为例 [M]. 佛山科学技术学院学报，2011（5）.

[11] 黄绢. 武汉里分住宅堂屋空间流变与分析 [J]. 华中建筑，2007（1）.

[12] 高德宏. 中国传统居住形态的空间结构 [J]. 山西建筑，2005（11）.

[13] 康敏. 厨房与厅堂——马来人的房屋设计所体现出的性别关系 [J]. 开放时代，2006（3）.

[14] 刘沛林. 古村落——独特的人居文化空间 [J]. 人文地理，1998（3）.

[15] 陈柳. 摩梭人的"家屋"观念 [J]. 中央民族大学学报（哲学社会科学版），2008（3）.

[16] 梁励园. 中国传统"门"文化的空间表现和哲学含义 [J]. 广东建材，2009（3）.

[17] 罗汉军. 中国建筑文化的空间意识 [J]. 学术论坛，1993（3）.

[18] 罗汉军. 中国建筑空间意识的形成与发展 [J]. 华中建筑，1995（2）.

[19] 李莉，贾永利. 气与灵的空间——中西方建筑空间的不同文化内涵 [J]. 北京规划建设，2003（4）.

[20] 李宗泽. 建筑：历史·文化·空间 [J]. 建筑学报，1991（2）.

[21] 李锦. 人神分界和僧俗分类：家屋空间的上下秩序——对雅安市宝兴县硗碛藏族乡的田野调查 [J]. 西南民族大学学报，2012（8）.

[22] 陆晓芹. 歌唱与家屋构建 [J]. 民俗研究, 2007 (1).
[23] 农辉锋. 家屋的建构与人观的叠合——宜州"百姓人"家屋文化研究 [J]. 广西民族学院学报（哲学社会科学版）, 2004 (6).
[24] 农辉锋, 徐杰舜. 宜州"百姓人"家屋文化及其变迁研究 [J]. 广西右江民族师专学报, 2005 (1).
[25] 邵陆. 行为趣旨与意识残留——关于空间和行为的建筑人类学分析 [M]. 建筑师, 2003 (3).
[26] 申小红. 岭南传统民居建筑中的"天人合一"思想——以佛山为考察中心 [J]. 岭南文史, 2009 (3).
[27] 王振复. 中国传统建筑的文化精神及其当代意义 [J]. 百年建筑, 2003 (1).
[28] 王贵祥. 建筑空间的文化内涵 [J]. 北京建筑工程学院学报, 1996 (1).
[29] 吴宗敏. 探讨岭南民居的装饰文化 [J]. 艺术与设计, 2008 (10).
[30] 巫惠民. 壮族干栏建筑源流谈 [J]. 广西民族研究, 1989 (1).
[31] 谢浩. 住宅建筑组群的自然通风设计研究 [J]. 房材与应用, 2005 (5).
[32] 谢浩. 从自然通风角度看广东传统建筑 [J]. 门窗, 2008 (4).
[33] 张春春, 李翔宁. 建筑与民俗——建筑空间的文化人类学探讨 [M]. 华中建筑, 1998 (4).
[34] 张海超. 建筑、空间与神圣领域的营建——大理白族住屋的人类学考察 [M]. 云南社会科学, 2009 (3).
[35] 张晓春, 李晓明. 建筑人类学对原风水发生学的解释 [J]. 黑龙江民族丛刊, 2011 (3).
[36] 张晓春. 建筑与民俗——建筑空间的文化人类学探讨 [J]. 华中建筑, 1998 (4).
[37] 朱静. 城市居住空间分异的结构与文化解释 [J]. 城市问题, 2011 (4).
[38] 林淑蓉. 中国侗族的村寨、人与空间概念 [G] //清华大学人类学研究所. "仪式、亲属与社群小型学术研讨会"论文, 2000.
[39] 何翠萍. 人观、家社会与中国西南区区域研究 [G] //上海大学人类学研究中心. "区域社会与文化类型"国际学术研讨会论文, 2007.
[40] 王伟正. 水族家屋空间研究——以双星村为例 [D]. 广州: 中山大学, 2011.
[41] 徐辉. 巴蜀传统民居院落空间特色研究 [D]. 重庆: 重庆大学, 2012.
[42] 冯江. 明清广州府的开垦——聚族而居与宗族祠堂的衍变研究 [D]. 广州: 华南理工大学, 2012.
[43] 赵薇. 家屋空间重组的变迁研究——以浦东龚路镇为例 [D]. 上海: 上海大学, 2013.
[44] 曾惠娟. 从沧海沙田到到现代水乡——20世纪珠江口沙田围口聚落的社会史 [D]. 广州: 中山大学, 2015.
[45] 张海超. 家户领域内空间的分割: 象征与仪式安置——大理传统家屋考察 [G] //李志农. 全球化背景下的云南文化多样性. 昆明: 云南人民出版社, 2010.

第三章 漳澎的生育制度、信仰与习俗

生育关乎人类社会的传承，因此不仅一向为社会中的人们所重视，而且也成为诸多人文学科与社会科学研究长期关注的重点内容之一。人类学同样重视生育的研究，不过更加侧重于其文化的层面。本章中，我们希望通过对传统漳澎的社会、经济和文化进行综合的研究，以此描述并解释传统漳澎的生育制度、生育信仰与生育习俗等几个主要的相关方面。

第一节 漳澎的生育制度

进入文明时代之后，人类的生育就不再是动物似的本能而是特定观念的产物，并渐次形成一整套的相关观念与准则，即生育制度。费孝通认为："当前的世界上，我们到处可以看见男女们互相结合成夫妇，生出孩子来，共同把孩子抚育成人。这一套活动我将称之为生育制度。"[①] 但不同的社会的具体生育制度不同，由此导致了人们的生育习俗与行为千差万别。

一、漳澎传统的生育观念

李银河认为："生育动力中的很大一部分是不能用社会经济发展程度来解释的。"[②] 漳澎同样如此，其历史背景、地理条件、复杂的村民构成以及村民的价值观念等，共同影响了当地传统生育观念的形成与发展。不论是在历史文献的记载中还是在村民的记忆中，漳澎都不是一个历史悠久的村落。整

---

① 费孝通：《乡土中国 生育制度》，北京大学出版社1998年版，第110～111页。
② 李银河：《生育与村落文化》，内蒙古大学出版社2009年版，第31页。

个珠江三角洲都是河道不断冲刷、泥沙不断沉积的产物[①]，而漳澎是整个沙洲上最后浮出的一片陆地，因此被漳澎人称为"沙尾"（即沙洲的尾巴）。清朝中期人口过剩的压力导致出现了大量的迁徙人口，而漳澎新出的无主的土地这时已经大致成形，吸引了陆上和水上人家从各地迅速涌入并在此繁衍。

（一）传统生育观念形成的自然环境条件

据《东莞市麻涌镇志》记载，漳澎村"因濒临狮子洋，立村前，多为流动渔民泊居。后因冲积而成的沙洲不断扩大，渐成草滩，渔民便选高地搭棚房定居"[②]。漳澎村最早的居民，应该是从各地荡桨而来的渔民，但随后周遭的陆上人也纷至沓来，成就了这个名副其实的"百姓村"。如此多的姓氏与村中随处可见的各姓氏宗祠，也有力地证明了漳澎确实是一个由各地移民发展出来的村落。

在村民的记忆中，历史上漳澎的自然环境与生活条件一直是十分恶劣的。最初的先民在各处高地搭建茅寮依水而居，故许多村民认为村名"漳澎"来自于"涨棚"，即认为一遇涨潮就会造成海水一直淹到村民居住的茅棚下。这个传说难以断定真假，但无疑反映出过去的漳澎自然条件极为严峻。清末民初时期，村里有钱的少数大户人家开始建造青砖房居住。但直到新中国成立前夕，村中还是以泥砖房为主，青砖房极为少见，尤为贫苦的人家依旧在用竹子、木头和茅草搭建的茅寮中居住。而到 20 世纪 50 年代之前，漳澎一直是四面环水，村民们都要划一两个小时的小艇才能够到田里劳作。而每到涨潮时，田地就会全部淹没在水中，再加上那时种植的水稻只能一年一熟，因此，村民们说漳澎虽然过去有万亩良田，但收获其实相当有限。

据九坊的村民林老伯回忆，新中国成立前漳澎的农民大多要靠租种地主的田地生活。当时 1 亩田地大概产五六担谷子，1 担谷子约可以打出 70 斤粮食，即 1 亩地只能产出 350 斤到 420 斤粮食。每亩田地所产的一半要交给地主充当租子，农民所剩无几。据回忆，在当时一个三口之家的核心家庭中，以一名 8 岁的孩子一年吃 3 担米、夫妻一年分别吃 5 担米来算，一个家庭每年需要最少 13 担米即 910 斤粮食。按最好的收成即亩产 420 斤计，这个家庭

[①] 张振江、陈志伟《麻涌民俗志——岭南水乡社会研究》，汕头大学出版社 2008 年版，第 11～12 页。

[②] 参见《东莞市麻涌镇志》编纂委员会编《东莞市麻涌镇志》，中华书局 2012 年版，第 62 页。

起码要种 5 亩地才能够糊口。但在实际上，新中国成立前的漳澎一般的家庭普遍生育 8～10 个孩子，粮食的需求量远远超出可耕种土地的产量，远远超出了一家辛苦一年的所得。

本书其他部分以及《麻涌民俗志——岭南水乡社会研究》和《流水·坊巷·人家——村落漳澎的人类学景观》两书中，对于历史上漳澎艰苦的自然环境及其变迁已经有较为详尽的描述，故此处我们只是简单述及。总之，恶劣的自然条件导致旧时漳澎人的生活条件非常差，婴幼儿死亡率相当之高。为了实现社会继替，维持村落社会结构的人口容量，漳澎人不得不尽可能多地生育子女[①]，这极大地影响了其生育观念。

（二）传统生育观念形成的社会环境条件

漳澎成村晚于周边的村落，而且早期的村民中又多有在当时饱受陆上居民歧视的水上人家，因此，旧时漳澎几乎长期处于相当不利的社会环境之中。

直到现在，漳澎的村民们还时常笑称自己的村落为"独村"，这个说法主要有两层含义。一方面，漳澎在历史上地处海滨而偏居沙洲一隅，长期与其他村落相互隔离，故而地理上显得"独"。另一方面，漳澎长期与周边村落关系冷淡甚至敌对，与政府的关系相当疏远，也显得非常"独"。相对于地理位置的"独"，漳澎及周围村落的村民更喜欢用"独"来强调漳澎社会环境的与众不同，这确实有足够的证据。例如，即使是到了新中国成立后的一段时间内，漳澎在许多主要的方面依然是自成一体，显得与周围格格不入，而在旧时更是一个远离政府的自治所在，长期是由当地土匪自行掌权、自己断事的"三不管"地带。老年村民普遍认为，新中国成立前"没有什么外人能管漳澎村内的事情的"，当时几乎看不到政府及其管制的存在，政府通常最多只能够在漳澎与邻村出现矛盾时充当"和事佬"的角色。

直到今天，周围的其他村落对于漳澎仍没有太多好评，经常自认与漳澎村关系紧张并无过多来往，这也间接反映出历史上的漳澎所面临的地域关系。据调查，由于所面临的社会环境差，在历史上很长的一段时期里，漳澎一直受周围的大村落如大步、麻涌等村的排挤、压制甚至欺凌。据回忆，旧时每年一到水稻收割季节，漳澎与邻近的大步村、麻涌村都会在各自的田边

[①] 关于社会结构与人口容量的含义，参见费孝通《乡土中国 生育制度》，北京大学出版社 1998 年版，第 226～230 页。

垒土墙架上机枪，以保护村民抢收，同时防范对方村民抢夺稻谷①，由此不难看出彼此关系之紧张。对于历史上的这类紧张关系，老年村民们几乎有着说不完的故事，而从陈老伯讲述的故事中也可以窥见当时漳澎所处社会环境之一斑：

> 清末的时候，漳澎六坊有个冯女，她跟她爸爸练就了一身好功夫。有一次，她在大步割禾的时候，就去大步捡稻穗②。大步的人诬赖她偷禾，就打她。结果啊，她就用自己的腰带反击，一下子就缠住了那两个打她的人，就把他们都打倒了。

虽然漳澎也努力通过结交"世好"村落获得外援，但是，漳澎人认为摆脱这种社会环境的根本要务在于大力拓展自身的实力。而在当时的社会条件下，这几乎就等同于致力增加人口的数量，因为人的数量特别是男丁的多寡往往就等于一处村落实力的强弱。因此，除了招募外人入住之外，历史上村民们生儿育女特别是生育儿子的愿望尤为强烈。那时的人们尤其强调"开枝散叶"（即子孙满堂、繁衍昌盛），就是这个意思。在当时的珠江三角洲地区，更多的人口意味着有更多的机会去开垦并占有更多的土地。而拥有的土地越多，积累的财富也就越多，同时也就能够享受更大的安全，并能够更好地控制区域情势而为村落构织起强大的保护网络。漳澎同样如此，同样渴望因此而获得自己的安全感，着意于人烟辐辏后便不再害怕外来敌对力量的侵扰或者欺凌，一如今天所见。

在漳澎内部的社会关系尤其是自己家庭与村中其他家庭的关系方面，漳澎人同样讲究"人多势众"，普遍认为只有自己家的孩子比别人家的多才能够得到更多的资源与机会，才能够在村庄中尽可能地占据更多的资源，从而拥有更大的优势。而只有通过婚嫁、生育等方式建立和拓展关系网，自家才能够更好地在村内立足。追求尽可能多的子女的同时，村民们普遍希望多生儿子。调查期间很多村民曾经对我们反映，过去如果哪户人家的儿子多，别人家就不敢欺负他；如果哪家只有女儿，在村中就比较容易受人欺负。儿子多代表了一种绝对的权力，本身就是一种"势"的展示。

---

① 参见张振江、陈志伟《麻涌民俗志——岭南水乡社会研究》，汕头大学出版社 2008 年版，第 19 页。

② 旧时珠江三角洲各处村落通行的习俗之一，就是每到收割稻谷的季节，许多贫苦人家的孩子四处去捡拾其他人家收割后遗留下的或者掉在田中的稻穗，以略事补贴家庭所需。由于这被认为是节俭的美德，所以各处村落通常都许可任意捡拾而不会干涉。

由于这种生育偏好，新中国成立前漳澎曾经出现过一种颇为奇怪的现象。几位老伯都回忆，整个清末民初时期实际上都是土匪控制着漳澎村落，不少没钱少地的穷苦男性村民无法维持生计，无奈之下就"当土匪"。那时的土匪虽然作恶多端，但基本上只是对外人而不为难村民。因此，一旦家里有人当土匪，就等于拥有了"保护伞"，从而能够给自家乃至整个家族的安全和利益带来某种程度的保障。

如果自家没有儿子或者因故无人当土匪，有些村民就愿意将自己的女儿嫁给土匪，借此建立某种关系而得到保护，这种情况被称为"舞麒麟头"。虽然这种保护伞的功能不如自己的儿子以土匪为职业来得直接并有效，但也聊胜于无。

（三）传统观念对于漳澎人生育观念的影响

在中国的传统文化中，"传宗接代""多子多福"是基本的人伦取向，漳澎也不例外。直到今天，村民们还保留着许多相关的认识与习俗，如祭祖、为先人设立神主牌及向金花夫人求子等。村中的老人至今依然普遍希望能够"养儿防老"，但漳澎的这种"防老"并不是指望儿子在自己年迈时赡养自己，而是希望过世后儿子能够为自己妥善地办理后事，尤其是在其家中为自己设立神主牌并上香、供奉，免使自己成为孤魂野鬼，对此我们将在后文中详细描述。

历史上，漳澎的每个姓氏都希望在不断纵向传递并延续自己一脉香火的同时，也能够在横向尽量扩大自己的家系分支，从而使自己家族建立起更为强大而又广泛的势力基础。香火兴旺就意味着家族中人丁兴旺，人多势众意味着掌握村中事务话语权的机会更大，为此不同的姓氏人家先后建立了多个祠堂和用以聚会议事的"众人厅"。六坊的村民林老伯说：

> 新中国成立前，漳澎有三个坊，就是东庆坊、南安坊还有南盛坊。东庆坊里头呢，姓赵的人家最多。南安坊，那就是姓陈的人家最多。南盛坊里面，大部分的人家都是姓林的。姓林人的十德堂，也是漳澎最早的祠堂。那个时候，林姓的人家占的田地，也是很多的。
>
> 漳澎除了土匪"话事"（意为掌握话语权、说了算），在开始的时候呢，姓赵的人家算是话事的。不过呢，后来姓林的人更多了，就变成姓林的话事了，也就是说话更算（管用）了。到了民国的时候，林姓的人家当中还出了一个名人，就是叫林少堂的那个。他后来是国民党的一个中将，说是还当过这边（指东莞）的参议院的院长。

> 清朝的时候啊,陈姓的人(口也比较多,)还出过举人咧。

在漳澎称霸多时的土匪头目陈佳、刘老定等人,虽然表面上看是各自凭借武力执掌漳澎,但他们无一例外地都出身于人口多的大族。而就普通村民来说,林姓、赵姓以及陈姓都是凭借人多势众而得以在村中"话事",这几个姓氏至今仍然是漳澎所谓的"大姓"。人口多不仅仅意味着势力大,同时也增加了自己家族中出现"能人""名人"的机会,使得家族能够因此更多地受惠。

漳澎人对于人口的这种认识似乎至今没有改变,拟制血缘可能就是其导致的结果之一。如今漳澎的同姓村民其实很多都不是"同宗同祖",而是来源于各地的不同血缘的合体。因此,现在的漳澎宗族许多时候已经不是以真实的血缘关系作为纽带,而是村民基于相同姓氏而整合为一体的拟制血缘①。这个新现象既说明了"传宗接代""延续香火"等传统价值观念的影响,也说明了漳澎人对于人多势众的追求。但无论如何,这些因素深刻地诱发了漳澎人的传统生育观念,并直接影响了他们的生育行为。

(四)漳澎人的传统生育观念

漳澎人的传统生育观念包含相当多的内容,与许多社会与历史文化因素直接相关。由于能力有限,本次调查只涉及以下四个方面。

1. 生育目的

根据对调查所得的各种访谈资料的分析,我们似乎可以较为准确地推测出早期的漳澎村民生育子女的主要目的。

第一,也是最为重要的一个目的,还是传统的实现"续种"或者"延续血脉"。在传宗接代、继承香火观念浓厚的旧时代,免于自己死后因为无人祭祀而不得血食显得极为重要。漳澎人至今认为无后(即绝户)而无人祭祀是人生最为悲惨的事情,这些不幸的无后者不仅成为孤魂野鬼无家可归,还将因为无人供养而冻馁不堪。

第二,生育下一代增加家庭人数以增强家庭的势力、扩大家庭的影响,从而避免家中的成员被村内外其他有势力的人欺负。由于初期的漳澎是一个秩序未定而又长期远离官府视线的移民社会,这一点显得尤其重要,具有极为现实的意义。那时的村民只有生育众多子女才有可能保障自己的安全,真

---

① 参见张振江《流水·坊巷·人家——村落漳澎的人类学景观》,中山大学出版社2014年版,第191～196页。

正地扎根漳澎并渐次建立起自己的社会关系和社会地位。

第三，生育下一代以尽量多地占有并扩大可以获得或者利用的各类资源，尤其是土地资源。当时的漳澎以及周围不断有土地浮出水面，人们又利用田海筑围的方式人为地增加土地，而获得并且持续占有这些新出的无主的土地，显然都需要足够的人力，这无疑成为有力地刺激生育的动力。

我们在珠江两岸不同地域的调查中发现，明清时期两岸都在大规模地围海造田。当时除了依靠钱财招募周围的陆上人或者疍民前来助力之外①，主要的就是依靠大家族的一众族人通力合作。而财力有限而人丁不足的普通家庭或者家族，几乎先天就无缘在这个过程中分一杯羹。

第四，增加家庭的劳动力以改变生活质量。由于自然环境恶劣，当时的漳澎人耕作所得的收获很少，只有依靠增加耕种田地的方式才可能改善自己的生活。因此，生育子女使得家中劳动力增加，就等于增加收入、提高生活质量。

我们调查时发现，漳澎很早就实行儿子成婚即分家的习俗。以前由于家境普遍困难，许多男子到了20多甚至30多岁还无法婚配、分家。这对于他们来说当然不是好事，却意外地使家庭得到了更多的帮助。

2. 理想的子女数

出于以上的生育目的，传统上漳澎村民所希望的子女数目自然是越多越好的。漳澎村内长期以来实际上存在着一种竞争状态，即每个家庭或者家族都在明里暗里地进行着生育子女的竞争。

漳澎传统上通行父母与未成年的子女一同生活的核心家庭。而据村民回忆，一直到新中国成立初期为止，漳澎一对夫妻平均生育8～9个孩子，甚至有不少生育了十二三个孩子的。但是，根据访谈资料和分析历史上家族扩大的情况可知，由于每个家庭的具体情况不同，还是会出现某些家庭子女数量偏多或偏少的情况，这通常都有特殊的原因。例如，有的家庭因为丈夫早亡，其妻只能够守寡，结果只育有1～2个孩子，甚至无子的。与此相反，有的丈夫则因妻子早亡而结婚2次甚至3次，结果有多达20余个孩子，这种情况还不是极为偶然的个案。完全可以说，正是由于漳澎持续多年而又普遍存在的高生育率，才使得漳澎迅速成为远近闻名的人口大村②，1949年底新中国成立时其人口已达到5000人左右。就一个自然村落来说，这在当时和现在都是相对少见的。

---

① 这部分人应该就是历史上称为"围口人"的人群的主要来源。
② 另外一个主要的因素是，漳澎建村后经历了相当数量的人口迁入过程，即人口机械增加。

历史上的漳澎之所以没有出现更多的人口，主要是因为当时极高的婴幼儿死亡率。村中的老人尤其是老年女性村民普遍清楚地记得，旧时特别是战乱年代，虽然孩子生得多，但夭折的也相当多。访谈时许多人都说，就是由于这个缘故，那时漳澎的妇女才根本不需要什么避孕措施。由于生下的孩子并非都能够长大成人，所以每个家庭最终的孩子数目普遍不是特别高，村庄的整体人数增长也逊于预期。为了与人多势众的大步、麻涌等村落对抗，至民国初期的一段时间内，漳澎甚至还需要努力引入外地人口以更加有效地增加人口数量。

3. 生育性别偏好

与中国其他地方的农村一样，旧时的漳澎人也是更加偏向于生育男孩。分析访谈资料可知，这主要有三方面的原因。

首先是受中国传统的传宗接代观念的影响。人们认为男性决定家族的世系血脉延续，而如果没有儿子就相当于"无后"，是非常严重的事情。

其次，男孩长大成为男人并成家立业之后，不论是在当时的村落社会中还是在自身的家族或者家庭中，普遍都能够拥有比女孩高得多的地位，能掌控更多的权力和资源，即成为漳澎人所谓的"话事者"（意为拿主意的人、做决定的人）。如此一来，男子自然也就能够更好地保护本家庭、家族以至村落，能够争取更多的利益，正如九坊的村民梁大哥所分析的那样：

> 一般说，女儿嫁出去了，就是别人家的人了，就跟别人走了。（所以，只有）兄弟多的人家，才是没有人敢欺负的。
>
> （要是只）生女孩啊，那就很容易被人欺负了。

最后，直到新中国成立前夕，漳澎的普通人家还是过着半耕半渔的生活，而这两种劳动都需要极大的体力。例如，由于贫穷，漳澎的男孩子在很小的时候就要随父亲下田干活，完全可以作为半个甚至大半个劳动力使用。而女孩子虽然也要早早地帮助母亲操持各种家务，甚至还要帮着教养弟妹，但是，她们与男孩子所能创造出的价值确实是有着重大的不同。

总之，旧时的人们认为男孩通常都可以比女孩付出更多的劳动，并能为家庭、家族甚至村落创造更大的价值。因此，那时的人们普遍倾向于生儿子。在过去的漳澎，甚至还出现了"五月生男有官做，五月生女败家门"的俗语，由中不难看出传统生育偏好之一斑。因此，虽然养育儿子通常会比女儿花费更多的心血和财富成本，但村民还是更喜欢男孩。实际上，他们不仅渴望生儿子，而且追求生尽可能多的儿子。

4. 对子女的期望

一般来说，传统上中国的父母生育子女的主要目的之一，是为了在自己年老之后可以得到照料，即"养儿防老"。但在漳澎，人们的传统期望却明显地有所不同，而这与其流传至今的分家习俗有着密切的关系。

老人们普遍认为，漳澎自一开始立村就流行分家习俗。少数因故确实需要推迟的，也是等到新人生育子女后立即自立门户，不再与父母共同生活。即使是极少数由于家庭困难建不了房而无法自立门户的新人也会与父母分开各自吃饭，即"分灶"。由于这个相对特殊的缘故，我们在漳澎调查期间发现不少独居独食的老人。

在旧时的漳澎，虽然分家后彼此依然生活在同一个村子，但是，由于已婚的子女自此都不与父母同住，空巢的父母平时所能得到的关心、照顾等也自然会少得多。我们的访谈发现，很多已经分家的子女与父母的日常交往，甚至仅限于在年节时回到父母住处跟父母一起吃顿团圆饭而已。六坊的村民赵老伯对此很有感慨：

> 漳澎有句老话，叫作"老豆养仔，仔养仔"，意思就是说，父亲（即"老豆"）养育了儿子（即"仔"），但是，儿子只会继续再去养育他自己的儿子，就忘记了老父亲也是需要他自己关心的了。
>
> 这句话啊，是足足可以代表漳澎村实际情况的，普遍的（都是这样）。

在他看来，"老豆养仔，仔养仔"这句话说出了漳澎人代际伦理的精髓，即漳澎人的重心都是放在下一代身上的，而对上一辈普遍关心不够甚至不关心。不过，老人们普遍并不会因此而怪罪子女，除了体谅儿子不易之外①，主要还因为他们知道自己也是如此，是"从祖辈开始就是这样传承下来的习俗"。赵老伯私下与我们聊天时就认为，"老豆养仔，仔养仔"早就是漳澎的一种传统，已经成为漳澎一种固有的习俗。访谈时我们发现，漳澎的老人们普遍认为，子女这样做并不是故意不去关心父母，而是他们并没有这种意识；不只是他们的子女没有这种意识，祖祖辈辈的人在自己当"子女"的时候都没有这种意识。因此，老人们普遍认为这样是再正常不过的风俗。我们曾经偶然见到一位老人跟旁人抱怨儿子不给他钱花，周围的人马上反驳他："你以前又给了自己老豆多少呢？"这位抱怨的老人顿时哑口无言。

因此，在漳澎的传统中，父母虽然也希望自己年迈之后有人养老，但更

---

① 本书第四章有相关描述与解释，故此处不赘。

主要的则是希望在自己死后儿子能够为自己设立神主牌并供奉香火,从而让自己得以享受进献而不至于变成孤魂野鬼。七坊一位婆婆的解释代表了对两代间这种关系的一般看法:

> 家里的房子、财产这些,都是传男不传女的。儿子继承了房子、财产这一些,就要负责每年到了清明节的时候,给家里过了世的亲人,就是祖先那一些,就是要扫墓什么的。还有呢,就是要在家里给祖先那些过世长辈立神主牌,还要常常给他们上香。(要是)家里没有立神主牌,过世的亲人就没得吃啦。

而对于女儿,父母这方面的期望就明显低得多。传统上,一般的漳澎家庭都仅仅是希望女儿长大后嫁个好人家,以便可以让父母得到一笔数目可观的彩礼。如果女儿婚后有能力的话,家里便会希望她帮助未婚的兄弟娶妻、建房,这可以说是传统上漳澎人家对女儿最大的期望。据调查,过去为了筹钱给儿子建房、娶妻,有些极为贫苦的家庭甚至出现过将女儿卖掉以换取钱财的个案。但无论如何,女儿自嫁出去开始,就不需要参与娘家的清明祭祖等所有的拜神活动,父母过世后她也不用在自己的家中设立牌位或者进香。旧时其他汉族地方的农村也是如此,不独漳澎为然。

二、漳澎生育观的演变

漳澎现在可能是广东省境内人口第二多的单体村落,这是多年来人口发展的结果。据回忆,1949年新中国成立时漳澎村的人口在5000人左右,可知那时的漳澎就已经是一个人口十分之多的大村子了。而据《东莞市麻涌镇志》,漳澎村在1978年有8467人,2008年则有12108人[①]。根据村委会的资料,截至2013年7月,漳澎人口为12455人、3425户。

由上述数据可知,从1949年到1978年漳澎人口增长了约70%,从1978年到2013年漳澎人口增长了约47%。这说明虽然近几十年来漳澎村的人口数量更大,但人口增长率明显下降了。除了同期计划生育政策的影响作用之外,这应该与漳澎人生育观念的改变也有关。我们在漳澎深入访谈了多位报道人(年龄在20～97岁之间),对漳澎自民国以来生育观念的演变进行初步的探讨。

---

① 参见《东莞市麻涌镇志》编纂委员会编《东莞市麻涌镇志》,中华书局2012年版,第62页。

（一）传统生育观念的延续

漳澎先民的生育观念早已经成为漳澎传统文化的一部分，并在代有增减的同时不断传承。如今村中于 20 世纪 30 年代中期之前出生的老年村民，大多数在 1949 年前后结婚、生子，我们发现这批人受传统的村落文化潜移默化的影响很大。因此，虽然他们也经历了新中国成立之后的各种运动，但基本上还是延续了漳澎传统"多子多福"的生育观念。例如：

> 三坊袁婆婆的母亲调查时 97 岁，她是袁婆婆父亲的继室。她除了养大自己的 2 个亲生女儿之外，还将丈夫与其亡妻所生的 2 子 1 女抚养长大。其夫已经过世多年，现在她独自居住。
>
> 六坊的陈婆婆调查时 90 岁，她 17 岁从洪梅嫁到漳澎，育有 6 女 2 男共计 8 个孩子。其夫去世多年，现在她独自居住。
>
> 七坊的陈老伯调查时 90 岁，他育有 4 女 1 子共 5 个孩子。后来 3 个女儿嫁到了外地，1 个女儿居麻涌，儿子也居住于漳澎。他的妻子早已去世，如今他独身一人居住，还在楼房的一楼开了一间小卖铺，平日很有精神地照料生意。他的儿媳妇时常在傍晚给他送来一些菜、肉之类的食物，供他自己做饭吃。
>
> 九坊的林婆婆调查时 90 余岁，她与丈夫生了 5 男 2 女共计 7 个孩子。由于她的丈夫在她不到 40 岁时就去世了，这些孩子几乎全由她独自抚养大，并逐一为他们完成婚嫁大事。
>
> 九坊的林婆婆调查时 81 岁，育有 4 女 1 子共计 5 个孩子。4 个女儿早已结婚生子，唯一的儿子至今仍未娶妻，但已经与她分开单住。林婆婆现与丈夫居住，她的大女儿和小女儿常在闲暇时前来探望他们。

这批老年村民的生育目的，与传统的生育观念中的生育目的是极为一致的。根据我们的调查，这批老人大多数都生育有 7～8 个孩子，5～6 个孩子的属于少数。如今这批人中还在世的大多数是丧偶独居、自力生活，少数人甚至因此可以说得上是晚景凄凉。但他们几乎都对此并没有什么不满或者抱怨，这显然是传统生育目的作用的结果，也反映出他们深受传统生育观念的影响。不过，新中国成立后社会环境与自然条件等方面的改变，也已经使得他们这一代人的生育行为与观念都产生了一定的改变。例如，国家倡导男女平等、废止封建习俗，使得他们在生育的性别偏好和对子女的期望等方面都已经与他们的父母辈有了明显的不同，对此我们将在后文详述。

（二）生育观念初变

1949 年 11 月 9 日，解放军进驻麻涌，此后整个漳澎进入了一个完全不同的新时期。传统村落的组织、形态、社会与文化等方面的观念都遭遇了极大的冲击，并相继发生了相当大的变化。本书第一章对于这一段已经进行了较为详细的描述和分析，故此处仅撮要叙述相关的活动以为背景。

漳澎村内首先发生改变的，是整体的社会环境与生计方式。1951 年，漳澎首先进行了针对土匪的"剿匪、反霸、减租、退粮"八字运动，并从此彻底消灭了漳澎旧有的统治势力。此后政府开始实施土地改革，为村民划分阶级成分，并通过分配土地所有权实现"耕者有其田"。此时的土地按人口平均分配，标准是全体村民每人四亩。1954 年，漳澎经历了从互助组到初级社再到高级社三个阶段的变化，这就是漳澎人称作"集体化劳动"的时期，村民们自此开始挣工分、按照工分分红。1958 年，漳澎加入麻涌公社变成了漳澎大队，从此进入了延续 30 余年的人民公社化时期。七坊的陈老伯说，刚开始的 2～3 年是漳澎著名的"军事化时期"，在这一时期，漳澎旧有的一些村落传统习俗与观念被全面压制，村民日常的家庭生活也受到了相当大的影响。曾任八坊坊长的林老伯，是这样回忆这一时期的状况的：

> 军事化时期，村集体就在田地边，还有工地边，搭建起水寮（一种类似于窝棚的建筑），这些就是拿来住人的。在外面做工的，就是耕田的大人，很长时间都不能回家（就在水寮里居住、生活）。很多人家里的房子被拆掉了，他自己还不知道。孩子都留在家里，那时村里有集体办的幼儿园，还有集体的食堂，就是吃大锅饭嘛。
>
> 那个时候，政府只允许村民集体劳作，不允许"走资化路线"，就是不准你自己去捕鱼，也不准你去买卖，就是那一些。

在这一时期，漳澎的自然环境也发生了相当大的改变，这主要归功于"四乡大联围"工程的实施与人工运河的修建。1956 年起，政府组织漳澎等四个乡（相当于今麻涌镇）的村民合力建起了漳澎水闸（现在称为旧水闸），1958 年时漳澎运河也修建完成。村民们都说，这座旧水闸和运河修建好之后，一般的水患就已经威胁不到漳澎村落内了。由于有效地杜绝了水患，漳澎的稻作制度也从此变成双季，单位面积的产量大幅增加。但是，如果碰到几十年一遇的特大洪水，村落以及田地仍然可能会遭受水害。因此，政府又修建了新水闸，村民们从此不再遭受水浸村落、水漫家园之苦。总之,自然环境的大改变带来了生产的大改变,稻谷产量迅速增加使得漳澎的人口承载力大幅度提升,为村中人口新一轮的爆发性增长提供了基本条件。

新的国家力量带来了社会环境与自然环境以及经济生产方式等多方面的根本性改变,使得漳澎人的生育观念与行为也相应产生了重大的变化。例如,仅社会环境的重大改变一项,就使得漳澎人社会与文化生活观念的许多方面变得与以前不一样了。随着社会环境日渐趋于稳定,普通村民不用再为社会动荡或者匪患等威胁而担惊受怕,传统的追求"人多势众"以应对自然与社会危机的生育观念,在和平、稳定的社会环境之下慢慢消逝。又如,新的政权将神灵信仰、祖先信仰、祭祖拜祖等都定义为"迷信"并予以大力破除,清明以及重阳祭祖等活动遭到禁止,祠堂以及寺庙被拆除或者改作他用,这些都使得大多数村民们所持有的传统价值观念,尤其是"传宗接代",生儿子是"祖宗保佑",子女要为祖先立牌敬香才算是真正"尽孝"等观念,开始逐渐弱化。

完全可以说,虽然村民们在这一段时间内依旧希望多生孩子,依旧喜欢生育男孩,但生育的目的已经发生了变化,他们对子女们的期望也开始变得与从前不同。例如,新中国成立初期村民虽然依然积极生育,但这时已经不是为了扩大家庭或者家族的势力,而主要是为了能够使得自家多分得一些土地,以有利于家庭生计。而到了20世纪五六十年代的平均主义时期,村民们积极生育的原因,主要在于他们普遍觉得每多生一个孩子自家就能多分一份口粮。除此之外,国家提出"人多力量大"的口号,鼓励人民多生孩子,也在很大程度上影响了漳澎村民对于生育子女的热情。因此,这一时期内漳澎的人口出现的大幅度的增长,主要是新环境下多生育子女就多得利等政策因素刺激的结果。当然,传统的"多子多福"等观念在此时虽然被当作"四旧"大力破除,但依然普遍存在,对老一辈村民们的影响尤其大。应该说,虽然传统的观念也还在一定程度上影响着生育数量,但总体上已经被打破,新的生育观念即将形成。

(三)生育观念再变

自从20世纪70年代起,国家开始在全国范围内推行计划生育政策。漳澎从1975年开始计划生育工作,但据调查,初期还是较为松弛的。而从20世纪80年代初期开始,漳澎的计划生育工作就变得非常严格了。八坊的陈老伯告诉我们,1983年他当坊长的时候,为了防止村民超生,村集体有一天突然搞袭击把可能超生的男人都抓去医院,还强迫他们都做了结扎手术。尽管当时就有许多人都说"这样做不人道",但"在当时也是没办法的办法"。

由于严厉地推行计划生育政策，这时漳澎村的生育状况发生了很大的改变。最为明显的表现之一，就是这时育龄妇女生育子女的总数目显著而又急剧地下降。实际上，从20世纪30年代末40年代初出生的村民（即第一批接受计划生育的一代）开始，此后几代人的生育子女数都持续地出现了下降。陈婆婆居住于七坊，接受我们访谈时她已经78岁高龄，她回忆说：

> 我是在22岁的时候结的婚。结婚的时候呢，就是刚好就遇上漳澎在搞那个公社化的时候。
>
> 1975年，就是漳澎开始大搞计划生育的时候。那个时候啊，我还不到40岁，还是能生孩子的时候啊。就是那个时候啊，我已经生了3个儿子，还生了2个女儿。那个计划生育开始后呢，我就没法子再生孩子了。要是不然的话，我生的孩子还会更多的。

实际上，与同龄人相比，这位婆婆所生育的孩子数量已经算是比较多的了。与她几乎同时期出生的居住于三坊的76岁的陈老伯，总共只生育有4个孩子，但"好的是都是儿子"。居住于三坊的现年78岁的袁婆婆，更是只生育了两子一女总共3个孩子。根据我们的统计，漳澎这一代人家中的子女总数以3~5个为最常见，明显比之前的每个家庭普遍生育8~9个孩子要少很多。

据八坊的坊长陈老伯回忆，最初政府考虑到村民们求子心切，也考虑到传统的生育观念的影响，允许一对夫妇最多可以生育三个孩子，具体是：如果一对夫妇的前两个孩子都是女儿，则可以生育第三个孩子。但生育了第三胎之后，不论是男还是女，都不能再生了。但很快政策就变得更加严格了，改为一对夫妇不论生的是男孩还是女孩，最多都只能生两个，而且至少要间隔五年。村民们回忆，那时计划生育政策执行得很严，几乎没有人敢违反政策超生的。根据我们的调查可知，情况也确实如此。如居住于七坊的1959年出生的林阿姨，当时只生了大女儿与小儿子两个孩子："都是大队的计划生育害的，那时候不敢生啊。"

访谈时许多村民都说，那时的生育观念与行为受到计划生育的影响非常大。而伴随着计划生育政策推行的不仅仅是"少生"的观念，还有"优生优育""男女平等"等一批全新的概念。直到现在，诸如"计划生育搞得好，小康生活来得早""生男生女都一样，女儿也是传后人"之类的官方标语，在村中仍然随处可见。这些观念对中老年村民的冲击尤其大。传统上人们一直因为女子不能够继承香火，不能够祭祀自己，而严重地重男轻女，甚至出现过女婴出生后就直接被溺死的情况。新中国成立后被弱化、"文革"时几乎被消灭的一些传统的观念，就这样又遭遇了新观念的冲击，漳澎人传统的生育观念进一步改变了。

改革开放之后尤其是近些年来，在东莞整体的社会发展转型以及市场经济的影响之下，漳澎人中依旧以务农、捕鱼为生的人越来越少，多数人都是做生意或者外出打工。周围人群的改变尤其是谋生方式的改变，又在全新的方面使得人们的生育观念与行为发生了某些变化。而与此同时，随着新时代经济的迅速发展，即便是在漳澎这样的农村地区，养育孩子的成本也变得越来越高。越来越多的村民特别是年轻一辈的，被迫开始仔细计算生养孩子的成本（即他们口中的"负担"），这直接导致他们对生育这一人生大事有了全新的认识。刚结婚不久的七坊的林大哥就这样告诉我们：

> 一个就有点少，两个就刚刚好。最好就是啊，生一个儿子、一个女儿，就是有两个孩子。这样呢，不就是凑成一个"好"字嘛。孩子要是再多了，现在实在也养不起。
>
> 生儿子还是生女儿，对我来说啊，其实也没有什么所谓的。反正都是自己的孩子，只要以后能成才，这样就好了。我啊，也不在乎他们以后是不是给我养老的。其实漳澎人，以前都是送终不养老的。

在现在的漳澎村中，认同生孩子"一个有点少，两个刚刚好"的村民非常之多。计划生育体制下的漳澎多年实行一胎制，但有的村民为了生育第二胎，甚至不惜交付巨额罚款。出于忌讳的考虑，我们没有主动了解村中违规生育二胎的具体的例子，但居住于六坊的林婆婆聊天时无意中告诉我们，她的两个女儿都已经嫁到某处城里，"变成了城里人"。按照规定，她们都只能够生育一胎。但是，她们还是分别设法躲回漳澎偷偷地生了第二个孩子，姐妹俩因此被罚了款，一个被罚了13.8万元，另一个被罚了18万元。我们注意到林婆婆在讲述这笔巨额罚款时脸上仍然是一副乐呵呵的表情，并没有丝毫心疼的表现。由此可见，漳澎人对"一个有点少，两个刚刚好"确实极为认同。

（四）一种新的生育观念呼之欲出

伴随着当代社会的急剧变迁与漳澎迅速城镇化的历史性进程，漳澎人中间一种新的生育观念正在逐步形成，以下我们尝试描述并分析其主要的方面。

我们发现村民们早已经没有了对于维持必需数量的后代的危机感，传统观念上的"多生孩子"的迫切追求，实际上早已经淡化到几乎感觉不到。即使是年逾90岁的老人也已经认为，孩子出生之后应该得到非常好的教育；如果生了太多的子女，必定会因为父母无暇顾及而影响了孩子的将来。这说明人们对"子女质量"方面的追求，远远大于对子女数目的追求，上文中所引的"两个刚刚好"的认识，就是如今的漳澎人对于孩子数量与质量要求的具体体现。但这个"刚刚好"的认识，与传统的生育观念有重大的差别，即主要不是着眼于香火延续或者祭祀等基于自我利益的考虑，而更主要的是为了孩子的利益考虑。如今的漳澎人普遍认为，家中如果只有一个孩子，则孩子会太孤单；而如果有两个孩子，则彼此有个伴，在身心尤其是精神方面能更好地成长。应该说，类似的认识普遍见于全国各地甚至世界各处华人社会，这也是目前社会上呼吁"全面放开二胎"的主要理据之一。这种根本性的观念转变意义极为深远，标志着漳澎人开始彻底走出传统的男性世界，走出传统的生育观念。

在老一辈的漳澎人中，确实还在一定程度上持有"养儿防老""开枝散叶"之类的观念。但是，"80后"一代已经普遍抛弃了这种想法，如今的他们普遍将生育看成自己"作为人的一种责任"，也将"为人父母"作为一种难得的人生体验来享受。这些人对孩子还是有着较高的期望，但也已经开始走向平实。比较有代表性的一种说法是："孩子将来如果能成才成器，那自然好。就算是将来没有大作为，也没什么关系的。只要孩子自己快乐、健康地过日子，也就行了。"他们已经普遍认为自己的养老问题根本不需要孩子操心，只要孩子长大后能时常"关心一下自己，确实需要的时候能照顾一下自己就好"。与此相应的是，人们对子女的性别偏好出现了许多新的变化。在家中老年长辈的影响之下，大部分中青年村民依然认为"只有男孩才能履行传宗接代的职责"，如果能够选择，他们还是会选择生儿子。但是，他们已经不像过去的人那样希望尽可能多地生育孩子尤其是生育男孩，而认为最好的模式是"有一个儿子、一个女儿"。受计划生育政策的影响，有些人家只有一个女儿，这些人家的确有些失落感，也面临着许多现实难题，但我们发现他们也普遍能够坦然接受。应该说，如果社会能够为这些人家多提供一些现实的帮助的话，他们会更加坦然地接受。

当然，并非是所有村民都已经欣然接受了新的生育观念。实际上，不同年龄段的村民有着各不相同的生育观念。但总体来说，传统生育观念对村民的影响呈现出明显的随年龄由长到幼而递减的趋势，而全新的观念正在逐渐成为主流。漳澎小学的某位老师只有一个女儿，2007年接受我们访谈时他认为:"当然还是有一儿一女好啦。现在(虽然我只有)一个女儿,也很好啊。其实啊,儿子也好,女儿也罢,反正都是自己的孩子,都要好好养大成人。现在人的条件好了,也不怎么需要子女给自己养老。"应该说,这个说法已经基本成为漳澎当地的生育观念的主流。

三、漳澎的生育制度

费孝通认为:"生育制度的功能是完成新陈代谢作用的继替过程"①,其主体内容则包括"抚育"和"继替"两大部分。因此,我们分两个部分对漳澎的生育制度进行探讨:从后代抚育出发阐释漳澎双系抚育和社会教养;从家庭继替的角度阐述在"嫁娶"与"分家"过程中家庭财产的流动,并结合收养、过继对漳澎社会的继替进行讨论。我们发现家庭以及村落文化起到了不容忽视的作用,二者的变迁深刻地影响了漳澎人的生育制度。

(一)抚育子女

1. 双系抚育

费孝通指出:"在以性别分工来结构成的社会里,生活单位必须由男女合作组成。只有这种单位才能负起全部抚育的责任,因之抚育成为双系。"②漳澎的家庭传统上大致实行"男主外,女主内"的两性分工模式,但女人们除了"主内"还要到田中、水里帮助自己的男人劳作,而男人也要在某些时刻或者场合帮助自己的女人抚养孩子。在两性大体分工而又彼此互助之下,漳澎的父母对于子女进行双系抚育,但双方担负着不同的抚育角色,所负责的抚育任务也有明显的差别。

(1)童年

旧时漳澎村民的生活与生存压力普遍很大,村民们的日常生活几乎时时刻刻都处于忙碌的状态。漳澎历来通行由父母与未婚的子女所组成的核心家庭,在这样的家庭结构中,父亲是一家之主,在父亲的领导之下,家庭成员勠力同心经营并发展家庭。

而一旦生育子女后,父亲与母亲就要担负起养育家中儿女的义务。这时他们一方面要更加卖力地劳作以养家糊口,另一方面则要省吃俭用存储资金以备将来娶媳嫁女。传统上,漳澎的家庭主妇因为要兼顾内外而尤其辛苦,

---

① 费孝通:《乡土中国 生育制度》,北京大学出版社1998年版,第223页。
② 费孝通:《乡土中国 生育制度》,北京大学出版社1998年版,第121页。

在承担几乎所有的家务与养育之外还要尽量协助丈夫维持甚至扩大家业。漳澎的男人对此也是深有感触，接受我们访谈的一位老伯说：

> 漳澎的夫娘（即妻子），一直都是很辛苦的。过去呢，夫娘一结婚，就要背水（即挑水）、担柴、洗衣、做饭。忙的时候啊，还要下田帮丈夫干活。
>
> 到了新中国成立之后，夫娘还要完全像男人一样出去上工，耕田、锄地这些（原来是男人的活）都要做，（因为）要赚工分嘛。

漳澎的青年男女婚后几乎马上分家单过，新婚的丈夫、妻子共同分担起养家糊口的任务，而生儿育女以便传宗接代则是小家庭的第一要务。因此，一旦妻子怀孕，养家糊口的重担基本交由丈夫独自承担。漳澎的习俗之一是，丈夫在劳作之余有义务照料孕中的妻子，妻子的娘家也有义务提供帮助。在漳澎人看来，照料怀孕、坐月子的女儿都是其母亲的责任。这是因为：一方面婆婆可能并不了解媳妇的生活习惯，由母亲照料会更加周到、细致；另一方面，漳澎人认为母亲照料女儿肯定比婆婆照料媳妇更加尽心。因此，怀孕伊始，母系的亲属就已经开始发挥作用了。历史上漳澎四面环水、远离他村，又长期与邻村关系紧张，所以过去非常流行村内通婚①，只有相当少的村民与洪梅、沙田等地的更加贫穷的小村落通婚。漳澎村中至今流传着"好女不出村"的俗语，周围的其他村落至今流传"嫁女不要嫁漳澎，漳澎冇路行"的说法。由于村民们通常是村内通婚，所以妻子的娘家与婆家的距离并不会太远，在怀孕或者生育等需要帮助的时刻，能很便利地就得到母亲以及姊妹的帮助。

妻子的母亲不仅要帮助照料女儿度过孕期、产期和坐月子，而且在第一胎出生后，通常还要教导初为人母的女儿如何"凑仔"（即带孩子）。回忆起年轻时经历过的场景，七坊的林姨依然对母爱感慨极深：

> 我那个时候啊，就是在24岁的时候，就生了第一个孩子。生了那个孩子，那个时候我都根本不知道要怎么带孩子。我妈妈不舍得我受累，她还是孩子的外婆嘛，就差不多天天到我家来啊，就是手把手教我怎么带孩子，就是还要帮我带孩子。

---

① 改革开放后，由于漳澎村中许多年轻人外出工作或者学习，与外界通婚的情况才开始变多。到了现在，漳澎人的媳妇已经变得"天南地北的都有了"。

我婆婆其实是怕辛苦，再说她那时候自己也有女儿要帮（即帮女儿带小孩），就没怎么帮我带过小孩。这里（即漳澎）很多的婆婆啊，等到儿子结婚以后生了子，她都不怎么帮忙带孙子、孙女的。一般来说，都是孩子的外婆带的，这样的多。①

当然，现在的情况已经大为不同，无论是婆家还是娘家的老人，不但都会主动帮儿女照看孩子，而且几乎认为这是自己这一辈人的天职或者义务。相对来说，如今孩子的爷爷、奶奶照顾小孩的情形，比外公、外婆帮忙照看的要普遍得多。在许多漳澎人的记忆中，他们的幼年、童年不是与父母一起度过，而是和"婆嬷"（外婆）、"阿嬷"（奶奶）等在一起的。随着越来越多的中青年外出工作，更多的老人家承担起了照料孙辈的责任。一位90多岁的老人有一次触景生情，跟我们开玩笑地说："封建社会还真的复辟了啊。漳澎人，一直都是爷爷奶奶欠孙子的（所以才要照料他们）。"

如果两边的家中都没有人可以帮忙，那么，这对夫妇就只能够独力支撑，新生儿也会辛苦很多。村民陈老伯有一次回忆说，他小的时候家中没有老人可以帮助照顾他，他的妈妈只好用竹篓装着他下田劳作。母亲在田间忙碌时，他只能在竹篓里睡觉或者独自玩耍，一直到他四五岁的时候几乎天天都是如此。调查时另有一位老人回忆，有一年冬天他父母亲在地里劳作时热得一身大汗，他坐在竹篓里冻得直流鼻涕、不断哭闹。但父母无法分身照顾他，只能够拿出一个无意中挖出的红薯给他当玩具，然后父母又得继续劳作，根本顾不了他。

一般来说，等孩子长到三四岁又有年龄稍大的哥哥或者姐姐带时，帮助父母亲照料幼童的责任就落到了他们身上。老人们回忆，那时普遍都是由留在家中的孩子们"大的带小的，小的听大的"。因此，哥哥、姐姐在弟弟、妹妹的童年生活中显得极为重要。七坊的村民林姨回忆说：

我家中有五姊妹，我是最小的。我大姐比我大十多岁，她很早就帮着家里做事了，主要就是帮着妈妈一个个地带弟弟和妹妹。她没有读过书，直到30岁才出嫁。我啊，差不多就是她一个人一手带大的。

这位姐姐直到将弟妹带大之后，才完成自己的终身大事。在漳澎，类似

---

① 老人们回忆，旧时孩子未婚的小姨也经常提供帮助，成为年轻母亲的好帮手。由于这个缘故，那时的许多孩子与小姨的关系特别好。

的事情虽不普遍，但也绝对不是仅见的个案。因此，对于许多漳澎人来说，"长兄如父，长姊如母"并不仅仅是一句俗语，而是一种对于事实的确切描述。由于父母忙于谋生，孩子们从记事起就开始更多地和自己的同辈人相处，向哥哥和姐姐学习最基本的生活知识与经验。年约50岁的林姨回忆说：

> 我记得自己还很小的时候，就是还没住在娘仔房的时候，那时候可能是五六岁吧，就在家里跟着哥哥、姐姐玩，看哥哥、姐姐在家里炒芝麻、炒花生，也会跟着他们出去家外摘些野果子吃。
> 有的时候啊，还会跟着哥姐去舅舅家、外婆家玩，有时也去爷爷和奶奶家玩。（一边玩一边）等着妈妈中午回家做饭吃。

三四岁到七八岁之间的孩子，父母认为他们年龄还小、力气不足，因此不能帮助家里做些什么，最多也只是在哥哥们的带领下去河涌边抓鱼、摸虾、捉蟛蜞①，在玩闹之余帮助家里加餐。可以说，这个年龄段的他们主要是在哥哥、姐姐的照看下，通过玩耍或者模仿来学习，从而开始他们的社会化过程。

（2）青少年

据调查，一直到了20世纪60年代末甚至70年代初，漳澎大部分的人家还是只能够承担得起自家孩子读完小学的费用。不过，当时的父母也普遍对于孩子读书没有过高的期望，通常要求他们能识些字出门"不当睁眼瞎"就可以了。而在清朝（即漳澎的早期），更少有人家能够供得起孩子读书。据说那时的村里已经设有私塾，清朝时还出过几位通过科举考试而取得功名的人，但现在已经无人知晓多少实质性的事情。民国时期，漳澎出现了学堂、书院，少数富裕人家或者大族的孩子，经由各种途径得到了些读书的机会。长到七八岁时，男孩子和少数家庭情况较好的女孩子就陆续进入村中的学堂或者私塾开始接受启蒙教育。

从学堂或私塾离开之后，男孩几乎就要开始跟着父亲或者家族中的叔、伯学习耕田或者经营之类的谋生技能，女孩也要开始承担起更多、更重的家务。而绝大部分家境贫寒根本没有读书机会的孩子，这时虽然还不能帮助父母耕田或者打鱼，但已经渐渐地开始帮助父母做一些割草之类的力所能及的劳动，开始承担一些较轻的日常家务事。例如，上文所说的，照看年幼的弟

---

① 漳澎河涌中常见的一种小螃蟹，常生于淡水水陆交界处。当地人相信用蟛蜞煲粥有祛湿的功效。还有很多村民捕捉蟛蜞后将其剁烂，混合谷壳煮熟后作为饲料喂养鸭子。

妹。我们完全可以说，旧时漳澎两性间的不同分工，在很小的时候就逐步形成了。六坊一位现年约60岁的林老伯说：

> 我8岁的时候开始去读书，13岁就（离开学校，）跟着妈妈出去卖菜。到了15岁，就要去田里砍甘蔗，每年还要割稻。
> 我们漳澎的男孩、女孩，一直都是这样的。不过呢，就是男孩、女孩啊，各自干的活不同罢了。

另一位年逾70岁的村民陈伯则说，两性的社会分工从孩子时期就已经开始了，也算是漳澎的传统之一。

> 一般来说，那时候男孩子长到十二三岁，就要担负起家里的一部分农活，去田间帮父亲做一些简单的活计了。回家之后啊，也要带领弟弟、妹妹，去河涌里捞些鱼虾什么的，算是帮家里加个餐。
> 女孩子到了十二三岁的时候，就一定要担负起照顾弟弟、妹妹的责任，她还要在家烧水、做饭，还要洗刷弟妹的尿布、衣服等。
> 你要是家中的长子、长女，肩上的担子就肯定会更重一些，那你就要承担家里绝大部分的家务劳动。

很多人回忆，田地离家比较近的人家的孩子，这时还要负责中午时给耕田的父母送饭。而随着孩子年龄的增长，父母双方教给儿子或者女儿的技能，也会相应变得更多、更难、更复杂。可以说，到了十二三岁时，孩子已经基本上承担起大部分家务活，具备了基本的谋生技能。

这个阶段孩子们与父母之间的各种交流也变得比儿童时期多得多，但这时所受到的"双系"的抚养也开始明显不同。例如，许多人这个阶段关于父亲的记忆都是父亲无休无止的打骂。在旧时的漳澎，父亲劳累了一天回到家中后，确实没有精力或者耐心管教已经半大的孩子，经常都是直接动手。如赵老伯回忆，当时他"只要不听话，就会被父亲打"，不独他如此，"伙伴们各自挨父亲的打"，当时父亲们都是随手拿起树枝之类的就打，而且几乎都是打孩子的脑袋瓜。因此，孩子们普遍畏惧父亲，对他们是"又敬又怕"。但人们普遍认为这一时期的打骂教育其实很重要，因为此时的男孩不仅仅要学习耕田等谋生技能，还要学习以后如何像父亲一样保有"一家之主"的威严，这对男孩子长大后在村落男性社会中展示自己并站稳脚跟极为重要。

对这一时期的母亲，子女的态度要复杂得多，但似乎都是以温情为主。

母亲虽然也要下田干活，但是，她在家中的时间仍要比男人多。因此，儿女们都是对母亲更为熟悉。不过，这时的男孩子通常开始莫名地与母亲疏远起来；而女儿则开始与父亲产生距离，转而依赖母亲，向母亲学习如何做女人。大部分这个年龄段的女孩子，几乎都是每天与母亲和姐妹们相伴，她们或者待在家中，或者结伴出去共同劳作。而在一般情况下，一天之中女儿几乎只有吃饭时才可以见到父亲，但父亲通常都不知道如何教育这已经半大不小的女儿。不过，这时父亲也很少再打女儿，除非认为其"行为不端"（即不符合社会性别的规范）。因此，在抚育半大的女儿方面，基本上都是由母亲独自承担着相应的责任。

在父母亲的言传身教之下，漳澎的孩子们到了这一时期就基本上确立起了两性分工的意识，这为他们日后组成自己的小家庭以及在村落社会立足打下了稳固的基础。这样的双系抚育制度，也为漳澎社会一代代的成功继替创造了可能。这种以学习生产、生活的技能及适应社会角色地位为主的生活，通常会一直持续到男子娶妻、女子嫁人的时候才结束。应该说，到了那时他们通常都已经掌握了足够的技能，大体上足以独自应对日常生活了。

2. 社会教养

在漳澎孩子的成长历程中，父母双方的抚育只是其中的一部分，孩子们还要接受漳澎社会的教化，完成自身的社会化，以成功应对成年后在家庭与社会中的角色及其转换，最终成长为合格的社会人，这时的抚育也就相应地"逐渐由家庭责任转变到社会责任"①。漳澎的埠头、学堂、凉棚或者娘仔房等，就是村落社会展示这种社会责任的极为重要的甚至是不可或缺的场所。漳澎孩子的社会化过程，就是在一个个这样的社会教养场所逐步进行的，这些教养场所有时甚至比家庭或者父母更重要。

（1）埠头

旧时的漳澎村落四面环水，每个坊都有大码头便于村民进出漳澎。村内也是水网密布，民居后门或者侧边普遍建有小埠头。旧时这些埠头是成年人经常集聚的地方，也是孩子们一起玩水嬉戏的地方，孩子们在埠头通过戏水习得生存技能并初识社会，埠头成为孩子们第一个接受社会教化的场所。

在平常的日子里，村民进出漳澎都要借助于水，日常谋生也要借助于水。"四乡联围"之前大水经常淹没漳澎，对村民的生命安全以及物质财产构成严重的威胁。一个人如果不会游泳，也就意味着无法进行正常的生活、生产甚至无法生存。因此，长期以来游泳是村民一项必备的基本技能。可以

---

① 参见费孝通《乡土中国 生育制度》，北京大学出版社1998年版，第117页。

说，让孩子学习游泳是漳澎的传统之一，是孩子们在学会说话、走路之后的头等要务。旧时漳澎的每个孩子都要在村里的各处埠头与小伙伴一起玩水嬉戏，借以掌握游泳这一在漳澎最为重要的生存技能。

赵老伯告诉我们，过去村中的孩子都要学习游泳，通常是从三四岁就开始了。而学习游泳的最佳场所，则一般都认为是村中比较大的公共埠头。那时的漳澎人家普遍生活忙碌而又子女众多，父母无暇教导小孩游泳，只能由孩子跟着哥哥、姐姐或者结伴下水自己摸索。大码头都是由较为平整的长约2米以上的麻石由低到高依次铺就而成，故尤其适合于不会游泳的孩子用作学习场所。大埠头边都建有凉棚，几乎总有成年人在凉棚中乘凉或者休息，因此，一旦小孩在水中遇到脚抽筋、呛水等危险的状况时，就能及时获得援手，避免发生意外。旧时的漳澎人对水尤其敬畏，原因之一就在于每年都有孩子因水而死，我们在本书的第四章中将再涉及。

2000年前后的几年时间，漳澎的河涌遭受严重污染，导致无人敢在河涌、埠头戏水。近两三年来，河涌治理取得了明显的效果，孩子们又开始重回水中（见图3-1）。一位退休的小学老师还在一坊凉棚边的埠头开设了一个游泳班，每周末的下午教村中的孩子们学习游泳，旨在将这一项传统技能延续下去。埠头这一让孩子们得到社会教化的功能，总算得以传承下来。

图3-1 漳澎河涌中戏水的孩子

（2）私塾、祠堂与学校

据说早在清代时漳澎就重视读书，当时还有用族田资助学生读书的传统，但实情已无从稽考。民国时期的漳澎则确实有私塾教育，当时的一坊、三坊、六坊、七坊、九坊都设立了私塾。私塾往往不是特地建立的独立建筑，是利用或者改建村中原有的祠堂、大家族的众人厅。漳澎六坊的旧陈氏宗祠和九坊的逸南林公祠（见图3-2）现在仍然存在，在民国时就都曾被当作私塾使用过，至新中国成立初期还沿用作漳澎小学的教室。私塾或者学堂的"先生"，多是由村民集资或者动用宗族资产聘用的。如果是出自族产，则入读的通常宗族子弟，但一般也酌情收录少量宗族之外的村中孩子入读。

图3-2 曾被用作学校的祠堂

1938年是漳澎教育史上重要的一年，属于东庆坊的东明书院（位于今一坊境内）于当年落成。这是漳澎最早的一间完全不同于私塾的新式学校，培养了不少漳澎人，甚至有人说漳澎最早的读书人都是出自这所学校。据老人们回忆，建好之后至新中国成立时为止，书院一直都是由当时一坊最有名的地主刘浩"负责打理"，办学所需要的各种资金，则从刘浩所负责的公田每年所得中支付。入读东明书院的学生多是东庆坊人家的子弟，但同样也有少量外坊的学生前来就读。

那时在祠堂中读书的孩子，现在都已经年逾古稀，但许多人对当年读书的情形仍然记忆犹新。如三坊的赵老伯还记得自己读书早，不到六岁就已经进入祠堂读书了，"祠堂的教书先生教的都是古文"。1952 年，漳澎小学正式成立。但由于成立之初缺乏场地，仍旧以原有的私塾作为教室而分在几处教学，此时课程已经从纯粹的古文变成语文、算术等诸多科目，老师也改由政府派遣而不再由村民或者宗族集资聘请。直到漳澎小学校舍建成，分散在各处的学生们才集聚一起，正式开始严格区分年级读书[①]。赵老伯自豪地说，他就是漳澎小学的第一批毕业生。

如今漳澎适龄儿童的入学率早已达到 100%，而且都是按照国家的规定 7 岁入校学习。对于今日的村民来说，不论是男孩还是女孩，送到学校读书都是父母的义务。但在民国到漳澎小学成立之后的很长一段时间，村中能够有机会读书的学生以男生为主，很少见女生。漳澎人历来重男轻女，但很早就不排斥让女孩读书。不过，具体家庭经济情况的好坏直接影响了女孩能否读书。旧时大部分的家庭都并不富裕，所以多是"供仔不供女"，显示出父母们对儿子与女儿的不同期望。当时只有一些地主或者其他家境非常好的人家，才可能让女儿去读书。漳澎的女性普遍能够上学读书，则是 20 世纪 80 年代才出现的。

入读私塾的学生的年龄彼此可能相差较大。对当时的漳澎人来说，家庭的经济情况直接决定了男孩子能否读书以及何时读书。如今在七坊开小卖部的林老伯还清楚地记得，以前漳澎的孩子读私塾，一年的学费就需要一担谷子，这对于当时的许多人家来说是很大的负担。而且那时每个家庭都是孩子众多，学费压力更加大。民国时负担得起学费的一般人家，通常是先让孩子去私塾学习 1～2 年，如果家中可以负担就让孩子继续读书，如果承担不起孩子就要回家帮父母做事。部分孩子等到家中情况好一些，可能再回去念几年书。由于这个缘故，私塾、学堂甚至于早期漳澎小学中一起读书的孩子们年龄上参差不齐。林老伯说他因为身体残疾，开始读书的时候已经 12 岁了，而当时与他一起入读的最小的才 7 岁，最大的已经 17 岁了。这位老伯的情况可能有些特殊，但当时同班同学年龄相差 4～5 岁是比较常见的。

不论是私塾、学堂还是学校，都是孩子们初次离开家门集中在一起学习知识的地方，也都是村落社会为孩子们设立的第一个正式的社会教化场所。在这个场所中，孩子们会学到关于广阔世界的基础知识，帮助孩子们对村子以外的世界形成最初的认识，让孩子们对生活常识之外的东西有所收获。同

[①] 《流水·坊巷·人家——村落漳澎的人类学景观》（中山大学出版社 2014 年版，第 93～94 页）对此已有较为详细的描述，故此处从略。

时，在这个场所之中，孩子们也第一次离开了家庭，在特有的规则限制下学习与同龄或不同龄的同伴和老师相处，学着在没有家人的陪伴之下独立完成自己的事情。

（3）凉棚与娘仔房

有机会进入各种学校读书并接受正式社会教化的孩子自然是幸运的，但几乎所有的漳澎人都认为，凉棚和娘仔房才是旧时村中男孩、女孩各自完成社会化过程最为重要的场所。

如前所述，漳澎的孩子在即将进入青春期的时候，几乎都会离开家庭住入凉棚和娘仔房，一般都会持续到结婚成家后才会搬出。白天他们各自回家跟随父母务农或者操持家务，闲暇时光和晚上一般是和凉棚中的兄弟或者是娘仔房中的姐妹一起度过。因此，凉棚和娘仔房是孩子们多年置身其中的生活空间，同时也是村落社会对青少年进行社会教化的重要场所。每一处凉棚内部都有自己的一套严格的规矩，每个成员都有义务维护内中秩序。如前文曾述及的"大话细听"，即是指男孩进入凉棚后，所有年纪比他大的男性都可以在孩子犯错或"不守规矩"时管教他。家人并不会介意，反而认为"是应该的，不管是不对的"。此外，凉棚都会有一名主事人，他通常是凉棚内年龄最长、最为大家信服的人，负责领导大家处理凉棚内外的各种问题。进入凉棚的男孩首先需要学习、接受这一套规矩。可以这么说：在凉棚中的男孩往往有着比住在家中更多的自由，但同样也可能受更多的约束。在这种自由与约束的冲突中，孩子学会自律自理，同时也养成对自己负责的态度，培养了孩子的独立性。

平日里在凉棚内活动的，则有许多成年村民。实际上，当时的男人们劳作之余都喜欢到凉棚中唱粤剧、拉二胡、打麻将或者干脆"神聊天"，住在凉棚中的孩子们因此得到了学习各种知识与技能的机会。例如，各处的凉棚中都有乐器，成人弹奏乐器时孩子耳濡目染也就学会了。调查期间我们见到过许多"玩音乐"（即拉二胡、唱粤剧）的老人，老人们说他们的这些爱好与演奏技能，就是在凉棚中生活时不知不觉地培养起来的。在长期的居住过程中，凉棚中的青少年男性慢慢打下自己日后在漳澎生活的社会关系网络基础。如过去的漳澎流行"拜把子"，许多"把兄弟"就是住在同一个凉棚中的同伴。即使没有拜把子等特殊的原因，彼此间的关系通常也会因为在同一凉棚住过而变得非常密切。住过凉棚的男人结婚时，一定会请同一凉棚里的人喝喜酒，而凉棚里的兄弟则会集体送上礼物庆贺。由于感情深厚，这些男人在搬出凉棚后彼此交流、合作的机会甚至比亲兄弟还多。新婚的男性并不会马上离开凉棚，一般还会在凉棚中住上十来天，这时他常常会与凉棚中未婚的兄弟分享新婚生活尤其是性方面的知识。很多老人都说，在封建的时代这是青少年男性获得性知识的一个重要途径。在凉棚中的生活经历，教男孩们在不知不觉中认识了社会规则，学会了如何与人相处。

旧时的凉棚不允许女性踏足，现在的凉棚中常常看到母亲、外婆、奶奶带着孩子去凉棚玩闹或者乘凉。凉棚虽然已经不再在漳澎孩子的社会化过程中担任重要角色，但依然是孩子们交流的重要场所，又成为女性交流经验、相互沟通的重要场所，其命运与现在已经完全消失的娘仔房不同。

同样因为家庭住房紧张的缘故，旧时漳澎的许多少女在长到一定年龄时，许多人也都会住进娘仔房。与凉棚里一样，娘仔房中年纪小的女孩子，也要听从年纪大的女孩的教导。年纪大的女孩通常会很亲切地称房中年纪较小的女孩为"娘仔米"（意为小姑娘、黄毛小丫头），空闲时会带着她们一起打扫娘仔房，或者教她们煮番薯糖水、做濑粉（一种米粉），等等。这些未婚的女孩们不仅仅住在这里，还在娘仔房中学习到许多处理家务与谋生的技能与知识。如本次调查时已经81岁的村民李婆婆回忆，在她14岁的那一年，她所住的娘仔房中年纪较大的几位女孩经过商量之后，请村中一个70余岁的老太太来当"师母"，专门负责教娘仔房里的一众姐妹们"做大戏"（即唱粤剧）、"砌乞巧"（又写作"砌七巧"，即穿制珠串等女红）。闲暇的时候，这些姑娘们则会设法制作各类物事以补贴家用，如制作鞭炮或者是把咸草①从水里拔出来，晒干后编织成蒲团卖钱。由此可见，娘仔房中的生活不仅像凉棚中一样丰富多样，而且富有实用性，有利于这些女孩子以后持家、谋生。

除了学习各种生活的知识与技能之外，女孩们在娘仔房中也同样编织起一套成人之后可以为自己所用的人际网络。同一娘仔房中的女孩，通常都能在相处中成为要好的朋友，并在婚后经常来往。娘仔房中的某位女孩出嫁时，同一娘仔房中的姐妹亦要当"伴娘"陪伴，要一直将新娘送到新郎家。已出嫁者也会在闲时回到娘仔房，跟从前的姐妹们聊天、讲私房话，如分享一下自己的新婚生活以及关于性的知识。应该说，娘仔房在许多方面都相当有效地弥补了旧时的家庭和社会在女性教育方面的缺失。

旧时的漳澎人普遍有住凉棚或者娘仔房的经历，而且与现在的年轻人把住凉棚和娘仔房当成苦事相反，他们普遍认为这是一件极有意思、极受教育的事情。在凉棚和娘仔房中居住，不仅可以与同龄人更加紧密地相处，获得

---

① 即莞草，漳澎人称其为"咸草"。当时村民们常将其晒干之后用以绑各种杂物，或者割回家中打碎喂养鸭鹅等家禽。染色后的莞草还可以加工成"咸草席"，用于自用或者出售。

一段更快乐的少年时光，而且所获得的各种知识极其有助于他们在成家立业走入社会时更快地独立起来，更顺利地融入村落社会。随着漳澎人生活水平的极大改善，20世纪70年代女孩子不再到娘仔房中过夜，80年代初期起男孩子们也不再在凉棚中过夜。现在漳澎已经全然没有了娘仔房，而凉棚则变成了村民白天小憩、消遣或者娱乐之地。

（4）粤剧班

漳澎素有"曲艺乡村"之称，在漳澎人传统的日常生活中，"玩音乐"（即唱粤剧、玩乐器）是重要的组成部分之一。一般的，男孩子在凉棚中向长辈学习吹、拉、弹、唱，女孩子在娘仔房中学会唱腔、身段、手势。而粤剧戏班，更带给了当地人无穷的欢乐和自豪。

历史上，漳澎曾存在过多个粤剧团，但最具影响力的还是"小英雄戏班"①。1928年，当时在漳澎称霸的土匪陈淦成立了这个戏班。陈淦招揽了一批名师，教授在漳澎招收的70多个13～15岁的男孩子学戏。虽然一年多之后"小英雄戏班"就因为陈淦被杀而解散，但许多出身于这个戏班的孩子后来逐渐成为粤剧名伶，如武生丁公醒、男花旦林惊鸿等。实际上，这个"小英雄戏班"只是在名义上解散，依旧有许多热爱粤剧的人通过各种方式维持着原剧班的正常活动，如漳澎曲艺名家曾司马，就是传递"小英雄戏班"传统的重要一员。我们和其女曾镇安女士进行过访谈，她说曾司马先生讲学、教戏、做戏，都是从不讲报酬的。当时漳澎的孩子们无论男、女，都是可以自愿学戏的。调查时已经81岁高龄的李婆婆现在居住于九坊，她在14岁时就曾在曾司马指导下的"小英雄戏班"中学习做大戏，而且在"七月七"做七姐诞大戏的时候扮演过董永。李婆婆回忆说，她小时候学戏并不是打算以后靠唱戏挣钱，而仅仅是为了享受其中的乐趣。在当时的漳澎，大多数家长与孩子其实都抱着相同的想法，孩子们也十分珍惜学习的机会。李婆婆至今依然清晰地记得，当年老师一天只教两节课，每节课的时间都不长，但粤剧的手势、唱腔等都会教到，孩子们几乎都能学到两手。那时许多粤剧唱得好的漳澎人也非常支持本村的孩子学戏，他们常年在外，只有在年节或者放假的时候才能回到漳澎。而一回到家乡，都会立即抓紧时机教小孩学戏。

新中国成立后，有许多出身于小英雄戏班的人回到漳澎成立了"文娱社"。初时的"文娱社"有40余人，但随后很多人因为各种原因接连退出，

---

① 关于陈淦以及这个剧团，本书第一章等相关章节有涉及，可参阅。也可参考张振江、陈志伟《麻涌民俗志——岭南水乡社会研究》，汕头大学出版社2008年版，第302页。

最后只剩下十几人,而且几乎都是曾司马家族中人。这十几个人后来成立了"平乐剧社",继续发展着本地的粤剧。到了"文化大革命"时期,漳澎也奉命成立了自己的文艺宣传队,以新的形式继续在麻涌各地演出粤剧。一位出身于"小英雄剧班"的三坊的李婆婆回忆,因为她的父辈都是唱粤剧的,所以她18岁时就参加了宣传队。宣传队所表演的已经不是传统的粤剧曲目,而是当时流行的《沙家浜》等革命样板戏。但是,漳澎人以粤语、粤剧的方式进行了改编,使之成为本土化的革命样板戏。访谈时,李婆婆向我们示范了《夜战马超》这出粤剧曲目(见图3-3)。

图3-3　出身于小英雄戏班的李婆婆示范《夜战马超》

虽然漳澎人将粤剧的传统坚持了下来,但许多经典的传统曲目仍然被人们渐渐地淡忘了,粤剧对于年轻一代的影响力也大不如前。改革开放后,漳澎的年轻人对于粤剧的热情更淡了。李婆婆说,她儿子这一代中已经很少有人会表演粤剧、唱粤曲,这确实是实情。2011年时曾镇安夫妇回到漳澎,出资办起了小英雄艺术纪念馆,还复办了小英雄戏班,继续教村中的孩子们学戏。新的小英雄剧社从练功房到食堂一应俱全,面向全国免学费招收想学粤剧的学生。曾女士说:

想来剧团学戏,只需要交各自的基本的生活费就可以了。剧团的用水、用电等所有的费用，全都由我出，（跟学员）完全没有关系。漳澎作为一个粤剧的发源地，我是一定要将这种传统文化传承下去的。

  我的两个儿子，都是曾司马的第三代传人，也都是读了六年的粤剧学校，都是从粤剧专科学校毕业的（，为的就是传承粤剧）。

如今漳澎的青年人普遍没有多少学习粤剧的热情，但许多孩子在父母的支持下进入了小英雄剧社学习粤剧。他们一般在周末时到剧社学戏，而寒暑假期间更是可以与来自全国各地的孩子一起学戏。曾女士说，有了政府的大力支持，剧社现在发展得越来越好，孩子们常常能够在镇里、市里上台表演或者参加比赛。

调查中我们有幸在村民刘老伯家中发现其兄长刘世华①于2013年创作的《忆童年趣事》一诗（见图3-4），这为我们研究漳澎的抚育制度提供了极为难得的文献证据。这首诗较为完整地记录了作者在漳澎度过的童年和青少年时光，展示了历史上漳澎的抚育制度与社会教养上的不少特色。而诗中的秀才、潜水、小英雄、凉棚等词语不断出现，所反映的正是漳澎人成长过程中所经历的各种社会教化。这首诗歌似乎有力地说明了，在漳澎孩子传统的社会化过程中，这类社会教化以及相应的场所极为重要。由于这首诗歌对于我们此处的研究颇为有益，故转载全文如下：

  六岁听故事，传给妈妈听。古书天天念，理解并不多。
  秀才教书法，为我打根基。教唱黄水谣，师是地下党。
  为父去买酒，偷偷尝一口。帮师去买菜，确是荣誉事。
  飞矶②打头阵，头破不告状。两人打泥仗，肉搏才收兵。
  艇仔下追逐，其趣乐融融。潜水比斗远，提高肺活量。
  冬季赶凸眼③，可以练速度。每次回漳澎，环乡游一圈。
  桥头跳燕式④，漳澎第二人。漳澎篮球队，打遍周围村。
  为想当仙人，也去做尝试。吸取紫外线，晒成黑皮肤。
  策叔教捞虾，太少他来补。阿苏常挨饿，尽力去相助。

---

 ① 刘世华，中国标枪界重量级人物。1932年出生于漳澎，1955—1994年任教于北京体育大学，曾担任学校田径教研组投掷技术研究组组长，1995年获国务院自然科学政府特殊津贴。参见王毅《麻涌有位标枪权威》，载《东莞日报》2008年8月7日T04版。
 ② 飞矶，当时漳澎的孩子间流行的一种丢石子的游戏。
 ③ 漳澎河涌中一种常见的鱼类。
 ④ 即燕式跳水，一种跳水方式。

阿卓被人欺,上前去保护。小英雄演戏,司仪兼布景。
凉棚同被睡,结拜为兄弟。中山同窗友,同床读名著。
母为我订亲,碰头不相认。数理基础差,周日补课忙。
女同学求爱,只好去婉拒。广州运动会,十项我夺冠。
校长设宴请,连吃十碗饭。空军考不上,二选是体育。
适应窝窝头,先尝红高粱。八秩忆趣事,回味乐无穷。

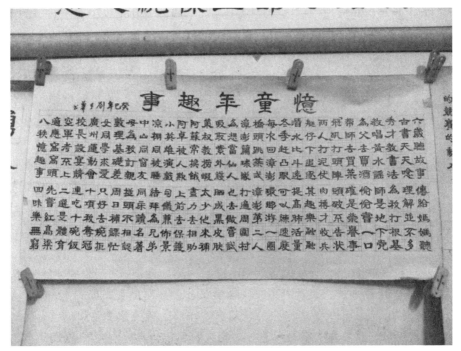

图3-4 刘老伯家中悬挂的《忆童年趣事》

(二)家庭的继替

所谓家庭继替,就是从母家庭中分裂出来的子家庭的"财产权生成""伦理责任实践"和"社区性家"扮演的过程。[①]漳澎的家庭继替同样主要通过子女的嫁娶和分家来完成,至于那些没生育的夫妇则主要通过收养或者过继来完成。

---

① 参见陶自祥、桂华《论家庭继替——兼论中国农村家庭区域类型》,载《思想战线》2014年第3期。

1. 家庭财产的继替

直到改革开放时期为止，漳澎的家庭依然普遍贫穷。一般来说，当时居民家中可以称作财产的基本上就是房屋和土地，其外几乎别无长物。因此，近两百年中漳澎家庭的继替过程中所传递的，主要也就是这两样物事。

（1）嫁娶

传统的漳澎属于所谓的父系社会，其家庭继替几乎都是单系继替，即父系继替。因此漳澎人至今认为"嫁出去的女儿，就是泼出去的水"，女儿不能够参与家庭的继替过程。因为如果将财产交给出嫁的女儿，则意味着自家的财富流失到了别人家。正是由于这种认识，传统上普通漳澎人为女儿所准备的嫁妆通常也都是比较少的。

民国时新娘子的嫁妆一般都是非常简单，通常只包括一只装有新娘日常衣物的皮箱、两个盆子、一床被子等，几乎都是日常的生活用品。由于女人要负责家庭中的拜神、上香等事务，所以嫁女时母亲还要在嫁妆中特别准备一张"拜神盘"（即拜神时所用的托盘）。当时只有经济条件非常好的家庭，才有可能准备桌、椅、衣、柜甚至金银器等贵重物品作陪嫁，但也不会有土地等。完全可以说，当时绝大多数人家中的土地等真正的财富，都一定是要留下来传给儿子的。

依照漳澎传统的婚姻习俗，婚嫁所需的绝大部分费用都需要由男方支付，因此男方承担的经济压力远远大于女方，从请媒人、下聘，到婚礼、摆酒等都需要男方负担费用，而最大的花费则始终是建新房。按照漳澎至今通行的习俗，早在儿子结婚前，父母就要建好一栋新房子以备儿子结婚分家后所用。旧时的民房面积普遍狭小，而且多是用河沙晒干后制成的砖块砌成泥砖房，这种房屋的寿命普遍在30年左右。即便是建造一栋这样的房子，对当时的父母来说也绝非易事。而且当时大部分家庭都有多个儿子，不难想象父母的压力有多大。实际上，如今的父母依旧把"为每个儿子建一栋房子"作为一生最主要的任务，"起不到（新房），死都不闭眼"之类的说法依然时时可耳闻。赵老伯解释道：

> 在漳澎，父母就算是要死了，也要给儿子建好房子。给儿子建好了房子，这才算是完整的父母（即完成作为父母的责任）。要不然，儿子没有房子住，那是肯定娶不到老婆的。儿子要是娶不到老婆，那就肯定生不了儿子啦，那也就没办法传宗接代了。
>
> （给儿子建房屋，）就是做父母的责任了。

漳澎村民们建房的目的简单而明确,就是为了让儿子娶妻生子实现传宗接代。当然,房子建好之后,父母还要准备好一应日常用具,之后才能放心地让儿子分家以至自立家业。父母累年惨淡积攒的家产,绝大部分就这样转移到儿子的家中,成为儿子开始独立新生活的资本。

(2) 分家

漳澎的家庭以父母与未婚的子女所组成的核心家庭为主,至今几乎没有几代同堂的扩大家庭,这应该与漳澎至今仍然流行的分家习俗有关。漳澎一向有儿子结婚即与父母分家的习俗,人们普遍认为分家是好事,是喜事,而且"越早分越好"。我们对此感到奇怪,年逾70岁的六坊村民赵老伯是这样解释的:

> 漳澎有一句老话,就是用来形容分家的,说的是"分了好扒点"。意思就是说,一个家庭分了家之后呢,这样家庭里的"后生仔"就可以分散开,他们各自去找自己的土地。人分散了,机会就大嘛!

从赵老伯的解释中,我们可以看出漳澎人认为,儿子婚后各自独立,就使得各自发展的空间都扩大了,机会变多了,也就等于家族发展的机会变大了。由此看来,历史上漳澎人的分家确实是别具深意的,一如我们在本书第一章中所论及的那样。

漳澎的男子通常在结婚后一个月左右就会分家独立,但如果这时发现新娘子怀了孕,则一般需要等到孩子降生后再分家。除此情况之外较长时间都没有分家的男子,几乎必定会被村民们嘲笑为"没用"之类。

如本书第二章所述,传统上漳澎的分家实际上包括两次,即婚后独立单过时与母家庭分割土地、房产等,以及父母过世后兄弟之间对父母遗产的再次分割。漳澎人的家产与田产一向是传男不传女,继承房产与田产的儿子则有义务负责家族的传宗接代与祖先拜祭。至于具体的分家形式,常见的主要有两种:一种是家庭中每一个儿子结婚后即分一次家,已婚的儿子分开单过;另一种是直到所有的儿子都结婚后才一次性地正式分为几家,虽然这时较早结婚的儿子们实际上已独立生活多年。相较而言,第一种形式的分家较为普遍多见。分家的第一个标志性的事件是分开做饭(即分灶),最为重要的则是分房子。传统上,这时基本的原则是平均分配,即确保每个儿子都得到相同面积的一处房产,偶尔可见给予足够建造房产的钱款的情况。由于现实生活中儿子们结婚的时间有前有后,所以最为常见的情况是父母逐一为儿子们建好新房交给他们。没有能力为儿子建房的父母,其子基本上无法得到婚配的机会。如果侥幸得以成婚,父母就只好把自己的房子让渡给儿子,而自己另觅他处或者在房屋的边上搭茅棚聊以栖身。这种情况至今犹存,本次调查时我们几次亲眼见过这种颇为独特的现象,村民们都认为这是极其正常的,丝毫不足为奇。实际上,这种情况下如果父母不搬出去,而住在老房子的客厅里,依然会被认为是极其不合适的。①

不过,漳澎人分家时也遵循"长幼有别"的原则,一般来说大儿子总能分得更多的家产。人们认为这是合理的,因为大儿子对于家庭的贡献通常最多。根据漳澎的旧例,祖屋要留给长子。因此,大儿子分家时父母就要把祖屋让出来给大儿子住,自己则和未成婚的儿子们另建一间小屋居住。如果大儿子因故晚婚而其他的儿子先结婚,他们也只能够暂住祖屋,一旦大儿子成婚则要搬出让给大儿子。不过,其背后的真实原因可能是在于这块宅基地而不在这间所谓的"祖屋",因为珠江两岸的这类晚近移民事实上没有多少祖屋的观念,这类事实值得特别留意。

旧时在分配房产的同时,父母也要为儿子们分配家中的田产。一般来说,这时通常是先留出一部分土地用作蒸尝田②,余下的田地则平均分配给每一位儿子。为了让我们更好地明白,赵伯伯特地举例进行了说明:

> 假设一个家庭里有3个儿子,他们的父亲一共有50亩的田产。那么,分家时父亲就会拿出其中的20亩地,作为公共的蒸尝。
>
> 以后每年这20亩地所得的钱财,就用做每年清明拜祭活动的开销。这样大家清明时祭祖、拜山,就不用自己出钱或者凑钱了。要是有多余的用不完的蒸尝,每年还可以大家均分。父母过世之前,也可以靠这20亩田度日。等到他们都过世了,这20亩就成为蒸尝了。
>
> 剩下的30亩地,就是3个儿子每人10亩。这样分,就比较公平了。

漳澎人传统的观念认为,家中所有的家产只属于儿子而与女儿无关,如

---

① 漳澎有一句俗语即"卖房间就典厅下",说的就是这种情况。"卖"意为父母将房子赠予已婚的儿子,"典"意为租赁,"厅下"即客厅。全句的意思是说,儿子要结婚但无力为之建房,父母只好把自己所住的房间让给儿子、儿媳居住,自己则住客厅,而且从此就只能使用客厅,不能再进入从前的房间。传统上,"卖房间"与"典厅下",也就相当于父母与成了婚的儿子分家。

② 旧时漳澎有些富裕的家庭在分家时会拿出一部分田地独立管理。这部分田地不参与分割,而其所得就是老人的蒸尝,类似于其他地区所说的老人家的"棺材本"。老人过世之后,可以专门在清明拜山或者遇到红白喜事时使用。

果没有儿子，则要通过某种方式来解决家产继承和祖先祭祀等问题。最为常见的是过继本家或者本族中的某位侄子，我们将在后文详述。如果家中只有女儿而又不愿过继，也可以选择以"招郎入舍"（即入赘）的方式解决香火传承问题。这时婚后同样也要分家，新夫妇同样有权利在日后继承父母的遗产。差别在于这时所生育的子女要跟从女方的姓氏，家中供奉的是女方家中的祖先，这即意味着子女所要承担的是女方家的祭祀责任。

即使是在今日的漳澎，人们依然普遍认为分家是天经地义的，而不分家是不对的。对于漳澎人来说，分家不仅仅影响家庭内部，还会影响到家庭与村落社会的关系。当然，漳澎人也承认分家有其弊端，因此早就有一句俗语"分开兄弟散人心"，意思是说兄弟分家之后就各顾各的，导致原来的家丧失了凝聚力。我们发现分家后有些儿子忘记了孝道，对于父母不理不顾，致使老人晚景极为凄惨。但是，人们至今依然热衷于婚后即分家，依然认为结了婚不分家属于反常，"会落下别人的口舌，这样的人家会被邻里乡亲嚼舌根，弄得在村中抬不起头来"。许烺光认为，家庭中夫妻关系强于父子关系时较易分家，而贫困阶层夫妻间的独立性较高、较易分家。① 麻国庆认为："当分家成为一种制度文化，它就具有了文化的一般属性，即它是既有的，人们接受它简直无须问为什么，只是认为大家皆如此；在依此行事时，其决策成本几乎为零。"② 我们相信传统的移民社会中分枝散叶以扩大家族实力是历史上漳澎人热衷分家的最大动因，但是，如上这些认识同样启发我们多角度地深入认识漳澎人的分家。

2. 超越家庭内部的继替——过继与收养

漳澎人认为家产需要传递，家庭与家族需要继嗣，还需要保障祖先以及自己过身后得以享受后代进献的香火，而不至于变成孤魂野鬼。但是，如果没有儿子，这些愿望则必定落空。因此，没有儿子的人就会通过某种合适的途径解决，过继和收养也就变得十分常见。

漳澎传统上所谓的过继，特指过继男孩，目的在于使收养人摆脱自己没有儿子所导致的无法传宗接代、继承家产的窘境。漳澎人普遍相信，血缘相同或者相近的人彼此会有更强烈的亲密感和信任感，因此过继多发生在有血缘关系的叔伯兄弟之间。传统上的过继不需要经由特殊的程序，也不需要测算双方的生辰八字，更不需要征求欲过继的孩子的意见，只要"双方的大人

---

① Francis. L. K. Hsu. The Myth of Chinese Family Size. *American Journal of Sociology*, 1943: 555—562.

② 麻国庆《永远的家——传统惯性与社会结合》，北京大学出版社 2009 年版，第 103 页。

意见"一致即可。

过继之后，嗣子便不能够继承生身父母的财产，但也不需要赡养生身父母或者为之操办后事，更不需要承担生身父母继嗣方面的责任。由于过继者几乎都是幼童，因此，过继后一段时间内仍然需要由养父母抚养至其成人。幼童长大成人后有责任，也有义务赡养养父母，尤其是要在他们过世后为其操办葬礼等后事，丧葬时为其服孝、守孝，清明时还要拜山。嗣子的家中可以不供奉原家庭的祖先，但必须供奉养父母及其家中的祖先。而在年节以及平时祭祀的时候，他要对所有的这些家鬼一视同仁。养父母过世后，嗣子可以合乎习俗地继承所有家产（包括田地、房产、钱财等），人们普遍对此没有异议。

据调查，旧时漳澎最为常见的过继情形，是弟弟把自己的儿子过继给无子的大哥。漳澎有句俗话"长子无遗，次子绝"，说的是如果一户人家中有老大、老二两个男丁，老大如果没有儿子，老二即使只有一个儿子也得把他过继给老大。人们认为，长子如果无后，次子有再多的儿子也相当于全家绝后。老二如果有多个儿子，一般由他决定把哪个儿子过继给老大。但是，一般都会过继大儿子。村民们认为，这是因为漳澎有着深厚的重长子、重嫡孙的观念。但如果是老大有多个儿子而老二无子，老大一般会将长子以外的某个儿子过继给老二，这时则不需要考虑长子嫡孙之类的问题。

漳澎另外一种较为常见的解决香火传承的方式就是收养，收养者通常都是自己无出者，需要解决家产传承以及身后祭祀等问题，一般被收养的是幼童，他们大多有着特殊的身世。较为常见的一种情况是父母双双去世而孩子尚幼，人们认为这是最方便、最不易招致纠纷的一种形式。另一种常见的情况是孩子母亲过世后，家中没有老人或兄弟姊妹等亲人可以帮忙照顾，那么，孩子的父亲大多会将孩子送给他人抚养。在漳澎，至今很难见到由父亲独自养大孩子的情况。孩子被收养后，就要在养父母的家中生活，并由他们抚养成人。在养父养母百年之后，他要为他们办理后事，还要在家中设立神主牌并照例上香供奉，以尽到继嗣的责任。履行完这些责任之后，人们认为他完全有权利继承养父母的家产。

无论是过继还是收养，都是一种保证家庭顺利完成继替的方式。一般来说，养父母会像培养亲生儿子一样对待嗣子或者养子，同样会为他们建房、操办婚事，也会给予他们同样的继承财产与完成继嗣等方面的权利、责任和义务。而嗣子或者养子普遍孝顺养父母，甚至很多时候会比亲生的孩子还要贴心。但相比收养来说，漳澎社会中过继的个案则更为多见。这大概是因为在漳澎人看来，过继的儿子虽然并非亲生，但几乎与自己有着相同、相近的血缘，比收养的儿子更适合于完成家庭继替。

第二节　漳澎的生育信仰

生育信仰是关于生育的种种信仰，宋兆麟曾经归纳为生育神话、生育神、性器信仰、人生礼俗、求子巫术等主要内容。① 本节我们以金花夫人信仰及相应的仪式与功能为中心，探讨历史上和现今漳澎的各类生育信仰。

一、漳澎的生育信仰体系

漳澎人历来认为，神与鬼二者共同参与了生育过程，都对生育有影响。但不同的是影响的结果不同，即人们认为神往往会助人顺利生育，而鬼有可能助人生育，也可能害人致不能生育。

（一）以金花夫人为统帅的众神

在珠江三角洲地区，常见的与生育有关的神明非常之多，如十二奶娘（又有十八奶娘、三十六奶娘等说法）、送生司马、床头花公床尾花婆、花园土地，等等。但最具有区域代表性的生育神，似乎当属金花夫人。各地又把金花（一作"华"）夫人称为金花娘娘、金花圣母等，她是广东民间普遍信仰的生育神，也是传统上广东公认的一名女性守护神。

金花夫人信仰不仅流传范围广，而且起源很早。在明末清初的文献中，就有"广州多有金花夫人祠"的明确记载。② 而在广州市金花直街的碑廊中，至今存有刻于清代同治年间的《重修金花古庙碑记》，内中记载金花夫人生于明代洪武七年（1374年）四月十七日子时。各地有关金花夫人信仰的习俗、传说、故事等各有特色，而在漳澎村民看来，管小孩、管生育的神明虽然很多，但金花夫人是最重要的一位。其他如十二奶娘、送生司马、花公与花婆、花园土地、招运童子等生育神灵各有不同的功能，对生养、抚育都有帮助，但重要性远远低于金花娘娘。

漳澎的金花夫人信仰习俗与周围大步、新基等村落所见的情况基本相同。漳澎乃至整个麻涌的人们相信，最重要的、最大的生育神就是金花夫

---

① 参见宋兆麟《中国生育信仰》，上海文艺出版社1999年版，第2～3页。
② 参见（清）屈大均《广东新语》，中华书局1985年版，第215页。

人，她在人们的其他生活中也非常重要。如漳澎的妇女普遍相信，常在金花神像前祭拜，就可以使自家的孩子变得更乖巧、听话。漳澎人拜金花娘娘有着明显的性别与年龄特征，通常是已婚渴望生子或者抚育孩子的妇女才会常去拜金花。漳澎人认为她不仅是儿童的保护神，还是妇女的保护神。

在漳澎人的心目中，十二奶娘（见图3-5）是地位仅次于金花夫人的生育神。麻涌其他村落中习见的十二奶娘通常为"保痘夫人胡氏、梳洗夫人张氏、教食夫人刘氏、养育夫人邓氏、血刃夫人周氏、大笑姑婆祝氏、小笑姑婆黄氏、羊刃夫人苏氏、保胎夫人陈氏、教饮夫人梁氏、教行夫人黄氏、腰抱夫人万氏"①，但在漳澎的金花庙中，庙祝婆依据姓氏为十二位奶娘做的标记却是"一袁、二徐、三关、四甄、五马、六刘、七祁、八丁、九彭、十何、十一蒋、十二张"。二者间有相当大的差别，但我们尚不明白是什么原因导致的。

图3-5　漳澎金花庙内的十二奶娘

在漳澎，十二奶娘又被称为"婆""婆娘""婆姐"等。漳澎的孩子出生"十朝"时，就要"拜婆"，此后逢满月、百日、每年二月二"婆娘诞"

---

①　参见张振江、陈志伟《麻涌民俗志——岭南水乡社会研究》，汕头大学出版社2008年版，第268页。

以及各大年节都要去祭拜，一直到16岁"出花园"后才停止。漳澎人认为，金花夫人是一位"大神"，涉及生与育的具体事务则由其"手下"的十二奶娘等具体操办。因此，漳澎的母亲们遇到具体的生育问题时都会先去庙中拜金花，之后回家再拜十二奶娘。人们认为十二奶娘是金花夫人最得力的手下，可给予人们具体的帮助。在漳澎人看来，金花夫人虽然送子、帮人养子，但具体的教养则需要十二奶娘实施。不过，人们都是到庙中去祭拜金花夫人，但几乎都是各自在家中拜祭十二奶娘[①]。在村民的观念中，大神常驻于庙中而其手下的神灵则常住信众家中，因此出现了这种祭拜方面的差别。

至于其他的生育神明，地位相对更加低下，重要性也不如上述二者。漳澎人认为，送生司马主协同金花夫人送子；花公与花母则主要保佑求子的夫妇顺利怀孕，孩子安然成长；孩子"出花园"之前，花园土地都在家屋空间中护佑孩子；而当小孩子在"丢了魂"时，家人则会找招运童子"喊惊"。正是因此之故，三坊的神婆袁婆婆才认为，金花夫人的神力最大、管辖的范围最广，其他神灵的神力相对较小而且分工明确、细致。

> 十二奶娘、花公花母、送生司马这一些神，就都是金花夫人的手下。用现在的话来说啊，十二位奶娘和其他的那些小神，就是帮金花夫人这位大神"打工"的啦！

完全可以说，村民们早已按照一众生育神明的具体功能，整合出一个完整无缺的、等级分明的生育神明体系。因此，在漳澎以至整个麻涌的庙宇中，如果主神是金花夫人（即漳澎人所说的"坐正"），其周围必然立有十二奶娘、送生司马等诸位神灵的塑像。但如果不是金花夫人坐正的庙，则可能只有金花夫人的塑像，最多再加上十二奶娘的塑像，如大步村观音祖庙中的金花殿。这种差别也有力地说明，十二奶娘等其他神明确实只是金花夫人的"手下"。

（二）鬼与生育

漳澎有"尚鬼"的传统，举凡结婚、起屋或者身体不适，村民几乎都要"拜鬼"。鬼有野鬼和家鬼之分，家人死去之后就变成了家鬼，人们认为家鬼对其后代的生育影响较大。漳澎的俗语"神为人，家鬼为后代"，意思是神

[①] 漳澎人拜"婆"的风俗与人生仪礼的结合甚密，其具体的仪式行为我们在后文"生育习俗"中将进行描述和解释。

明只保佑生人，而要生育后代，除了求神还要祈求家鬼保佑。家鬼有不同的类别，其中祖先、"前头公和前头婆"、"不见天"以及夭折的孩子等家鬼，对后代的生育与发展的影响尤其大。

1. 祖先

漳澎人认为家中过世的父系的亲属是祖先，俗称为"伯公""伯母"。过世很久的祖先称为"老伯"，过世不久的则称为"嫩伯"。漳澎所有的民居中都有专门供奉祖先的神龛，图3-6为九坊林伯伯家的神龛示意。

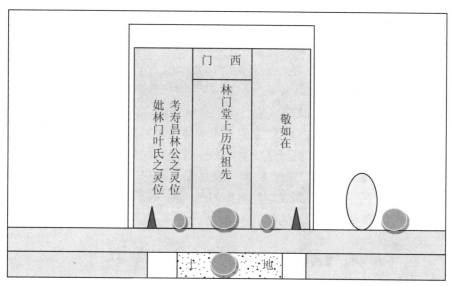

图3-6　村民家中的祖先牌位神龛示意①

林伯伯说，这个神龛是30年前花了3000多元请人制作的。在当时，这是一笔相当大的花费，这很好地展示出漳澎人对于祖先的重视程度。但这座神龛可能过于讲究，漳澎人多数人家摆放神龛的方式有两种，均与林伯伯家所见的不同。我们在本书第二章已经详述，故此处不赘。

漳澎人认为，新夫妇如果要生育子女，除了祈求"神灵给福"之外，还要"祖先给福"才可。因此，结婚前人们就会祭拜并祈求祖先，这尤其典型地表现为婚前"叫家宅"的仪式习俗（即求助于鬼婆与家鬼进行交流），我

---

① 图中横着的棕色长方形即表示放置神牌用的桌子，桌子中间是三块木牌，最左边的一块写"考寿昌林公之灵位　妣林门叶氏之灵位"（从右至左），中间的一块写"林门堂上历代祖先"，右边的一块写"敬如在"（意为"尊敬祖先就如同祖先还在"）。中间的木牌上还有小字写着"西门"。最大的黄色椭圆形表示一尊观音像，其他的椭圆形表示大小不一的香炉。三角形表示供奉用的电子蜡烛。桌子下方的空洞处供奉着土地神。

们将在后文详述。

2. 前头公、前头婆

在漳澎的诸多家鬼中，有一类鬼显得较为特别，人们普遍俗称之为"前头公""前头婆"等。妻子或者丈夫在一方死后改嫁或者续弦，则死去的丈夫称作"前头公"，死去的妻子称为"前头婆"。即使只是订了婚而尚未来得及举行婚礼就过世的，过世的一方同样也会成为另一方的前头公或者前头婆。不过，由于过去漳澎的民风长期内相当保守，妻子过世后丈夫往往会再娶，但丈夫过世后妻子一般都不会再嫁，所以漳澎所谓的前头公几乎都是未拜堂的丈夫，而前头婆则既可能是未过门的妻子，也可能是结了婚后的妻子。①

漳澎人相信，如果不好好地安抚前头公和前头婆，他/她就会因为妒忌而为害在世的家人，导致嫁进来的媳妇或者续弦的妻子不育，甚至家庭接连不顺。而如果安抚得宜，则他/她不仅不会危害家人，还会以家鬼的身份尽心保佑家人。正是因为这个缘故，男方家对前头婆的亲友甚至经常比对自己的亲友还要好。在历史上的漳澎，有两种安抚前头婆的方式较为常见。第一种称为"亡妻搭姓"，即丈夫在原配过世后娶了填房，填房所生的子女除了使用父亲的姓氏之外，还要在其姓名中加上"前头婆"的姓氏。三坊袁李焕婆婆的名字，就是属于这种情况。

个案："亡妻搭姓"

这位袁婆婆的父亲先后娶过两个老婆，她则是父亲的填房所生。她说，在家中她称呼父亲的前妻为"大妈"，称呼自己的生母为"小妈"。她的大妈育有二子一女，漳澎人称为"前头子"、"前头女"。袁婆婆的亲生母亲，则生有两个女儿，她是小女儿。

在她的生母所生的这两个女儿的名字中，都依照当时的习俗加上了父亲那位前妻的姓氏。袁婆婆名字袁李焕中的"李"字，就是这位前头婆的姓氏。袁婆婆介绍说，采用这样的取名方式，是为了避免大妈的鬼魂因为嫉妒而对小妈生的女儿不利。

另一种可以称为"改换称谓"，即丈夫在原配过世后续弦，新夫人所生的子女都要称父亲过世了的原配为妈，而不能称自己的亲生母亲为妈。受访者李阿姨说，一般来说，这时孩子们只能够称自己的生母为嫂或者奶，因为

---

① 对于尚未举行婚礼，男女一方就过世了的，漳澎有多种处理方式，详见后文。

只有这样前头婆才会保佑这些子女顺利成长。如若不然，前头婆就会因此而生气、发怒，从而给这家人带来不利，影响填房所生的子女们的前程。

3. "不见天"与夭折

在传统的漳澎，胎死腹中的婴儿以及夭折的孩子，也都可以算作家鬼。前者就是所谓的"不见天"。旧时的漳澎人对于胎儿或者婴幼儿死亡普遍并不是十分重视，但因为担心这类家鬼会因故发怒而会对家人不利，所以还是会设法应对。

有些孩子则是在顺利出生后夭折了，这时也有许多禁忌或者习俗。例如，如果夭折的是第一胎，为了避免其"生恨"，即导致以后的孩子接连出现夭折的不幸后果，在他之后出生的孩子都绝对不能够再用其使用过的名字。此外，与上文所述的"改换称谓"的情况相似，以后出生的孩子也都不能够称呼父母们为爸、妈，而是要改口称叔、婶等，据说如此就可以迷惑夭折者，避其祸害。而在存活下来的子女结婚前，父母通常就要为逝者办冥婚祈福，对此我们将在后文详述。

除这两种情况之外，还有极少数的漳澎家庭会在家中为早死的孩子设立神主牌，我们也将在后文描述。

（三）其他生育信仰

在漳澎人看来，除了以金花夫人为中心的生育神灵之外，还有部分神灵，他们的主要功能不是帮助人们生育，但也会在一定程度上护佑孩子。

1. 南无阿弥陀佛

"南无阿弥陀佛"是常用的佛教用语，"南无"念"那摩"，意为皈依，"阿弥陀"意为无量，"佛"即是觉者，既是使自己觉悟也要使他人觉悟。佛家相信，只要念这句话就能躲避一切不幸并免受一切恶鬼的骚扰。漳澎人所谓的"南无阿弥陀佛"，实际上就是一块刻有此字样的石碑。这种石碑几乎都是麻石质地的，高约半米左右，通常竖立在村落内的埠头、桥边等地。村民认为，这座石碑本身就是一位神灵，或者是某位神明在人间的具体表现形式。因此，它在水边、桥边起到镇水、镇鬼的作用，保佑孩子们免于落水遇难。

2. 水龙王

在漳澎，水龙王也被称为"水仙"（即水里的神仙）。每年的农历二月初七，是漳澎一年一度的"水仙诞"。旧时每到这日，漳澎的父母亲们会举办一种较为特殊的祭祀仪式，实际上是通过贿赂龙王的方式，求得水龙王保护所有在水中游泳的孩子，避免出现呛水、溺水等意外。如此看来，这位神明的功能与"南无阿弥陀佛"颇为相似。

由于本书第四章对此有详细的描述，故此处不赘。

3. 其他与孩子有关的神灵

漳澎人认为，还有许多其他神明也在"兼职"保佑孩子。例如，文昌帝君可以保佑小孩子读书聪明、学业顺利；齐天大圣跟小孩子一起玩耍，并保护其安全；七姐不仅保佑少女们心灵手巧，早日觅得如意郎君，还能像十二奶娘一样帮助母亲们照看幼童。

不过，漳澎人相信，这些神明"都不能算是金花夫人的手下，只是能在金花夫人、十二奶娘没空的时候帮助妈妈们照料孩子，（其）主业不是照管孩子"。

二、漳澎传统的金花信仰

人们公认天后是漳澎的"香主"（即村落保护神，亦作"乡主"），漳澎人最普遍的信仰是天后信仰。但漳澎日常生活中最为多见的却是关于金花娘娘的信仰。或者可以说，天后信仰是漳澎的"神"，保证了漳澎之所以为漳澎而不同于周边的村落。金花信仰则是漳澎的"实"，抚育了代代的漳澎人从而真切地展示着漳澎。

（一）漳澎金花庙的前世今生

1. 旧庙记忆

漳澎很早就有金花庙，现在一般称为旧金花庙，但我们始终没有能够找到任何历史文献以确认其修建时代。对于这座旧庙在新中国成立前的情况略知一二的村民，主要都是80岁以上的老人家，他们也无人知道其修建年代。

依据开药店的赵伯伯的说法，旧金花庙修建在现今的金花庙的正后方①，"比现在的金花庙气派许多，修建得十分富丽堂皇。占地啊，几乎是现在的三倍大"。与当时的天后庙一样，旧金花庙也是由"公家建造的"②。另一位赵伯伯则回忆，在他小的时候，天后庙看上去就比金花庙旧一些，似乎说明金花庙建造的年代应相对近一些。但到底是在什么年代修建的，他则不敢估计。图3-7是综合了几位老人家的回忆绘制的简图，大体上可以展示旧金

---

① 描述村落内彼此间相对的空间方位时，漳澎人习惯于以靠近河涌的一方为"前"，而以远离河涌的一方为"后"。这种空间认知方式，相当独特而迄今缺乏研究。

② 当时所谓的公家，村民有两种解释：村内的某种集体性组织与当时的政府。我们尚未能够确定何者为是。但也有人说，旧庙其实是村民捐资修建的。

花庙的空间情况。

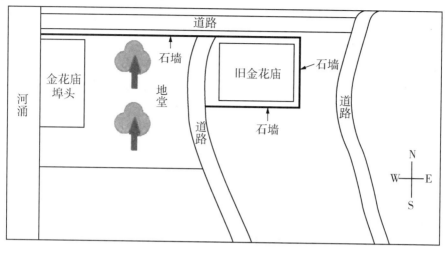

图 3-7 旧金花庙周边环境示意

图中左侧为河涌，河涌边为金花庙埠头，埠头处有一处地堂①，当时还种有几棵大榕树。图中部为旧金花庙，一堵两米高的石墙围住金花庙并将三坊（南）与四坊（北）分隔开来。旧金花庙地处三坊，庙北边的道路就是三坊与四坊交界处。

在现已 80～90 岁高龄老人的记忆里，旧金花庙并不是让童年时的他们觉得快乐的地方。老人们回忆，当时庙中显得很阴暗，还有位相貌令他们恐怖的菩萨，因此，那时他们都十分畏惧金花庙，要是"没有大人带着，自己绝对不敢去庙里玩"。现在已经年逾 90 岁的一位赵老伯告诉我们，当时庙里的菩萨都是用香胶和着汞烟塑成的泥胎菩萨，面部以外的地方都镀有乳金，面部则涂上与常人肤色一致的某种漆料，形成了类似白泥烧制的效果，最初通体显得很光滑。烧制完成后，还要在印堂处点一个金点，再为之穿上华丽的布制衣裙，戴上类似戏剧中花旦佩戴的头冠，就可以放进庙宇里供奉了。但由于菩萨是泥塑的，脏了也难以用水清洗。因此，经年累月承受村民们敬奉的香火熏陶之后，各位菩萨"就会变得黑漆漆的。在最开始的时候，金花夫人的泥塑像，脸是洁白的，也很光滑。不过时间长了，就（被熏得）变得很黑了"。当时的金花夫人塑像有一人多高，呈坐姿摆置于庙正中靠近后墙

---

① 地堂，在当地指祠堂或者庙宇前的一块空地，有多种作用，参见张振江《流水·坊巷·人家——村落漳澎的人类学景观》，中山大学出版社 2014 年版，第 178 页。

处,十二奶娘、观音、哪吒、招运童子、保寿爷、花公与花母等分伺其左右,但是,没有现在金花庙中所见的雷公电母、鸡骨夫人等神明。当时在旧庙的门口,还摆有一位青面獠牙、红唇大嘴的门神塑像,他一手拿生死簿,一手拿笔,穿短袖衣且裸露出一边的肩头,貌似阎王,显得十分凶恶。那时孩子们尤其畏惧这尊门神,经常连去金花庙附近玩耍都不敢。

在金花庙的前方临漳澎河处,以前就有一座公共埠头性质的大埠头,埠头附近还有一座供村民过夜或者闲聚的凉棚。这处埠头称为"金花庙埠头",是属于三坊的一处宽达4米的主埠头,自岸边至水中一级一级地铺有麻石条,据说最下一级的石条下面还有粗大的木头支撑。旧时有村民结婚或者去世,都要由此处划船进出村落,它便成为一个具有重要仪式意义的阀,在当时村民的生活中占据了十分重要的地位。

2. 旧庙消逝

我们很惊讶地发现,对于在村民心目中占有重要地位的金花庙是何时以及如何被毁坏的,人们的说法并不一致。

例如,在金花庙前开杂货店的陈老板说,"文革"时期旧金花庙被拆了,原址分给三坊的一对赵姓兄弟建了新屋。四坊的赵伯伯则说,其实在新中国刚成立时,金花庙中的菩萨就被扔进河涌毁坏了,"土改"时这座"公家的"金花庙,分给穷苦村民当民居。后来,村民将旧庙拆除,建起了新屋,所以在"文革"之前这座庙就已经消失了。但实际情况是金花庙、天后庙没有完全被毁,只是改作其他用途,且部分建筑有所改建而已。亲历其事的"神婆"陈婆婆回忆说:

> "文化大革命"那个时候啊,连香烛、纸钱这些都买不到的。要是有谁去拜了神,拜了祖先,公家就要拖着你,让你戴着高帽子去游街。
>
> 社员(意为村民)啊,那是不敢砸村子里这些庙的。那时候有很多广州来的、东莞来的,就是那些红卫兵、红小兵,就是他们来砸的庙。他们就是把神像都砸坏了,金花庙、天后庙,他们都没有拆毁。

新中国成立后的一段时间内,大部分村民仍然都是居住于简陋且经常需要维修甚至加固的泥砖房之中。因此,虽然村民这时已经不敢去庙里拜神,但由于这两处庙宇是村中较大而且质量较好的建筑物,村民并不舍得拆除。因此,天后庙被用作漳澎村集体办公的场所,而金花庙则被分给一对贫苦的兄弟当家屋。这对兄弟原本住在旧庙前的一处破房子里,搬进旧金花庙后就把破房子拆了,因此旧庙前空出一块地。到了20世纪60年代,两兄弟又拆除了部分庙宇建筑并加以改建，以使其更好地适应民居的需要。

3. 新庙重建

改革开放之后，"漳澎人烧香拜佛的风俗又流行起来了"，最先恢复的就是天后信仰。五坊的一所民居里重新供上了天后娘娘的金身像，这处民居是成为现在所见的漳澎天后庙。1993年，由住进旧金花庙的那户人家的后代李婆婆牵头，一些有"神心"的婆婆们多方筹集资金。而分得旧庙的村民，也觉得要向金花娘娘报常年护佑之恩，更希望金花娘娘能够保佑其子女有个好前程，因此也愿意将自家老屋拆除后空出的土地献出来用作新庙地址。最终，众人齐心合力重建了金花庙。李婆婆回忆说："当时大队（即村委）没有集资，社员有钱的就出钱，有力的就出力。"

实际上，几乎从金花庙改作民居一开始，许多村民就一直有重建金花庙的想法，但是"上级一直不批准"。李婆婆说："金花庙和天后庙，自从立村起就有了，漳澎一直有拜金花的传统风俗。"而村民们重建金花庙，正是希望能延续这个传统。因此这次村委会批准后，人们立即开始建新金花庙。漳澎人"入伙"时都要举行"拜地头""出火耗"的仪式，以祈求神明保佑屋主入住后顺顺利利。人们认为庙宇就是为神明建的住房，因此，类似的仪式也是必不可少的。李婆婆说，重建金花庙时也举行了"拜地头"仪式，当时依次拜天、拜土地、拜金花夫人，还依照惯例将写有金花夫人名号的地契烧给了土地。这与一般人家拜地头时先拜天，再拜土地和祖先，最后烧地契的程序只有细微的差别。

与旧庙相比，重建的新金花庙宽度相似但长度略短，故占地、规模都不如从前的老金花庙。再加上处于民居高楼包围之中，又没有了门前原先宽阔的地堂，所以显得相当逼仄、不起眼（见图3-8）。村民们感激捐献出土地建造金花庙的那户人家，集体商量后决定由其管理新金花庙，因此，庙祝一职至今都由这个家族的女眷担任。这座庙的香火钱、平时或者神诞时供神的供品，也都归庙祝自主支配。除了日常用度外，平时庙中动用香火钱的机会并不多，所以这些实际上等于给庙祝婆的报酬。这块地的主人是现任庙祝婆的侄子，他母亲就是牵头建庙并担任了新金花庙第一任庙祝婆的李婆婆。访谈时新庙祝婆说：

> 金花庙里的供品，只有庙祝婆才可以吃。像今年金花诞的时候，就有很多人上供苹果、荔枝、大包的麻糖、菩提子那一些。后来，我把这些供品分成两大袋。我拿一袋，我的侄媳妇拿一袋，各人拿回家，吃了好几天。

图 3-8 重建之后的漳澎金花庙

新庙建成后，领头的几位婆婆用筹得的钱去佛山买了些新神像回来，还在麻涌镇上找了一位师傅用泥塑了些菩萨像。到了 2009 年，这些泥胎菩萨渐渐残破，几位婆婆因此又发起集资，筹得款项后到以制作神像出名的东莞道滘定做了新的陶瓷菩萨像，并将原先的泥像运还给那位麻涌的师傅。金花庙更换菩萨像也是有讲究的，要先看皇历，通过卜卦挑出吉日吉时后才能够进行。如今所见的新菩萨像是根据老人们的记忆塑造的，并按照新中国成立前的秩序摆放，因此老人们都说新菩萨像更像以前的菩萨像。

与旧庙相比，新庙中的金花夫人塑像略小，内中也多了不少神明，但门口没有了相貌凶恶的守门神。由于两次塑造神像都是以批次为单位进行的，因此，神像虽然种类繁多却能够保持风格一致。

(二) 漳澎金花庙现况

新金花庙位于三坊与四坊交界处，庙门上方并无牌匾，仅用红漆写上"金花庙"三个大字，旁注"一九九三年癸酉年初夏九日"十来个小字。正门（即铁闸门处）贴有对联，"欣逢圣母生辰日　万民祝贺寿天齐"，横批"圣寿无疆"。庙祝婆说，每年金花诞时都会换一次对联，现在这副对联是 2013 年换的，当时还专门请了外村人写的。从庙外向内看，台案上从左至右依次为：十二奶娘（十二张、十一蒋、十何、九彭、八丁、七祁、六刘、五马、四甄、三关、二徐、一袁）、花母、花公、送生司马、斗母、金花夫人、包公、保寿爷、文昌、医灵、财帛、雷公、电母、鸡谷夫人、马夫、地方神、招运童子，如图3-9所示。

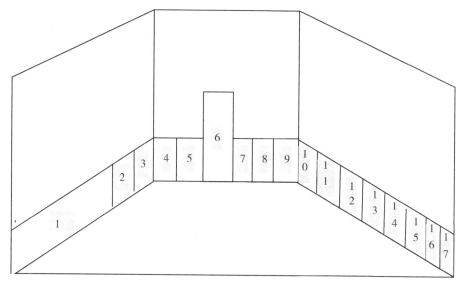

图3-9 金花庙众神分布图（1为十二奶娘，2为花母，3为花公，4为送生司马，5为斗母，6为金花夫人，7为包公，8为保寿爷，9为文昌，10为医灵，11为财帛，12为雷公，13为电母，14为鸡谷夫人，15为马夫，16为地方神，17为招运童子）

放置众神塑像的台案饰有围帘，绘有"八仙过海""二龙戏珠""凤凰呈祥"等寓意吉祥的图案。房梁两边悬挂一条布幅，上书"金花圣母惠福夫人"。这些饰品都是由漳澎虔诚的信众集资购买，到了金花诞等神诞日或者节日时敬奉给金花夫人的。不过，大部分村民对庙宇中神祇的认识相当有限，现任庙祝婆对庙中神明及其功能也并不是非常清楚。庙祝婆这样向我们介绍了金花庙里供奉的诸位神明及她认为的各自的职责：

> 金花庙中，金花夫人坐正。左边的一排就是十二奶娘，里面有守护孩子洗澡的奶娘一袁，有保佑妇女生龙凤胎的奶娘，有保佑妇女怀孕的奶娘十二张，有拍手掌鼓励孩子的奶娘五马，有保佑小孩读书的奶娘六刘，有保佑母亲哺乳的奶娘八丁，有教训不听话的孩子的奶娘九彭，有守护孩子玩耍的奶娘十何。
> 十二奶娘旁边的，就是花公、花母。漳澎有句俗语，说的是"床头花公，床尾花母"。花公、花母也是守护小朋友的。再旁边是送生司马，

保佑结了婚的夫妇生儿子。后面的斗母,是负责管地下的事务的。

另一边的神里面,包公是断是非的,保寿爷是保佑长寿的,文昌是护佑读书人求功名的,医灵是管治病的,财帛就是财神,雷公、电母管打雷、下雨,鸡谷夫人是为人保护家禽、保佑农家谷物丰收的。马夫是给地方神牵马的,地方神就是管这一片地方的。最后一个长了翅膀的小仙,就是招运童子,也是保佑小孩的。

庙中的金花夫人高约一米,为坐式塑像,她右手持笏板,左手抱一男童,红衣白裙,面目和善。人们给金花夫人戴了一顶红色花冠,系了一件红披风,耳朵上也挂上一对珍珠吊坠,膝上还放置两把羽毛扇。庙祝婆说,除了花冠与披风是用香油钱买的,金花夫人身上的其他物件,都是敬神求神的村民不时敬献的。金花夫人像前有一碗净水、一面镜子,两边还各摆一个花瓶,一瓶插着数枝紫色花,另一瓶插着红花和白花。这些红花与白花供信众求子时所用,紫花则用来供奉神灵。除了金花夫人之外,其他神明头上都戴着布制的小红花冠,但没有披风等装饰。(见图 3-10)

图 3-10　漳澎金花庙内景

村民到金花庙多是拜金花夫人和十二奶娘，其次是拜文昌和保寿爷。尤其是每年高考的前后，都有很多母亲带着孩子来拜文昌，祈求保佑子女顺利升学。其他的神如马夫、雷公、电母等，则很少会有人专门来拜祭。每逢初一十五，总会有一些特别敬神的人来拜，但大多数已婚妇女都只是在金花诞时才来，主要是祈求保佑自己或者女儿顺利生子，或者求子孙听话、健康成长。现任庙祝婆的侄媳妇多年前已经迁居麻涌，但每到金花诞时她一定会回漳澎拜金花。调查时我们发现也有一些年轻女子来求姻缘的，但并不多见。整体上说，来拜的人以中年以上的妇女为主，她们还经常带着自家的孩子来拜。

金花庙中放有签筒，前任庙祝婆懂得求签，还可以帮人解签，现在的庙祝不懂这些，庙周围也无人识得。但是，这丝毫不影响村民们对金花夫人的敬仰与信任，每日来金花庙祭拜的人依旧很多，人们仍认为金花夫人十分灵验。平日来拜神的人都会供奉很多的香、烛等物，再加上每年金花诞时信众所供奉的，庙中香火已足够平日所用，无须庙祝婆另外购买。她所需要购买的，通常只是金花诞时为金花夫人准备的新衣。庙祝婆说，她在2013年时给金花夫人买了新衣，但由于2012年换上的衣服还很新，就决定以后再换上。

漳澎人的各种信仰活动至今仍然经常会用到香茅草，故许多人家都会种植一些，金花庙门口处同样也种了一盆。庙祝婆说，拜神的时候香灰到处飘散，很容易弄脏庙中的菩萨，所以每月初一、十五都要用香茅草煲水抹净，还要打扫整座庙宇。金花夫人头上戴的红花冠以及披风，每年金花诞前一日要用碱粉水洗一遍或者更换新的。为了避免烟火像从前一样熏黑菩萨，庙前还设置了专门的烧香、烧蜡烛处。庙内的桌子则不再供香烛，只供信众拜神时摆放随身带来的茶、猪肉、生果等供品。拜完神后祭品带回家或者留给庙祝婆。

如今这位庙祝婆在庙中最主要的工作，除了打扫卫生就是"看庙"（即负责庙宇的安全）。每天上午8点左右到庙里，10点回家；下午则是2点过来，5点左右离开。即使是在看庙时，她也并不需要时时在庙中守着，可以到邻近的人家门口聊天。只是当有人来拜神时，她才过来打开铁闸门。漳澎的庙宇原本都是没有门的，但曾经有位精神不正常的女人趁人不备跑到某处庙里去砸菩萨、扔菩萨，村民为避免再发生此类意外，就给每座庙都安了铁栅门。庙祝婆不在庙里时铁栅栏都要上锁，以防菩萨因遭受不敬之举而惩罚村民。

(三)"金花"的传说

新中国成立前的漳澎以及麻涌等许多村落中,有"漳澎娘仔拜娘嬷,麻涌娘仔拜金花"的说法,意为漳澎村的女孩如果求平安则要拜娘嬷(即天后娘娘),而麻涌村的女孩如果求平安则要拜金花夫人。这个说法说明在漳澎天后的地位比金花娘娘高得多,这背后可能有很深刻的道理,但我们暂时还无法确知。

我们发现,漳澎其实少见关于金花夫人的传说、神迹或者故事,更很少有人知晓金花夫人的来历与神通。但是,不少村民们又十分肯定地说,早在漳澎立村之时,金花夫人就在漳澎保护着村落。有一些村民甚至还非常具体地认为,金花娘娘"姓金,名花",是一个漳澎的女人变成的神。漳澎人普遍认为天后娘娘是位姑娘神,但金花夫人既然保佑别人养育孩子,那么她必定是位已婚已育的妇人。邻村大步与漳澎是世仇关系,但在这一点上的认识却与漳澎相同。大步观音祖庙的掌庙阿婆被认为是知晓金花夫人故事的人,她也认定金花夫人是一位已婚已育的妇人,并具体说金花娘娘不仅经常帮人接生,还长于治疗不孕不育,因此她在过世后得以享受人们的香火供奉而成为一位神仙。

这个难得的一致非常有趣,麻涌大部分地区流传的相关传说、故事和神迹,其实主要都是围绕金花娘娘所具有的保佑女性生子和育子两个功能展开的。住在漳澎金花庙附近的三坊的李婆婆,曾专门给我们讲过一个关于金花夫人育子的故事:

> 在漳澎,有很多人都说呢,就是新中国成立之后啊,漳澎那时不是开始分地分房子吗,有一家人,就分到了旧的那个金花庙。住进旧金花庙的那户人家,后来就生了两个儿子,还生了一个女儿。
>
> 这两个儿子和一个女儿啊,都是十分"生性",就是很听话,很懂事。父母在外做事的时候,他们放学就回家,就是在家里做功课。做完之后呢,就去洗菜,还拖地,就是帮父母做家务。现在啊,那家里的两个儿子早就成才了,说是都在做公务员。
>
> 大家看到这家的两个儿子、一个女儿,都这么又听话又有出息,就认为是他们家住了"圣地"(的原因)。就是(因为)金花夫人有灵性,帮这家的父母带大了两个儿子,还有那个女儿。

漳澎的人对于金花娘娘怀有敬畏之心，认为如果对神明不敬，必定会遭受严重的后果。这很有意思，但我们还不知道其原因，可能是出于维护神明的需要，也可能是某些别的因素作用的结果。但人们又认为，金花娘娘等神明又是大度的，即使对她不敬，只要能改过，她并不会计较。漳澎六坊的刘阿姨告诉过我们她小时候听老人家讲过的一个故事：

>漳澎以前有个女人，在"文化大革命"的时候，看到别人去砸金花神像，她也去砸了。结果呢，菩萨就惩罚她，让她结了婚之后呢，过了很多年就是怀不了孕。
>
>她知道了原因之后，就专门拜了金花夫人（以示道歉）。拜了之后呢，金花夫人就原谅了她。所以她就怀上了孩子，最后啊，她生了一子一女。

人们认为，只要虔诚信奉，就会得到金花娘娘的一力保佑。李婆婆很自豪地说，漳澎人都说金花庙附近是村里的"圣地"，而她家就住在金花庙旁边。她的三个儿媳妇一共生了五个孙子，这在计划生育盛行的当代几乎是不可能的事，所以邻里们都说她家受到"菩萨"的庇佑了，她也归因于自己信奉金花娘娘。李婆婆年轻时在东莞工作，属于当地人所说的"见过世面的人"。她退休之后才又回到漳澎定居，在她看来：

>其实这些（指民间信仰）都是信则有，不信则无的。既然我信金花娘娘菩萨，（结果日子过得）调调顺顺，那我为什么不信金花菩萨呢？
>
>有的人拜菩萨（变得）富贵，不拜菩萨也（变得）富贵，那这些人就一定是常做好事的，我们说这些人是菩萨心肠。不是说吗，"不做亏心事，半夜敲门也不惊"。我们是普通人，只要一生敬佛就好了。

由李婆婆所说的来看，实际上她对信仰是有些混淆的，她可能不知道金花娘娘不是什么菩萨，与佛其实沾不着边，但这不妨碍其虔诚信奉。如今绝大多数的漳澎村民对于"拜菩萨"都是类似的情况，他们还普遍相信，"拜菩萨"的同时需要自己"行善积德"，否则，"菩萨"依旧不会保佑自己，甚至还会惩罚自己。在村民看来，敬神与行善同等重要，不行善也不敬神的人会受到惩罚，敬了神却不行善的人神灵不一定会惩罚，但肯定不会予以帮助、赐福。而只有敬了神又行了善的人，神灵才会为其提供帮助。

村民如果拜了金花娘娘却未能如愿得子，人们就会怀疑这个人可能还不够"敬神"，或者是平日里行善不足，所以金花娘娘才不送子来。而对于求子成功的人，村民则大多认为此人平日里爱做好事、尊敬神灵，所以才有求必应。在大步村的观音祖庙，庙祝婆讲述了一个在整个麻涌广泛流传的据说是真实的故事，故事的大意是：

> 有一对夫妇，女方已经34岁了，结婚三年依然无子。因此，她到观音祖庙拜金花和十二奶娘。
> 拜花王数十二奶娘时①，她最终拜到了抱着一对龙凤胎的奶娘，大家都觉得不可思议。而这个妇女回家后果然就怀孕了，最后还真的就生育了一对龙凤胎，一个重四斤六两，一个重四斤八两。

人们都说这位妇女的母亲为人善良，而且常常到庙中拜金花。因此，她得到了菩萨的保佑而顺利怀孕并生育了一对龙凤胎。大家都认为，这是由于母亲的善心和诚心打动了金花娘娘。我们的调查发现，周围一带村落的人们普遍觉得大步村观音祖庙中的金花夫人非常灵验。

由于这一带地区只有大步有观音庙，邻近村落信奉观音的妇女们常常来拜观音，但她们几乎都会同时给金花夫人上香、磕头。观音祖庙中经常聚集一些本村和外村的婆婆，义务帮助操持庙宇事务。本次调查时她们向我们讲述了不少金花夫人助人育子的故事，其中一则解释了为什么以前的金花娘娘亲自帮人们带小孩，而后来则只是辅助人们养小孩。这则故事的大意是：

> 从前，这里的人都很忙，都没有时间带孩子。于是，外出劳动时各家就都把小孩放在村里的金花庙中，请金花夫人帮自己带孩子。小孩子在庙里非常乖，会自己玩而不会乱跑乱动。
> 后来有一个男人，他不相信金花夫人真的会帮人带小孩。于是，他在出外劳动的中途就偷偷回到金花庙中观察。结果看到小孩子们正在玩一种像鸡屎一样的水果（俗称为鸡屎果），却玩得非常开心。这个人不明所以（觉得非常脏），就把自己的孩子带走了。

---

① 拜花王数十二奶娘，是当地妇人求子的一种仪式性行为，参见后文"求子习俗与仪式"部分的详细描述。

金花夫人见有人不相信她，就生气了，从此就不再理睬村民了，也就不再帮村民带小孩了。于是，现在的人就只能求神拜佛，请金花夫人让自己的孩子听话一点、乖一些。

漳澎人相信神明同人一样具有各种性格，也会使些小脾气，会嫉妒、委屈、气愤，还会因此而惩罚冒犯她或者对她不敬的人。漳澎人历来相信金花娘娘会帮人带小孩，但实际所见的都是父母之类的人在带，这则故事从一个角度尝试解释了金花娘娘只助人育子而不亲自带小孩的原因。故事中的这位金花娘娘，一如寻常的因为遭受误解、不信任而倍感委屈并做出赌气举动的民间女性。实际上，漳澎以至整个汉族民间的神明多是如此，在具有神性的同时又具有普通的人性。在这个意义上说，神的确是人类自身的投影。

概括地说，珠江三角洲各处不同村落的人普遍相信，金花娘娘既能保生又能佑育，但是，不同村落的人所强调的则略有侧重。例如，漳澎人常说"摇船抓浆拜娘嬷，生男生女拜金花"，而角尾的渔民们则喜欢说"摇船拿桨拜罗马（即娘嬷），生子夫娘拜金花"。这两句俗语中的前一半都是说行船的人想要平安，就必须去拜天后，后一半则略有不同，"生男生女拜金花"侧重于生，"生子夫娘拜金花"则同时包括生与育。大步村流行的类似俗语则是"娘仔拜娘嬷，生仔拜金花"，意思是未婚姑娘求同样为姑娘的天后保佑平安，而已婚妇女则要求同为妇女的金花娘娘保佑自己生子。如此看来，即使是同一位神明，在不同地域社会的人眼里其实是不同的，神明因此总是属于特定的、具体的社会的。

（四）金花夫人的功能

漳澎村现在拜祭金花娘娘的主体是中老年妇女，青少年女性去拜祭的很少，这与以前有明显的不同。这些虔诚的中老年信众每逢初一、十五依然去金花庙中上香、奉神，而且她们还几乎总是带着年幼的儿孙同去参拜，据说这样可以让儿孙及早沾上神灵之气，所求的也更为灵验。我们曾经观察过十坊的林婆婆背着孙儿到金花庙中拜金花（见图3-11），现将这一日常奉神的仪式过程呈现如下。

图3-11 背着孙子拜金花的林婆婆

林婆婆先在庙前点香处添灯油、点七星灯，点燃六支香后，分别插在插香处和门官处，其间反复念诵"多谢菩萨保佑，孩子快高长大、万事顺意"。接着点燃自己带来的塔香，挂在插香处上方的架子上。

进入金花庙后，林婆婆把装在果盒内（果盒以生米铺底，桃子、苹果、柑橘各两个，另有一束桂圆和几粒麻糖）带来的供品摆在神像前的神台上，之后婆婆背着孙子跪在金花塑像前，双手合十拜祭："拜请金花夫人，拜请众神齐位，拜请众位灵神菩萨给福、给禄，C家门上花仔、花女、大仔、信女①个个身体健康，心想事成，万事顺意。保到阖家上下无病、无痛、无灾、无难，个个长福长寿、长命百岁。谢谢你保佑我这两个宝贝孙子，一个CZM，一个CZY，聪明伶俐、话头醒尾（意为说了前面的就懂得后面该如何做），保佑他们身体健康、快高长大、聪明乖巧、心灵考晓②、步步高升、心想事成、万事顺意啊！保佑阖家仔囡一条心、个个好身好运啊！保佑时时平安、日日平安、天天平安、岁岁平安啊！保到一年四季、季季平安啊！谢谢金花夫人保佑，多谢医灵菩萨，众神齐位，众位灵神菩萨保佑啊！（将身体转向左边十二奶娘）多谢十二位婆姐、十二位奶娘保佑，保佑CZM、CZY身体健康、快高长大、听听话话、好身好运啊！多谢保佑！（身体侧向右边让背着的孙子和自己都面朝金花夫人）保佑我们这个CZY花仔快点学会讲话、听教服话，多谢金花夫人保佑！多谢金花夫人给我了两个男孙，请金花夫人多给我两个男孙啊！多谢你给福，多谢你保佑，磕个头给你，多谢你保佑！（接着磕三个头，每磕一下双手合十拜一次）保佑我们阖家仔囡万事顺意、心想事成、得心应手、鸿运当头！"

拜完后婆婆起身，从供在神像前的果盒中抓出一小把生米撒在神台上，掰下两颗桂圆放在米堆旁。然后走出金花庙将果盒放在请香处前的台面上，拿钱给金花夫人添香油时先鞠躬说："C家阖家仔囡添香油，请给个个赚钱顺意、心想事成、万事顺意，个个好身好运。"将钱（15

---

① 依照漳澎的习俗，在与神鬼有关的民俗信仰活动中，已婚男女与未婚男女或者大人与小孩的称谓是特定的。一般来说，已婚的成年男子，或者未婚但已经人过中年的男子，普遍称为"大仔"；已婚的成年女子，或者未婚但已经人过中年的女子，则普遍称为"信女"；未婚又未成年的男孩称为"花仔"，未婚又未成年的女孩则称为"花女"。这种称呼多见于背称或者他称，有时也可用于自称。

② 当地俗语，大意为聪明伶俐，学习时可以心领神会，无须费力。

元）投入功德箱，然后敲三下鼓、三下锣，意为告知神明给了香油钱。

拜完金花夫人后，婆婆又拜庙右侧的土地神。抽出三支香、端起果盒放在土地神像前，祈祷几句后将三支香插在神像前的香炉中，从果盒中抓一把生米撒在神台上，之后给土地公公添香油（5元）。

仪式至此全部结束，婆婆把果盒和剩余未燃的香收好，背着孙子离开金花庙回家。

一如这位婆婆的奉神所示，漳澎的女性日常拜金花夫人时所求的主要在于生与育，这也就是传统上漳澎的人们认为金花夫人所具有的两个主要的功能，人们形象地说成"新妇求子"和"母亲求育"。传统上，漳澎新婚的女人们从结婚次年的金花诞开始，就要登庙拜金花求子。而婚后迟迟没有生育的人，更是要给金花夫人"做福""摆供"（意为祭拜）。至于母亲或者奶奶、外婆们，则会在初一、十五、重要的年节以及神诞时，虔诚祈求金花夫人帮助自己教养子女。但我们的调查发现，在漳澎的不同历史阶段，人们对于金花夫人这两种功能的看法以及具体所求其实可能略有不同。

在漳澎传统的生育观念中，人们注重生育子女，但相对来说较为忽视对于子女的培养。所以过去拜金花时的愿望多是求子，求育的相对较少。而根据我们的观察，如今村中的妇女们还是会求子，求育的也明显增加，这与社会环境和人们观念的变化密切相关。例如，村中的娘仔房早已消失，凉棚的功能已经转变，传统的直接教化孩子的场所大幅减少，社会的教育功能大为减弱。此外，由于主客观双重原因，近几十年来普通漳澎人家孩子的数量急剧减少，"大孩子带小孩子"的情况几乎不复存在，又减少了一种传统的教化方式。而更为重要的是，人们已经形成了新的观念，从过去追求多子变成更重视对子女的养育，父母们都愿意把更多的时间花在教养孩子上。直接的一个表现就是，在较为年轻一代的信众中，祈求金花娘娘保佑自己的孩子"聪明伶俐、听教听话"的越来越多。完全可以说，求育已经成了当代漳澎金花夫人信仰的重点。

为了求子或者求育，人们要举行某种相应的仪式。这类活动通常由当事人自己进行即可，有些时候则必须请鬼婆、神婆等事神人员帮助。村内的礼神拜佛主要可以分成三种情况：做福、还神、做诞。做福也称为拜神，一般在年头（农历一月到四月间）进行，主要是表达求神灵庇佑的心愿。还神也称为酬神，一般在年尾（农历九月到十二月间）进行，多见于农历十一月、十二月，主要是表达对神灵保佑的感谢之情。做诞的时间较为复杂，散见于年内各个时节。

做福与平时例行的拜神仪式基本相同，只需准备果盒和少量纸符、神衣、寿金即可。还神则要隆重得多，除了果盒之外还要准备烧鸡、烧猪、茶、酒、纸符、寿金、神衣和大量的聚宝盆，因为"到年尾了，菩萨保佑了我们一年，要多给点钱让神灵花"。每一年做福、还神的具体对象可能不同，年头时村民就请神职人员（如盲公）卜卦、解卦求神明指明今年应该拜哪位神灵。做诞是村民帮神灵庆祝生日，年头到年尾都可能有。村民普遍认为，做诞既是对神灵在过去一年护佑村子的感谢，也是祈求神灵来年继续保佑。我们发现神诞的时候村民对于神灵职能的区别并不敏感，故通常在感谢主神时也会拜祭其他的神明，这当是"礼多神不怪"的心理作用的结果。主要的差别仅仅在于当日过神诞的神仙的供品较为丰富，而从祭的神仙供品较简单。神诞时的祭品大体上与年头做福时的相似，有果盒、寿金、神衣即可。但如果是特别祈求某位神明保佑某事，则要准备较多的寿金以及鸡肉、猪肉等祭品。

如今除了天后诞等重要的节日可能需要神职人员协力之外，一般都是村民自行到庙里拜祭，还有少数人甚至不去庙里而是在家中对着天空拜。只有家境较好的人家可能会请神婆来家里帮忙拜祭。拜神时一般向主神上3支香即可，但拜"满天神佛"时则需要上12支香，因为这时"是拜祭天上众多的神灵"。

（五）求子习俗与仪式

各处庙宇的金花夫人塑像前总摆有花瓶，里面插着数枝红白两色的花①。这些花是供有需要的信众求取的，这个仪式称为"求花"或者"抢花"。人们认为，信众拜金花夫人时，可以求或抢这些红花或白花。依照漳澎流传至今的习俗，想要生育男孩的妇女求白花，而想要生育女孩的则求红花。但不论求的是什么花，都需要给金花夫人若干"求花钱"。

一般的，平时来庙里求花的人比较少，但金花诞时求花的就特别多。因此，在金花诞到来之前，庙祝婆都会提前买好大束的红花、白花摆好。庙祝

---

① 据调查，以前插的都是真花，现在则几乎都是插塑料假花。人们认为这样方便，神明也不会介意。

婆说：

> 来求金花夫人的花的那些人啊，就是先给金花夫人磕头，然后就来跟我求花，就是买花，今年是 10 块钱一朵花。交了钱，她就把挑中的花从枝上剪下拿走，这样就可以了。
>
> 不过呢，大家都喜欢买白花，不太喜欢买红花，看来还是想要男孩的人家多。有的人还一次买两朵白花，就是想生双胞胎男孩呢。

2014 年"金花诞"时庙祝婆又放置了 12 朵白花，但到 7 月份时就只剩下 3 朵了。而前任庙祝婆多年前买的红花，至今还剩下许多朵。人们认为，把求得的花拿回家后放在求子的女人的枕头之下，她就可以顺利地怀孕、生子了。庙祝婆说，2014 年"金花诞"时有一位婆婆很开心地告诉她，跟金花夫人求得的花显灵了："我去年（在这里）求了一朵白花，我媳妇今年就给家里生了一个男孙啊！"我们访谈时发现漳澎的男女信众普遍觉得求花"是非常灵验的"，中老年妇女更是普遍对求花必得子深信不疑。

除了求花外，信众去往金花庙求子时历来还有"拜花王"的习俗，在周围的其他村落乃至珠江三角洲许多地区，都可见到这一习俗存在。求子的妇人到金花庙向金花夫人许完愿之后，即开始"拜数"十二奶娘。这时她默念愿望并手拿一大束香，从第一位奶娘开始逐一拜祭，每拜完一位便上供一支香，如此循环不已直至把香上完。而在哪位奶娘处供完香，就意味着"数到了哪位奶娘"。这十二位奶娘中有十位怀抱着孩子，一位身怀六甲，还有一位未抱孩子也未怀孕。信众们相信，数到哪位奶娘，她身上的小孩就是金花夫人要送的凤女或者麟儿。如果数到了抱一个男孩的奶娘，则意味着金花夫人会送给信众一个男孩；如果数到了抱龙凤胎的奶娘，则意味着会送龙凤胎来。但如果数到那位未抱孩子也没怀孕的奶娘，则意味着因为某种缘故暂时还不能够怀孕得子。

孕妇在求到花并顺利怀孕后，如果出现了某种问题，就要选择最近的一个吉日到金花庙求神做福，这时一般只需准备一个果盒（见图 3-12）作为祭品即可。果盒用生米铺底，米上面放苹果、桔子等水果，还要放入麻糖、花生和两封红包。这时不需要茶、酒等，但仍然需要准备寿金与香。人们认为，如此这般祭拜、供奉之后，问题就会迎刃而解。

图3-12 村民们日常奉神时准备的果盒

孕妇顺利生育之后,无论孩子的性别、数量是否和拜金花时所求的一致,家人都一定要还神,这时还要把孩子带去。还神同样需要事先择定吉日,祭品还必须相当丰富。除了果盒之外,祭品中还要有烧鸡、烧鸭、烧猪、茶、酒、鲜花,以及大量的聚宝盆、纸符、寿金、金花神衣等物。自孩子顺利出生开始,母亲每年都要为孩子拜祭祈福(即"拜婆"),而最主要的拜祭对象仍然是金花夫人和十二奶娘。时日不同,"拜婆"的方式也有不同,我们将在本章第三节"生育习俗"部分再行介绍。

虽然金花夫人并不像十二奶娘那样有明确的分工,与具体的抚育行为之间的联系也不如十二奶娘那样紧密,但她仍然是漳澎人心目中的生育大神。每逢金花诞、年节和其他神诞,村民几乎总是会到金花庙中或者在自己家中供金花夫人。叶婆婆说,这时的上供通常是在"好日子"(即吉日)的上午举行,不需要神职人员帮助。孩子的母亲用拜神盘装好苹果或者其他当季水果,以及生米、香蕉和其他甜食,这些供品用拜神盘装好后"当天"摆好,随即开始念"请金花词":

  金花夫人、金花奶奶:
  你坐高望远,坐低望近。

你上天为本,我们为子女。
我们家门上,今年会侍奉你。
有果盒糖果,请你慢慢享受。
请你保我家庭:
行好运,黄金有进,无忧运顺,福满堂。

(六) 金花庙镇经

一般来说,漳澎人通常会在家中"有灾有难时镇经"①,而如果孩子生病或者遭遇某种不顺甚至灾祸,村民们通常请神婆在金花庙中举办"镇经"(有时也称"镇经文")仪式,意为通过念诵经文以求得平安。这种仪式可以视为巫术的一种,但村民普遍相信其灵验。由于这个仪式不是做福,因此事后也不需要还神。漳澎人认为农历七月是鬼月,为预防孩子遇鬼中邪或者受惊,几乎家家户户都会在七月"镇经"。

图3-13 在金花庙做"镇经文"的神婆

---

① 此外,有些人家如果希望生意兴隆等也会"镇经"。一年之中是否需要镇经以及需要镇几次经,均由事主自行决定。

我们曾经在漳澎金花庙里观察了两场镇经仪式，发现每场均持续约一个小时。第一场求镇经的是一位中年女性，她有两个儿子，一个16岁，一个20岁，都"十分不懂事。去学别人喝'止咳水'（一种类似毒品的药物），结果成瘾了"。为此她特来"镇经"，请求神明让孩子"生性"（即懂事）一点。第二场求镇经的是一位婆婆（见图3-13），因为她刚生了小孩的媳妇不听话："她刚刚生了孩子，下奶的时候还偷吃榨菜，要是弄得没奶水，那可怎么办！"以下我们借第二场的仪式过程来展示"镇经"的一般风貌。

仪式供品：一个果盒，以生米铺底，上有小蛋糕、冬瓜糖数个（寓意调调顺顺）、腐竹一条、红枣数个、柚子叶几片（据说这个可有可无）、黄糖砖两块、利是两封、寿桃饼一袋、桃子数个。另有一条烧猪肉和半只烧鸭（也可为一只烧鸭腿、一瓶米酒）。摆放供品时，果盒放在中间，两边分放烧猪和烧鸭，米酒放在果盒的正前方。

仪式用品：三支大香、一对大烛（上刻"心想事成，财源广进"字样）、五对小香烛、一袋普通的檀香。另有金银纸、寿金、玉皇真经、天后真经、金花真经、五色纸符（寓意贵人相助、绿马扶持等）等若干，聚宝盆、玉皇衣、观音衣、天后衣、金花衣、土地衣各一，用七支小香烛制作的七星灯一盏。

仪式过程：

拜神者向金花娘娘磕三个响头后，神婆开始在庙前的香炉烧金银纸和寿金，同时让拜神者点燃七把香火和两对香烛。其中的六把香和两对香烛插在香炉中，剩下的一把香插在门口门官处。

点过香，烧过金银纸和寿金之后，神婆开始掷圣杯，结果一次就掷得了"圣杯"。谢神后开始烧神衣和寿金，接着再烧玉皇真经、天后真经、金花真经，最后烧金银纸。

烧完之后，神婆面向菩萨、坐在摆供品的供桌后，这时燃一把香（十二支）点燃七星灯，之后香横放在供品与七星灯之间，香头突出桌面之外。她一边唱念经文，一边转七星灯，先逆时针转再顺时针转。唱一会儿后再掷圣杯，谢神后继续唱。然后再掷圣杯，掷到"圣杯"后让拜神者将大香烛点燃，神婆则继续唱念经文。之后又掷圣杯，连掷三次都掷到"圣杯"后，叫拜神者将聚宝盆拿去香炉处烧掉。然后继续念唱经文，再掷三次圣杯，所得的结果分别为"阳杯""阳杯""圣杯"。再唱一会儿后又掷两次圣杯，所得的分别为"阳杯""圣杯"。掷完后拜神者向金花娘娘跪拜并磕三个响头后"看香油"，即把七星灯中的蜡融化成液态油。

这个过程中反复唱的经文为：

"拜请天上玉皇大帝、观音大帝、天后元君、齐天大圣、包公菩萨、保寿爷爷、文昌帝君、医灵大帝、财帛星君、雷电公、雷电婆、鸡谷夫人、地方神、招运童子，又请斗母娘娘、王母娘娘、十二位奶娘、花公花母、花园土地、金花圣母坐镇。

请到众位灵神，众神齐位，保得某某门上、某某弟子，家宅兴旺，鸿运当头。镇起经文长生福寿，镇起经文长命百岁，镇起经文富贵荣华，镇起经文千年富贵、万年好。今日神仙来助阵，四季空灵给福分，今日神仙来助阵，家门幸福人康泰。福德星君入门堂，神恩保护兴旺旺。

多谢金花圣母，多谢十二奶娘，多谢花公花母，多谢花园土地，多谢神灵给福，多谢佛爷给福，多谢满天神佛，千多谢万多谢，多谢众位大神保佑子民心想又事成。"

唱完最后一遍后，神婆将剩下没点燃的所有香一把抓在手中，然后在七星灯上边绕边念祷词。之后从这一把香中抽出两根，点燃后让拜神者插在门口的门官土地位。剩下的香则被称为"香头"①，由拜神者带回家中。最后，神婆用掌风熄灭七星灯。

神婆再掷圣杯三次，三次所得皆为"阳杯"。神婆从椅子上站起来在旁边的地上跪下叩拜金花娘娘，磕了六个头后跪在地上连续掷圣杯四次，所得的分别是"阳杯""圣杯""圣杯""圣杯"。连续三次得到圣杯，表示镇经仪式确实得到了菩萨认可，仪式可以结束了。此时神婆开始唱：

"多谢神灵，今日镇起经文来，功成。拜请金花夫人为人民，包公圣上齐护经啊。又有保寿爷爷保得你阖家旺，开神会我都信，开神灵机会我都做过好样来。你们阖家人等有神心，又要保得你家人事兴旺又太平，某某（林姓）弟子今后一路行好运。某某（林姓）弟子镇经文，镇起经文长福寿，经文上香福寿又空灵。镇过富贵发达更添丁，人行大运精神起，一道天心处处明。今日神仙来助阵，多谢众神齐共为，众位灵神镇经文。某（林姓）家门上皆位男女个个行好运，皆位男女个个心想又事成。多谢神灵成功镇，今日七月初八镇经文，七月初八镇咗经文

---

① 镇经文用剩下的香火，漳澎人称为"香头"。人们很珍视香头，认为在家里点"香头"为神明敬香，则可以更好地保佑家中平安顺利。

行好运，保得他一年四季心脏里面无忧虑，身体健康又呀又太平。开好车也行好运，车来车往又太平，上落高低平安安，大小女男出入都又太平。

　　镇经文，经文上香行好运。经文上香又添丁，多谢众位神灵齐护身。多谢满天神佛好灵神，更多谢啊神尊保得他，一路太平。镇起经文行好运，保得他一谢谢了天条灾，无灾无难无惩罚；二谢谢了没了冤，无冤无仇好相处；三谢谢得流年好，流年好来无伤心；四谢谢得儿女无冤业，阖家和谐万事兴；五谢谢了好好避人怨，小人怨业死心里；六谢谢了人家口杂话多不成怨，小财泄出无是非；七谢谢了如意又成全；八谢谢了得罪神灵全都赦去；九谢谢完久福不灭，万事如意福满堂；十谢有解十谢有财，当年解当年财，解除冤孽人好运，四季平安大吉来。

　　镇起经文好运来，既要保男又保女。求神速速开金印，开开金印长福寿，还有护法保家堂，福如东海源泉来。求得菩萨开运来，多谢神灵神给福，多谢大神护佑又太平。"

　　唱完之后又念诵"多谢众神齐位，多谢菩萨成全，多谢神恩呐！"（此时打完圣杯。按漳澎的习俗，只有连续获得三次"圣杯"后，才能够将聚宝盆烧掉，否则就要不停地一边念诵一边打圣杯）

　　之后拜神者和神婆先后向金花娘娘"添香油"，将香油钱放置在金花娘娘手掌之上。神婆从拜祭者带来的果盒中拿出一个桃子和一个蛋糕，放在金花娘娘前的神台上供奉。其他的供品由拜神者带回家中给家里的孩子吃。漳澎人相信，家中的孩子吃过这些敬过金花娘娘的供品之后，就会聪明、听话、无病无灾。

（七）金花会与金花诞

　　每年的农历四月十七，是金花夫人的诞辰（即"金花诞"）。对于漳澎以及周边的许多村子来说，这都是一个热闹而又隆重的节日。漳澎有自己的"金花会"负责每年的金花诞活动，还有一种特殊的"金花符"供信众求取。

　　金花会是一种以金花夫人为中心的民间妇女组织，一般也只在金花诞时才进行活动。只要为金花庙或者金花诞活动出资就算入了会，但通常只有已经结婚的妇女才允许加入。在旧时，每逢金花诞时，漳澎的金花会都会用筹得的钱买来烧猪，用于供奉金花庙中的金花娘娘。供奉结束后，入会的妇女可以分到一些烧猪肉带回家给小孩子吃，据说小孩子吃了这种烧肉就会"听家服话、乖乖长大"。那时金花会还会请本地有名的鬼婆来跳神唱戏，这个环节称为"跳花经"，其实也可以视为一种巫术。鬼婆请金花夫人降身（类似于被金花娘娘附身）之后，鬼婆即代表金花夫人又唱又跳。到了"文化大革命"时，村里的"大粒佬"（意为有权有势者，此指干部）禁止跳花经，至今仍然不许在公共场合出现降身以及跳花经活动，一位婆婆回忆说：

> 这两年，村里干部才会说，（金花诞）这些旧的风俗啊，其实是传统文化（值得提倡）。
>
> 那在"文革"那个时期，这些活动，还有那些跟这些活动有关的庙、雕塑、图画，差不多就全被砸掉了，还有的就烧掉了。老百姓就把家里自己觉得有价值的那些古书啊、古画啊，就偷偷地都藏起来了。要是不被发现能过关算好，要是被抄家抄出来的话，那时是要坐牢的，还可能要拿去"打靶"（即枪毙）。

许多村民都告诉我们，"文化大革命"时期村中不准拜神，不准办金花诞，更不准跳花经。当时甚至不准村民在墙上贴红纸，连贴对联都不行，因为政府担心"是在实际上搞迷信活动"。"文革"结束后，村中的传统民俗活动有些自发地恢复了，有些则始终没有恢复起来，如著名的"金花会"。以前每逢金花诞时，漳澎都会举办一场称为"金花会"的活动，它类似于我国北方的庙会。每逢金花会就有很多人来买、卖各种跟神明有关的价格低廉的小东西。漳澎人相信，给家中的孩子佩戴上这些在金花庙前买来的珠串等小物件，可以让他们变得更乖更听话。因此，旧时孩子的母亲或者外婆、奶奶每年都会参加金花会，并且非常热心地给孩子买各种"护身"物件佩戴①。这种场景消失多年了，回忆起以前的盛况许多婆婆不胜惆怅。

"文革"结束后，漳澎的金花诞又一定程度上恢复了，现在又变得很热闹。不过，现在已没有了金花会组织实施，而是完全依靠村民的热心参与。现在也没有了集体活动，完全可以说是村民的个体自发行为。

每到金花诞，家家户户都要派女人去金花庙里祭拜金花娘娘，这时的祭品主要有用苹果（寓意平安）、米（寓意生活是甜蜜）、糖（寓意生活是甜蜜）等做成的一个果盒，有的人家还上供烧猪、烧鸡、烧鸭等肉食。一般来

---

① 据调查，这个风俗现在也消失多年了。但现在许多村民会在到寺庙中求神拜佛时求取（实际上经常是购买）类似的珠串、红绳或者银镯等，拿回家中给小孩戴在手腕或脚踝上，据说具有同样的功能。

说，酒和茶是不可缺少的祭品，但如果没有肉类，则可以只用茶而不用酒。我们曾经观察过漳澎的世仇村落大步村在农历六月十九举办的观音诞，发现其供品与金花诞的大体相同，差别仅在于观音诞时不能有肉食等荤腥之物。访谈时大步的村民们说，无论什么神诞，在为当天主神上供的同时都要为庙中其他神明供些祭品，但数量、种类比主神的略少。而根据我们的观察，漳澎、大步等村确实都是如此供奉祭品。

拜祭完毕后，信众照例要烧元宝和金花衣等"送给金花夫人"。每逢金花诞，这种神衣都是卖得很贵，但几乎人人都会买来（或者自制）烧给金花娘娘。金花衣中要放一种金纸即"金花真经"，我们在漳澎的集市上买到了一份金花衣，其内的金花真经（见图3-14）上印有如下文字：

  抱子夫人拜金花，夫妻和合翁姑夸。
  金花圣母赐丁财，家门和顺福禄来。

图3-14　金花真经

如果信众在自家的孩子出生前曾经向金花夫人求过子或者做过福，那么在孩子16岁前，每年的金花诞母亲都要带着孩子到金花庙中敬奉金花夫人。当地人认为满16岁即为成年，这时才可以不拜金花了。

漳澎最为著名的符箓即"金花符"（见图3-15），也是信众在每年的金花诞时求得的。如今的金花符有两种，一种为红纸黑墨，一种为黄纸黑墨。两种金花符都是长约25厘米、宽约15厘米，符面正中印有金花夫人盘坐像，她右手抱一个婴孩，左手持一个玉如意，面前还有3个孩童共同提着一个上面写着"福"字的灯笼。符上面的横批则都是"金花圣母惠福夫人"，用以标明身份。横批下面左右两侧各有一个小字即"镇"和"座"，右侧"座"字下面连"财源广进"，左侧"镇"字下面连"心想事成"。

图3-15 金花符

求得金花符之后，有的人家贴在自家屋内某处，有的则是贴在屋外，似乎并无定规。四坊一位80多岁的婆婆将金花符贴在了自家的大门上，还告诉我们说一定要贴在门的右边（见图3-16），因为"这样才会带来好运气"。四坊另一位婆婆则说，贴在屋子里面或者"随便贴在哪都可以，都可以保佑家里的小孩子，都可以保佑全家人平安"。金花庙现任的庙祝婆对我们说，旧时的金花符都是手绘的，如今金花诞上卖给信众的则是她的侄媳妇找人刻好后印成的。金花诞当天，她以一张五毛钱的价格卖给信众。庙祝婆说：

这个金花符，有很多人买的。有的人买一张，有的买两张。有的买了是自己家用，有的是买回家，再让儿媳妇拿去，贴在她自己的家里。①

图 3-16　村民家门口贴的金花符

庙祝婆会事先预估可能售卖的数量，如果有剩余的金花符，则留到下年金花诞时再卖。我们发现，村中相信金花符能够保平安的至今还是大有人在。但在大步、新基等村，我们都没有发现当地村民在家中或家门口贴这种符，似乎这些村子只贴端午符求平安，这个差别很有意思。本书第一章我们曾论及漳澎所在的麻涌地域的整合，看来这种整合还远远没有完成。

在过去，金花诞是一个十分盛大的节日。村民们回忆，以前金花诞时拜金花夫人的几乎都是已婚的妇女，基本上都是求子、求女或者是求保佑子女听话。现今的信众们除了求子、求女之外，还常有人求子女顺利、全家平安。来拜金花的信众里也出现了未婚的女孩，祈求金花夫人帮助自己觅得如意郎君，不过数量还较少。甚至还有一些外地来的男人来祈求保佑工作顺利。如此说来，金花娘娘的功能比以前多了许多。但总的来说，村民还是认

---

① 漳澎盛行儿子婚后即与父母分家的习俗，故有此说法。

为过去的金花诞比现在盛大，场面也热闹得多。虽然如今金花诞当天的香火依然很旺，但已有衰落之势。我们也发现漳澎社会中的金花夫人信仰有慢慢淡化之势。

三、漳澎金花信仰的若干演变

在传入漳澎之后，金花夫人信仰发生了一定的变化。因此，在我们今天看来，漳澎的金花夫人信仰与文献所载或者他地所见的已经有了相当的距离。我们相信这种改变主要是社会文化制约的结果，是适应漳澎特定村落需求的结果。

（一）金花信仰传入

在明清时代的古籍资料中，已经出现了关于金花夫人事迹及其成仙的一些记载。虽然文献的具体说法不一，但都认为金花信仰最初的源头在广州。经过多人研究整理，相关的具体说法主要有两种。第一种说法以屈大均《广东新语·卷六》"神语"为代表："广州多有金华夫人祠，夫人字金华，少为女巫，不嫁，善能调媚鬼神。其后溺死湖中，数日不坏，有异香。即有一黄沉女像容貌绝类夫人者浮出。人以为水仙，取祠之，因名其地曰仙湖，祈子往往有验。"第二种说法以《中华全国风俗志》为代表："神本处女，有巡按夫人方娩，数日不下，几殆。梦神告曰：'请金花女至则产矣。'密访得之。甫至署，果诞子，由此无敢婚神者。神羞之，遂投湖死。粤人肖像以祀，呼金花小娘。后以能佑人生子，不当在处女之列，故改称夫人云。"① 这两说法有一些共同点：第一，金花信仰起源于广州；第二，广州时期人们认为金花夫人是未曾婚嫁，更未曾生育的少女；第三，广州时期人们认为金花夫人最主要的功能是保佑人顺利生子。

在民间流传一段时间后，金花信仰在许多方面都发生了一定的改变。我们曾经于2013年"金花诞"时访谈过长洲岛下庄村金花庙的庙祝曾婆婆，她向我们讲述了长洲岛流传的金花娘娘传说，大意是：

> 说是以前，那时广州还不是广州市，还是番禺府。当时，番禺府巡按的夫人怀孕了。到了要生孩子的时候，却一连好几天都生不出来。结果，有一天巡按晚上做梦，梦到有一位神仙来跟他说，让他在当地找一

---

① 胡朴安：《中华全国风俗志》，河北人民出版社1986年版，第383页。

个金花姑娘来接生,孩子就可以生下来了。

第二天,巡按依言派人在番禺到处找,都找了70多个金花,结果还是不行,还是生不出来。最后,又找到一个才14岁的金花妹。巡按就叫这个金花妹来帮他的夫人接生。果然,他的孩子就生下来了。巡按很开心,就封了这个金花妹为"惠福夫人"。今天广州的惠福路的路名,就是这么来的。

这个金花妹被封了"惠福夫人",就嫁不出去了。她都被封了"夫人"了,哪里还有人敢娶她?所以啊,她一直嫁不出去。最后,她就投湖自杀了。投湖死了以后,她的尸体浮上来,竟然还是香的。周围的人都问是什么这么香,最后发现是这个金花的尸体。于是,大家就觉得她一定是保佑生孩子的神仙了,就建了金花庙,把她供起来。

金花庙里面不但供金花娘娘,还同时供着十二奶娘,她们当时是巡按家里帮他照顾孩子的奶娘。巡按有钱,有钱人的小孩都娇贵,所以有12个奶娘也不算稀奇。

由于资料严重匮乏,我们只能够推测漳澎的金花信仰同样起源于广州,是经由某种我们还未知的原因或者途径才辗转传来的。但是,比较漳澎等地村民对于金花夫人的种种认识,我们可以看到彼此间已经有很大的不同。例如,在广州地区流传的故事中,金花夫人是一名未婚未育的少女或者女巫。但大步村的人却认为,金花夫人是一位婚育过的妇人,而且医术非常高明,除了能助人得子,还能助人产子,治疗不孕不育等疑难症。漳澎人也普遍相信,金花夫人必定是一位已婚已育的妇人,因此才可能助人生子、育子。甚至还有漳澎人相信,金花夫人是本村一位姓金名花的人变来的,而根本不是广州的。

由此可见,在距离如此之近、时间如此之短的传播过程中,变异可能是相当大的。但就民间习俗或者文学而言,这其实是常见的情况或者惯例。

(二)金花信仰本地化

我们发现,漳澎人认为金花夫人已婚已育,同时具有送子与养子的功能,这有其深刻的内在原因。可以说,漳澎人心目中的金花娘娘,是村民对这个信仰进行文化改造后出现的适应性变迁的结果,亦即历史上金花夫人在漳澎经历了本地化的过程。

概括地说,金花夫人本地化方面最突出的特征,就在于她在漳澎人心目中的功能扩大——不仅管"生",还同时管"育"。漳澎的母亲们对于生育始终就有着"求生"与"求育"两方面的需求,这与世界各地所见完全一致并无特殊之处。我们通过访谈发现,在村民们所保有的对于漳澎村落最早的记忆之中,金花夫人就已经是一位既保人生子又保人育子的神灵。这说明金花信仰的本地化过程很早就开始了,金花信仰很早就开始适应本地社会文化需求的变化。

在过去的漳澎,由于自然环境与社会环境都极为恶劣,孩子顺利出生不易,能够顺利长大成人更加不易。许多孩子因为各种原因夭折甚至胎死腹中,数量多到令人麻木,甚至村里还出现了专门应对此种现象的一整套习俗。传统上,漳澎人信仰天后并以之为香主,但并没有至为重要的生育神。显然,传入的金花夫人如果只能够助人得子、助人产子,那么,这样的神灵信仰是满足不了当时漳澎人的实际需要的。而且漳澎社会的家庭模式与男女分工模式,也决定了几乎没有老人可以帮助父母照料孩子,决定了母亲能够花在这方面的时间与精力都极为有限,虽然她们与孩子在一起的时间相对多一些。调查时不少老人回忆,以前有不少孩子其实就是由于家长无暇也无力照料而发生意外的。在历史上很长的时间内,孩子的父母出外劳动时,留在家里的孩子独自或者跟随同样年幼的哥哥、姐姐外出游水而溺毙的几乎每年都有。因此,对漳澎的父母们来说,求子之后漫漫而又意外频频的育子之路可能显得更为重要。由于这种迫切的需要,原先仅负责庇佑产子的金花夫人,被赋予养育的功能以帮助母亲们养护孩子顺利长大,这几乎成为必然的结果。生育女神同时还是孩子健康成长的保护神,这至少可以为漳澎的女性们提供一种可以依靠的心理安稳。或许正是由于这个缘故,漳澎的母亲们合力把原本的少女金花变成了已婚已育的"金花夫人"。漳澎的母亲们相信,与她们一样具有"母亲"的角色,这样的金花夫人才能更好地帮助自己照料孩子,由此金花完成了从"女神"到"母亲神"的转变。

前引的《中华全国风俗志》中"粤人肖像以祀,呼金花小娘。后以能佑人生子,不当在处女之列,故改称夫人云"等语,尤其说明最初的人们只认为金花娘娘可以助人产子。较之于漳澎地区所见的金花娘娘,我们发现彼此之间存在着巨大的差异,金花娘娘在漳澎经历了本地化后同时具有了养育的功能。但是,无论是查阅文献,还是通过访谈,我们都没有得到关于其本地化的动因、机制、过程等方面的相关资料。因此,上文所述只是我们的猜测,但我们相信这样的猜测是合理的。

(三)金花娘娘与十二奶娘等的整合

如前文所述,金花夫人原本并没有帮助女人抚育子女的功能。而漳澎人信仰的金花娘娘却同时具有助人生与助人育子的功能，而且后者在很多时候更让村民们看重，现在还有越来越看重的趋势。我们相信，这种信仰功能上的本土化发展，与十二奶娘的出现有着莫大的关系，两者的整合最终在漳澎村落形成一个有层级之别的完整的生育信仰体系。

在历史文献的记载中，金花娘娘原本与十二奶娘并不相干。在最初的文献中，金花娘娘身边甚至根本没有十二奶娘的身影。应该是在传播开来之后，人们才附会出类似保姆的照顾孩子成长的十二位奶娘。这才出现了前述长洲岛庙祝的说法，也可以解释为什么各地信仰中奶娘的具体数量极不相同。至于她们何时被信众们整合到一起，并共同置于一座庙中供奉，也已经不可考证。但根据我们查找到的资料，可知这种情况也是在相对较早时就出现了。1929年中国民俗学研究先行者容肇祖先生在考察广州河南金花庙时就已经观察到这种现象，[1] 容肇祖的妹妹容媛在同年考察东莞城隍庙时，也观察到金花夫人与十二位奶娘共居于一座城隍庙的情况。[2] 不过，那时无论是河南金花庙还是东莞城隍庙，一起供奉的都不止这两种神灵。在河南金花庙中，容肇祖先生就观察到还有斗母、华佗、送生司马、和合二仙、月老、九天玄女等多位神灵。而在东莞，当时金花娘娘还没有自己单独的庙，而是与一众神明寄居于城隍庙之中。

漳澎村何时共同供奉金花娘娘和十二奶娘也已经无人知晓，但老人们都说十二奶娘"一开始就是与金花夫人在一起的"，两者共居于同一座以金花夫人为主神的金花庙中。广州长洲岛的金花古庙中，虽然也是金花夫人与十二奶娘共居一庙，但当地人认为金花夫人为人送子、十二奶娘帮人育子，彼此分工十分明确而相互并无统属关系，也没有农历二月初二拜十二奶娘的风俗。但在漳澎，由于某种我们现在还不知道的缘故，也许是由于功能上的相近，人们慢慢将金花娘娘与十二奶娘整合为一个体系，并将送子与育子的功能都赋予金花夫人，而由十二位奶娘分工司职于养育。也正因着这种想象完成了一种体系的整合，分工明确、具体负责的十二奶娘被纳入功能上涵盖更广泛的金花夫人的座下。金花夫人就成了一位管生、管育的母亲神，十二奶娘则变成住在家里具体帮金花夫人照看小孩的功能神。发展到最后，就形成如今所见的金花夫人管辖着十二奶娘、送生司马、花公花母、招运童子等漳澎人认为的重要的生育神灵的完整系统。人们向金花夫人祈求帮助，金花夫人就会"派遣"其"座下"的诸位神灵提供具体的帮助。这样的一种神灵

---

[1] 参见容肇祖《广州河南的金花庙》，载《民俗》1929年第41、42期合刊。
[2] 参见容媛《东莞城隍庙图说》，载《民俗》1929年第41、42期合刊。

体系的整合，正是金花夫人信仰在漳澎社会中发展的本土化现象。

至于十二奶娘的来历，我们还不得而知，各处的相关信仰中似乎也没有她们明确的出处。在闽台地区普遍信仰的等于金花娘娘的"注生娘娘"陈靖姑座下，则附祀有十二位"婆姐"。民间相传，她们是从历代具有贤良德行的妇女中选举出来的，主要的作用就是帮助注生娘娘执行具体的养护任务。在广东潮汕地区，"潮州人每个孩子生出来就在床脚设个香炉立为床神位，是她一直在保佑孩子成长"①，孩子在15岁"出花园"时最后一次拜谢床神"公婆母"。从表面上看来，这些都与漳澎的同类习俗颇为相似。由齐天大圣信仰等来看，我们相信漳澎先民中含有来自闽方言系统的成分。金花娘娘座下的十二奶娘是不是与这十二位"婆姐"有渊源关系，值得进一步探索。

无论如何，不管是相关传说的改变，还是具体功能的增加，无疑都标志着金花夫人信仰在漳澎确实经历了历史上的本土化的过程。这种改变与增加不只局限于信仰之上，更多的则表现在与人们的信仰与观念相关的习俗之中。如同王晓丽在《中国民间的生育信仰》一书所指出，"生育在任何社会中，都不是单纯的自然生理行为，生育信仰本身，是人的生育行为的社会意志化表现形式"。② 完全可以说，漳澎的金花信仰的本土化，正是顺应了村民内心深处对于子孙延续的无尽渴望的结果，是漳澎传统村落社会意志化的具体表现形式。生也育也，为的都是瓜瓞绵绵。

第三节　漳澎的生育习俗

生育其实是一个包含多个环节的复杂过程，涉及婚、生、育三个方面，蕴含着深厚的文化意识与传统观念。随着文化以及生育观念的持续演变，漳澎一些传统的生育习俗也逐渐淡化甚至消失。深入描述并探讨这一系列由婚到育的习俗，可以帮助我们更好地理解漳澎历史社会的诸多方面。

一、漳澎的婚俗

双系抚育制度需要通过婚姻才能够实现，即"婚姻是社会为孩子们确定父母的手段"③。与中国的大部分地方一样，漳澎人的婚姻分为求偶、订婚、

---

① 徐桂兰：《中国育俗的文化叠合》，广西民族出版社2002年版，第275页。
② 参见王晓丽《中国民间的生育信仰》，社会科学文献出版社1999年版，第55页。
③ 费孝通：《乡土中国　生育制度》，北京大学出版社1998年版，第125页。

婚礼三个阶段。旧时的漳澎人认为孩子长到 16 岁时就成年了，之后就可以结婚了。新中国成立前漳澎男子多在 18～20 岁之间初婚，女子的初婚年龄通常还要小 2 岁。由于这个缘故，那时的夫妻通常年龄相若。新中国成立后漳澎人的初婚年龄普遍推迟，无论男女多在 21 岁以后，甚至有不少人直到 30 岁上下才结婚。旧时也有 30 岁左右才结婚的，但那通常是因为家庭贫穷所致。

（一）求婚

1. 求偶

村民们都说，自古以来漳澎人的婚姻都是通过"父母之命，媒妁之言"决定的。调查发现实际情况确实多是如此，但也有特例。由于要帮持家务、下田操作等缘故，村中青年男女多有交集，而漳澎村落社会对青年男女正常交往的限制又不是十分严格，所以新中国成立前有许多人事实上就是通过自由恋爱找的配偶。

由于许多原因的限制，漳澎人很少与外村通婚而长期以村内通婚为主，这意外地为适龄青年自主婚配提供了条件。在历史上很长一段时期内，由于家庭住房有限，即将进入青春期的男孩和女孩都要离开家庭，而分别搬入凉棚和娘仔房中居住多年。这些居住在外的青年男女在某种程度上得以脱离父母的监管，在异性交往上就有了比较大的自由，由此出现了一种被漳澎人称为"扒白板"的男女相识、相爱的恋爱风俗。所谓的"白板"，原来是指过去漳澎人捕鱼时常用的一种漆成白色的木艇。过去漳澎人在晚上驾驶这种木艇在河涌中捕鱼，河涌中的鱼被白板艇反射月光的亮光吸引，经常会自动跳上白艇来。"扒白板"就是漳澎青年男子的一种形象的戏称，实际上是指吸引女孩子的注意以促成双方婚姻的行为。当时住在凉棚的男孩子们，有时会在晚上结伴去娘仔房玩，与住在娘仔房中的年轻女子们进行对唱之类的交流。一来二去之后如果两人都相互有意，那么男子就可以告知父母，让父母请媒人提亲。[①]

当然，在当时的社会环境下，通过"父母之命，媒妁之言"而缔结婚姻的毕竟是多数。事实上，直到改革开放后的一段时间依然如此。我们在调查时发现，漳澎的老人虽然已经普遍接受自由恋爱，但至今依然认为通过媒人介绍、父母同意后缔结的婚姻是最好的，认为这是漳澎人最通行的也最正统

[①] 参见张振江《流水·坊巷·人家——村落漳澎的人类学景观》，中山大学出版社 2014 年版，第 269～274 页。

的婚姻形式。而在旧时代，男女青年即使是通过"扒白板"等方式相识甚至私定终身，大多数的时候还是要由男子禀告父母，再由他们聘请媒人上门提亲，这仍然绕不过"父母之命，媒妁之言"。由于双方家庭通常预先有所耳闻，有所准备，提亲的成功率极高。有老人回忆他的婚事时说，双方家庭这时只不过是"装样子，就是走程序。但是，还是必须的"。

2. 纳采："媒妁"搭线

纳采是旧时正式的婚姻缔结中的第一个步骤，在传统的漳澎也不例外。为此，漳澎的媒婆曾占据着相当重要的地位，即使要联姻的两户人家已经认识甚至已经彼此约定，最终成婚也一定要请媒妁搭线。在当时，只有通过媒妁介绍而缔结的婚姻才算是"名正言顺的，正经的"。

六坊的赵老伯回忆，过去的漳澎由于宜居土地有限，大家住得比较集中，村民们彼此多多少少都是相识的，"最起码都是见过面的"。因此，村民们对于村中谁家有适婚的男女以及家境如何，平时都是有一定的了解的。日常生活中亲戚或者邻居串门时，也会经常闲谈"某某家的女儿很好，某某家的儿子不错"之类的话题。但即便如此，求娶还是一定要经过媒妁介绍，人们普遍认为媒妁的存在确实有其合理之处。

赵老伯回忆说，那时漳澎人结婚，男方一定要给女方送礼金、礼饼。男方登门提亲时，女方通常就会提出具体的数目等要求，而且通常都会"叫大数"（即提出非常高的礼金、礼饼等的数目）。如果没有媒人居中协调，双方家庭这时就很容易谈崩甚至反目成仇，或者出现一方恶意敲诈、存心欺诈的情况。请媒人沟通双方，最终商量出一个女方满意、男方可以负担的数目，则显然会顺利得多。而且有媒妁作为中间人作保，双方"落定"时男方只需要将部分聘礼交给女方即可，婚礼时才把剩余的礼金、礼饼全部交给女方，这也大大减轻了男方家庭的压力。

当然，这只是媒妁在漳澎传统婚姻中的作用之一。实际上，媒婆从受到男方之托那刻起，就会首先衡量男方家的经济状况、社会地位等因素，综合考虑拟议中的男女在人品、相貌等方面是否合适般配，然后再决定是否答应受托说媒。正是因为这样，当时的人们往往对于媒婆介绍的对象比较有信心。一般来说，媒婆需要历经多次撮合才能够最终成就一桩婚姻。由于媒婆的这种作用通常不可或缺，一直到改革开放前，许多漳澎人的婚姻依然是通过媒妁之言缔结的。即便是在今天，媒婆在漳澎依然存在，我们的关键报道人之一三坊的袁婆婆，就是一位目前仍在帮村中适婚男女介绍对象的媒婆。袁婆婆说，现在漳澎人订婚时所请的媒婆，与举行婚礼时所请的"大妗娘"（即喜娘）往往是同一个人，其作用显得更为重要。

(二) 订婚

1. 落定

双方家庭初步认可拟议中的婚事后，就要举行"落定"（又称为"行茶"）仪式。这个仪式很重要，实际上具有两重意思。第一重就是等于正式宣布彼此订婚；第二重则是下聘，即男方送聘礼给女家并与女方确定婚期。旧时决定婚期要考虑的因素很多，有些颇具本地特色。如对于结婚的年龄的忌讳，当地认为女子不能够在21岁时出嫁，否则会出现"嫁绝"（即婚后会对男女双方都不利）的现象。人们已经不知原因何在，但这个习俗至今仍普遍遵守。不过，由于大体上自20世纪80年代开始，绝大多数人都是24～25岁甚至更晚才结婚，这个禁忌就显得不那么重要了。

以前的漳澎人一般会提前数月甚至两年选定婚期吉日，因此落定一般都会在婚礼前相当长的时间进行。落定时男方要先将聘礼交付给女方，聘礼的金额以媒人介入的情况下双方家庭最后的商议结果为准。由于金额是根据双方家庭具体的经济实力商定的，所以漳澎从来没有确定不变的落定数目。漳澎人至今俗称落定时的定金为"订婚银"，这应该跟以前所使用的货币是银子有关。除了订婚银之外，定金中还一定要包括俗称为"嫁女饼"的礼饼，其数目也是双方事先商定好的。此外，经济条件宽裕的家庭还会送一些金器之类，常见的有金项链、金戒指等。

过去漳澎人家普遍经济条件不好，因此落定时给的聘礼一般不会太多。但是，无论聘礼多少，落定之后，双方就一定要履行契约缔结婚姻。调查时老年村民都反复强调漳澎人对于嫁娶是极讲信用的，一旦落定就不会轻易退婚、悔婚。漳澎有一句俗话"食咗人茶礼，死生不变"，意思就是说，男方家的茶也吃了、聘礼也收了，无论当事的男女是活是死，这桩婚事都是不能有变的。由此可见漳澎社会对于落定的重视程度，也可见对于落定所要履行的契约关系的认可程度。

在旧时的漳澎，女子举行婚礼成为人妻后，如果丈夫不幸早逝，这时她通常都不能够改嫁而必须"守寡"。如果是在落定之后婚礼之前男方就因故过世，她也有可能被迫终身不嫁，这在漳澎称为"守清"。所谓的"食咗人茶礼，死生不变"，主要就是针对女子的"守清"与"守寡"而言的。当然，守清是有一定的条件的。例如，只有在男方家庭为这个未过门的儿媳妇提供了合适的住所，同时还给她提供以后赖以维持生计的土地或口粮的情况下，女子才会为早逝的男方守清。否则，她可以选择不守清而另行嫁人。

对于女方不守清的情况，漳澎人俗称为"打泻茶"，意为吃了别人的茶礼却没有守约，等于把茶杯打翻使得茶水泻出来。"打泻茶"的女子如果要改嫁，由于前文所述的畏惧"前头公"的缘故，她能收到的聘礼必然很少。因此之故，虽然人们认为她可能晦气、不吉利，但还是有人愿意迎娶。漳澎人认为"打泻茶"的女子一定要远嫁他乡，如果嫁给本村或者周围的村庄，就会丢娘家的面子，给娘家抹黑，造成不好的影响。因此，历史上不守清的女子嫁人都是远嫁外地，漳澎人称这种情况为"死鸡远丢"，这是将"打泻茶"的女性比喻成"死鸡"，要丢到远处以免把自己家熏臭。

选择守清的女子中，有的是自己一个人生活，有的会和公公、婆婆等共同生活。但相较而言，以依赖夫家提供的住所与土地独自生活的为多见。漳澎周边一些地区流行"转房婚"，即寡妇改嫁已故夫君或者未婚夫的兄弟，但漳澎向来无此风俗。如果出现这种婚姻，女方也会受人非议，被别人看不起。守清的女子依旧要举行一种俗称"嫁鸡公"的过门仪式。这时男方的亲属找来一只公鸡代替新郎，新娘子抱着公鸡举行拜堂、拜神等仪式，之后象征性地成亲。当然这时的拜堂和拜神仪式都大为简化，只需要拜天地、拜祖先即可。之后女子改口称已故未婚夫的父母为"老爷"和"娘"，再给祖先上香告知自己已经成为家门的新媳，仪式即告结束。漳澎常规婚礼上必需的新媳妇给公婆敬茶的"捧茶"仪式，也都一并省去。

如果是女子在婚礼之前因故过世，漳澎通常有两种处理方式。对于女方家人来说，不管是生人坐着轿子去，还是人死后送神主牌去，只要落了定就一定要进男方的家门。因此这时常见的第一种方式，是女子的家人强迫男方家庭承认她"生是男家的人，死是男家的鬼"，男方必须将其牌位迎回自己家中供奉。如果是这样的方式，通常还要走完一整套常规的婚礼程序，之后正式地将其牌位"娶"回家成为家鬼。在漳澎人的传统观念中，家鬼往往会对家庭特别是对子孙后代产生巨大的影响，因此，这时男方家里几乎都会尽心地处理这位不幸早亡的女子的后事，并在日后虔诚地供奉。

第二种方式是由男方家庭负责举办一场冥婚，把这位未过门但已身故的媳妇嫁给某位已过世的男青年，这样的对象通常都是在本村找寻的。对于这种冥婚，女子的娘家几乎都不会插手。等到为女方找到一位合适的"鬼老公"后，男方家庭就请村中的鬼婆在庙中做法事。一般来说，这样的法事也要择日、择时，但有的鬼婆嫌麻烦，不选时日直接就办，这时男方家庭一般也不会有太多的意见。鬼婆将这对已故男女的姓名、生辰八字与过世的时间等写在一张纸（即"冥婚书"）上，之后念经并烧掉，即表示冥婚礼成。纸上女子的姓氏要用其娘家的姓氏，人们认为她没有进门就过世了，还不能完全算作男方家的人，不能用男方的姓氏。

人们认为冥婚后这对"鬼夫妻"会互相照顾，无须生人照看，所以这对男女既不合葬也不立碑，男方家不需要为女子立神主牌，平时也不会为她上香，更不会为她扫墓。而冥婚中的男方家也不会为男子立牌，漳澎的风俗是不给过世的未婚男子立神主牌，也不把冥婚看成是正式的婚姻。

2. 过眼

所谓"过眼"，就是指订婚的男女在婚前找机会偷偷"看一眼"。许多老人回忆，这在以前几乎是私下必经的程序。由于受礼法的限制不能够公然在婚前见面，已经定亲的男女通常就在某一天"趁乱"互相看上一眼，从而让自己在婚前就对未来的伴侣有所认识，不至于到了婚礼当天才第一次见面，这在当时是一种公开的秘密，不论男女都是心知肚明。

旧时的漳澎虽然以村内婚为主要形态，但村子人口多、面积大，而且民居多被河涌分割开来，不同坊的许多青少年彼此之间实际上并不认识，甚至根本没有见过面。因此，不少订了婚的男女，虽然共处一村，但对对方一无所知。这时候他们就会设法利用某些机会偷偷见面，而节日正是合适的时间。每年三月初三的天后诞，是旧时村中最重要的大事之一，这天村中几乎所有的人都会集中到天后庙拜天后、看热闹、闲聊，不一而足。而未婚的姑娘们更是会穿上自己最漂亮的衣服，精心打扮一番，然后以上香的名义集聚在天后庙及其周围。许多定了亲的女子这时就会设法看看自己的未婚夫，也会努力创造机会让未婚夫看到自己。这个节日同样是男青年难得的大好时机，他们同样打扮一番集聚到天后庙及其周围，设法偷瞄一众女子。一些小伙子是想利用这个机会认识姑娘，以后再禀告父母设法提婚，这类相对较少。更多见的是男青年想要偷偷看看与自己订婚的姑娘长什么样，这种"看看订了婚的姑娘"是什么样的情况，在旧时的漳澎就叫作"过眼"。

不过，当时还是有很多男女没有这样的过眼的机会，导致双方直到婚礼时才第一次见面。据调查，到了新中国成立初期，漳澎的男女关系比之前开明了一些，虽然社会对于男女婚配依然比较保守，但订了婚的男女基本上都能够在婚前"过眼"。漳澎流行吃糖水，也流行用糖水招呼客人、亲戚或者来宾。如果遇到特别尊贵的客人，更会用鸡蛋糖水来招待。据我们的调查，新中国成立后漳澎的社会风气发生巨大改变，传统的盲婚哑嫁方式逐渐被打破，已订婚的男女在父母安排之下一起"吃个糖水见下面"已是很普遍的事。一般是女方家庭请男子及其家人到自家来，大家围坐一张桌子共同吃糖水、聊天。这样一来，未婚的男子与女子就有较为充分的机会看到对方的模样了。不过，由于有双方的家长在场，又是这种特殊的场合，男女双方依旧不能充分地相互交流，充分地了解对方。但无论如何，这毕竟已经是相当大的进步了。

到了改革开放后，漳澎的青年男女们更加流行起自由恋爱来。虽然时至今日还是能够看到不少婚姻仍是通过"父母之命，媒妁之言"而缔结，但即使是这样，男女双方在婚前也已经有了充分的自由交往的机会，也已经对彼此有了相当充分的认识。而传统的过眼习俗，在现今的漳澎已经成为一种回忆或者历史民俗。

（三）婚礼

旧时的漳澎普遍贫穷，但婚礼毕竟是人生中的大事，所以人们都是尽可能地倾力举办。其结果之一就是弄得婚礼非常拖沓，使得一个完整的婚礼包含了许多烦琐的环节，以下我们择要简述。

1. 准备阶段

（1）叫家宅

依照漳澎的传统婚俗，在举办婚礼前的一个月，男女双方的家庭各自要找鬼婆举行"叫家宅"（即"问鬼"）仪式，这个习俗至今依然流行。

这时通常是双方的母亲各自去找鬼婆，目的是请鬼婆从地下"请"来一位家中已故的亲属的亡灵降身在鬼婆身上，以便问问这个家鬼在地下是不是吃得饱，穿得暖，有没有地方住，然后满足其要求并烧金银纸。最后告知这位家鬼家中有人要办喜事，到时请它"回家看看"并"喝喜酒"。村民们相信，请上来的这位家鬼可以将家中即将到来的喜事告知其他家鬼，因此，在叫家宅时通常只会请鬼婆叫一位家鬼。

（2）办冥婚

也是在婚前的一个月左右，家中如果有早死的孩子（包括"不见天"和夭折的孩子），就要先为他们"办冥婚"，之后才能够举办活人的婚礼。

漳澎人讲究死者为大，因此，即便是给家中的长子、长女举办婚礼，只要有早逝的弟妹，家里也要先给早逝者办冥婚。漳澎人相信，如果不这样做，死去的孩子就会因嫉妒生人可以结婚、生子而生恨作恶，就会对将要成婚的同胞不利。人们认为最为常见的作恶表现，就是使得新婚妇人无法怀孕生子。鬼婆袁婆婆就很肯定地对我们说，如果不让她的两个早死的孩子先分别娶妻、嫁人，那么，等到她的大儿子结婚之后，早死的这两个孩子就会因为"眼热"（即嫉妒）而作法施害，致使儿媳妇无法怀孕，最终造成无法生育后代的严重后果。

办冥婚时要先找好村中一个同样是早死的异性孩子，然后请鬼婆做法事、办婚礼。漳澎人相信，"神只管人不管鬼，所以只有鬼婆招来鬼，这样才能管鬼的事情"。因此，冥婚也需要鬼婆通过降身才能完成。办理这种冥婚时用两者的生辰八字结亲即可，具体程序类似于前文所述的冥婚。

一般来说，这种冥婚只需要在家中第一个结婚的孩子婚前办一次即可。但是，如果家中有两个或更多的孩子早死，则需要按照其过世的顺序办理。三坊村民袁婆婆的一个儿子出生不久即夭折，她还有个"不见天"的女儿。在大儿子结婚前，她就依照顺序为这两个孩子办了冥婚。

（3）行床

在安抚好家鬼后，双方的家长们尤其是男方的家长就要为即将到来的婚礼忙碌。这时最重要的是男方为新人准备在新房中使用的新床。

漳澎人家婚礼时所用的新床，一般都是买了木头后自制的。在做好床架、床板等几个主要的部件后，要"看皇历"选择吉日吉时，以便举行一种称为"行床"的仪式。在新人房中挑选好吉位后，等吉日吉时一到，就将床架拼好并按吉位放好，然后将床板嵌入床架之中成为完整的床，再将新床单铺好、新蚊帐挂好、两个新枕头放好，仪式至此完成。只等女方家庭在婚礼那天将一床新被子从娘家当作嫁妆"搬"过来，新人在婚礼后便可以使用新床了。

因此，所谓的行床实际上就是一个很简单的将部件组装成床的过程。但是，这个过程很有深意。传统上人们认为"女人是男人的床"，这时隆重其事地举行行床仪式，无疑是祝福新人能够婚后顺利、白头偕老。

（4）过大礼

婚礼前十天左右，男方家庭要派人到女方家"过大礼"。过大礼时的礼物总是相当丰盛，通常都会包括鱼丸、猪肉、烧肉、槟榔、喜糖、喜酒等。在当时来看，这都是相当贵重、价值不菲的"礼物包"。一行人把这些物品送给女方家收好之后，还要告知女方家庭：男方已经准备妥当有关婚礼的一应事务，请女方放心。

（5）请神"喝喜酒"

婚礼前一两天，新郎的亲属（通常是叔、伯）要到村里的天后庙去上香、烧炮仗。依照习俗，这时一共要放三声响炮，放炮时还要高声喊"天后娘娘，某某家里成亲啦，来喝喜酒啊！"之类的告知性与祈求性话语，意在获得天后对于新人的祝福与保佑。

（6）上阁

落定之后、婚礼之前，即将出嫁的女子要在其家中"上阁"。

在旧时的漳澎，有些女子因家里有足够的居住空间等原因，不住娘仔房而是一直居住在家里。落定之后、出嫁之前，家人会在阁楼上为她开辟一处小小的房间，供她独自居住，此即谓"上阁"。在整个上阁期间，准新娘的姐妹、闺中密友等常常会来陪伴她，帮助她做好"嫁为人妇"的心理准备。临出嫁离开家门前，准新娘也要在此处用香茅草等调成的水沐浴①、穿嫁衣，并由家中女性长辈（通常是嫂嫂、婶娘）含蓄地告知她某些性方面的知识。

至于那些因为家里条件有限而长期住在娘仔房的女孩，则要在婚礼前一两天回到家中居住②。这时只要家里能够做得到，都会尽力为她准备一处阁楼。

2. 成婚当日

（1）贴挥春

到了婚礼当天的一大早，男方家族中的所有已婚男性亲属（尤其是叔、伯、兄、弟等），都要各自在自家大门上贴挥春（即对联），以庆祝家族中新人新婚之喜。对联上写的内容，照例都是祝福新人婚后生活顺利、百年好合之类的吉利话语。此外，族人们还会在自家大门的两旁贴上红色的双喜字样，同样是表示对新人夫妇的祝福。

在漳澎，几乎随时随地可见新贴的挥春。与许多汉族地区通常在春节或婚礼时张贴红色的对联不同，漳澎人可以在任何自己喜欢的时间贴对联。

（2）上头

漳澎的女子出嫁也要择定吉日良辰，且几乎都是在子时（夜里11点至1点）前后。因此，漳澎以至麻涌许多村落传统的风俗，都是在半夜时分迎娶新娘。

新娘出门前，其父亲要在家中帮新娘"上头"。新娘的父亲提前买回一条红头绳，待新娘出门时将头绳缠在发束上，这就是上头习俗③。上头仪式虽然极为简单，但是具有很深的象征意义，它表明新娘的身份即将不再是未婚的少女，同时表达父亲对女儿嫁人后日子能够过得红红火火的祝福。

新中国成立后，这种习俗已经改变很多。现在虽然还有"上头"习俗，但多是由伴娘（多由新娘的姐妹或者好友充当）在婚礼前一晚陪伴新娘时为新娘梳头。

---

① 出嫁前的沐浴习俗，参见张振江、陈志伟《麻涌民俗志——岭南水乡社会研究》，汕头大学出版社2008年版，第110页。

② 但也有人说，旧时也有来自极为贫困的家庭的娘仔直接从娘仔房出嫁的，不过，这种情况属于极少数。

③ 在麻涌的大部分村落，这时都有开面（即绞面）的习俗（参见张振江、陈志伟《麻涌民俗志——岭南水乡社会研究》，汕头大学出版社2008年版，第110页），但是，漳澎似乎只有上头而没有绞面，这显得相当特殊，其原因我们尚不知晓。

(3) 搬嫁妆

漳澎的旧俗中，由新娘的娘家负责把嫁妆送到男方家庭，这称为"搬嫁妆"。

搬嫁妆必须在男方来接亲之前进行。由于当时男方几乎都是半夜时分接亲，因此，当地几乎都是在婚礼前一天的中午搬运嫁妆，借此让同村人都看到嫁妆的丰盛。出于同一个目的，人们认为搬运嫁妆的队伍越长越好，这样才能够说明嫁妆之多。搬嫁妆也因此有一种炫耀或者表演的性质。新郎家接到嫁妆之后要给来人每人一封利是。旧时搬嫁妆的人都不在少数，这类利是也成为新郎家的一大负担。

到了现在，这个风俗也已经发生了很大的变化。人们一般不会再将嫁妆提早搬走，而是改在新郎来接亲时搬运。这时一般都是由新娘的伴娘或者亲友跟在新娘后面，将嫁妆护送到新郎家中。

(4) "摆台头"奉神

一切准备妥当之后即将去接亲之前，新郎的母亲要在家中"摆台头"奉神，当地人又称这个仪式为"准备福禄"。

漳澎话中，"六"与"禄"同音，因此，依照传统习俗，摆台头时需要准备六种食品作为供品，每种食品各六份。主要有六杯茶、六杯酒、六碗汤圆（寓意让菩萨有缘）、六碗饭（即米饭、鸡公、鱼肉、蛋糕等凡人食品）、六碗斋（即素菜，菩萨吃斋菜），另外还要准备一个果盒，里面装上瓜子、开心果、荞头（俗称瓜荞）等六种小食。

奉神时一般要奉玉皇大帝、观音娘娘，还要奉家中的伯公、伯母。也有少数人会去庙里给天后娘娘与金花夫人上香。

(5) 接亲

旧时漳澎的新人结婚时也讲究打扮，只要有条件，无论男女都会在婚礼当天尽量地穿上新衣、新鞋等。

传统上，新郎本人可以不去接亲，而多是请大妗娘与自家的一些亲友同去。如果新郎上门接亲，他通常不会在胸前戴一朵大红花或者绣球，这与周围许多村落的习俗明显不同。在漳澎，新郎会头戴一顶两边插有纸质金花作为装饰的礼帽，脚下以穿皮鞋为好。衣着上则长衫或者上衣下裤均可，但到了摆酒宴客的时候则一定要穿长衫。伴郎也要穿长衫，除了不需要戴插有金花的礼帽外，其他装束都与新郎相同。村中年长的婆婆说，旧时很多夫妻都是在婚礼当天才第一次见面，而新郎与伴郎打扮相似，导致许多新娘子"在结婚时，都不知道哪个才是自己的丈夫"。与新郎不同，新娘子走出娘家门踏上出嫁路的时候，要穿一身黑色的衣衫，头上还要盖红色的头帕。但等到了新郎家之后，她要马上换装。

我们发现村民们对于漳澎旧俗中接亲方式的描述各有不同，似乎说明当时接亲的方式不止一种。而其中最常见的一种是，新郎家在婚礼前一天的中午派人抬着一顶四人抬的大轿子，在唢呐与鼓一路吹吹打打的陪伴下一直抬到新娘家门口。通常是到了半夜时分新娘的父亲送新娘子上轿，接亲的人抬起轿子将新娘子接回新郎家。用轿子接亲，普遍被认为是男方家庭重视新娘的一种体现，是男方家庭认为新娘娇贵或者矜贵的一种表现，而这是当时的社会对于新娘子一种极高的评价。在那时，无论距离远近都要让新娘坐轿子，如果途中需要乘船，人们就把轿子连同新娘子一同抬上船。

至于为何要选择在半夜接亲[①]，村民们认为有其特殊原因。漳澎有句俗语"寅卯待天光"，大致等于常说的"寅卯不天光"，即"寅不通光，卯则日出"。寅卯之交时天快要亮了，这个时辰是十分吉利的。因此，必须在子时接亲以确保寅卯之交时可以抵达新郎家。漳澎旧时多是村内婚，通常并不需要太久就能到达新郎家门口，但也要设法等到"寅卯待天光"的时分才让新娘子进家门。人们还认为，新娘子在这个时间出嫁并进入婆家的门，还寓意着"愈走愈光，日子越过越光明"。正是因为这个缘故，如果新娘住得较远，新郎家则要提早派轿子去迎接以便及时赶回。不过，因为当时通常都是村内婚，这种情况很少出现。此外，漳澎人认为出嫁途中遇到孕妇或者家中刚刚有亲属去世的人，这些都是很不吉利的，而半夜接亲就基本上可以避免这些情况。当然，这些可能是追认性的解释而不一定是当时的认知。

新中国成立后，漳澎的接亲习俗有了许多新变化。例如，接亲时新郎必须亲自前去，新郎凌晨接新娘回家的途中，伴郎和"兄弟"（意为相好的朋友）一路上"玩炮仗、整娘仔"（意为耍弄新娘的伴娘）。在20世纪60年代，还出现了男女双方"上街迎"的方式，即新郎与新娘各自从家出发，同时向对方家走去，至某处相遇后再一起回新郎家，亲友则在街上烧炮仗以示庆贺。到了现在，相关的习俗变化更大。如现在早就没有人使用轿子，而都是改用各式高级的小汽车。

（6）过火盆

依照漳澎的旧俗，新娘子到达新郎家门口后，由大妗娘搀扶她落轿。之后大妗娘撑起一把红伞，带着新娘跨过一只燃烧着的火盆，然后才能够进入

[①] 实际上，传统中国多有子时接亲的例子，麻涌境内以及周边许多地区也是如此，对此人们多有不同的解释。麻涌的一般情况，参见张振江、陈志伟《麻涌民俗志——岭南水乡社会研究》，汕头大学出版社2008年版，第113页。

新郎家的大门,这就是"过火盆"仪式。

在珠江三角洲各处,这种习俗普遍多见。据调查,漳澎的人们认为这一仪式的主要目的,是祛除新娘一路过来身上可能带有的秽气、邪气等,以免新娘将这些"不好的东西"带到婆家门内。如今漳澎人的婚礼中依然可见这种仪式,但大部分人家并不使用真正的火盆,而多是用一张红纸代替。新娘子跨过这种铺在地上的红纸,即意味着邪气等被祛除了。

(7)撩头褂

进入新郎家后,大妗娘带领新娘进入新房中,新郎要为新娘"撩头褂"。

在新中国成立前,漳澎新娘出嫁时都会在头上蒙上一块当地称为"红头褂"的头帕。这块头帕相当大,不仅要完全盖住新娘子的头部,还要遮掩住整个胸部。新娘子进入家门在新房里准备换装前,新郎要把头帕揭去,这个习俗称为"撩头褂"。传统上新郎用扇子将头褂挑起时,还要唱"撩头褂,打三下,看你听话不听话"。在当时的人们看来,如此之后新娘子就会尊重丈夫、恪守妇道。这种习俗有歧视、侮辱妇女之嫌,新中国成立之后很快就消失了。

(8)换红装

撩起红头帕之后,新娘子就要"换装"。新中国成立前,漳澎的新娘子出嫁时都是穿着一种黑色的称为"粗布乌"的传统式样的服装,进了新房之后,再换上红色的裙装。

现在则有所不同了,漳澎的新娘子一般都是穿着婚纱从娘家出嫁,进夫家门之后再换上红色的龙凤褂,为拜天地、给公婆敬茶做准备。

(9)拜天地

新娘换好红装之后,一对新人要等待吉时到来在主婚人的主持下拜天地。传统上,主婚人一般都是由新郎的父亲担任。但如果新郎的父亲早亡,则可以由新郎家族中的大伯或者新郎的大哥主婚。旧时漳澎的女性社会地位较低,所以婚礼中一般不会由新郎的母亲做主婚人。如今婚礼上的主婚人,由新郎的父亲或者母亲担任均可。

(10)媳妇扇与捧茶

拜完天地之后,新媳妇就要跟丈夫一起向新郎的父亲、母亲敬茶。在敬茶前,新娘子还要先为婆婆扇三下扇子,这个习俗称为"媳妇扇",表示媳妇对婆婆的尊敬与孝心。这个习俗如今已不再有。

扇过媳妇扇之后,一对新人要共同向新郎的父母献茶,从这时开始新娘还要改变对公婆的称呼①,并接受他们赠予的金器与利是。这个仪式就是敬茶,漳澎人经常俗称之为"捧茶"。

敬茶时新媳妇要跪在公婆面前,将新泡好的茶水分别端给公公、婆婆。此时新媳妇不再以一般的叔、姨作称,而要改称公公为"老爷",改称婆婆为"娘",这在漳澎称为"改口"。② 改口之后,公、婆各自会封一个利是给新媳妇,俗称为"改口利是"。新娘子敬茶时,新郎也要在一旁跟随着给父母敬茶,父母也会各给儿子封一个利是。之后,新郎、新娘再逐一给叔、婶、兄、嫂等长辈、尊辈捧茶,也都有利是可得。

依照习俗,在媳妇捧茶后,有钱人家的公、婆会送给新媳妇一些金器。在过去,即使家境极为一般的公婆,通常也会多方设法,以便最少能够送给新媳妇一枚金戒指。现在漳澎人家的经济条件普遍大为改善,公婆都会送给媳妇诸如戒指、项链、手镯等。在有些人家,甚至会让新娘的十个手指都戴上戒指。

在珠江三角洲各地的广府人村落,婚礼上给公婆敬茶经常是一种极为重要的极具象征意义的活动。现在还在充当大妗娘的陈婆婆说,如今的婚礼大多省略了捧茶这一程序。公公、婆婆希望新人和和美美就好了,至于给不给自己捧茶"都无所谓"。她自己为儿子娶媳妇时,就没有要求媳妇捧茶。

(11) 梳头

拜完天地、捧完茶之后,大妗娘陪伴新娘回到新房中,由大妗娘为新娘再梳一次头。一般来说,这时大妗娘要用梳子给新娘梳三次头,梳发时还要唱祝福的歌,一般都是"一梳梳到尾,二梳白发齐眉,三梳儿孙满地"。

我们访谈过几位做过大妗娘的婆婆,她们说也有一些新娘子是梳六下的,这时则唱"一梳梳到尾,二梳夫齐眉,三梳儿孙满地,四梳幸福到尾,五梳夫妻和睦,六梳欢天喜地"。至于梳三下或六下,她们都认为并无实质的区别。

(12) 踩床与撒床③

新婚夫妇敬完茶回到新房后,新郎的家人事先找好的几个三四岁的男童

---

① 新郎去接亲时也要与新娘一起向新娘的父母敬茶,这时也要改口。以年龄计,岳父比自己的父亲大称之为"爷",否则称为"叔";岳母比自己的母亲大称为"娘(或伯娘)",否则称为"婶"。现在新郎则多跟着新娘子称为爸、妈。不过,由于旧时新郎几乎都不去接亲,故这种情况几乎不见。

② 等到新娘子生了孩子之后,儿媳妇则不再叫公、婆为"老爷""娘",而是改口跟着孩子称公公为"爷"(即爷爷)、婆婆为"嫲"(即奶奶)。

③ 漳澎传统的婚礼上没有新人喝交杯酒的习俗,但近些年来已经逐渐盛行。

在新床上随意翻滚或者踩踏，这就是"踩床"习俗。

人们认为，经过活泼的男童踩床之后，新人就可以早生贵子。而在男童踩床的同时，大妗娘还要为新婚夫妇"撒床"，即往新床上撒一些红枣与莲子，祝福新人早生贵子。一般的，大妗娘一边撒还要一边唱，歌词则与我们在《麻涌民俗志——岭南水乡社会研究》中所录的相同。

（13）摆酒

旧时漳澎人一般会在新人拜堂后举行婚宴招待宾客，这时一般都到了中午。由于民居空间极为狭窄，所以当时多在自己家族的祠堂中摆酒，新郎与新娘则站在祠堂门口一同迎接宾客。如果村中没有自己家族的祠堂，也可以在茶楼中摆酒。至于那些非常贫穷的人家，则只好在家里或者家外附近的空地摆几张桌子，由"陪郎"（相当于现在的伴郎）招呼宾客。陈伯伯说，办喜事一定要请亲友来喝喜酒，因为"一个人一辈子结一次婚。只要是亲戚、朋友，都要邀请。就算是自己贴钱，也要这样大办，这样才会面上有光"。

现在有些漳澎人依旧在半夜接亲，中午摆酒（即"吃中午酒"）。有些人则在中午接亲，晚上摆酒（即"吃晚上酒"）。这两种婚宴时间，村民们认为都可以。而宴席几乎都是交由酒楼承办，这样家人少了许多麻烦。新郎的家人会从酒席中拿些食物回家，用于供奉神灵和祖先。

（14）闹洞房

漳澎很早就流行闹新房的习俗，人们借此戏弄新郎与新娘，新娘子更成为逗趣的重心所在。新郎的家人因为要顾及礼数，一般不会参与，最多只会旁观。袁婆婆向我们回忆了她年轻时闹洞房的情况：

> 过去啊，那些后生仔闹洞房，（主要就是）要整蛊新娘子。
> （比如，那些后生仔）会找来一些活的泥鳅，放在水桶里，里面再加些水，再加些油，让新娘子拿着筷子，去把那个泥鳅夹出来。还有的人拿出蜂窝煤来，问新娘子那是什么。新娘子要答："这个是红泥铸就，火焰烧高。"不能直接说"这是蜂窝煤"。

泥鳅向来以滑溜不易捕捉出名，何况水中又加了油，不难想象当时新娘子面对桶中泥鳅时的窘状。漳澎话中的"窝"与"偶"音近，偶有配偶之意，如果新娘子直接回答说"这是蜂窝煤"，则会被闹洞房的人取笑："偶偶偶，那谁是你的偶啊？"通过类似的游戏，人们一边捉弄新娘子，一边试探新娘子是不是足够精明伶俐、会说话、招人喜欢。

旧时的漳澎人闹洞房时，有一个较为少见的程序即"坐床"，参与者通常都是新郎的未婚男性亲友。这些人轮流在新床上坐上一坐,当地称为"坐旺床"。漳澎人认为,坐床是为新人生育男丁祈福,之后新郎与新娘的新生活不但会愈加顺利,而且可以更快地生出儿子来。

新中国成立后,闹新房、坐床等习俗逐渐淡化,现在已不可见了。

3. 婚礼之后

漳澎传统的婚礼持续很久,许多人认为新人要将婚后一整年的各种年节风俗都完成,这才能算作整个婚礼礼成。因此,婚礼结束后,新婚夫妇依旧需要经历一系列风俗的洗礼。

(1) 洞房验处女血

旧时一对新人入洞房时,大妗娘会亲手交给新郎一块白色的手巾。洞房第一次性生活后,新郎要用这块白色手巾染上新娘私处流出的血,天亮后公开展示给家中长辈查看,证明女子为处女身。

如果新娘没有落下处女血,就会被责骂成"不正经、不是好人"等。漳澎人普遍认为,女孩在结婚前就不是处女,那就变得"不值钱了"。虽然此时婚事已成,一般人家不至于退婚,但这名女子在家中的日子自此会变得非常艰难,更会被全村的人看不起,如指责她家教不严、品行不端等。

新中国成立后,这个风俗被认为是旧时代男权社会压制之下女性地位极为低下的证明,因此很快便消失了。

(2) 吃媳妇饭

婚礼次日的早上要吃"媳妇饭",媳妇饭由新媳妇的婆婆做,菜肴中一定要有鱼头和鱼尾,寓意新夫妇即将开始的新生活"有头有尾"。吃媳妇饭时,婆婆还要在旁边唱念:"食一嚿鱼,做嘢好跨踏①;食一啖(意为一口、一块)肉,养猪养到三担肉;食一嚿骨,越做越心欢。"总的意思则是,希望新婚夫妇以后做事有商有量、日子和和美美,能够共同积攒家业、兴盛发达。

由此可见,媳妇饭实为新媳妇"吃男家的饭"。吃过这顿媳妇饭后,新媳妇就要承担起为新家庭做饭的责任了。

(3) 返面

漳澎也有新媳妇回娘家的习俗,俗称为"返面"。传统上,婚礼的次日等到吃完媳妇饭后,新媳妇就要回娘家省亲。她还必须在当日回到婆家,寓意"早去早回、即出即入"。按照以前的习俗,新娘子第一次回娘家时,新

---

① 嚿,粤方言词语,量词,通常的意思是块、件等。做嘢,意为做事。"做嘢好跨踏",漳澎俗语,意为家庭中夫妇两人"处理家事时有商有量、和和美美"。

郎不需要陪伴同去。

（4）大年初二回娘家

婚后第一年的农历新年，丈夫要陪伴妻子回娘家。依照习俗，此后每年丈夫都要陪同妻子回娘家。

漳澎人历来讲究大年初一不出家门，这日一定要在自己家里过。年初三则被称作是"三头煞"的日子，人们认为这日尤其不宜到亲友家拜年，否则会让主客双方都交厄运。因此，漳澎的媳妇通常在初二由丈夫陪同回娘家探望父母。从年初三开始一直到正月十五的任何一个日子，则都可以到其他人家拜年。新婚后第一次陪伴妻子回娘家的丈夫，要为岳父、岳母精心准备丰富的礼品。但以后每年的这类礼品，则只需要稍稍准备即可而无须太丰富。

新人有了孩子之后，女儿初二回娘家时还要带着自己的子女给外公、外婆看，外公与外婆则会给孩子派发新年利是。

（5）四月十七拜金花

漳澎人普遍信奉金花夫人，女子在结婚后第二年的农历四月十七"金花诞"时，普遍要去金花庙中拜金花求子，或祈求自己顺利生育。

二、漳澎的生育习俗

有人认为："在民间，规范人们行为的不是人们对自然的认知，不是人的主动意识支配下的人的主动行为，而是社会对人的驾驭，是在社会意志支配下的被动行为，是人们对社会要求的认知。"因此，"生育信仰完全表现为对妇女的制约过程，将女性置放于社会需求的监督之下，置于家族和父权的睽睽监视之中"[①]。传统上的漳澎社会正是存在着如果生不出孩子，尤其是生不出儿子，则一定是女人有问题的这种观念。因此，漳澎村落文化中对于怀孕的女性总有着各种禁忌，以期制约她们在这一期间的行为和思维。

（一）怀孕

在过去的漳澎，女子关于性的知识普遍缺乏，结婚之后依然如此，甚至经常连自己怀了孕都不知道。以前婆婆常常会问媳妇月经的情况，其实就是要帮助断定有没有怀孕。人们渴望新媳妇尽快怀孕，以便为家庭传宗接代。但是，在鬼神信仰的影响之下，当时的人们又普遍歧视孕妇。漳澎传统社会中孕妇不洁的观念根深蒂固，连带着孕妇也会自认不洁。

---

① 王晓丽：《中国民间的生育信仰》，社会科学文献出版社1999年版，第109页。

1. 孕妇不洁

漳澎的孕妇不洁观念，遍见于各种对孕妇饱含歧视的态度与风俗。在旧时，村落社会更有许多针对"不洁的"孕妇的强制性规定。

漳澎及其周围许多村落，过去对于孕妇有一个特别带有歧视性的称呼"四眼"，有时也称为"四只眼"，意即孕妇的两只眼睛加上其肚中的孩子共有四只眼。类似的现象也见于中国西南某些地区的少数民族之中，那里的人们同样认为正常人只有两只眼睛，而女人怀孕后"有四只眼"，因此是不正常的、邪恶的，可能由此给撞见孕妇者带来灾祸。这是因为当时的人们对于生育行为的所有认知，基本上都来源于自身的素朴的信仰。那时的人们相信妇女怀孕是因为有别的魂灵"投了胎"，或者是主管生育的菩萨"赐子"。因此，孕妇被认为是处于通灵状态，孕妇甚至可能感应鬼神。因此，接触孕妇时稍有不慎就等于接触鬼神而可能遭遇不测。鬼神信仰致使村落中的每个个体都回避孕妇，并转化成社会对于孕妇的一种强制性限制，村落因此衍生出各种带有强制性的禁忌以极力限制孕妇，从而避免危险。而女子出嫁途中不可碰到孕妇，就是这类禁忌中的一条。实际上，漳澎人在许多重要场合都是不允许孕妇出现的。例如，漳澎盛行"扒龙舟"，旧时孕妇是绝对不许出现在龙舟赛手的可视范围之内的，否则会遭到严厉的制裁。

在漳澎人的传统灵魂观念中，婴幼儿因为年龄小，灵魂更为不稳，更容易受到外界的影响而出现丢魂等现象。因此，漳澎人尤其重视小孩与孕妇之间的冲突。人们相信，在遇到孕妇这样处于通灵状态的女人时，孩子就更容易丢魂，其表现就是生病或者食欲不振。三坊的一位神婆又告诉我们，小孩子是绝对不能从晾晒的孕妇衣衫下面钻过去的，否则，这个小孩以后就会长不高；小孩子在路上碰到孕妇一定要避开，如果不小心被孕妇的衣角"骑过"（即扫过），小孩的魂会转投到孕妇的腹中，以后会变得很笨、"不生性"，甚至"不长寿"。而即时的最直观的表现，则是孩子碰到孕妇之后就开始生病，或日渐消瘦，或饭量减少而"不长肉，也就不长个子"。

不过漳澎人认为，碰到这种丢魂现象时，可以做法事来禳解，这就是传统的"打胎"仪式。在鬼神信仰观念根深蒂固的氛围之下，父母们将孩子的反常行为与遭遇处于通灵状态的孕妇联系起来，想象孩子是因为遭遇了孕妇才导致其魂魄投胎而变得反常。因此，只需要把这个孕妇的胎"打掉了"，孩子的"病"自然就会不治而愈。"打胎"时要准备一根龙树枝（即榕树枝）、一块镜子、一个盆子和一件丢魂的小孩的衣服，在盆子里盛水后将镜子放入，经过棍子打衣服等巫术性质的展演之后，就意味着孕妇"打了胎"，孩子也就恢复正常了。此外，也可以采用将孕妇当时穿的衣服要来煮水给小孩喝的方式。人们认为这种水可以"除秽",小孩喝后就可以好起来。不过,人们认为第二种禳解方式会对孕妇不利,如导致孕妇流产、生下死胎或者先天不足的婴儿。因此,孕妇普遍不愿意借衣衫给人,丢魂的小孩的家人自行做打胎仪式的情况就变得多见了。这种仪式不过是一种巫术性质的、象征性的行为,事实上也不可能因此出现打掉胎的情况。但是,当孩子的家人做完此类仪式后,他们就会真诚地认为小孩的魂魄回来了(即恢复正常),因此并不会去追究孕妇的胎是否真的被打掉。

由于整个社会都持有孕妇不洁的观念,旧时的漳澎孕妇几乎始终处在一种社会文化强力压制的氛围之下。孕妇如果出门时衣服不小心"骑"到了小孩子,村民们几乎都会指责这个孕妇存有不良企图、"心眼坏"。由于这种压力,孕妇们经常处于一种严格的自律状态之中。因此,过去漳澎的妇女自怀孕开始,往往都会自动深居简出,轻易不会出门,就是为了避免出门后无意中"做了坏事"。这种自我禁闭的状态会维持到生产之后的百天(即"不洁"消失的时候)为止。

2. 孕中禁忌

由于认为孕妇不洁,漳澎传统社会对于孕妇的饮食、行为等都有特殊的要求,由此形成诸多严格的禁忌。人们相信,如果孕妇不遵从要求,不恪守禁忌,那么她的孩子就很有可能无法顺利出生,甚至母子都会遭到严重的后果。

旧时漳澎的孕妇在饮食方面的禁忌主要有:怀孕的前三个月不可以吃薏米、绿豆,否则容易出现流产的情况;怀孕后不能吃蛇,否则胎中的小孩子会因此而害"软身病,在母亲肚子里会像蛇一样扫来扫去"造成难产;不能吃鲤鱼,如果吃了鲤鱼,孕妇就会发"鲤鱼疯"(即见水就钻、就跳,或者在没水的地上不停地打转);不能吃虾,吃虾会让孕妇肛门痛痒,容易造成流产;只能够吃母鸡而不能吃"生鸡"(即公鸡),因为公鸡很"臭"会让孕妇身体不适;不能吃乌龟,否则小孩生下来后会像乌龟一样缩头缩颈、发育不良;等等。

而在日常行为方面,女子自怀孕伊始便要时时小心在意。漳澎至今有"犯六甲"的说法,即孕妇在做煮饭、拖地或者通下水道等日常家务的时候,如果不小心被脏水等秽物溅到,就可能会造成孕妇"犯六甲",这会对腹中的胎儿造成极为不良的影响。例如,生下的孩子可能出现面部长胎记、兔唇等各种先天性的缺陷。因此,凡是生了身体畸形或者先天不足的小孩,村民们就会认为孩子的母亲在怀孕时犯了六甲,这时家人几乎都会责备她孕期行为不慎。由于只有在孩子出生后才可知道是否健全，所以即使母亲真的在孕期"犯六甲"也无法及时禳解。唯一的方法就是孕妇平时不要乱做事情并严格注意遵守禁忌，以约束孕妇换取胎儿健康。王晓丽认为："生育信仰直接以社会整体的要求影响着作为每个个体人的妇女，对自身生育的态度、感受和生育观，左右着妇女自觉地遵从社会的要求，并按照社会的需要去规范自己的生育行为。"① 漳澎人的"孕妇不洁"观念与孕妇的孕中禁忌，正是这种传统漳澎人依照村落社会的需要而规范生育行为的直接表现。

3. 未婚先孕

漳澎是个传统的村落，对于风化守得很严，一旦出现未婚先孕等伤风化的事情，孕妇几乎都会遭到严惩，最为直接的方式是"浸猪笼"，即将当事者装入装猪用的竹编的笼子中，然后扔到河涌或者水塘里活活淹死。

袁婆婆回忆说，过去漳澎的乡规民约非常严格，规定男女不论是不是已经订婚，也不管造成女子怀孕的男人是不是与其定了亲，只要女子在婚礼之前怀了孕，就都算"未婚先孕"，都是家规不严的表现而必遭严惩。一旦被认定为未婚先孕，人们就会把当事的男女双方分别装入猪笼中，然后同时扔入水中淹死。这位婆婆的说法得到了许多人的支持，不少人还言之凿凿，但始终无人能够举出本村的实例予以证明，因此，这种处罚的真实性还值得探究。但无论如何，由此可见过去的漳澎人对于未婚先孕的态度。

随着社会风气的普遍转化，当今的人们对于未婚先孕的态度也早已转变。七坊常在村中担任大妗娘的陈婆婆说，现在的情况是"十个新娘中有九个驮仔（意为怀孕）"而结婚的：

> 在过去呢，那未婚先孕的，都是要被浸猪笼的。现在的漳澎啊，大家还怕你嫁过来不会生育呢。所以呢，（男方家）还更还希望你怀孕了才嫁过来呢（，因为证明了可以生）。

如今的漳澎人对于此类事情已经变得十分宽容，体现了当地社会生育态度的变化，即相对于尊崇传统的规矩，生育本身得到了更多的重视。至于未婚先孕本身是好是坏，我们发现较为普遍的情况是，泛泛而论时人们多持否定的态度，但对于具体的个案尤其是涉及自身的个案又是普遍认可或者默许的。

---

① 王晓丽：《中国民间的生育信仰》，社会科学文献出版社1999年版，第74页。

（二）生产

1. 死婴

以前的漳澎人生小孩普遍只能依赖有生育经验的老人或者村里半职业的产婆指导、相助。老人们回忆，直到抗日战争时期，村里才有了一男一女两名医生，其中的女医生帮助孕妇产子、治疗妇科疾病，惠及许多人。或许正是由于这个缘故，老年村民至今对这位助人产子的女医生印象深刻，谈起这位女医生在"文革"期间被批斗致死时依旧扼腕叹息不止。

由于过去医疗条件极差而自然环境又恶劣，不只死婴相当多见，连因难产等而死的产妇也有很多，甚至使得村民对于流产、难产、死婴等情况习以为常。我们的调查发现，相比漳澎人在产子之后的诸多信仰、习俗，老年村民对于孕妇遭遇流产、死婴或难产的反应则平淡得多。孕妇流了产，家中并不需要特地做法事、拜神或者驱邪。人们对于死婴并无多少惋惜，普遍的态度是"等下次再怀孕，再生一个就可以了"。三坊的袁婆婆就曾经因为过度劳累而失去了一个女儿，多年后她还清晰地记得当时她到河涌打水，挑水回家后肚子开始疼痛，随之下体见红。等找到医生来看时，发现孩子已经无法挽救只能流掉，这个女儿就变成了前文所述的"不见天"。袁婆婆对此显得很平淡，她有一套自洽的因果轮回的解释：只有生前积德行善的人死后才可以投胎做人；生前不积德行善的人死后会"变蛇、变鼠、变妖怪"而失去再次为人的机会；这种"不见天"就是因为上一世时积德行善不够，虽然成功投胎，但仍然不足以再次成人，只能够早产死亡。

对于流产而死的孩子，人们都只是将其草草埋葬了事，不会有拜神超度之类的仪式，更不会为其在家中设立神主牌。最多是在家中其他长大成人的孩子结婚之前，为他办一场冥婚，但这为的是生人而不是死者。而对于死胎，处理方式和对待因流产而死的婴儿相同。如果是孕妇难产造成的母子双亡，则有另外一套处理方式。林老伯说，依照漳澎约定俗成的规矩，村民在村外遭遇不测过了身，遗体不准抬入村办理后事，而是就地收殓、掩埋。即使是时至今日，对于因难产而死的孕妇也还是照着这种规矩处理。即如果孕妇是在自己的家中死于难产，就可以在家中收殓并办葬礼，差别仅在于葬礼不会像寿终正寝那样隆重而已。而如果孕妇在医院或者其他地方难产，家人就要赶在孕妇断气之前送回家来，否则就只能就地收殓、办丧事。

传统的漳澎人热衷于生育后代，再加上当时没有多少避孕的知识和措施，妇女几乎全是在接连不断地怀孕、生子。由于人们普遍相信生儿育女是"菩萨给福""伯公（祖先）给福"的结果，故对于胎儿死亡或者孩子夭折并不十分在意,这与现在年青一代的村民的观念完全不同。

2. 生育

依照漳澎传统的风俗,孩子出生后,家人要马上在自家大门边和产妇的房间门外挂上生姜或者香茅草,告知外人自己家有产妇刚产下婴儿。在中国西南地区,许多少数民族尤其是属于壮侗语族的各民族中也有类似的在产妇生育之后挂草或树枝的习俗①。在漳澎人看来,这主要有两个作用。

第一,通过悬挂姜块或者香茅草,广泛告知其他村民自家有新生儿出生。至于为什么要悬挂这两种物事,村民普遍只知道是古俗而不知道原因。有人说是因为姜有活血、解毒和去风寒的作用,对产妇有帮助。当地又有产妇的婆婆用醋、猪脚与黄姜为原材料煲制猪脚姜给产妇和外人食用的习俗,希望他们吃了之后会说一句"好酸呀(谐音好孙呀)",借此讨个好意头。或者这习俗与使用生姜块之间有着某种关系,亦未可知。

至于著名的香茅草,在漳澎的许多吉祥与求吉的场合都可以见到。漳澎气候炎热,极其适合于香茅草生长。这种草天然地含柠檬香味,故又称柠檬草,传统中医认为香茅草有和胃通气、醒脑催情的功效,这可能就是漳澎及其周围村子的新娘子出嫁前一定要用香茅草泡的水沐浴的缘故。香茅草古称"包茅",《左传》《国语》《战国策》等先秦典籍中,都有关于楚国进献香茅草给周天子用于缩酒以祭祀天地和祖先的明确记载。由此看来,悬挂香茅草或者就是同时借以展示吉祥,感恩神明和祖先。

第二,提醒外人避讳。传统上,漳澎人普遍将产妇生产称为"生苏(臊)"②,认为产妇带有"臊气",这种"臊气"极为不洁,如果外人沾染到了,就会十分地晦气、倒霉或者不顺。在中国西南地区的许多少数民族中也能够看到这种观念,他们同样也是悬挂某种标识物提醒外人不要在这时随便进入,以免沾染不洁而给自己带来厄运。而在传统的漳澎习俗中,产妇的房间因为是生产之地,被认为是"腥臊之气"尤其重的地方。因此,传统上仅许可少数必不可少的女性亲属进入。而姜块或者香茅草,就是用来提示外人避忌,不要擅闯以免贻祸自身。

不过,在我们看来,这种忌讳其实很可能更主要的是为了保护产妇。女

---

① 在某些汉族地区如山西南部地区也有类似习俗,即在婴儿出生以后,家人在大门口挂一束俗称为"敞草"的秆草,秆草带根表示生男,无根则表示生女。有的把秆草插在门上,生男孩插两根,生女孩则只插一根。外到了产妇家门,便知是男是女。而在产妇房屋的门帘上,则要别一块红布条以示提醒。但我们尚不知彼此间有无关系。

② 粤语里小孩被叫作"苏虾",臊和苏同音,生苏即生小孩。但也有方言学者认为"苏"是"臊"的变音,因为刚出生的孩子身上有股奶臊味。

性生产是一个极为辛苦的过程，分娩时的失血过多、疼痛、创伤等，合力导致产妇气、血、津液等严重耗损，就是平素体质非常好的妇女，这时通常也会感到从未有过的虚弱。因此，妇女产后非常容易遭受病菌感染而致病甚至死亡。而当时人们没有灭菌以及消毒的观念与条件，产妇和新生儿很容易遭遇细菌感染，当时频见的破伤风就是一个典型的例子。如果任由形形色色的外人进入，则必然会带来各种各样的病菌，加大产妇与新生儿染病的风险。通过禁忌的方式并以某种可能的严重后果相威胁，是民间以保护为目的来阻止外人的一种常见的方式，漳澎此生育禁忌应该也是如此。

3. 十朝

到了婴儿出生的第十天，母亲就要为孩子做好第一次敬拜金花夫人与十二奶娘的准备，这个仪式被漳澎人称作"十朝拜婆"。如前文所述，十二奶娘是金花夫人抚育孩子的好帮手，是漳澎的母亲们最直接的求助对象，漳澎人俗称她们为"婆娘"或者"婆姐"，拜十二奶娘则称为"拜婆"。

婴儿出生后，孩子的外婆要马上准备好一个香炉并亲自送到女儿家中。到了婴儿出生后的第十天一大早，婴儿的母亲要准备好若干元宝、冥钱、金银纸、三味菜肴、三碗饭、三碗酒和三杯茶作为十朝拜婆时的祭品。在三味菜肴中，一般都会有鱼、烧猪肉或者用猪肉炒的菜。如果是头生子，三味菜中还一定要有一只公鸡。不过，如果当事人家是吃斋的，则只需准备三味素菜即可。祭品中最为特别的是母亲一定要备好一沓所谓的"婆娘纸"（见图3-17），① 这种纸要分为十二份，以便每位奶娘都能够各得一份。拜祭完之后，母亲要把这些"婆娘纸"烧掉。

漳澎人相信，这个仪式请来的婆娘会住进外婆所送来的那个香炉之中，并一直陪伴孩子成长直至其成年。因此，这个香炉被当地人称为"婆娘香炉"②。等到仪式一结束，孩子的母亲马上将这个香炉放置在孩子睡觉的床底下。人们认为如此一来十二奶娘就能够在以后的日子里日日陪伴在孩子身边保佑孩子。

十朝拜婆之后，孩子满月、百日以及16岁成年礼之前每年的年节（主要是端午、七月半、冬至、春节、清明）以及"婆娘诞"，孩子的母亲都要

---

① 漳澎人又称之为"墩（记音字）纸"，粉红色。拜婆仪式要将十二份"婆娘纸"烧给十二个奶娘。人们相信，十二奶娘收到后可以用这种纸做衣服穿。婆娘纸与烧给天后的"天后衣"或者烧给金花夫人的"金花衣"，在功能方面极为类似。

② 实际上，漳澎每家每户都只有一只"婆娘香炉"，即在家拜婆时所有的孩子共用一个香炉。因此，孩子的外婆只需要第一个外孙出生时送去一只香炉即可。虽然"婆娘香炉"是所有孩子共用的，但每个小孩的"十朝"都要单独拜祭一次婆娘。

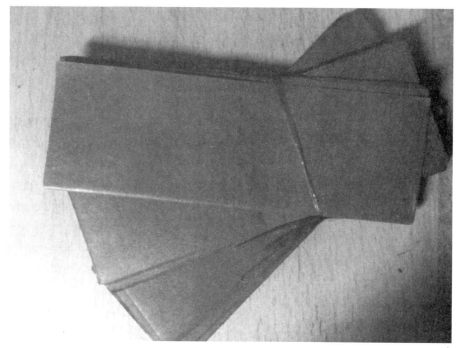

图 3-17 婆娘纸

烧婆娘纸拜婆娘，以此来祈求金花夫人和十二奶娘保佑家中的孩子"听家服话、快高长大"。

4. 改名

在广府地区，人们普遍把给孩子起名字称为"改名"。出于敬畏或者期待，抑或两者兼有的缘故，人们对于给孩子改名极为重视。漳澎同样如此，无论是过去或现在。过去改名时几乎都是拜托家族中或者村落中德高望重又有知识的长者精心挑选用字，有时还会隆重其事地专门用红纸写好并封上。旧时通常在孩子满月前为之取名，而起名字之前一般都会先找算命先生为孩子测八字，并以生辰八字中的五行缺失作为选字的标准之一。人们相信，先天的八字缺失，都可以通过后天的命名得到某种补救。

到了现在，起名字多是由孩子的父亲负责，不少家庭在孩子出世之前就取好了名字。有些人家通过医学途径事先知道了孩子的性别，取名字时就可以充分考虑。但许多家庭直到孩子出生才知道孩子的性别，这种情况下父母们往往事先准备好两个名字，待孩子出生之后再根据性别决定用哪一个。

5. 月子禁忌

与中国大部分地区一样，漳澎的产妇也要坐月子。当地俗称坐月子中的女人为"坐月婆",坐月婆在月子期间要遵守许多特殊的禁忌。

坐月婆饮食方面的禁忌尤其严谨,但这类禁忌其实可能是出于对产妇身体健康的考虑。七坊的林阿姨说,漳澎的女人坐月子期间的饮食非常简单,通常就是花肠、蒸饭、咸蛋、猪肉、蔬菜、老火汤等几样①。应该说,这些食物既有营养又不是太肥腻,对于产后恢复较为有利。除了这些之外,人们认为最好不要食用其他的食物,以免触犯禁忌给自己或者孩子招致某种恶果。漳澎历来渔获颇丰,但是,产妇却绝对禁止食用鱼、虾或螺。人们认为产妇吃了这些,就会使身上的"臊气"变得更重。因此,产妇坐月子甚至一直到孩子百日,都不能吃鱼、虾或者螺之类的水产。

产妇的行为方面也有特殊的限制,不过,这些限制随着知识的普及现在已经多有改变。例如,过去的漳澎人认为,女人在坐月子期间绝对不能够洗头,更不能够冲凉。在他们看来,产妇生产过后全身的毛细孔全部张开,洗头可能造成偏头痛等后遗症。而产后体质极为虚弱的产妇如果洗澡,就可能因为接触冷空气、冷水而感冒,影响身体排除臊气(即现代医学所说的"产后恶露")。随着生活条件与医疗条件大为改善,现在产妇并不会严格遵守这个禁忌了。据调查,如今的漳澎女人坐月子期间几乎都会洗头、洗澡,但一定要用非常热的水,而且一定要马上把身子抹干。

不管是饮食上还是生活行为上的禁忌,其实都与人们对"产后风"的极度恐惧有关。所谓"产后风",主要表现为产妇在产后出现眩晕、头沉或疼痛,或者腰部、膝盖、脚腕、手腕等发麻发痛,或者身体冒冷汗、打哆嗦等症状,这些大体上相当于西医所认为的风湿、类风湿引起的关节痛、产后坐骨神经痛、多发性肌炎、产后血栓性静脉炎所导致的症状。产妇如果患上产后风,就会阻碍子宫的血液循环,出现瘀血状况,最终降低生殖器官及泌尿系统的机能并影响下肢的血液循环,严重的甚至会导致死亡。历史上,漳澎的产妇患上产后风并遭遇不测的似乎不在少数,甚至不久前还有个案。如林阿姨至今记得,她的一个同学生完孩子后忍不住喝了饮料,又吃了糕点等被认为是禁忌的食物,结果就得了产后风,最后不幸身故。漳澎的坐月婆们似乎主要出于对产后风的恐惧,至今都十分严格地遵守着相关禁忌。

产妇在坐月子期间,要避免对他人产生不好影响,这类禁忌至今大体通行。如前文所述,漳澎人认为产妇带有腥气、臊气,而产妇坐月子不仅是一种"生腥生苏"的过程,还很容易传染给别人。为了避免这种情况出现,导

---

① 老火汤指煲煮时间较长的汤。漳澎人对于煲汤极有讲究,普遍认为这时的老火汤最好是用青木瓜与猪骨一起煲,这种汤可以帮助产妇催奶。

致别人"不利是"（意为不顺利、晦气），也为了产妇生育后能静心调养身体，漳澎的女人在坐月子期间一般都不允许出门、见人或者做事。如果因故一定要出家门，也只能去"自己家"①，包括"外家"（即产妇的娘家）在内的"别人的家"都不能去②。六坊的刘伯伯说，"这个时候啊，就算是她娘家的亲生父母过身了，只要是坐月婆，也就都不能够回去送葬"。

旧时的孕妇产子时往往会大量出血，而百日内的产妇被认为有"血光"（即分娩时的血污、秽气）。③ 旧时的漳澎人认为，在产妇生子之后的很长一段时间之内，其房间以及整个家屋中都会被这种血光笼罩。如果此时有外人特别是小孩或者体弱的人进入产妇家中，往往就会因受不了血光而生病，这在漳澎就被称为是"犯血光"。三坊的袁婆婆回忆了她小时候犯血光的故事：

> 我小时候，就是七八岁的时候，就犯过血光。
>
> 那天我早上去一个小伙伴家，就是去找她玩。但是，不知道她妈妈刚巧生了孩子。结果，晚上回家后，腿就莫名其妙地瘸了。结果一直瘸了十多天，都好不了。
>
> 我妈妈就带我去找村里的鬼婆降身，这才知道我腿瘸是犯血光。那个鬼婆就帮我解了，解了之后啊，腿就好了。

在汉族的很多传统村落中，分娩时的血水都会被视为是一种"血光之灾"，产妇、产房也会因此成为人们争相回避之地。王晓丽认为："妇女生育的能力会感应给自然，引起各种变化，而感应的媒介就是产血……自然被人们想象为各种鬼神所控制，产血感应的对象便是鬼神……产血污地浊天感应到鬼神，被触怒的鬼神给人们带来报复性的灾难。"漳澎的生腥、生臊和犯血光，正是这样的情况。孕妇的恶露以及生产时的血是邪秽的，这也就是漳澎人心中所有不洁的来源。孕妇在怀孕期间就是一种通灵状态，人们相信产育所带来的血更可以被鬼神所感应，会达到比怀孕时更强烈的水平，也更可

---

① 漳澎人同样至今严格区分亲属关系方面的"内"与"外"，历来以夫家为"内"而以娘家为"外"。此处所谓的"自己家"，是漳澎人对家庭的一种扩大化的概念，整个夫家家族包括婆家以及丈夫的叔、伯、兄、弟都是"自己家"。与之相对的"外家"，则指的是媳妇的娘家。

② 依照传统，坐月婆的母亲可以在此时到女儿家中照顾女儿，但娘家的兄弟姐妹甚至父亲都不可在此时探望她。

③ 这种观念在旧时可谓普遍，如周作人在《女人的禁忌》一文中引用《刘香宝卷》道："既成夫妇，必有生育之苦，难免血水触犯三光之罪。……生男育女秽天地，血裙秽洗犯河神。生产时，血秽河，河边洗净。水煎茶，供佛神，罪孽非轻。对日光，晒血裙，罪见天神。三个月，血孩儿，秽触神明。"

能将鬼神吸引至自己家中。外人尤其是幼童此时进入产妇家中，就更容易触怒被吸引而来的鬼神而走霉运。90岁的C婆婆说：

> 过去，生育不足百天的女人出门，是一定要戴帽子的，还要在帽子里面扎头巾。
>
> 这是因为啊，刚生过孩子的女人身上"不干净"，怕天上的神佛看见，就会发怒，所以要把头包起来，就是呢，不能让上天看见。

正是出于这类信仰上的原因，为了避免灾难，漳澎村落社会在女子从怀孕伊始直到产子满月甚至产后百天漫长的时间段中，为其设立了一系列社会性的禁忌。这些规则是在共同的信仰观念影响下衍生出来的一套关于行为的约束，并逐渐演化成社会强制性的要求，即社会中共享的文化规则。在这个社会中成长、生活的人都会受到它潜移默化的影响，并服从社会文化而调整自己的行为。

6. 满月

或许是由于养育不易，或许是珍视传宗接代的要务，漳澎人至今对孩子满月相当重视。在孩子满月当天，家人会为孩子举办一系列的仪式。

当天最主要的一项工作是父母给新生儿"洗臊"。漳澎人相信产妇生育之后所产生的臊气会传递到婴儿的身上，满月之前的婴儿之所以也必须待在家中不能出门，就是怕将这种臊气传染给他人。而到了满月时，就可以通过洗臊将婴儿身上的这种不洁祛除。当天一大早，婴儿的外婆先将一些鸭蛋送到产妇家中，孩子的母亲从中拿出两个与香茅草一起放在水里煮，然后用煮开的水给新生儿擦洗头部与身子，这就是所谓的"洗臊"，这个风俗至今依然在漳澎流传着。如今新生儿出生三天后医院的医生就会给他们洗澡，但漳澎人认为这只能洗去婴儿身体上可见的污物，而来自母体的无形的臊气则一定要通过洗臊才能祛除。经过这个仪式后，母亲就可以带婴儿去"外家"串门了。

洗完臊后，父母通常都会请剃头师傅为婴儿剃头。这时剃头颇有讲究，必须将新生儿头上的胎毛全部剃光。漳澎人相信，只有如此，孩子以后才能生长出茂密的头发。剃完头之后，多由婴儿的母亲从外婆带来的鸭蛋中再拿出两个来，煮熟后送给剃头师傅吃，同时还要封一封利是。剩余的鸭蛋用红花粉染红，煮熟后分派给孩子的叔、伯、爷爷等父系亲属。鸭蛋是由母亲的娘家送来的，此时无须再派发给母系一方的亲属。

这时一般还要同时派送"猪脚姜"，这个风俗在漳澎至今通行。猪脚姜由甜醋、鸡蛋、姜、黄糖和猪脚等食材煲成,当天由孩子的母亲分别送给夫家的兄弟、妯娌、叔公、叔婆等家里人享用。猪脚姜的原料通常都是由孩子的外婆送来的,因此与红鸭蛋一样不需要送给外家人。孩子的母亲被算作是自家人,她可以食用猪脚姜以及煮好的红鸭蛋。依照习俗,无论生的是男孩还是女孩,漳澎的父母都会在孩子满月那天送猪脚姜、红鸭蛋给街坊、邻居与亲戚品尝。

在这一天,孩子的外婆或者奶奶还要向母亲赠送背孩子用的背带①,母亲收到后,就要用这根背带背着(但也可以抱着)新生儿到村子的街巷中走一走(但不需要走遍整个村子)。漳澎人称这个习俗为"上街行",认为这不但象征着母亲教会新生儿"认路""认家门",还可以使小孩长大以后胆子大而不致轻易受到惊吓。

村民们说,漳澎附近的"围口"村落②的人,不论生男生女都要摆满月酒以示庆祝。但在漳澎的传统风俗中,除非家里很有钱,一般只为男孩摆满月酒。据村民们回忆,20世纪三四十年代时,当地人生了男孩摆满月酒时,除了"自家"的爷爷、奶奶、叔伯、兄弟等近亲之外,前来喝酒的亲友都要送红布给孩子做衣服,还要包红包作为贺礼。如果摆酒的人家生的是孪生儿子,亲朋则要准备好"双红包"(即两份贺礼)。当时的满月酒都是在茶楼或者自己家中摆,而不会在祠堂中摆,这与婚丧时的习俗不同。有老人认为,这是因为摆满月酒时的客人通常都不会特别多的缘故。

漳澎在孩子满月时派发红鸭蛋,这与中国大多数地方派发红鸡蛋的风俗截然不同。袁婆婆解释说,漳澎的风俗是"做好事"的时候使用鸭蛋,只有在"做凶事"如祭鬼、拜鬼的时候才用鸡蛋;满月是好事,自然要使用红鸭蛋。而在福建福州,渔民们则有把鸭蛋当作"太平蛋"的风俗,"福州的吉祥食品太平蛋,是来自疍民的。疍民在水上生活,他们不怕雨……怕的是刮风起浪,安全受威胁。因此他们把鸭蛋视为吉祥食品,是太平之蛋。因为福州话里'压浪'与'鸭蛋'同音。于是逢年过节,或是亲人远行,都要吃太平蛋。此俗传开,岸上人家认为鸭蛋也与'压乱'谐音。为了祈求太平,也把太平蛋视为最最吉祥的食品了。"③ 两相比较可以发现,漳澎村民们的这一风俗与之颇为相似。我们认为历史上的漳澎人有相当一部分"来源于水上人

---

① 孩子的外婆如果在世,则由其送背带。但若孩子的外婆已经去世,则可以由孩子的奶奶赠送。
② 漳澎人的习惯说法,指漳澎附近的下沙、角尾等渔民聚居的自然村。
③ 方炳桂:《一个很有特色的民风民俗区——福州台江区说古》,载《炎黄纵横》2006年第8期。

（旧时称为疍民、疍家等）"①，故喜事上爱用鸭蛋也有可能是疍民的遗俗。

7. 百天

新生儿满一百天，漳澎人俗称为"百天"，又称"百日"。从"百日"开始，除母乳外可以开始给新生儿吃米糊、粥糊等食物，但通常至其一岁时才完全断奶。

对于产妇来说，"百日"更是极有实际意义的。漳澎人相信产妇容易生病或者沾染邪秽，导致前述怀孕期间的禁忌要一直持续至新生儿满百天才结束。因此，新生儿出生的"百天"，也就等于产妇的出禁日。

8. 添灯

如果生的是男孩，在男婴满月后第一年的春节期间，父母要为他挂一盏大灯笼，这就是漳澎至今通行的"添灯"习俗②。漳澎话中"丁"与"灯"同音，"添灯"谐音"添丁"。到时有祠堂的人家在祠堂中"挂灯"，没有祠堂而有祖屋的则在祖屋③中悬挂。如果连祖屋也没有，就只好在自己的家中挂。

添灯是一个具有高度仪式意义的民俗活动，是要借此向祖先以及亲友告知自己家中喜添男丁。但是，挂灯也有高度的实际意义，因为只有经历过这个仪式的新丁，日后其名字才能够写入族谱，也才有权利分得族产。这个习俗一般分为"开灯""摆灯酒"和"结灯"三个阶段。村民选定大年初一到正月十三之间（这段时间当地称为"灯头"）的某一天，为家中的新生男婴挂上灯笼，这就是"开灯"。到了正月十五，家人把灯笼取下烧掉，这就是"结灯"。结灯之前，"挂灯"的人家几乎都要供奉神灵和祖先，在拜完神后还要把供品分发给家族中的人食用。

开灯后、结灯前，父母要挑一个好日子给男婴摆灯酒，但通常和开灯在同一天举办，只有遭遇特殊情况才会先开灯而以后再摆灯酒。来喝酒的包括父母双方家的近亲在内的亲戚，都要"剪三尺红袍"（即红布）送给男婴做衣服，外婆要在这时赠送衣服、裤子。④依照习俗，其他的亲友也要为男婴

---

① 参见张振江、陈志伟《麻涌民俗志——岭南水乡社会研究》，汕头大学出版社2008年版，第17页。

② 在属于漳澎行政村的角尾和花枝围等自然村，无论生男还是生女都摆满月酒，但不"添灯"。漳澎村民认为他们是渔民，故而风俗不同。

③ 所谓的祖屋，实际上通常就是指婴儿的爷爷所居住的房子，也就是孩子的父亲在未成年时居住过的房子。我们相信，由于许多原因，旧时的漳澎人未必有如今所谓的祖屋观念，对此我们拟另行探讨。

④ 漳澎人没有为女儿摆灯酒的习俗，但不论所生的是男孩还是女孩，孩子的外婆都会在新年赠送新衣服孩子。

准备礼物。过去的人们都是在本族的祠堂或者自己家中摆灯酒，现在则多是在酒楼中摆。如果同一宗族上年出生的男孩子多，还要彼此协商好一家一家地轮流办。许多村民都记得，当时从大年初一到十三的这些日子，几乎每天都会有人在祠堂摆灯酒。酒席上除了一般的常见菜肴外，还一定要有蚬肉和芽菇两道菜。因为在漳澎人看来，蚬肉和芽菇的外形像孪生胎儿，意味着大吉大利。

如今不少条件好的家庭也会为女儿摆满月酒，但依然不会为女儿添灯、摆灯酒。六坊的李婆婆解释说，这是因为过去的人家都觉得生女儿不算是一件开心的事情，所以至今都不办。我们发现虽然漳澎人的生育观念已经改变许多，但村中的大多数妇女至今都认为，如果生了男孩，"亲朋好友都会夸自己叻（意为厉害）。要是生了女儿，就没有人会表扬的"。

三、育子习俗

旧时的漳澎生活艰苦而又险象环生，许多孩子都不能够长大成人而是早早夭折。或者正是这个缘故，漳澎人发展出一整套复杂的育子习俗。这套习俗多涉及神明与信仰，在昭示历史上的漳澎人对孩子的热望的同时也透露出他们的无奈与恐惧。

（一）日常风俗

1. 上契

漳澎人至今流行给孩子"上契"，实际上就是给孩子认干亲（即结为无血缘关系的拟制亲属）。如果孩子出生后身体不好、多病，或者"生辰八字不好"，父母几乎都会让孩子与高寿的老人或者神灵上契，以期获得解救或者补救①。应该说，这个习俗在珠江三角洲历史悠久又分布广泛。

新中国成立前，漳澎人多"契菩萨"（即认神明为干亲），现在则以"契人"为多，而且一般都是契高寿、身体康健、多子多孙的快要仙逝的老人。② 上契的男孩与女孩分别称为"契仔""契女"，被契者视性别称为"契爷"或"契妈"。如果契的是菩萨，平时不需要称契爷或契妈，但在拜神摆供请求菩萨护佑时，则上契者要自称"契仔""契女"。漳澎人至今普遍认

---

① 据调查，漳澎也有得了重病的成人与长寿的老人或者金花庙中的神明上契，人们相信这样可以使病人迅速痊愈。由于这类个案非常少见，此处不纳入探村范围。

② 我们相信出现这种变化的原因主要有两个：新中国成立前漳澎人的经济状况普遍不佳，契菩萨经济压力较小；新中国成立之后传统的信仰与习俗受到了极大的冲击，契菩萨的行为因此减少。

为，无论是上契者还是被契者，彼此都会因上契而大大地增加福气。上契一般不需要什么特定的仪式。如果是与人上契，只要在皇历上选个吉日，由契仔、契女封一个利是送给契爷或者契妈，后者再送给孩子一个瓯①，这样上契就算完成了。上契之后，契仔契女逢年过节时要给契爷契妈送食物、果品和利是。而契爷或契妈过世时，契仔、契女要在葬礼上拜祭，还要给足油烛钱，但"头七""尾七"时不用去拜祭。

新中国成立前，家庭条件不好的漳澎人家往往选择契菩萨，以契金花、十二奶娘和七姐最为多见。这是因为，契菩萨只需为菩萨"摆供"即可，而摆供后的东西还可以自己拿回家享用。但如果是契人，则很可能会因为给不起年节时用来孝敬契爷或者契妈的钱、物而让彼此难堪。与神灵上契时，家人需要先找神婆求签、解签，看看神灵指引契哪位菩萨。得到指引后，还需要去庙中摆供、打圣杯征得神灵同意。这之后，上契者终其一生，每逢年节以及所契菩萨的神诞时，都要为菩萨上香、敬献祭品。三坊的袁婆婆说，她年幼时身体弱，在2岁的时候便由妈妈带着去求签、问鬼婆，最后根据鬼婆的指引契了七姐。除了"文革"那段时间之外，她在每年的"七姐诞"时，都会虔诚地给七姐摆供，这时还要说"七姐七娘，求你护佑我这个契女，身体健康，出入平安，好身好运赚钱财，幸福日子日日来"等话语请求七姐护佑。

漳澎还有孩子契榕树的，上契者也需要在年节等时日给榕树摆供。本书第四章将有详细的描述，此处不赘。

2. 求神水与喊惊

我们发现，如果村中有哪位孩子没有明显的原因而莫名其妙地出现生病、不思饮食、睡不着觉等症状，村民几乎立刻就会说是"犯了"②。至于具体是犯了什么，村民一般只说是"不好的东西"而不会详谈。在他们的观念中，这种不好的东西其实分得很细，如冲撞了鬼、受到污秽东西影响、犯了禁忌、丢了魂，等等。漳澎人认为这些都会对人产生某种不良的影响，而孩子由于灵魂"细小不稳"更容易犯，但也容易好。

如果家人认为孩子"犯了"，通常就会带到庙中求签，然后找盲公或鬼

---

① 据村民解释，"瓯"在当地专指小孩盛饭用的非陶瓷类的小铁碗、小胶碗等。因为这样的碗不易打碎，所以父母常用来给小孩使用，陶瓷制的小碗在当地不叫"瓯"。

② 漳澎人认为成人也会"犯"，而且成人一旦"犯了"就会十分麻烦、很难解决。一般来说，如果大人只是生病，盲公或鬼婆多会指引其家人去找包公求"神水"。但如果是因为出了车祸受到惊吓或者是"运势不好"而发生了严重的灾祸，盲公或鬼婆则常常认为此人是冲撞了鬼神、失了魂，因此会要求其家人喊惊。但由于涉及成人"犯了"的很少见，故我们忽略不述。

婆解签,从而得知具体是犯了什么。盲公或者鬼婆一般还会同时告诉家人,需要跟什么神灵求"神水"或者需要怎么"喊惊",等等。家人就会按照盲公、鬼婆所说的去做,以此来祛除"犯了"所产生的后果。如果只是轻微不适,一般用求神水的方式解决。但如果遇到大问题,如久病不愈或者老是走霉运,一般就要用喊惊。但在大多数的时候,盲公或鬼婆所给的答案,都是指导家人去找金花夫人求神水。因此,我们此处将主要描述并讨论当地给孩子求神水和喊惊的风俗。

在得到盲公或鬼婆的指示后,孩子的母亲带上一个装有半瓶水的瓶子到金花庙。她跪在金花娘娘面前,在瓶子口插三支点燃的香,然后开始祈祷:

> 请金花娘娘,
> 上山采药,高山采药,
> 大山采药,小山采药,
> 大河、小河采药,
> 采神仙药,
> 落进神仙樽处,
> 给某某花仔。
> 随后气数就好。
> 没病没痛身体健康,
> 出入平安,
> 长福长寿。

念完之后将香从瓶口拿出,瓶子里的水就成了求到的"神水"。求到水后母亲要立即回到家中,将"神水"煮开,等凉后给病童饮下。漳澎的人们普遍相信,孩子喝了"神水"之后,就可以很快地痊愈。

现今的求神水仪式有一些不同。如今金花庙的金花夫人像前,常年供着一只盛满水的红碗。庙祝婆说这碗水是供奉金花夫人的神水,新中国成立前也是这样供奉的。过去碗中的神水都是在金花庙埠头的河涌口直接舀上来的,村民们认为这碗水是供奉在金花夫人像前的,因此是很干净的,不但可以直接喝,还具有神力,是神水。现在一些信众家小孩子生病,在看医生的同时还会到金花庙里向金花夫人问圣杯、求神水。求水人(多为孩子的母亲)用圣杯卜卦,卜到三次合适的卦象就认为金花夫人同意了求神水的要求,可以将供在这碗中的水倒一些在自己带来的容器里装回家,然后给生病的小孩喝。许多村民其实并不十分相信喝下这种神水真的能"水到病除",

但仍然认为这种水是得到神明护佑的，喝下神水总会对孩子有所帮助。

如果小孩子因为摔跤、呛水或者其他比较大的意外受到惊吓并出现不适时，人们就可能会认为孩子是"跌了魂""受了惊"。这时候求助于神水已经不管用，家人就会筹划拜神、喊惊。直到现在，喊惊在漳澎还是很常见。

漳澎人相信，金花娘娘、十二奶娘、七姐和招运童子等神灵都是可以帮助母亲们为小孩子喊惊的。因此，喊惊之前，要先在家里的婆娘香炉旁边或者去金花庙里拜祭。喊惊时的摆供，除了要有神衣，还要准备水果、香火等物品。如果是请十二奶娘为孩子喊"婆娘惊"，还需要准备"婆娘衣"，并在家中床底下的"婆娘香炉"前给婆娘摆供。一切准备好后请神仪式开始，这时要说：

> 一拜请，
> 二拜请，
> 神恩三拜请。
> 拜请天上玉皇大帝菩萨，
> 众位星宿众位灵神，
> 观音佛母众位灵神，
> 十二位奶娘众位灵神。

这时母亲们几乎都是把自己所知道的神明都请一遍，然后才能够正式为孩子喊惊。传统上，漳澎人喊惊并无固定的场所，可以在自己家里喊，也可以去金花庙里喊，还可以在小孩"犯了"的地方喊。一般都是由孩子的母亲自己喊，不会喊的母亲可以请神婆代喊。

为孩子喊惊，大致上可以按照孩子受惊的原因分为四种情况：前两种的喊惊是禳解孩子的身体受到伤害而造成的"丢魂"，后两种则是为了禳解孩子精神受到冲击而造成的"丢魂"。但无论是哪种原因的喊惊，都需要事先准备好一件当事小孩的衣服或者鞋子并带到喊惊现场，还要根据具体的情况准备其他物事。如果孩子是因为在地上摔跤而受惊丢魂，母亲还要准备一把菜刀。到孩子摔跤的地方后，她一只手拿着孩子的衣服不停地扫拂地面，另一只手则不停地大力拍打放在地上的菜刀，口中还要高喊祷词。人们认为这样就可以将孩子"跌落"的魂魄从地下震起来附着在孩子的衣服上，母亲将衣服带回家后给孩子穿上，孩子便"回魂"了。而据六坊的李婆婆说，这时比较常用的祷词是：

> 某某某（孩子的姓名），
> 人神起，
> 惊神落，
> 叫佢（意为他或者她）三遍叫魂归，
> 叫佢三遍叫魂齐。①

人们相信喊孩子的名字三遍，孩子的魂魄就会归来，"魂就齐全了"。而魂齐全了，小孩就会顺利地康复。

如果孩子是在河涌中呛了水而受惊丢魂的，母亲则要准备一杆秤、一件孩子的衣服到河涌所属的埠头或者岸边喊惊。这时她一手拿孩子的衣服，一手不停地做出把秤杆打入水中的动作，祷词通常如下：

> 某某某，
> 人神起，惊神落，
> 行返老豆、老母，
> 行返兄弟、姊妹，
> 精神俾返某某某，
> 无期无数，
> 一边降威，一边招魂，
> 食返茶饭，长返骨肉。

祷词的大意是让孩子的魂魄永久地回到自己身上，回到自己的父母与兄弟姊妹身边，请十二奶娘或者七姐等天神降下神威，帮助孩子的魂魄回来，让孩子好好吃饭、健康生长。而把秤打入水中，则象征着把孩子丢失的魂魄从水中打捞出来，使其附在孩子的衣服上回到家中，再回到孩子身上。

如果小孩子是受到人或物的惊吓而丢了魂，出现晚上哭闹、睡不安稳的情况，母亲就要带着孩子的衣服到孩子被吓到的地方四处走动为孩子喊惊。三坊的袁婆婆说，这种情况下母亲一般会喊：

> 某某某花仔，
> 有骨惊吓，

---

① 事实上，漳澎的母亲在为孩子"喊惊"时所念的祷词并非完全一样，只是大致意思相同而已。后文出现的各类"喊惊"念词，都是依据当地某一村民所说的为例。

> 无骨惊吓,
> 扁毛惊吓,
> 圆毛惊吓,
> 阳人惊吓,
> 阴人惊吓,
> 屋前屋后惊吓,
> 某某某花仔,
> 你回来!

这段祷词的大意是,不论小孩是被有骨头的东西(如老鼠等)吓到,还是被没骨头的东西(如炮仗)吓到;是被扁毛的动物(如鸡等)吓到,还是被圆毛的动物(如猪等)吓到;是被活人吓到,还是被死人吓到;也不论是在房前还是在屋后被吓到,以后都不要怕了,魂魄回到肉体后就会好起来了。

如果孩子出现原因不明的精神或者行为方面较为严重的异常,经过治疗不但不见好,反而有日渐消瘦的情况,大人们就会认为这是孩子的魂魄被野鬼缠上而受惊了,与大人丢魂需要喊惊的情况差不多。三坊的袁婆婆在村中做过多年的神婆,对此很有经验,她认为孩子身上出现这种情况很少见,禳解起来十分麻烦:

> 孩子的母亲呢,就要先到神婆那里打卦,就是要问问神,要在哪个方位喊惊。问好了之后呢,她就要准备金银纸、衣草(即纸衣服,给鬼穿)、生米(用于辟邪)、花生(用于驱邪)、熟米饭、雪梨,还要准备受惊的孩子的一件贴身衣服。都准备好后呢,就可以开始喊惊了。
>
> 这个时候啊,母亲先把金银纸和衣草烧掉,跟着呢就撒煮熟的饭。意思是呢,这个野鬼就有用的了,就有吃的了,就有穿的了,就请走开,就是阴阳分离了。这样啊,就放开孩子的魂了。实际上,就是用金银纸和衣草贿赂野鬼。
>
> 之后呢,还要撒两三次生米,然后再撒几粒花生,扔掉雪梨。做这些的意思呢,就是让孩子的魂魄回到身体,之后呢就能吃饭、能长肉,就是说明魂在他身上稳定生根了,就跟野鬼分开了。这个时候啊,要挥舞受惊的那个孩子的衣服大喊:
>
> "米来人神起,米来人神归。
> 早也归,夜也归,

三魂七魄一齐归。
撒米速速同呦幽鬼分,
撒米团团同呦幽鬼传。
撒米沙沙同呦鬼讨价,
撒米行行同呦幽鬼放。
某某某花仔,
你回来!"

意思就是说呢,通过和鬼讲些好话,让鬼放开那个孩子的魂魄,这样孩子就能够康复了。之后啊,还要喊"某某花仔,去哪里了啊?"跟着再唱"处咩叫魂处咩应(意为"在哪叫魂在哪应"),万里叫魂万里应"。再喊:"某某某,回家来啊!"再唱:"人认衫,衫认人,各人认得各人名,各人认得各人姓。"再喊:"某某某,回家来啊!"

人们认为,经过这样的反复喊唱,就可以使得孩子的魂魄归位,因为"犯鬼"而受惊的孩子就能好起来。

过去的村民们无法认知孩子不适的原因,只能够将疾病、不适归结为鬼神作祟并以禳解作为良方。因此,在村民的记忆中,求神水与喊惊两种习俗由来已久,是母亲们应对孩子成长过程中出现问题的传统方式。新中国成立后一度被视为迷信而禁止,但我们相信二者其实可能是在特定的知识与社会条件下一种完全基于"理性"的应对方式,所以解禁后二者才能够迅速复生。

3. 夭折

对于顺利出生但未成年(即16岁以前)就夭折的孩子,漳澎人的态度一方面显得相当坦然,但另一方面对这类事又讳莫如深。

在很长的历史时期内,漳澎每年都有多名孩子因为溺水、病痛等原因而夭折。八坊的坊长陈伯还清楚地记得,现在的漳澎旧农贸市场到漳澎小学之间,原本是一大片成陆较晚的荒地,直到新中国成立前夕依旧没有人居住,因此被专门用作埋葬夭折的小孩,由此不难想象当时夭折者之多。旧时的漳澎人家都有多个孩子,故人们并不认为夭折是灭顶之灾,是完全无法接受的。实际上,他们对于孩子的"生"远比对孩子的"死"看重很多。但当地人又认为"少年死,好大罪",即未成年"就死去是不正常的。进入地府后,就会被阎罗王严加审查,如果生前没有积善,就不能再投胎为人"。由于这个缘故,对于夭折这类话题,漳澎人总是讳莫如深、不愿多谈。但我们大致可知,孩子夭折后,家人几乎都不会为他办葬礼,而是用草席卷起尸体草草入土了事。孩子的母亲也不需要再为其拜神祈福,不会为他置办"婆娘香炉",已经置办了的也要在"告知"十二奶娘后撤销。

相对于绝不会为"不见天"立神主牌来说,漳澎人偶尔会为夭折的孩子立牌①。袁婆婆说,如果孩子的鬼灵给父母报梦,他们就会去打卦、找鬼婆"叫家宅",请死去的孩子的鬼魂降身,问问孩子有什么事情。孩子就会通过鬼婆向父母提出各种具体的要求,其中就可能包括在家中为他立神主牌,这样就可以享受家中的香火等。父母通常都会答应他的要求,为他立牌。袁婆婆说,她自己就是得到报梦后,才在家中为夭折的那个孩子设立神主牌的。

为夭折的孩子立了神主牌后,家中其他的孩子们在碰上上学、升学、结婚、生子等大事时,都要给神主上香,并郑重告知所为何事,以防家鬼因嫉妒而作祟,影响生人的前途或者运程。

4. 成年礼"出花园"

旧时的漳澎人以 16 虚岁为成年,当地流行在孩子 16 岁时为其举办成年礼的风俗。漳澎人的成年礼称为"出花园",这既是一个告别仪式,也是一个开始仪式。漳澎人认为男孩、女孩都是花,家则是花园,出花园即是说男孩、女孩此时已经长大成人,自此可以谈婚论嫁自立新家了。

类似的习俗也见于潮汕地区,那里的"出花园"一般会选择在农历七月初七或者七月十五中元节时举行。② 而漳澎的"出花园"仪式,一般都是在孩子 16 岁生日当天举行。老人们回忆,"出花园"时母亲要为孩子准备一根红绳子,带到庙中,让孩子用这根红绳子牵住庙里的和合二仙塑像,这个程序称为"牵红绳"。如果是女孩子出花园,牵红绳之后家人要请女孩居住的娘仔房里的姐妹和自家的亲友吃酥饼。在漳澎话中,酥与意为产子的"生苏"的"苏"同音,因此,吃酥饼寓意祝愿女孩婚后"好生养"(即多生儿女)。而如果是男孩子,家人则要请凉棚里的兄弟和家中的亲友吃煎堆。漳澎人认为,煎堆的制作是一个"发"(即渐渐膨胀)的过程,吃煎堆寓意着祝愿男孩成人后事业发达。经历过"出花园"仪式,就意味着孩子不再是花

---

① 漳澎人相信,如果家中为逝者立了神主牌,逝者就可以回到家中坐在神主牌的位子上,就可以享受生人的进香与物品拜祭;如果没有设立神主牌,死者就无法回家,更无法享受家中的香火等。因此,为死者设立牌位是一件极为重要的事情。

② 中国古代就有成人礼,如"及笄礼"之类,现在许多地方还有类似的习俗。但据我们所知,似乎广东境内只有潮汕地区也同样称为"出花园"。不过,当地有些人家只给男孩举行"出花园"仪式,内容与漳澎也有较大的不同,大体是:到了孩子 15 岁那年的七月初七或七月十五,为孩子备办三牲、果品拜别公婆神(俗称"公婆母")。但基本的精神则是一致的,即都是表示孩子已经长大可以走出花园,无须生育神再照顾。两地间的节日或有渊源关系,值得细究。

仔、花女，而已经成长为男人、女人了。

人们认为，花仔或者花女需要金花夫人、十二奶娘保佑，而"出花园"之后，就不再需要这些生育神灵的庇护。因此，孩子的母亲就会通过烧婆娘纸告知住在婆娘香炉中的婆娘：孩子现在已经长大成人。漳澎人相信，母亲烧完婆娘纸之后，婆娘就会结束保佑的使命，从香炉中出去回到天上。在传统的漳澎，这个仪式一般称为"送婆衣"。

不论对于个人或家庭来说，"出花园"都是极有意义的。漳澎的习俗中，传统上孩子是不过生日的。即使是成人，也只有从60岁开始才可能每10年摆一次大寿酒。因此，历史上的漳澎普遍重视这个仪式。新中国成立后，这个习俗也被看成是迷信而逐渐淡化，如今更是基本消失而难得一见。

（二）年节风俗

1. 二月二"拜婆会"

从孩子出生后的第十天开始，漳澎的人家都要拜十二奶娘，直至孩子成年。漳澎人以农历二月初二为十二奶娘的神诞日，俗称为"阿婆诞""婆娘诞"或者"薄餐诞"。由于每逢这日母亲们都要诚心诚意地为十二奶娘"做诞"（即做寿），故漳澎人又通常称之为"拜婆会"。

旧时的习俗，每到这日外婆家都要送一些鸡蛋、生米给外孙辈，俗称为"阿婆送'婆'米"。孩子的母亲要用所送的鸡蛋做成"婆娘汤"①，用外婆送来的米煎成"薄餐"，这也是十二奶娘诞又称薄餐诞的原因。薄餐由糯米粉搅拌捏成饼状后煎制而成，味道则可甜可咸。做甜薄餐时一般都是加入糖和香蕉，而咸薄餐则会加入盐和韭菜。薄餐要准备十二个，一般要六甜六咸。"拜婆会"当日，母亲把十二个薄餐、十二个苹果或者柑橘之类的水果分别摆入一个盘子中，与十二碗婆娘汤一起放在拜神盘上，摆在婆娘香炉前供奉十二奶娘。此时母亲还要带着孩子一起上香并磕头、跪拜。

2. 七夕少女拜"七姐"

每年农历的七月初七，漳澎人称为"七姐诞"。据回忆，甚至直到"文

---

① 按照漳澎的风俗，凡做神诞或者办喜事都是用鸭蛋而非鸡蛋，因此，对于为何在做"婆娘汤"时要用鸡蛋，当地的人们已经无法解释。此外，历史上广州的河南金花庙颇为有名，原址位于今海珠区南华西路鳌洲大街口，但早已不存。关于这座庙，历史上有一首相当流行的歌谣："顺风顺水过沙湾，逆风逆水过河南。河南有间金花普主惠福夫人庙，少爷少奶入金花普主惠福夫人庙，拜神保佑仔生。许下鸡春（即鸡蛋）和鸭蛋，几时生仔几时还。保佑'苏虾'（指初生的婴儿）快长大，儿孙满堂再把神酬还。"根据这首歌谣，当时向金花娘娘许诺时是鸡蛋和鸭蛋并用，还愿时也必是鸡蛋和鸭蛋并用。

革"前的一段时间内，漳澎住在娘仔房的未婚少女们，还有在这一天集体拜七姐的风俗。

传统上，村中的男子们是不会直接参加七姐诞的。七坊的林婆婆回忆，以前每到这日，一众娘仔们就会先穿着较好的衣服到村里的公共埠头处洗身、玩闹，之后回到娘仔房里用七种花、七种果品拜祭七姐，往往要忙到半夜才会睡觉。本书第四章将有较为详细的描述，此处不赘。

到了现在，由于娘仔房早已消失，村中只有少数少女会在母亲教导之下，买些香火、蜡烛、七姐衣和香粉等，再加上一些常见的果品作为祭品，各自在家中祭拜七姐。从前那种热闹的场景，已然彻底消失。

3. 中秋"添油添福寿"

中秋节是漳澎人极为重视的一个节日，这日也有许多与生育相关的习俗。

中秋节一大早，漳澎人就要开始"送中秋"。孩子的外婆要到已结婚生子的女儿家中，送去灯笼、月饼、芋头和菱角等。女儿收到后，则要封一个利是作为反馈。漳澎人把春节和端午称为"新拜节"①，过节时已婚的女儿要回到娘家给母亲拜贺节日，唯独中秋节时是母亲给女儿送礼、贺节。不过，似乎已经没有人知道原因何在了。

送过中秋之后，村中家家户户打开家门派花生、收花生。依照习俗，只有已经结婚生子的人家才能够派发花生给别人，但不论是否生育，都可以收受别人派的花生。只生育了第一胎的家庭，这时要给自己家所在巷子的每户人家派花生，但如果不止一胎，则只需要派给左邻右舍即可。

到了傍晚，漳澎孩子们的中秋重头戏——"添油"就要开始了。村民林伯伯认为，添油习俗是漳澎独有的，所以显得十分特别。添油的过程实际上非常简单，就是到了傍晚五六点钟的时候，村里两三岁到十三四岁不等的男孩女孩们，或者由父母领着，或者自己成群结队，提着灯笼去街上的商铺索要红蜡烛和香油，用以点亮外婆送给自己的灯笼（如果外婆已逝，则可由孩子的母亲准备）。孩子们还要跟店家说"添油添福寿，添个大灯头"。如果孩子太小，则由陪伴同去的父母亲跟店家说这句话。漳澎人认为，孩子通过添油可以给自己和店家增加福寿（"灯头"谐音"丁头"，寓意家庭人丁兴旺）。店铺主人认为给孩子们发红蜡烛，不仅可以让孩子们顺利成长，还能

---

① 新拜，原字不详，此处为记音字。

让店铺生意红红火火。因此，各处商铺的铺主都会早早准备好蜡烛、香油等待孩子前来，来的孩子越多，店主越开心。

时至今日，这个习俗依然存在，我们有幸参加了一次，图3-18展示的就是其中的一个欢乐场景。不过，过去孩子们添油是从傍晚开始的，现在往往在下午2～3点就开始了。如今的"添油"活动中，店家们给孩子提供的往往只有油烛，虽然如此，孩子们依旧都是兴高采烈的，父母们也都喜笑颜开，漳澎新村、旧村只要有店铺的地方，都是一片热闹景象。

图3-18　漳澎中秋节的"添油"风俗

4. 除夕"卖懒"

过去的漳澎长期生活条件极为艰苦，人们尤其需要日夜勤劳才能够勉强养家糊口。因此，在孩子的社会化养成中，戒除懒惰尤为重要。漳澎人以前极为重视的"卖懒"的风俗，应该就是这一现实的直接反映。

到了除夕当天下午的5～6点左右，卖懒即可开始。父母用事先晒干的水草做成一艘小船，在船上放一个鸡蛋，插一面小旗与一支香，由孩子自己拿去放入河涌中。草船顺水漂流而去，象征着"懒"就此彻底卖走了，孩子此后就会变得"勤力"（即勤劳、勤奋）。关于卖懒究竟应该用鸡蛋，还是鸭蛋的问题，容肇祖倾向于鸭蛋。不过，在漳澎鸡蛋一样也用于卖懒。

在以前的漳澎，直到"出花园"为止的每年的除夕黄昏，每个孩子都要如此卖懒。这种反复出现的仪式虽然是象征性的，但无疑会给孩子打下深刻的烙印，极大地影响他们勤俭持家的观念。

（三）分家风俗

如前文所述，漳澎男人结婚后即分家，这既是一轮孩子养育周期的结束，又是新一轮生育与养育循环的开始，可以视为人生中一个关键的节点。

过去漳澎人家普遍穷困，并无多少家产，因此，大部分家庭的分家都是十分简单的，但人们依旧十分重视。如六坊小卖部的林老伯说，那时分家前，通常要提前找人测算以便挑个黄道吉日。如果是结婚时即分家，还要看当天是不是一个适宜嫁娶的吉日。如果是结婚之后才分家，则要挑一个宜搬迁的日子。儿子在分家之后一定要和父母分开做饭、吃饭，因此，漳澎的父母在分家前就一定要为儿子准备好一整套新的食具，包括碗（十个，摞在一起后用草绳绑稳成串）、筷子（十双）、新锅（一口）等。碗筷的数量为十，取"十全十美"之意。碗、筷、锅等一切器具都必须是新的，寓意全新的生活。

分家之后，儿子不再与父母同吃。一般来说，分了家的儿子很少去父母家中吃饭。但逢年过节时，儿子则可以准备饭食请父母到自己家中吃饭。只有在较少的情况下，已经分家的几个儿子才会相约后回到父母家聚餐。另外，日常生活中儿子在做一些相对较为丰盛的菜肴，如杀鸡、宰鱼时，也可能会请父母亲来一起吃，但不是非常多见。即使是时至今日，漳澎分了家的父母与儿子依旧是各自分食。

四坊有位住在金花庙埠头的袁老伯，他分了家的儿子就住在对门的两栋房子里，此即所谓的过街楼（见图 3-19）。老伯白天常常帮儿子照看一楼开的小卖铺，帮工作的儿媳妇带孩子。即便如此，老伯一家和儿子一家都是各自开伙，无论是早餐、中餐还是晚餐都不在一起吃。老伯的妻子每天在自己的小房子里做饭，做好后叫老伯回家吃。儿媳妇下班后，则在自己的大房子做饭，做好后与丈夫和子女一起吃。即便是两家同时吃饭，也不会把菜端到一张桌子上一起吃。

图 3-19　分家后父子两代家屋多为"过街楼"形式

对于漳澎人至今坚守分家之后儿子不与父母同吃的习俗，袁老伯解释说，这是因为年龄不同的人口味不一，如果父母与儿子一家同吃则容易产生很多矛盾。新五坊的赵老伯则说，旧时漳澎虽然普遍婚后即分家，但也有因为某些原因过了相对较长的一段时间才分开的。这时的媳妇普遍就要看婆婆的脸色度日，与婆婆同桌吃饭时甚至不敢夹菜，所以还是分食好。袁婆婆也说，过去给别人家做媳妇，如果与婆婆同住，经常连饭都不敢吃饱，因为多夹了几次菜会被婆婆骂，如"一筷两筷三筷夹，你不是吃饭是点炮！"村中甚至还出现了一些专门的俗语，如"做人媳妇实艰难，刚刚鸡啼心又震"。① 而一旦媳妇与婆婆出现不和，丈夫也难以解决。对于婆婆来说，不分家可能也算不得一件顺心的事，漳澎人的婆婆们讲起分家时常常会说的一句话就是，"早分早好，不分婆婆吃不好"。分家之后互分炉灶、互不干涉，媳妇在自己家里自然"敢吃饭、敢夹菜"，婆婆在自己的家也是"眼不见心不烦"。

徐桂兰认为，中国的育俗事实上经过了时间维度和空间维度两个层面上

---

① 据调查，漳澎的过去民风普遍保守。许多女人婚后仍然不敢与丈夫正面相对，在外面见到丈夫时还要躲到一边。而在家中，妻子不能当着婆婆的面对着丈夫，更不宜于与丈夫有任何"不妥的"举动。许多人都说，这也是促成尽快分家各自单过的一个重要原因。

的整合,"一方面将自身历史上种种特质整合到当下状态中来……另一方面又将异于自身周围地区的特质整合到自身中来"。① 完全可以说,历史上的漳澎同样如此。漳澎本是一个移民村落,各地民众来到漳澎时自然都带来了各不相同的生育风俗,经过漫长的融合之后,才发展出如今漳澎村落共同的生育习俗。这个习俗已经基本一致,但仍然不时透露出些微异样的来源或者与周边村落大大小小的差异。本书第一章中我们曾述及麻涌区域社会的整合,这个整合其实是两方面的,即村落内部的整合和村与村之间的整合。时至今日这两个方面的整合可说是大体告成,但漳澎的生育习俗提示我们,这两个过程可能都还没有完全结束。

第四节　简短的结论与讨论

马林诺夫斯基指出:"生殖作用在人类社会中已成为一种文化体系。种族的需要绵续并不是靠单纯的生理行动及生理作用而满足的,而是一套传统的规则和一套相关的物质文化的设备活动的结果。"②漳澎的经验充分证明,生儿育女确实不是单纯的生理行为或者生理作用,而更多的是漳澎村落社会的传统规则与历史上物质文化合力作用的结果。

一、花开朵朵——开枝散叶模式下的传统生育观

传统上,漳澎人把孩子看成花,求花即是求子。实际上,旧时漳澎人的整个生育过程甚至一生,都可以说是以"花"为中心而展开的。每个家庭都是一座花园,每个家庭中的孩子就是花园中的花朵,生育乃至人之一生为的就是开花结果。有了花朵之后,花朵未成熟时需要园丁悉心守护;花朵成熟之时,就可以从花园中离开去建立新的花园。这在漳澎村落社会风俗上的表现就是信众向金花夫人求花、"拜花王",求得的孩子被称为"花仔""花女"。孩子出生之后,人们又要求生育神帮助自己养育"花朵",直至孩子"出花园",开始历经新一轮的"种花""养花"以至"花成"的过程。在如此不断的循环往复中,漳澎的家庭完成了他们的继替。

因此我们也可以称漳澎的生育文化为一种"育花"文化。漳澎人把孩子

---

① 参见徐桂兰《中国育俗的文化叠合》,广西民族出版社2002年版,第6页。
② 马林诺夫斯基著:《文化论》,费孝通译,华夏出版社2002年版,第30页。

看作是花并非特例,这其实是一种相当普遍多见的现象。例如,在壮族地区,送花娘娘、花王神是古老的信仰对象,壮族人普遍认为其始祖"姆六甲"就是从花朵中生出来的;壮族人至今普遍信仰"花婆神",婚后不孕的妇女也有向"花婆神"求花、送花、还花的习俗。壮族地区的人们通常将初生的儿女称为"开花",再生子女称为"添花"。民间也在农历二月初二花婆生日时为孩子祭祀花婆。① 差别仅在于,壮族的生育观念中以"红花"代表男孩,"白花"代表女孩。瑶族则有名为"架桥接花"的求子仪式,希望"将婴儿由天国'花园'接到人间"。② 都安一带的布努瑶更会在孩子出生后"挂花",以"红花男儿白花女"的标准将花朵挂在大门外,以告知他人家中添丁。③ 许多汉族地区至今同样也有类似的习俗。在广东的潮汕一带,不论男女在孩提时都是花,而等到长到虚岁 15 时就要行成年礼,这时同样也普遍举行"出花园"的仪式。在潮汕人悠久的历史观念中,"孩子是花园里的一朵花,一直生活生长在花园里,达 15 虚岁的孩子既已成人,就应该走出花园,走向社会"。④ 而在不少地区举办的天后娘娘迎神赛会时,也流行"抢纸花求子巫术"⑤,人们在天后娘娘的轿子和手上挂着红花和白花,想生男婴的抢白花,想生女婴的抢红花。

　　由此可见,这种观念或者习俗不是凭空而来的,其背后有着深刻的自然背景与认知因素。正因为如此,在世界各地才经常都可以看到表示花、女阴、乳房、子宫、孩子等意思的词语全部相同或者同源的现象。如在梵语中,表示"子宫"的词与表示"莲蓬"的词就是同一个词。把花卉看作是女阴的象征,这其实是远古人类崇拜女性生殖的一种常见的表现形式。赵国华对此有非常明确的解释:"从表象来看,花瓣、叶片可状女阴之形;从内涵来说,植物一年一度开花结果,叶片无数,具有无限的繁殖能力。所以,远古先民将花朵盛开、枝叶茂密、果实丰盈的植物作为女阴的象征,实行崇拜以祈求自身生殖繁盛、繁衍不息。"⑥ 花崇拜其实是人类生殖崇拜的象征,

---

　　① 参见陈长平、陈胜利主编《中国少数民族生育文化》(上),中国人口出版社 2004 年版,第 26～38 页。
　　② 参见陈长平、陈胜利主编:《中国少数民族生育文化》(上),中国人口出版社 2004 年版,第 277～278 页。
　　③ 参见陈长平、陈胜利主编《中国少数民族生育文化》(上),中国人口出版社 2004 年版,第 283 页。
　　④ 参见徐桂兰《中国育俗的文化叠合》,广西民族出版社 2002 年版,第 275 页。
　　⑤ 宋兆麟:《中国生育信仰》,上海文艺出版社 1999 年版,第 167 页。
　　⑥ 赵国华:《生殖崇拜文化略论》,载《中国社会科学》1988 年第 1 期。

只是后来可能稍微有变形而使得彼此的联系不再那么明显而已。宋兆麟先生曾经有力地展示了历史上著名的"上巳节"如何随着求子仪式日趋消失以及"令会男女"现象绝迹而消失的①，花崇拜同样也是如此。如今在相当多地方或人群的语言中，花已经在表面上与女阴、乳房或者子宫脱节，而成为孩子的象征。

当然，无论是求花还是育花，漳澎人为的都是一个根本的目的，也就是我们在本书反复论述的"开枝散叶"。在漳澎这样的移民社会中，这个愿望尤其具有高度的现实意义。麻涌的莫氏人家经常极为自豪地向我们展示"一莫三村"，而这正是村落中各个姓氏身边的榜样。

二、承继香火——接力模式之下的传统生育观

费孝通在研究父子关系时，区分出了西方的接力模式和中国的反馈模式，认为接力模式下分为被抚育期、抚育子女期和抚育空白期，而反馈模式②下则分为被抚育期、抚育子女期和赡养父母期。李银河认为："中国文化以家庭为本位，西方文化以个人为本位；前者以亲子关系为重，后者以夫妻关系为重；前者两代人之间是反哺关系，后者两代人之间是接力关系；前者属于村落文化，后者属于都市文化等。"③ 这两种说法很有代表性，基本上体现了学术界对于传统中国家庭的认识。但我们发现，漳澎的经验与这种认识颇有距离而更近似于西方。

漳澎社会历来轻生重死，例行性分家后的人们对于祖先格外尊敬与重视，但对于尚在世的老人则很少措意。甚至直至现在，分了家的儿子对父母的"反哺"，依然少到近似于无。虽然"反馈模式的亲子关系是可以在不同类型的家庭结构中体现的"，即并非仅仅出现于扩展家庭，但是，反哺模式中已分家的儿子的赡养义务并未因为分家而有所改变。费孝通认为，"接力模式与反馈模式的差别在于前者不存在子女对父母赡养这一义务"④。如此说来，漳澎传统村落社会更多体现的是一种"接力模式"，而与传统意义上的反哺模式有相当的距离。

---

① 参见宋兆麟《民间性巫术》，团结出版社2005年版，第34～36页。
② 又称反哺模式。参见费孝通《家庭结构变动中的老年赡养问题：再论中国家庭结构的变动》，载《北京大学学报》（哲学社会科学版）1983年第3期。
③ 李银河：《生育与村落文化》，内蒙古大学出版社2009年版，第206页。
④ 费孝通：《家庭结构变动中的老年赡养问题：再论中国家庭结构的变动》，载《北京大学学报》（哲学社会科学版）1983年第3期。

漳澎社会对生命个体所要求的，在"生"与"死"两个阶段上是不同的。"生"时要求其养育下一代，"死"后则要求下一代"反哺"，这种"反哺"几乎全然不涉及在"生"时的赡养问题，而只是关乎"死"后的家族香火承继与自身的血食。因此，漳澎所有人的生活重心几乎都是放在下一代的生与育（即前文我们所述的育花文化）上，也就是漳澎人所说的"父养子，子养子"所体现出来的一种亲子关系与家庭继替关系。因此，父亲要为儿子盖房子、建立家庭，几乎把自己一生积累的财富都分到儿子身上。在分家时仅仅为自己留下一份可以维持自身生计、自我养老的财富——包括破旧的房子、部分田地等。在我们看来，漳澎的父与子两代人之间的关系，在父辈活着的时候表现为一种接力关系——父亲为儿子做好充分的准备以便于其育花；而在父辈过世之后则表现为一种高度虚化了的反哺关系——儿子传承家族香火并为父辈立神主牌，日常与年节进行祭祀。世代间的这种取和予，从文化上看依然可以说是"反哺"的，但事实上表现的是一种接力关系中的取予均衡。

　　当然，纵使是这样的接力模式，也表现出某些中国传统的文化特质，如漳澎人对祖先的灵性深信不疑，认为自己如果在父母过世之后不按照他们的要求做，那么不好的事情就会发生在自己身上，等等。这其实是漳澎村落社会文化中形成的一种对于子女的强大约束力，但必须是在父母过世之后才能发挥效用。人们认为"儒家所提倡的孝道可以认为是这种社会上通行模式（反馈模式）的反映，转而起着从意识形态上巩固这种模式的作用"[1]，在中国文化中，其实有许多类似的维持这种反馈模式的伦理观念。"传宗接代""荣宗耀祖"这种"传统精神文化表现在社会细胞的构成上的就是亲子关系的反馈模式"，而漳澎与其他地区一致的传统精神文化"传宗接代"并没有在当地社会细胞的构成上进行表现，而是形成一种蕴含着反馈意义的、带有中国乡村特征的"接力模式"。由此我们也可以看到，漳澎社会中的传统家庭观念其实依旧是比较重的，亲子关系为家庭中最重要的关系，生活的重心也在于"传宗接代"而不在于自身。

　　放眼整个传统的中国社会，可以发现反哺传统模式确实占据着主要地位，虽然绝不是平素所说的占有全部地位或者是汉人社会中唯一的模式。漳澎村落社会这种具有反哺模式文化特质的接力模式，也可以看成是一种"大

---

[1] 费孝通：《家庭结构变动中的老年赡养问题：再论中国家庭结构的变动》，载《北京大学学报》（哲学社会科学版）1983年第3期。

传统"与"小传统"关系的表现。美国人类学家雷德菲尔德提出了大传统与小传统的二元分析框架，用以说明复杂社会中存在的两个不同文化层次的传统。麻国庆认为："小传统或乡民构成了人类学研究的重点……所谓'大传统'文化在中国主要指上层知识社会一种以儒教为主的文化取向，而小传统文化主要指民间社会自身所创造的文化，其主要载体是农民。"① 在我们看来，相对于上层社会的大传统文化取向，漳澎村落社会的文化可以看成是一种小传统文化，而接力模式就是其小传统文化的主要表现之一。这种小传统文化自然同时深受大传统文化的影响，特别是受其文化价值观念上如家族观念、"孝"的观念的影响，这可能就是一些学者津津乐道的文化正统的创造或者转化之类的话题。

子女孙辈"都在麻涌镇上发展的"90余岁的林婆婆现在独居在家，每日自己做饭、谋生；现年90岁的陈老伯独自住在漳澎，守着自己的小店维持生计；现年78岁的袁婆婆依旧需要帮人拜神以赚钱养活自己……面对这些似乎略显凄凉的桑榆晚景，秉持接力模式的漳澎人只会平和地说这些"是正常的""是漳澎的传统习惯"。这些老人确实也极为平静地接受这种与传统习惯，但同样是这些人，内心深处又极为期待子女的孝心，他们对于传统儒家的孝道依旧有着相当的认同感，或者这正是与西方的接力模式不同的所在。

三、变化中的传统生育观念：老人的幽怨

漳澎有不少俗语是专门形容父母与儿子两代间关系的，例如，有一句是"养大鸡公有个肶，养大仔得嚗气"②，意为将公鸡养大了起码还能有个鸡大腿吃，但将儿子养大了只能够受儿子的气。另外一句类似的话是"养大鸡乸（意为母鸡）有个春（意为鸡蛋）生，养大仔毋得妈"，意为人将母鸡养大了至少母鸡会下蛋给人吃，但将儿子养大了儿子却翻脸不认妈。此外，还有一句相当粗俗但同样非常通行的俗语，即"要细隆，唔要祖宗"。其中的"细隆"，漳澎话中通常的含义为"细小的孔或者洞"，此处则是隐晦而形象地指代女性的生殖器官。全句等于普通话中"娶了媳妇忘了娘"之类的负气话。由这类话语来看，漳澎社会中父辈对于子女的"不孝"存在着明显的感

---

① 麻国庆：《永远的家——传统惯性与社会结合》，北京大学出版社2009年版，第6页。
② "鸡公"即公鸡，"肶"此处指鸡腿。

觉,或许我们可以称之为幽怨。

在费孝通看来,"中国人对西方'空巢'模式的反感,主要从老年人精神上缺少家人的慰藉这一点上发生的"①。而在漳澎,子女逐一成婚并分家后,家庭模式几乎都会变成这种令中国人反感的抚育空白的"空巢"状态。不过,虽然家庭模式是类似西方的,但人们在情感上却是绝对"东方的",即老年的父母都希望分家后能在精神上得到儿子的反馈。新中国成立之后,法律上始终确认子女对父母有赡养的义务,这无疑又增强了老人们对于子女反哺的殷殷期望。或许正是因为这些原因,如今的漳澎人对于子女"不孝"的容忍度,似乎比过去降低了许多。有老人在遭遇类似情况时甚至创作出新的歌谣表达不满。我们的访谈对象袁婆婆告诉我们,有一个婆婆就唱出了这样一段自创的歌谣:

> 我尽诉心中情,我不诉不得明。
> 我自尊自敬就无人敬,敬来敬去敬金钱。
> 好话原来是狐狸心,好拿好算就算死人。
> 门面功夫就佢(意为他)晓做,真实功夫就做不来。
> 我拉人介绍就有得食,为养大一仔我就天天挣。
> 儿仔万间房屋真没用,爹妈出入没得来。
> 儿仔都係(意为是)为着自己好啊,爹娘不顾啊顾钱财。②

袁婆婆说,当时在场的众位婆婆都对这段民谣深有同感,认为是完全真实的,老人们还当场控诉自己儿女的不孝。袁婆婆回忆,当时在场的十余位老太太中,只有一位林婆婆表示了某种程度的异议:人人都有一本难念的经,没有人是完美无缺的,儿子和媳妇对自己孝顺自然好,不孝顺的话,那也没有办法,"做父母的也就只能咽下这一口气,听天由命,就是自己照顾自己吧"。这与我们在前文提到的父亲抱怨儿子不照顾自己时,其他男性老

---

① 费孝通:《家庭结构变动中的老年赡养问题:再论中国家庭结构的变动》,载《北京大学学报》(哲学社会科学版)1983年第3期。
② 歌谣的大意是:我为人父母,自尊自敬,不给子女添麻烦,但儿子他却只顾要钱不孝敬我。跟我说些好话其实也是居心不良,实际上就是只知道算计我的钱财。儿子虽然说要孝顺我,但却只知道做些门面功夫。到了真的需要他实实在在地照顾我的时候,他就走开了。我为了养大儿子,天天都出去做媒人赚钱,顾不上休息。但儿子就算有一万间房子,对我来说也没有用,因为儿子根本不让我去住。儿子做什么都只考虑自己,对父母不管不顾,只顾着自己能多拿到些钱财。

人反问"你以前又给了自己父亲多少"的情况颇为相似,可以视为传统的生育观念的反映。但有意思的是,在当时她只是少数。

我们深入调查发现,传统的生育观念如今依然是主流,现在的漳澎老人依然极为体谅子女,尽量"不给子女添麻烦"。但与此同时,老人也在逐渐而又普遍地"计较儿女是不是有孝心",要求子女们在自己晚年时给予某些慰藉和帮助,即我们所谓的"精神反哺",这种趋势已经非常明显。据村民们反映,早在20世纪80年代漳澎还没有农村社会保障的时候,漳澎名人陈冠杰就给60岁以上的村民每人每月发放10元补贴,这在当时是有实质性意义的。我们的调查发现,如今国家和东莞各级政府正在努力完善社会保障体系与社会福利制度,漳澎村中的老人们已经开始普遍受惠。绝大部分的老人都能按时享受政府发放的养老金、最低生活保障等福利,也常有社区的社会工作者与志愿者到老人家中探访并提供各种帮助。2006年起东莞开始实行"新农保"政策后村中老人每人每月可领取300元养老金。这样看来,老人的生活较之从前更有保障了。我们的调查也发现,漳澎的老人一般来说都不存在物质上难以维持自我的问题。

那么,维持自我更加容易之后为何抱怨之声反而更多了呢?简单地说,这与大众媒体十分积极而又有效地传播中国传统文化中的孝道文化有关,此即前文所谓"大传统"的影响。当今中国社会处于急剧变迁之中,漳澎的"小传统"也必然随之发生变化,许多地方在历史上所发生的向正统靠近或者转化之类的文化现象,漳澎延迟至现在才发生。即使如此,我们仍然不难发现漳澎人的要求与其他地方传统的反哺模式明显不同,漳澎老人们要求的主要不是物质上的反哺或者赡养,而是子女的"孝心"。或者说,这种观念、愿望一直都有,只是这时更加突出、集中或者明显地表露出来而已。

李银河认为,反哺与接力所表现的是传统与现代的差别,因此在城镇化的进程中,中国传统的家庭反哺(反馈)模式会渐渐向西方的接力模式发生转变,这种转变寄希望于计划生育。[①] 但漳澎的经验证明,情况可能恰好相反。漳澎家庭代际发展过程中所形成的特殊的"接力模式"中原本就蕴含了传统的文化价值观念,如今这种传统观念必然会更加充实而使得反哺的色彩更加浓厚。

---

① 参见李银河、陈俊杰《个人本位、家本位与生育观念》,载《社会学研究》1993年第2期。

本章主要参考文献

（一）历史文献与地方志

[1] 屈大均. 广东新语 [M]. 北京：中华书局，1997.
[2] 《东莞市麻涌镇志》编纂委员会. 东莞市麻涌镇志 [M]. 北京：中华书局，2012.

（二）专著

[1] [英] 埃德蒙·利齐. 列维·斯特劳斯 [M]. 王庆仁，译. 北京：生活·读书·新知三联书店，1985.
[2] 陈长平，陈胜利. 中国少数民族生育文化 [M]. 北京：中国人口出版社，2004.
[3] 费孝通. 乡土中国 生育制度 [M]. 北京：北京大学出版社，1998.
[4] 费孝通. 江村经济 [M]. 上海：上海人民出版社，2007.
[5] 胡朴安. 中华全国风俗志 [M]. 石家庄：河北人民出版社，1986.
[6] [美] 科尼利尔斯·奥斯古德. 高峣：旧中国的农村生活——对云南高峣的社区研究 [M]. 香港：国际炎黄文化出版社，2007.
[7] 李银河. 生育与村落文化 [M]. 呼和浩特：内蒙古大学出版社，2009.
[8] 李银河. 一爷之孙——中国家庭关系个案研究 [M]. 呼和浩特：内蒙古大学出版社，2009.
[9] 林国平，彭文宇. 福建民间信仰 [M]. 福州：福建人民出版社，1993.
[10] 麻国庆. 永远的家——传统惯性与社会结合 [M]. 北京：北京大学出版社，2009.
[11] [英] 马林诺夫斯基. 文化论 [M]. 费孝通，译. 北京：华夏出版社，2002.
[12] 潘贵玉. 中华生育文化导论 [M]. 北京：中国人口出版社，2001.
[13] 齐晓安. 东西方生育文化比较研究 [M]. 北京：中国人口出版社，2006.
[14] 宋兆麟. 中国生育信仰 [M]. 上海：上海文艺出版社，1999.
[15] 宋兆麟. 生育神与性巫术研究 [M]. 北京：文物出版社，1990.
[16] 王晓丽. 中国民间的生育信仰 [M]. 北京：社会科学文献出版社，1999.
[17] 徐桂兰. 中国育俗的文化叠合 [M]. 南宁：广西民族出版社，2002.
[18] 张振江，陈志伟. 麻涌民俗志——岭南水乡社会研究 [M]. 汕头：汕头大学出版社，2008.
[19] 张振江. 流水·坊巷·人家——村落漳澎的人类学景观 [M]. 广州：中山大学出版社，2014.
[20] 詹栋梁. 教育人类学 [M]. 台北：五南图书出版有限公司，1986.
[21] 东莞市政协. 东莞历史文化论集 [M]. 广州：广东人民出版社，2008.

[22] 马建钊, 乔健, 杜瑞乐. 华南婚姻制度与妇女地位 [M]. 南宁: 广西民族出版社, 1994.

[23]《东莞文史》编辑部. 东莞文史（风俗专辑）[M]. 东莞: 政协东莞市文史资料委员会, 2001.

（三）论文

[1] 陈春声. 正统性、地方化与文化的创制——潮州民间神信仰的象征与历史意义 [J]. 史学月刊, 2001 (1).

[2] 方炳桂. 一个很有特色的民风民俗区——福州台江区说古 [J]. 炎黄纵横, 2006 (8).

[3] 朱炳祥. "文化叠合"与"文化还原" [J]. 广西民族学院学报（哲学社会科学版）, 2000 (6).

[4] 费孝通. 家庭结构变动中的老年赡养问题: 再论中国家庭结构的变动 [J]. 北京大学学报（哲学社会科学版）, 1983 (3).

[5] 刘爽. 对中国生育"男孩偏好"社会动因的再思考 [J]. 人口研究, 2006 (3).

[6] 李冬莉. 儒家文化与性别偏好——一个分析框架 [J]. 妇女研究论丛, 2000 (4).

[7] 廖明君. 植物崇拜与生殖崇拜——壮族生殖崇拜文化研究（中）[J]. 广西民族学院学报（哲学社会科学版）, 1995 (2).

[8] 李富强. 壮族的生殖崇拜 [J]. 广西民族研究, 1993 (3).

[9] 刘晓. 海外汉学家碧霞元君信仰研究——以英语文献为中心 [J]. 河南教育学院学报（哲学社会科学版）, 2008 (3).

[10] 刘万章. 关于金花夫人 [J]. 民俗, 1928 (36).

[11] 刘正刚, 黄建华. 民间信仰的正统化取向——明清广东金花夫人形象的演变 [J]. 安徽史学, 2012 (5).

[12] 李银河, 陈俊杰. 个人本位、家本位与生育观念 [J]. 社会学研究, 1993 (2).

[13] 彭谊. 壮族花婆信仰简论 [J]. 广西教育学院学报, 2012 (4).

[14] 容肇祖. 广州河南金花庙 [J]. 民俗, 1929.

[15] 容媛. 东莞城隍庙图解说 [J]. 民俗, 1929.

[16] 商承祚. 广州市人家的神 [J]. 民俗, 1929.

[17] 王晓莉, 陈宏娜. 碧霞元君由来及演变 [J]. 辽宁科技学院学报, 2006 (8).

[18] 魏永竹. 临水夫人崇祀在台湾 [J]. 台湾文献, 1991.

[19] 吴秀杰. 文化保护与文化批评——民俗学真的面临两难选择吗？[J]. 河南社会科学, 2008 (2).

[20] 阎江. 广东东莞"卖懒"习俗研究 [J]. 文化学刊, 2008 (4).

[21] 杨志刚. 文化变迁中的中国当代大众文化 [J]. 复旦学报（社会科学版）, 1991 (3).

[22] 钟晋兰. 客家妇女生育信仰初探 [J]. 福建论坛（人文社会科学版）, 2003 (6).

［23］周秋良. 民间送子观音信仰的形成及其习俗［J］. 中南大学学报（社会科学版），2012（5）.

［24］庄孔韶. 福建陈靖姑传奇及其信仰的田野研究［J］. 中国文化（创刊号），1989（1）.

［25］张进. 泰山娘娘与女性宗教信仰［J］. 管子学刊，2007（3）.

［26］赵晓力. 中国家庭正在走向接力模式吗？［J］. 文化纵横，2011（6）.

（四）学位论文

［1］黄建华. 明清广东金花夫人信仰研究［D］. 广州：暨南大学，2010.

［2］吴俊. "平乐"春秋——一个珠江三角洲传统社会之研究［D］. 广州：中山大学，2008.

第四章 漳澎的传统民间信仰

民间信仰一直都是学术界和民间关注的重点之一，漳澎的民间信仰繁多且复杂，不仅是极好的研究对象，同时还是认识漳澎地方文化的一个极好的切入点。

在漳澎这样一个相当晚出现的移民社会，来源不同而且族群属性也不同的先后到来的移民，分别带来了不同的信仰，这使得漳澎村的民间信仰体系显得颇为繁杂、独特。与邻近的大村落麻涌、大步、新基、大盛相比，漳澎的民间信仰对象就有很大的不同。在大步、新基等村落中，天后娘娘连"坐正"（即当作主要的神明供奉）的机会都没有，而在漳澎却堂而皇之地成为主神；漳澎周边的很多村子都以玄武大帝或洪圣王（全称"南海广利洪圣大王"，又称"南海神"）为主神，但漳澎的村民至今普遍对此二者不甚了解；漳澎人普遍敬奉齐天大圣，但这尊神不仅少见于麻涌境内各村，甚至鲜见于珠江三角洲各处广府人的聚居点。当然，漳澎也有着水乡信仰的一般特性。由于与水关系密切又历来遭受水的严重威胁，漳澎人普遍拜祭水龙王、水鬼、船头、埠头等。他们历来对水又爱又恨，由此产生了与周围的村落略似的众多仪式以及辟邪物等，借以讨好龙王、镇压水鬼。

那么，漳澎人有哪些民间信仰活动场所和民间信仰从职人员？漳澎人的信仰体系、信仰观念、信仰行为具体是怎么样的？这些对漳澎产生了什么样的影响？本章我们试图主要对这三大问题进行描述和分析。

第一节 漳澎的民间信仰概况

对于民间宗教或者信仰，学术界迄今没有一致的见解。本文暂将二者等同而称为民间信仰,它是指乡土社会中存在的一种植根于传统文化,经过历史积淀延续下来的有关神明、鬼魂、祖先等方面的信仰和崇拜等观念。民间信仰以神圣的形式满足了人们某些世俗的目的或者期望,是漳澎人日常生活的一个自然组成部分,在许多时候已经成为当地风俗习惯的一部分。

本节我们描述漳澎的民间信仰活动场所、事神人员以及与信仰有关的民间习俗,为下节描述漳澎主要的信仰对象铺垫。

一、漳澎的民间信仰活动场所

由于行政区划的缘故,漳澎一名在麻涌一带早已有了两个不完全相同的意思,一个是指传统的漳澎自然村,另一个是指后来出现的漳澎行政村。作为行政区划的漳澎村,现在包括漳澎自然村以及花枝围、新沙和角尾三个自然村。① 本章中的"漳澎"指漳澎自然村,涉及行政区划时称为漳澎行政村。

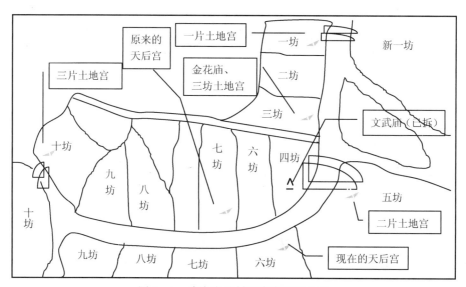

图 4-1　漳澎自然村的庙宇空间分布

在漳澎村内,现在有多处不同形式的民间信仰活动场所(见图 4-1),但主要的则是历史上延续下来或者后来重建的几座传统神庙。其中,最有名

---

① 参见本书第一章以及张振江《流水·坊巷·人家——村落漳澎的人类学景观》,中山大学出版社 2014 年版,第 8 页。

的是天后宫与金花庙。但如今所见的这两座庙都不是历史上的原建筑，而是漳澎村民在改革开放后自行集资重建的。以前村内还有一座旧时颇为热闹的文武庙，据村民回忆，庙中供奉着文昌与关帝两位汉人社会常见的神明，但整座庙在"文革"期间被彻底拆除了。比较有意思的是，村民们虽然复建了天后宫和金花庙，但至今也没有复建文武庙的打算，反映出地方社会信仰中某种独特的性质。传统的中国人历来渴求土地神的保佑，漳澎也有自己的土地庙。习惯上人们把漳澎的十坊归纳为三片，而每一片都有一座属于本片的土地宫。漳澎历史上同样深受佛教的影响，但似乎始终没有出现过包括佛教在内的任何制度化宗教的设施。[①] 如今的十坊境内有一座新建的民居，村内的基督教信徒做礼拜时将其当作教堂使用，只是因为人数较少，相对来说影响比较小。

在漳澎行政村下辖的其他三个村落中，花枝围历来没有这类民间信仰活动场所。据调查，新沙村以前有一座庙，但在"文革"中遭到破坏。访谈时我们发现村民们已经普遍不知道那是座什么庙，也不清楚庙内供奉的是什么神明。角尾村则有一座三圣宫，村民认为这座庙宇在过去的100多年间"一直守护角尾整条村的村民"。原来的庙宇也同样在"文革"期间被毁坏，现在所见的是改革开放后村民集资重建起来的。至于这座三圣宫是否有百年的历史，我们存有疑问，因为角尾村落的历史可能只有60年左右。

（一）天后宫

随着时代的风雨，漳澎的天后宫经历了令人感慨的前世今生。天后宫现在已经面目全非（见图4-2），唯一没有多少改变的是天后在漳澎人心目中的位置。

村民历来视天后娘娘为本村唯一的"香主"，有村民说所谓香主就是"乡主"（即一乡之主）的意思，由此不难看出天后娘娘在村民心中的地位。应该是由于这个原因，天后宫历来都是漳澎村里最为重要的庙宇，也因此才得以建在位于漳澎中心的七坊境内，其旁边就是漳澎最早出现的祠堂之一——陈氏祠堂。在"破四旧"的狂热年代，据说是东莞来的一些红卫兵与本地的青年一起，将天后宫里供奉的菩萨"都破坏了"。当时有个人称"华姑"的大姐[②]，偷偷找到了小的天后像，然后将其带回自家住宅内供奉。

[①] 有个别老人说以前的漳澎有一座佛教的寺庙，但未能得到其他老人的确认。
[②] 漳澎人习惯上根据年龄长幼的不同，把未结婚的女子称为大姐或者娘仔。据村民介绍，这位华姑终身未嫁。

图4-2　漳澎天后宫原址，后用作大队办公室

天后宫在漳澎村的地位之所以极其重要，不仅仅因为天后娘娘是漳澎村的乡主，还因为漳澎人认为立村要先立庙。对于先民迁到漳澎来的原因，75岁的丁老伯这样对我们说：

> 就像客家人那样的。祖先他们在北方兵荒马乱的时候，就跑到广东来了。那跑来广东的话，肯定是到一些偏远的地方，这样才没人管理，也才容易建房子。就是这样，大家就团结地聚居在一起。
>
> 我听说，最早来漳澎居住的那些先人，就先修建了天后庙。旧社会啊，到处都是满天神佛的。那就一定要先建一座庙，才能够镇住各种妖魔鬼怪，之后才可以建村子，建了村子也才可以住人。

在漳澎进行的几次调查中，村里多位德高望重的老人都对我们表达过类似的看法，反复申明这座庙在他们的心里占有极为重要的地位。例如，在与我们谈起漳澎村建庙的历史时，74岁的张老伯就是从天后宫说起的：

我们村里有一座天后庙，那里有一块牌匾，写着"同治四年（1865年）重修"。所以啊，我们漳澎立村的时间，肯定早于同治四年。再说啦，庙从建到需要修缮，估计至少也需要几十年的时间。所以啊，我推算最晚啊，就是咸丰（即1851—1861年）前的那个时候，便已经建天后庙了。这样说起来，漳澎立村的时间比那些人说的还要早一些。

据这位老人回忆，原来的天后宫修建得十分"大气，是一处三进的大房子，也是以前漳澎村里最高级别的建筑"。天后宫地处漳澎村传统上最中间地带的七坊，这里也是村民认为的漳澎最早有人居住之处。因此，这座天后宫的地理位置可谓得天独厚，也可以反映出先民对其极为重视。庙的前面还有一块大地堂，可以举行大型仪式和娱乐活动，当时是村里的仪式中心、娱乐中心，也是村民闲时的聚集地之一。许多70岁以上的老人都回忆说，一走进这处天后宫，首先看见的是一位怒发冲冠、粗眉怒目的神明，他们那时"还是小孩子，都有点怕他"。现在他们已经想不起到底是什么神明，只知道是一位"地方的神"。老人们回忆，在庙的最后一进大厅靠墙的正中位置，安放着天后的金身塑像。这座天后像其实是泥塑的，但表面涂上了金漆，所以显得金光闪闪。老人们还普遍记得：塑像戴着一顶头盔，显得相当"威武、霸气"；由于当时天后庙的香火相当旺，这座塑像被香火"熏得黑亮黑亮的"。可惜到了"文革"的时候，这座天后像被红卫兵打碎后推到河里彻底毁坏了。

在原来的天后宫里面，同时祭祀着一尊小的天后塑像（见图4-3）。如前文所述，这座塑像因幸运地被人偷偷带走而得以传承下来，并成为现在天后庙里供奉的天后像。但在历史上，这座塑像只是供出行时用的，平时"就是坐在天后庙里那个大的天后塑像旁边的，比较小一些，就是一座木质的行宫天后像"。以前每年到了"天后诞"的时候，漳澎人便会组织起来，由男性村民集体把这座行宫天后抬到深圳的赤湾天后古庙中祭拜，这一仪式被称为"天后回娘家"。漳澎人认为，天后娘娘是出生于深圳赤湾（村民称为妈湾）的，漳澎的天后只是赤湾天后的分身，所以每年必须送漳澎天后"回娘家"。①

---

① 按照文献记载以及各地的一般传说，天后又称妈祖、天妃，原是都巡检林愿之女，名林默娘，出生于福建莆田。但在漳澎村，似乎始终无人持这样的看法，村民们普遍认为天后娘娘来自于邻近漳澎的深圳赤湾，而漳澎的天后是赤湾天后的分身。海内外关于妈祖的文献及研究颇多，可参见蒋维锬等编纂《妈祖文献史料汇编》（第一辑），中国档案出版社2007年版；曾昭璇《天后的奇迹》，中华书局1991年版；陈国强《妈祖信仰与祖庙》，福建教育出版社1990年版；徐晓望《妈祖信仰史研究》，海风出版社2007年版。

这在表面上看是模仿人事，但我们相信其真实的目的是借此增添神性色彩。

据村民回忆，以前的天后宫并不只供奉一座主神，庙里同时还供奉着其他的神明，只是地位相对次要而已。已经 70 多岁的张老伯回忆，当时在主神天后娘娘左侧坐着"北帝"，右边则坐着"洪圣王"。其他老人也证明，以前庙里确实是这三位神明并存的。这是一个很有意思的现象。现在漳澎村内所有大大小小的庙宇中都同时并置多位神明，而没有仅供一座神的庙。根据村民的解释，这是因为"文革"中庙宇被砸烂了，人们只好把不同的神像拼凑在一起。而照张老伯等人所述，这种现象其实由来已久。在部分村民看来，由于这三位神明都"掌管水"，彼此职能有所重合，才摆在一处供奉。在漳澎周围其他村子的庙宇里，我们都没有见到类似的三位水神同处一间庙堂中央的情况。这种特殊的方式似乎也说明，以前的漳澎人对水确实既依赖又畏惧。

图 4-3　现存行宫天后像

到了"文革"的时候，那座大的天后塑像被砸烂后扔入河涌中，天后庙也改建成漳澎大队的办公室，此后一直用作村子的办公用房。改革开放后村民们多次向村委会要求，希望能把这座建筑还给村民重建天后庙，但一直未能如愿。现在所见的天后庙，其实是由一间民居略事改建而来。这间房子位于六坊，原来是当时把小天后像偷带回家的那位华姑的住房。红卫兵把大的天后塑像等神像都扔进河里，小的行宫天后雕像则因为是木质的而得以顺水漂流，被这位叫华姑的虔诚信众发现后偷偷藏到自己家中。据说，这之后好几年她都不敢跟其他人提起这件事。后来，一些与华姑关系好而又"诚心"（即虔诚）的邻居慢慢地知道了，就偷偷地去华姑家拜祭。但直到20世纪70年代末政府不再将这种传统民俗视为必须严格禁止的迷信活动时，村民们才公开恢复拜祭天后娘娘的活动。

我们的调查发现，村民们津津乐道于华姑设法留存天后娘娘塑像的故事，这些传说有些听上去颇为离奇。如访谈时不少老婆婆对我们说：华姑和天后娘娘一样都是"大姐"（即都没有嫁人）。华姑对天后娘娘一直非常虔诚，有一天晚上天后娘娘托梦给华姑，让华姑到某处把塑像捡回来藏好，华姑按着梦境的指引，果然找到了行宫天后像，这才有了现在的神像以及天后宫。我们调查时华姑已过世多年，其妹妹汝姑尚在世，如今已经顺理成章地成了天后宫的管理人。汝姑也认为，是天后娘娘托梦给了她姐姐，但有时又说她姐姐是在劳动的时候无意中发现了这尊天后像。

问：当时你姐姐为什么会去捡回天后像呢？

答：那个时候我姐姐在晒谷，看到天后娘娘被人扔了，她就把天后娘娘悄悄地捡了，放到箩筐里，然后偷偷背回家来。

问：当时天后娘娘是被谁扔出来的呢？

答：是那些红卫兵，就是那些反叛的青年，他们把天后娘娘扫出来的。

问：听别人说是天后娘娘托梦给您姐姐的，是吗？

答：对呀，天后娘娘托了梦给我姐姐，让我姐姐快点去捡她。我姐姐说过，天后娘娘穿得很漂亮，还戴着头盔。她当时晒谷就偷偷把天后放到箩筐里，就带回家了。附近的一些熟人知道后，就偷偷到我姐姐家里上香。

问：那不怕被人发现吗？

答：那个时候私下里也没有那么严重（即严厉）禁止的。知道的人还会过去上炷香。

问：那是什么时候拿出来，放在屋里公开给人拜祭的？

答：后来我姐姐盖了一间房子。她没有结过婚，就和一些年轻的女孩子一起住，就是娘仔房。后来没有人管拜神了，大家就都过来拜了。

如同各处民间习见的一样，漳澎人有关天后娘娘的各种传说在有意无意间为天后添加了许多神话色彩。由这些传说也可看出,漳澎人确实相当敬畏天后娘娘,普遍认为得罪天后娘娘必然没有好下场。如人们传说,当年打烂天后像的那些红卫兵,后来都被天后娘娘惩罚了:"个个都活不长,没有一个有好结果。有的连儿子都生不出来,结果就是没有后代了。"在漳澎,没有后代就会成为孤魂野鬼,一向被认为是极为悲惨的。人们还普遍传说,当时有一个村民把天后所穿的衣服脱了下来拿回家给自己的孙子穿,结果那个孩子不久后就死了,把天后衣服脱下来的那个人也在三年后就中年暴亡。人们认为,天后娘娘终身未婚,这样做实在是对天后的大不敬,让"天后太难堪了",所以天后娘娘就让他们都死了。村民普遍认为"应该"如此,说"这就是报应"。

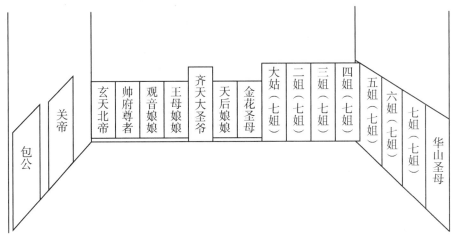

图4-4 漳澎村天后庙的神灵空间排列

在现在的天后庙里,供奉着天后、王母娘娘、观音、齐天大圣、帅府尊者、北帝、关帝、包公、金花夫人、七姐和华山圣母(其摆放位置如图4-4所示)。在漳澎人看来,天后娘娘是漳澎的守护神,能够保佑漳澎人出海平安、身体健康和龙船"出标顺利"。人们认为王母娘娘是玉皇大帝的妻子,她不食人间烟火。观音菩萨则是普度众生的神明,地位仅次于玉皇大帝。齐天大圣信仰常见于福建、江西和台湾等地,在广府地区相当少见,其职能是治鬼与维护正义。对于玄天北帝和帅府尊者,漳澎人普遍不熟悉,只是笼统地认为二者是管"治病,保佑身体健康"的神;而漳澎周边的大步、新基和麻涌等村子,则与多数广府地区一样流行北帝崇拜,都将二者尊为极重要的神明。至于为何有此差别,我们还不是非常清楚,可能有两方面的原因。一是漳澎人的来历不同，其祖先可能就是信奉天后娘娘而不是北帝；二是可能由于漳澎人认为"天后娘娘管水"，因此没有必要再信奉北帝。漳澎的关帝信仰与其他广府地区基本一致，认为关帝保佑家宅平安且能招财，是一位武财神。

包公亦是漳澎人信仰生活中的重要神祇，漳澎人认为他"晓阴又晓阳"（即通阴间与阳世的各种事务），而且专为普通人民申冤，所以"那些被冤枉的，受是非缠绕的人，就是都会找包公了"。除了供奉于庙里之外，漳澎不少村民的家里都摆放有包公像以方便随时拜祭。漳澎有名的神婆袁婆婆说：

> 哪个受冤情，就是说无缘无故地受人欺负了，比如说我啊，本来我根本没有做的事情，你偏说是我做的，那你就是"虾我"（即欺负我）啊。这样我就要去向包公爷爷那儿禀告，包公爷爷就能给我正义。
> 包公除了主持公正，还是一个能驱鬼治病的神。

袁婆婆说，碰到这些不好的事情时都要请神婆求包公主持公道。神婆就会举行一个仪式来请包公，这时需要先念诵一串固定的话语，其意大致如下：

> 包公爷爷，坐高望远，坐低望近。
> 你在天为本，下地为子民。
> 我受了冤屈气，使我无路可走。
> 需向你禀明，让你主持公道。
> 你是忠臣，要讲道理。

然后神婆或者声称受冤的人开始"问杯"。如果得到的结果是"圣杯"，就表示包公认为委托人确实受了冤屈，包公会帮委托人讨还公道；如果得到的是"阳杯"，则表示包公听不清，要委托人再说一遍，这时就要再打一次"圣杯"。曾经当过多年神婆的李婆婆则说，包公还"晓阴"，即可以看到病人是被什么鬼缠上身，然后令其回归原处，不准再依附在生人身上，如此一来病人就康复了。可能是由于这种祛病的认识，漳澎人自古以来就有从包公神像那里"求神水"的习俗。如果某人生病且长久不愈，病人家属可以先在一个瓶子里装上半瓶水，然后在瓶子里插三支点燃的香，之后念诵或者请神婆代为念诵如下文字：

请包公爷爷，
上山采药。
高山采药，
大山采药，
小山采药，
大河、小河采药。
采神仙药，
落进神仙樽处，
给某某（即病人名字）。
随后气数就好，
没病没痛，
身体健康，
出入平安，
长福长寿。

念完之后将香从瓶口拿开，瓶子里的水就变成"神水"了。访谈时我们发现，许多老人至今对这种水仍非常有信心，说"这种药非常有效的，喝了之后，那么久不好的病，一下子就好了"。

漳澎的各处神庙门口都有一个土地公塑像，负责保佑神庙的安全。在村民们看来，天后庙里天后娘娘是最大的神，排第二位的便是土地公公了。拜完天后主神，人们依例要上香给土地公公。而平时的初一、十五，也会有许多婆婆到天后庙上香祈求家人安康。

在天后庙右侧的七位姐妹即七娘，她们也是漳澎人心中重要的神祇。漳澎人同样传说她们是玉帝的七个女儿，小女儿还和牛郎有一段浪漫的爱情故事。东莞水乡人相信，在七月初七"七姐诞"当天去埠头洗澡（即"洗七姐水"），就能保证身上"没穿没烂（意为不会有伤口）、身体健康"。此外，当天接的雨水称为"七姐水"，据说可以存放一年而不变质，依旧清凉甘甜。九坊的黄婆婆回忆说，以前漳澎人在七姐诞当天也"摆供"（即过一般所说的乞巧节），一群大姐或者少女坐在一起做手工、祭拜七姐。据她回忆，那时每到七月初六半夜11点左右，一群群少女便会到埠头用"七姐水"洗身，然后穿上新缝制的纱绸衣服——衣服可以是自己母亲做的，也可以花钱让别人做。打扮完后她们到天后庙拜神，然后回到娘仔房等处，一起吃水果、吃粥、"坐过夜"（即聊天）到天亮，场面十分热闹、欢乐。

祭拜七姐时需要胭脂水粉（漳澎俗称为"七姐粉"）、七根针、七条红绿线、菱角、白榄等用品（见图4-5），还要摆三杯酒、三杯茶。女孩们还要表演穿针，能一次就成功穿针则说明心灵手巧。穿完针后的女孩子们开始擦"七姐粉"。老人回忆，"'七姐粉'现在早就见不到了，就是像蟑螂屎那么大。传说是七姐在天上擦粉的时候掉下来的。女孩子擦了'七姐粉'，说是可以去掉脸上的痣"。一处娘仔房里通常住有十几位少女，年龄大些的负责煮斋饭（通常是粥之类的），大家一起开心地聚餐。如果实在高兴，她们还可能点着渔灯划一个多小时的船，到麻涌村买些应景的食物或者用品以增加节日的气氛。据说当时这些少女们的家人都相当支持她们，家境贫穷的父母这一天也会专门给钱让她们买东西，整个节日的气氛显得非常温馨。

图4-5 七姐诞拜祭时的用品

到了现在，这个节日虽然还存在，但仪式已经相当简化，只是七姐诞当天大家带上若干祭品，到天后宫拜祭一下即告结束。

（二）金花庙

老人们说，漳澎很早就有金花庙，具体的修建年代则已经不清楚了，只知道是"清朝的时候就有了"。新中国成立后这座金花庙分给了村民充当住房；"文革"期间，这座原来的金花庙可能由于过于陈旧的缘故而遭拆除。到了1993年，由一些老年妇女领头，村民自发地集资重建了金花庙参与过领头集资重建金花庙的婆婆说：

原来的那座庙，新中国成立后就分给别人当住家了。那样的话，也不可能在原来的那个地方重建了。

那个房子（即原金花庙）前面有一块空地，我们就想用来重建这座金花庙。但是，那户人说，那块空地是属于他们家的，不让我们建。我们就跟那家的女的（指女主人）说：你想不想儿子以后能够出外工作？她说想。那我们就说：那你就把这块地让出来给菩萨，菩萨就会保佑你的儿子到外面工作，还保佑他好好发展。最后啊，她就同意了。

我们几个本来的想法，就是盖一间小小的庙就可以了，主要是我们几个都没有多少钱。不过，很快又有别的社员愿意出钱资助。我们就一个个地问其他的人，问他们愿不愿意出钱建这个庙。最后很多人都出了钱，最多的一家出了1000元，那时是不少钱哪。村里还有一个女的，她儿子契了包公，那她就说啊，她就负责给买包公像的钱。就是这样，大家一点点把钱集起来，大家用心用意，就建成了现在的金花庙。

建好了还有一点剩下来的钱，我们就买了金花衣、走马灯那一些。这些东西啊，都是我们六个老人家自愿去买的。到广州状元坊那里，买了金花衣那一些。车马费（即路费）都是自己掏的，我们不用公家的一分钱。

在漳澎人看来，天后庙里的诸神主要负责保佑村民及其生计，而金花庙里的诸神则主要负责生育和守护小孩。现在的金花庙里同样也是诸神杂陈，但几乎都是与生育有关的神祇，计有金花夫人、十二奶娘、送生司马、花公花母、包公、保寿爷、文昌、医灵、财帛、雷公、电母、鸡谷夫人、马夫和招运童子等多座塑像。

当然，金花庙里的神并不是全都与生育和保佑孩童有关，如保寿爷、包公。六坊的一位婆婆说，金花庙的神具有多方面的功能。她这样介绍保寿爷：

> 天护佑，
> 地护佑，
> 六畜（指猪、鸡、狗、鸭、牛、鹅）兴旺人长寿。
> 福如东海长流水，
> 寿比南山不老松。
> 小朋友不拜保寿爷，

一家派一个代表来拜保寿爷,
就可以保全家人健康。

(三) 土地宫

漳澎的土地宫(又称土地庙)总是与"社稷"组合搭配的,即一处土地宫旁边总是有一座社稷石。漳澎本有三座建于清朝的土地宫,金花庙重建之后,三坊的人们又在其附近修建了一座土地宫。因此,漳澎现在实际上有四座土地宫。不过,在许多漳澎人的心目中,只有原来的三座才是真正的土地宫,他们坚持认为这三个土地宫分别管理着漳澎三个片的土地。

一片的土地宫(见图4-6)位于一坊的东明书院内,其边上有一棵古老的大榕树。东明书院为一坊一位刘姓乡绅出资所建,于1938年完工。一片土地宫中现在同时供奉着土地公与观音,但村民说最初供奉的只有土地公一位神明。

图4-6 一片的土地宫

二片的土地宫(见图4-7)位于五坊桥旁,里面供奉着土地公、地藏王与地母娘娘。在这座土地宫的旁边,还凌乱地堆放着一些村民遗弃的神像等神物。当地近些年有不少人迁离漳澎到东莞甚至国外定居,如何处理家中的各种神物是一个让人头疼的问题。许多人感叹"请神容易送神难",只好偷偷地丢在土地宫等处。在这堆弃置神物的边上,还有一块刻有"水神冯夷"①字样的石碑,是历史遗留下来的旧物,据说原来位于桥边的码头处,后来不知何故才迁至此处。

图4-7 二片的土地宫

三片的土地宫(见图4-8)位于十坊桥旁边,其内供奉着土地公、财神和观音。我们实地观察时发现,这座土地宫的门外贴有一副对联:保佑三片黎众庶,安享太平盛世风。这副对联很有意思,因为它明确地表示这位土地神保佑的范围是三片的土地,即今八坊、九坊、十坊三个坊。

根据访谈资料可知,这三处土地宫都始建于清代。本次调查时已经年逾90岁的陈老伯说,从他孩童时起,这三处土地宫就处于现在的位置,没有变动过。不过,二片和三片的土地宫近些年重修过,所以显得比一片的新很多。在现今的漳澎,土地信仰依然深入人心,依旧拥有广泛的群众基础。

---

① 冯夷又作冰夷,就是传说中的黄河之神"河伯",现泛指水神。《庄子·大宗师》里有:"冯夷得之,以游大川。"成玄英疏:"(冯夷)弘农华阴潼乡堤首里人也。服八石,得水仙。大川,黄河也。天帝锡冯夷为河伯,故游处盟津大川之中也。"而根据《抱朴子·释鬼篇》,冯夷是在过河时被水淹死的,因此被天帝任命为河伯管理河川。

图 4-8 三片的土地宫

(四) 文武庙 (已拆)

漳澎历史上还有一座位于四坊境内的文武庙。"以前（这里）很热闹的"，访谈时许多老人家经常满怀深情地提起。

老人回忆，以前的文武庙里，供奉着文神文昌和武神关公两座神明。但由调查所得来看，当时的这座文武庙似乎是武胜于文，前来拜祭的信众其诉求多集中于"武"，"文"则几乎无所求。如78岁的周老伯说，以前漳澎"本地学戏的、学舞龙、学舞狮的人，都要到文武庙拜祭。因为这些行业要打功夫，就要拜关羽这个祖师爷"。老人们回忆，这座庙的香火不像天后庙或者金花庙那样鼎盛，不受太多的香火熏染，庙堂里面显得相当明亮。新中国成立后，这座庙被彻底拆毁，在原址建起了漳澎供销社并沿用至今。

漳澎人以前似乎就不是非常重视文武庙，现在也无要求修复的呼声，与对待天后庙和金花庙形成了鲜明的对比。在我们看来，这与漳澎成村较晚且民众长期较穷有关，人们无力关注文化学习（即文武庙所护佑的"文"）。直到清末民国时期，漳澎才出现少数的读书人。本地第一所学校东明书院，则到了1938年才建立，这在读书风气鼎盛、人才辈出的东莞显得相当落后。

(五) 三圣宫

虽然角尾村归属于漳澎行政村且距离漳澎村相当近，但它们一直保持着相对独立的微妙关系。这在信仰方面的表现之一，就是双方村民都常说的

"漳澎人从来不去三圣宫,角尾村的人也从不过来漳澎拜神"。

人们普遍认为角尾成村的时间比漳澎村还晚,直到 100 多年前才有人定居,但更多的人认为在 60 多年前(即 20 世纪 50 年代)才成村。至于其最早的村民或者常住人口,本村和他村的人都认为是疍民。村民梁婆婆说,她的祖先来到角尾定居时,村里已经有一条麻石路,但路两边还是简陋的茅棚,应该就是所谓的"疍家棚"。年近 90 岁的梁伯伯则回忆说,角尾人以前主要以打鱼为生,历史上都是备受人们歧视的"疍家佬","所以以前漳澎的人看不起这边的人,比如说,很少跟这边的人结婚。从 1989 年以后的那些年,角尾的一些人违法走私,发了大财。那些漳澎的人,就都想跟角尾的结婚了"。

三圣宫(见图 4-9)位于角尾村内,一直是村里唯一的庙宇。"文革"中这座小庙也被拆除,现在所见的三圣宫是改革开放后村民自发集资重修的。在如今的三圣宫里每座神像的背后,都贴有一张写着神明名字的红纸,从左到右依次为王母娘娘、关羽将军、释迦牟尼、观音娘娘和地母娘娘,释迦牟尼坐在最中间(见图 4-10)。诸神摆放得杂乱无章,似乎是一座以佛教神为主神,道教神和民间神居于其次的庙宇,实际上与"三圣"的名字并没有关系。①

图 4-9 角尾村的三圣宫

---

① 我国各处名为"三圣宫"内的神明其实各有不同,但一般认为所谓的三圣是指道教系统的太上老君、灵宝天尊、元始天尊。依照道教的习惯,一圣宫供奉太上老君;二圣宫则供奉太上老君和灵宝天尊;如果再加上元始天尊,则为三圣。

图 4-10 三圣宫里的神像

如今的村民中，可能已经没有人明白为什么叫三圣、三圣庙。调查时，有的村民说是因为庙内供奉一位叫"三圣"的神，有的说是因为庙里面总共供奉三位神明，也有一些村民说以前三圣庙里供奉的不是现在这些神，但原来是什么神已经不记得了。结合周围村落的实际情况来看，最后一种说法可能较为真实。不过，原来的神是什么，可能永远无从得知了。调查中我们又发现，村民对于庙里供奉的神明的认识非常有意思。村民们普遍认为，从左到右供奉的分别是王母娘娘、洪圣王、三圣菩萨、观世音、地母，其门口处供奉的则是土地神。这种认识与神像背后标示的名称差距颇大。在我们看来，这种差异有力地说明了大部分村民虽然仍在意拜神求保佑，但已经不在乎自己究竟拜的是什么神，也就是一些村民说的"反正拜的是神就行了"。由此看来，所谓当代中国的民间宗教复兴，可能在很大程度上只是一种无根的表象。

不过，尽管角尾人弄不明白里面到底供奉的是什么神，但三圣宫在他们心目中地位却极为崇高，就如同天后宫在漳澎人心目中的地位。每逢端午、中元节、做冬（即冬至）和做年（即春节）等节日，必然会到庙里隆重祭拜。而平时每逢初一、十五，也有不少人会到三圣宫进香。此外，现在地母娘娘也是供奉于这座三圣宫中，每逢十月十八"地母诞"，信众祭拜地母娘娘时也会顺便拜祭庙中其他神。

(六) 基督教场所

近年来,基督教也传进了漳澎。村民究竟是从什么时候开始信基督教的,他们自己也说不清楚。我们在 2007 年调查时,发现漳澎还完全没有这种信仰的迹象。有些村民则认为:"这是因为最近几年村民中外出到东莞、广州或香港打工的人多了,接触到基督教的人也就多了。就是这些外出的人,把基督教带回了漳澎。"漳澎现在有一处专门的基督教场所,如图 4-11 所示,这只是一栋钢筋水泥修建的民居的首层,而不是独立的、专门兴建的教堂。信众在每个周六上午 9 点到此处做礼拜,平时则不开放。

图 4-11 漳澎村的教堂

村民中信基督教者仍然只是少数,尽管信众已经有增多的趋势,也不再限于外出者或者有外出经历的村民。一直在漳澎村内生活的林嫂,从 2010 年起开始信奉基督教。她的子女外出务工后信奉了基督教,受子女的影响,她成为家中最后一个信教的。林嫂说:"(以前我也是)上香、拜神的,信了基督以后就不用做这些事情,这样我就方便了很多。现在人拜的神,其实很多不是真神，其实是人死了以后才供成神的。但是，人死了，怎么能变成神呢？人都死了，还怎么保佑你呢？"

皈依基督教之后，林嫂和她的漳澎教友们的生活习俗也有一些改变。例如，如果是教友结婚，这时仍会依照习俗摆酒大宴宾客，但迎亲方式大为不同，还会请教友集聚到家中唱颂歌、做祷告。林嫂认为，过去结婚无论远近都要让新娘坐轿子，认为这样才显得娇贵，其实没有必要。而自从信教之后，林嫂觉得葬礼没有以前认为的那么恐怖，"以前听说谁家有人过身，我都不敢靠近那户人家。现在有教友过身了，大家（教友）都会聚到他家，去给他献花，为他祷告。我亲眼看到过世的那个人的遗容，看上去非常安详"。她现在还是相信世上有鬼神，不过"神在天上，鬼在地下"。如今每到清明节她也会去拜祖先，但祭品改为一束花，而且也没有了上香、斟酒之类的传统程序。与传统的村民相比，林嫂的观念与行为都已经发生了相当大的改变。

二、漳澎村的事神人员

如今的漳澎难以说得上有真正的、职业的事神人员，从本质上说，漳澎历史上的和现在的事神人员都主要是农民，是以农业为主而兼事神职的。如果与周边的村子相比，可以发现漳澎的信仰色彩不是非常浓厚，事神人员的数量也相当少。现在漳澎的传统信仰习俗和信仰实践，主要靠一群虔诚的婆婆自发地维持并传承。可以预见，随着这部分老年人不断离世，事神人员会越来越少。

出于方便，我们把漳澎的事神人员分为如下几种：神婆、鬼婆、解签卜卦人和非职业事神人员。此外，历史上还曾经出现过几位颇有名气的"南无佬"和算命佬，但随着他们的过世，这两种行当已经后继无人了。

（一）神婆

神婆是漳澎最常见的事神人员，以中老年女性居多，据说从来没有男性做过此项职业。所谓神婆，就是专门帮人准备仪式以及代为请神、禀神、求神等从事信仰方面的具体工作的人。要成为一名神婆，可以通过看书等途径自学，也可以通过拜师学艺。由于门槛较低又不需要经过特殊的训练，因此漳澎至今仍有不少神婆，每个坊都会有两三名，整个漳澎则有 30 人左右。

一般来说，这些神婆都可以独立完成一些普通常见的仪式，如拜地头、出火耗、拜埠头（详见后文）等。有些神婆能说会道又通晓村中各家的情况，同时还兼做媒婆。有些神婆还收徒弟，帮她在仪式中打下手，如摆放祭品之类。神婆主要在漳澎提供各种仪式服务，有时也会被请到别的村子里帮人"做好事"（即操办仪式）。同样，临近村子的神婆也会受邀到漳澎做法事。神婆经常强调她们做法事是在帮别人"做好事"，是"为人民服务"，因为她们所做的仪式都是相对吉祥的、喜庆的，主要是婚礼、拜神之类，而不会做丧礼等仪式。她们认为，办理丧葬仪式会耗损她们的好运气，从而影响她们的声望。

很多人认为，每个神婆的声望与她掷到圣杯的成功率有关。一般来说，成功率越高的就会被认为水平越高。每次仪式中神婆唱完禀神歌后，就要通过掷圣杯的方式来询问神灵的意思。成功地求得圣杯，便表示神灵听到祈福者的愿望并答应保佑祈福者，也说明仪式做得相当成功。

（二）鬼婆

与神婆相似，漳澎的鬼婆也几乎都是中老年女性。我们在两次调查中得知有一位鬼婆的丈夫也能"降身"（即拥有神灵附体之术），具有鬼婆的功能，不过似乎没有人认为他也是鬼婆。在事神方面，鬼婆与神婆有一定的类似之处，但"降身"则是神婆所没有的技能。可能是由于这个缘故，在当地事神人员的等级结构中，鬼婆的地位比神婆要高出很多，甚至可以说是最高等级的。

在漳澎人看来，能够请来鬼神附体的这些鬼婆，都是命中注定有"仙骨"的，意思是说这种能力是先天具备的，成为鬼婆是鬼神事先安排，在冥冥之中被神灵选中的结果。因此，人们认为不是每个人都可以成为鬼婆，也不是仅仅通过自身的努力就可以的。要成为鬼婆，仅有仙骨还不够，还需要在某段时间发生某种奇异的事情，借此获得或者显示有仙骨。每位鬼婆都有一段这样的故事，并为村中人所周知。以下是三坊的一位鬼婆自述的经历：

> 圣爷降身到我身上，（让我）打功夫①。结果我呢，就到天台上打功夫。当时老公看我打功夫太难受了，就跟圣爷说：不要降身在我老婆

---

① "打功夫"是漳澎人的一种口语说法，类似普通话中的耍武功。但所练习的武术并不是传统意义上的有标准、有套路、有规则的武功，而是指被神灵附体的人在不自知的情况下进行没有套路的、无规则可循的打拳、踢腿等行为，有时甚至会做出一些滑稽可笑的动作。漳澎的信众认为，打功夫就是神灵通过鬼婆的身体做驱鬼、打鬼的动作。也有村民认为根本没有什么神灵附身于鬼婆，只是鬼婆自己在胡乱地挥手舞腿罢了。由于鬼婆打功夫时神情恍惚、一些动作滑稽可笑，不相信的人觉得只有傻子、疯子才会做出如此动作，所以才会认为"鬼婆是傻的，有精神问题"。

身上了,她太难受了。有一年的农历八月十五,(圣爷)又降(到我)身(上),一直到了农历的十月十几,每天我都要打功夫。那时候啊,我连自己的子女都不认得了,弄得子女都哭了。当时我很穷,圣爷跟我说不怕,会保佑我的。

圣爷只会将身降在善男信女身上。师傅就说,要给圣爷造像,还要每天供奉,还要为人民做(好)事。

漳澎人说,"打功夫"是成为鬼婆的人事前都会做出的异于常人、异于寻常的事情。我们采访了几个鬼婆后发现,打功夫主要是想求得齐天大圣与天后这两位神降身,又以齐天大圣降身的为多。可能正是这样的原因,鬼婆的家里都摆放着齐天大圣的塑像,每天还用果品供奉着。有了这一段特异的经历之后,人们认为鬼婆便具有了降身的技能。由此看来,所谓的降身,其实是一种类似于通灵、"过阴"的能力,鬼婆通过仪式借助于某种法力使得死者或者神明附身,以便说明对某事的看法。①

漳澎人至今仍相当热衷于"问鬼",一旦家里出现某种莫名其妙的不顺,通常就会先去找鬼婆,让鬼婆通过降身问个究竟,然后再视情况做相关的解或禳的仪式。但是,有时请鬼婆做降身并不是因为家里不顺,而是因为事关重大。例如,历史上的漳澎人在举办婚礼前一个月,通常要请鬼婆做一个称为"叫家宅"的仪式。这时鬼婆先让事主家的祖先降身,将祖先"请上来,通知他们要喝喜酒了,问问他们对这桩婚事的意见"。如果得到的结果是祖先不同意,那么这桩婚事就很可能告吹。

(三) 解签卜卦人

漳澎人尤其是中老年妇女喜欢到天后庙求签,求得之后请"解签佬"(即精于解释签文的人)解读。现在的漳澎只剩下一个解签佬,他是一位盲人。村民给这位老年男性起了一个绰号叫作"盲屎"。他的解签技能是跟一位盲人师傅学的,但现在其师傅已经去世多年。此外,他还会"用龟壳占卜",方法是把三个铜钱放到龟壳里用力摇一会,然后把铜钱倒出来排好,辨清正反面并记于心中。重复上述动作三次后,"盲屎"就会根据所有正反面的情况(即"卦象")解释最后得出的结果。应该说,这种龟卜方式较为特殊,并不是甲骨文所见或者中国西南地区所见的龟卜的惯常做法,当地人

---

① 鬼婆的这种情况与中国西南甚至东南亚某些民族类似,但未知彼此间是否存在关系,若存在,又是何种关系。

也说不清楚其来历。

一般来说，现在每到新年时①、遇到不顺利的事情时或者想与某位神灵上契时，漳澎人都会到天后庙求签，然后找住在隔壁的"盲屎"解签。这时"盲屎"会先问求签人的姓氏、出生年月、出生地以及所求事项，然后再根据签文的意思加以解说。我们在调查时发现，许多漳澎人都觉得"盲屎"精于解签且相当灵验，不少人甚至还介绍我们去找他试试。我们的一位调查员在天后庙求得一支"天后四十六签"，所求的事项为姻缘。"盲屎"解读的结果"是下签，需要静待缘分"。随后我们再请他龟卜，结果却卜得上卦。这位盲公解释说，我们的这位同学会有很多追求者，但要小心挑选。总的来说，我们发现，不管所求得的是什么签文或者卦象，这位解签者讲的都是含混的大道理，而不是有针对性的解释或者明确的结论。这与其他地区所见的解签并无不同。

（四）南无佬和算命佬

历史上漳澎曾经有过几位男性南无佬，但随着从业者纷纷去世，据说在新中国成立前后漳澎就已无此类人员了。据调查，以前漳澎的南无佬主要有两个职责，一是做法事时负责念经打斋，二是红白事时的奏乐：婚礼时吹奏婚乐，丧礼上吹奏丧乐。在某些特别的时候，可能还会在丧礼和婚礼中帮一些忙，不过这较为少见。对于充任南无佬的人，资质方面也没有多少过高的要求，自学或者拜师学艺为人认可后即可。由于这个行当需要抛头露面，女性的南无佬相当少见，有人说只有麻涌村出过一位。

根据我们的调查，漳澎在历史上还曾经有过一位算命先生，但也已经去世多年了。村子里的人至今都对他相当敬仰，认为他算得很准。

（五）非职业事神人员

在现在的漳澎，绝大多数的与民间信仰相关的活动，都是靠一批虔诚的信众义务完成的。这些信众以中老年女性为主，她们既有大量的空闲时间，又有浓厚的传统民间信仰情结，因此自觉自愿地从事这些活动。像重建天后庙和金花庙这些重大的活动，最初就都是由村里的几位老婆婆发动村民自愿捐钱而最终得以实现的。说起重建的事时，时隔多年后一位老婆婆仍然自豪地向我们表示，那时她们动员村民们捐款，"有的出五块钱，有的出十块钱，有的出二十块钱。就是这些零零散散得来的捐款，才建了庙，才买来的神

---

① 新年时求的签称为"新年卦"，据说可以预测出求签者新一年的运程。

像"。

在广东各地,传统上神庙之类的场所通常都是由庙祝负责日常打理的。现在各地情况不同,既有庙祝负责的,也有"有诚心的人"(即信众)自愿负责的。如大步村境内的观音古庙便是由100多位老婆婆轮流管理、照看。在漳澎,只有天后庙有一名专属的庙祝,其他所有的民间信仰场所都没有专门的庙祝之类的管理人员。由于前文所述的历史缘故,现在天后庙主要由汝姑打理。平时她每天早晨6点钟左右开庙门,然后忙于添香油、上香等工作。庙堂右侧的墙脚放着成排的香,是经常来拜祭的信众存放于此的"私香"。左边的墙角堆放的是因故不能常来的信众留下的"信香",汝姑每天要负责代替他们给天后娘娘上香,以传达他们对菩萨的敬重之心。有些信众把拜祭的果品留在天后庙里,汝姑则会把多出的果品带回家。下午4点左右,她再次上香、打扫神台和地板后,把门关上并锁好,标志着一天的拜祭时间结束。以前的天后庙从来不用上锁,但两年前有一位患精神病的妇女进到天后庙把菩萨拿出去扔进河涌里,幸亏被路人发现制止住。为了防止再发生类似的意外,此后就日日上锁了。除了汝姑之外,还有五六位热心的人(通常是老年妇女)手中也有钥匙,这样更方便村民进出天后庙。

除了重建寺庙等大事之外,漳澎村现在还保留的一些传统集体活动,通常也是由每个坊里的婆婆自行筹划并负责实施的。漳澎历来有拜埠头的习俗。仪式以坊为单位,由各坊在每年农历七月十五的前几天举行。顾名思义,仪式的地点就在埠头处,人们相信,通过给河里的孤魂野鬼送去食物可达到使人免于遭难的目的。由于这个仪式需要大量的各类祭品与金银纸,每个坊都需要多名虔诚的婆婆提前一个月准备。她们会推举出一名负责人主持其事,这名负责人通常经验丰富,有魄力,沟通、组织与协调能力也较强。到了离拜埠头还有一个月左右的时间,婆婆们就会在本坊内挨家挨户地募集资金。捐钱以自愿为原则,以户为单位,金额多在5~50元之间。募集到足够的款项之后,这群婆婆便有了替捐款者献祭的责任。其中一项便是准备大置的金银纸锭(见图4-12)。本次调查时,我们曾陪着九坊的一群婆婆在逸南林公祠内待了两天,她们总共要折八袋金银纸锭,每袋都在700个之上。九坊境内共计有20余个大大小小的埠头,各处举办仪式时都要用到金银纸。

图 4-12 放在冥币上的是为拜埠头准备的金银纸锭

三、与信仰有关的民间习俗

在学术界,学者们通常会为了方便研究或者描述而区分所谓的神圣生活与世俗生活,但在真实的民间生活中,人们并不会刻意区分二者,甚至根本不会察觉二者的分别。对他们来说,所谓的神圣生活不过是日常世俗生活的一个自然的、有机的、不可分离开来的组成部分。漳澎人同样不会认为单独存在什么与信仰有关的民间习俗,认为"都是过日子而已"。

(一)神诞

如前所述,漳澎的每一处庙宇中几乎都供奉着诸多神像,这些神有各自的神诞日(可能是神灵的诞生日、升天日或者成道日)。凡有神诞日的神明,都可以认为是对漳澎人影响较大的,这些神明为数相对有限,详见表 4-1。

表 4-1 漳澎的主要神诞

时间	神诞名称	备注
正月初一	玉皇大帝诞	望天上香拜祭即可,烧玉帝衣
正月二十	土地诞	各片村民到所属土地庙拜祭,烧土地衣
二月初二	婆娘诞	保佑小孩健康成长、听从教导

续表

时间	神诞名称	备注
二月初七	水龙王诞	用糯米粉做的鸭子"贿赂"水龙王和水鬼,免其"吃"掉生人
三月廿三	天后诞	天后是渔民的守护神,保佑行船。漳澎有"天后回娘家"习俗,每年天后诞前四五天将漳澎天后带到深圳赤湾天后宫祭拜
四月十四	包公诞	包公晓阴又晓阳,可以调解人与人之间的矛盾,若人与"鬼"之间有纠纷也可以祭拜,与包公上契的孩子也要拜祭
四月十七	金花诞	漳澎的生育神金花夫人的诞辰
六月十九	观音菩萨诞	观音菩萨的成道日
七月初七	七姐诞	到河涌里洗身能祛痱子,漳澎人认为当天到河涌里打的水能放一年都不变质,女孩祈求像七姐一般心灵手巧
七月三十	地藏王诞	—
八月十六	齐天大圣诞	一般村民很少祭拜,多是神婆、鬼婆在家祭拜,或是到东莞水濂古庙祭拜
九月十九	观音菩萨诞	观音菩萨出家纪念日
十月十八	地母娘娘诞	二片土地宫里供奉着地母娘娘,村民一般到那里拜祭
腊月廿四	谢灶日	非灶君生日,而是每年灶君上天禀告所在家庭之事的时候。正月十五接灶君回家

岭南地区很多村子都有在神诞期间举行"游神"仪式的习俗,即将神像抬出庙宇到大街上或者村落内各处巡游,以期神明保佑并赐福全体村民。但在漳澎,各个神诞都未曾有过类似的游神仪式。天后诞时,村民会把行宫天后抬出天后庙,然后乘船到深圳赤湾天后宫。路过漳澎大街的某些地方时,行宫天后也会接受村民的供奉和拜祭。但漳澎的老人都说,"这个不算是游神,是回娘家省亲"。不过,每逢神诞日漳澎还是会举行一些相当隆重的活动,村民也会隆重地进献、祭拜。每到这时,村民会给神明准备"神衣"。依照神明的不同,分别有玉帝衣(见图4-13)、龙王衣、天后衣、观音衣等。值得注意的是,除了观音衣、玉帝衣和七姐衣的样式特殊以外,其余神明不论男女,神衣的式样都是一样的,只是在拜祭时需搭配不同的神符

而已。

图4–13 玉帝衣

巴尔特曾经指出:"衣着是规则和符号的系统化状态,它是处于纯粹状态中的语言。"服饰确实有符号性作用,透过服饰的款式、颜色、纹饰等,都可以反映出特定人群的审美心理和情感心理。① 而综观漳澎村常见的各色神衣,其式样都是模仿中国封建社会皇帝或者官员的服饰,这再一次印证了武雅士"神代表了农民生活世界中的官员"的观点。② 差别只在于中国封建社会中通常并无女性官员,漳澎却有多位女性神祇,如观音菩萨③、天后娘娘和金花娘娘。她们的神衣在形制上和男性神祇的神衣并无差异,通常只是在帽子样式、衣服颜色和鞋子样式等方面略有差别。

例如,由于人们认为玉帝是天上众神的皇帝,因此,他的衣服也必须与

---

① 参见〔法〕罗兰·巴尔特《符号学美学》,董学文、王葵等译,辽宁人民出版社1987年版,第73页。
② 参见〔美〕武雅士《中国社会中的宗教与仪式》,江苏人民出版社2014年版。
③ 观音的造像多样且历经变化,在古印度主要体现为男性形象,在中国民间却逐渐变成以女性形象为主,这其实是历史变迁与文化适应的结果。参见李利安《古代印度观音信仰的演变及其向中国的传播》,西北大学博士论文,2003年;党燕妮《晚唐五代宋初敦煌民间佛教信仰研究》,兰州大学博士论文,2009年;徐华威、王水根《观音菩萨是男是女——中土观音变性原因探析》,载《佛教文化》2006年第6期。漳澎人则认为观音菩萨必然是女性。

世俗社会中皇帝的龙袍颜色一致同为黄色，最显著地区别于其他神的神衣。这套玉帝衣由皇冠、龙袍和鞋子组成，还有由玉帝符和两张红绿贵人符组成的符纸。其中，玉帝符上写着"玉皇大帝真经，龙殿圣帝金銮座，凤阁群臣玉封旨。大道玄念真经至尊，妙国清净三界混，玉皇大帝管诸天，神佛庇佑诚心人"等字样，点明了玉帝在众天神中的地位，而其模拟的正是世俗中皇帝与群臣之间的关系。两张贵人符与其他神衣所附带的符完全一样，上面书写或印有"四方大利，贵人指引，禄马扶持"的字样。漳澎人认为，所谓的贵人，便是神佛"派到凡间帮助人民办事的使者"，而神赐福于自己时最主要的体现之一便是身边出现了贵人。

土地衣、水龙王衣和灶君衣等男性神祇所穿的神衣，式样等完全相同，都是世俗的官服形制，为深蓝色，如图4-14所示。

图4-14 常见的男性神祇所穿神衣

漳澎人认为"观音大使"① 是女性，观音大使被认为是地位仅次于玉皇大帝的天神。在漳澎的神衣系统里，男性神祇戴帽穿靴，女性神祇戴冠、穿粉红色鞋子，显得鲜艳，主要目的是借以彰显其女性神的特征。观音衣（见图4-15）则按照"白衣大士"的传说以白色为主色调，代表圣洁与无瑕，

---

① 当作"观音大士"，但我们发现漳澎人经常写作"观音大使"，故文内从俗。

衣服中间配有一朵石榴花,这是以石榴多子寓意观音送子、多子多福。鞋子的造型显得相当精致小巧,是按照中国传统妇女"三寸金莲"的理想而设计的,典型地体现出漳澎人的审美心理和情感心理。较为特别的是,这套神衣还配有莲花座,使之成为与其他神衣区别开来的最重要的特征。应该说,这也是受民间传说影响的结果。

图 4-15 观音衣

除观音之外的其他女性神祇的衣服(见图 4-16),则都是粉红色的、有花纹的,样式与观音衣一样,但没有莲花座。不过,由于经常有虔诚的信众给庙里的天后娘娘和金花夫人买衣服,这两位所穿的衣服可能经常有变化。村民黄婆婆在广州的状元坊看到了一套料子很好的布制天后衣,包括上衣、下衣和鞋子,她就花了 200 块钱买下来送给天后娘娘穿。这套衣服原来配有头冠,造工精美又镶嵌着很多漂亮的珠子,不过要价 300 块钱,她便没有买。她说,现在买布制衣服给天后穿的人非常多,由于人太多,现在不仅要多给天后添香油,还要到汝姑处排队等候才能献上自己买的衣服,但人们还是非常愿意,因为"要是天后娘娘穿上了你家准备的天后衣,那么她就会加倍保佑你们家"。依照传统的习俗,每次给天后换衣服之前,都要先用香茅水给天后洗身。

图 4-16 常见的女性神祇衣

(二) 上契

如本书第三章第三节"漳澎的生育习俗"部分所述,"上契"在漳澎非常普遍多见。上契者通常是孩子,在小孩出生不久后家人便会请算命先生测算。根据小孩的八字五行,算命先生会告诉小孩需要与什么上契才能够得到保佑而健康成长。传统上,漳澎上契的对象五花八门,有契人(即认人做干亲)的,有契神的,还有契物的。而依据我们的调查,当以契大榕树、契老人和契菩萨三类最为常见。

漳澎人认为,小孩子体弱、抵抗力差,故尤其容易招致各种意外而丧生,榕树则不仅"粗生"(意为生命力强),而且生命周期长。人们又认为大榕树根深叶茂,能荫蔽树下的大片地方,还有许多如长寿老人胡须的"气根",故经常被当作风水树神而受到礼敬。麻涌的许多村子都将榕树称为"龙树",认为其树枝具有神奇的力量,可以充作仪式用品。因此,麻涌、漳澎地区契榕树的相当多见,认为榕树尤其可以保佑小孩子更好地长大成人。

让小孩与老人上契,是漳澎又一常见的方式。一般来说,珠江三角洲各地能够被选择作为上契对象的人,都是有福气(一般儿女双全)、身体健康又高寿的老人。人们认为,与这类老人认干亲,不仅能够让小孩沾上老人的福气健康成长，还能顺利地开枝散叶。但漳澎被上契的老人相当独特，通常都是即将过世的、年龄在80岁之上的老人家。人们认为，这样的人去世之后，相当于把自己的寿命给了孩子，因此可以让孩子沾福长寿。神婆袁婆婆说，很多人家都打算认她做孩子的干娘，但她都不愿意，就是因为上契要把自己的寿命让给孩子。我们的调查也发现，漳澎的契爷（即干爹）、契妈（即干娘）确实有许多是年迈又很穷的，人们说这是因为上契等于是把自己的寿命给孩子，所以只有穷人才愿意用寿命来保佑孩子。上契后，孩子要给干爹或者干娘若干钱财，相当于尽到反哺的义务。

除了认快去世的高寿老人和贫穷的老人做干亲之外，漳澎还流行让小孩与社会地位低下的人上契，常见的如"白蚁佬"。"白蚁佬"是漳澎的土话，指办理丧事的各类人员，如搬运尸体的人。历史上的漳澎人认为，这类人员没有尊严，像蚂蚁一般地位低下，故经常蔑称这类人为"白蚁佬"。虽然漳澎人平素看不起他们，但又经常让小孩与他们上契。这是因为人们认为"白蚁佬"虽然低贱，但生命力极为顽强，而且他们不怕苦、不怕累，身上还带有煞气，不怕死人或者鬼邪。因此，小孩子如果与这类人上了契，身体便会变得硬朗且不怕鬼神侵扰。这和广州、佛山等广府地区在过去喜欢契"倒屎婆"（即清粪妇女）的现象颇为类似①，可谓是异曲同工。

漳澎人第三类上契的对象，是人们所信奉的各类神明，如观音、金花娘娘、齐天大圣、包公、保寿爷等，这些都是"最受欢迎"的上契对象。至于孩子具体要与哪位神明上契，也要通过求签问卦才能够知道。我们发现，与神明上契时同样有性别的差异。例如，女孩子多契七姐以求得心灵手巧，而从来没有发现有哪位男孩子与七姐上契的。不论孩子契了何位神明，神诞日上契者都一定要贺神诞以示知恩图报。

上契不需要举行特殊的仪式。如果是契人，一般选个好日子，给老人一封利是，小孩还要送勺子给契爷、契妈，家长则要送碗筷。以后逢年过节，要给契爷、契妈送一些食品和日用品。契爷、契妈过世时，契仔、契女要在出殡的时候上香、拜祭，还要给宝烛（即元宝蜡烛）钱。但下葬之后，就不用再拜了，也不用设神主牌。

（三）降八仙与围神

中秋佳节是传统的团圆节日，而漳澎历史上这个节日尤其热闹与隆重。这一天小孩子们逐一向商铺"讨蜡烛"（即本书第三章第三节所说的"添油

---

① 参见朱钢《穗城风俗之契"倒屎婆"做干娘》，http://gz.oeeee.com/a/20100709/907028.html。

添福寿，添个大灯头"）。人们认为，这样可以保佑小孩子健康长大，"灯头"还暗喻父母"再生一个儿子"。当然，孩子们这天最重要的节目还是要"降八仙"和"玩迷魂"这两种游戏。

这两种游戏其实可以在八月初一至十五的任一天进行，但以在中秋当天举行的为多。据村里老人回忆，20世纪50年代时还可以见到"降八仙"游戏。八仙为道教中传说的八位仙人，即铁拐李、汉钟离、张果老、何仙姑、蓝采和、吕洞宾、韩湘子和曹国舅。所谓"降八仙"，就是通过某种仪式请这八位仙人附体从而展示某种神迹。要"降八仙"的通常都是10～14岁的男童，但不是所有的这个年龄段的男童都可以"降八仙"，只有那些有"仙骨"的才能成功降神附体。有无仙骨也是命中注定的，不是通过后天的努力可以获得的。漳澎人认为，一个人有仙骨是"非常光鲜的"（即非常有面子、有光彩的）事情。因此，"降八仙"其实就等于是一次公开的展示，目的是让村里的人都知道自己是有仙骨的。可能是由于当时缺少娱乐，每次"降八仙"都能够吸引上百名老少村民围观。

到了晚上明月高升时，人们在祠堂前的大地堂上放好香炉、果品、茶和酒，这些是请八仙享用的。数名准备"降八仙"的男孩沐浴洁净后先躺在地上静一会儿，之后点上一大把香，趴在地堂上唱"降仙文"，一直唱到有神仙降身为止。检验降仙是否成功的方法很简单，就是用香的一头刺脚板，如果孩童不觉疼痛便表示降仙成功。随后被神仙降身的男童开始"打功夫"，通常一打就是半个多小时，直至精疲力竭后倒下睡着。据说待其醒来后问发生过什么事，降八仙者本人全然不知。现年74岁的张老伯回忆说，那时每年都是固定几个男孩"降八仙"，这其实是年龄大的欺负年龄小的，"降八仙是个非常累的活儿，所以就让年龄小的表演"。在他看来，"降八仙"其实就是看谁可以忍受香刺脚板底引起的疼痛而已，并不是真的有什么神仙附体。但许多老婆婆认为是真有神仙降身且对此深信不疑，因为被降身者会变得"疯疯癫癫，（平时不会的人）打功夫都很厉害"。在东莞的其他地方也流行类似的风俗，而且仪式可能更为复杂，如有降文仙和降武仙之分。若附体的是文仙，平时目不识丁的男孩子突然间变得能在沙堆上写字甚至写诗；而如果附体的是武仙，男孩子手持观众随便挑选的一种武器都可大展武艺。[①]但在这些地方，人们对于是否真有降仙一事也同样有不同的看法。

---

① 参见容媛《东莞中秋节风俗谈》，载《东莞文史》（风俗专辑）第31期，政协东莞市文史资料委员会，2001年，第27～29页。2007年我们在东莞市大朗镇长塘村等地调查时，也发现当地有类似的习俗。

八月十五女子则会玩"围神",这种游戏也称为"叫迷魂""玩迷魂"等。少女或者已婚妇人均可参与这种游戏,以未婚的青少年女子更为常见。游戏进行时听说许多"老仙骨"都会现身。人们认为,这种游戏通过一定的仪式把人的魂魄迷住,使之脱离躯体到天上与女子们的偶像七姐或者众仙相会,也可以到阴间跟自己的亲人相会。与能够成功地被神灵降身的男孩子相似,能完成迷魂的女子也必须是先天就有仙骨的。游戏开始前,参与游戏的女子们也需要先沐浴洁净,然后在月下的某块平地或者娘仔房前摆一张桌子,桌上摆一些供品和一个香炉。围神开始时先点燃一支香,参与者伏于桌上,把香插在发髻上开始唱"迷魂歌"。每次能否请到引路的仙女附体则不一定,有时唱了一整晚却没有一人能请到仙女附身。倘若某女子请到仙女附体,仙女就会引领她的灵魂进入天宫或者地狱。这时有的人会哭哭啼啼地与阴间的亲人对话,有的人则会大叫害怕说不敢过奈何桥。能成功地请来仙女带领进入天堂的,据说非常少见。有时候还会出现意外情况,接受我们访谈的一位老婆婆对我们说,她知道有一位女孩做这个游戏时错把一个坏神请了下来,结果害得自己无论如何都停不下来而打了一整天的功夫,引来许多人围观。不过,无论最后的结果是什么,同样都会吸引很多人前来观看,场面同样非常热闹。据说当进入迷魂状态的女孩经过一段时间醒来以后,也是全然不知先前所发生的一切,"连被神仙带到哪里去了,都不知道"。但也有人说,实情并不是如此。

本次调查时,我们意外地采访到一位60多岁的海外华人陈先生,他出生在柬埔寨,现居法国,采访时刚好回漳澎探亲。据他回忆,在东莞的许多地方都可以见到"降八仙"和"围神"这两种游戏,尤其流行于漳澎和望牛墩等水乡村镇。他幼年在柬埔寨生活时,还见到许多生活在那里的东莞籍的人在中秋佳节(且只能在此期间)玩降八仙和迷魂。他郑重其事地对我们强调说:"这玩意儿只能在每年的阴历八月初一至八月十五才能玩,提前或者压后都不适宜,据说是不干净。因为他们请来的,可能是妖魔鬼怪!"不过,即使是在漳澎、望牛墩等东莞的乡镇,现在这些习俗也已经失传,中年以下的已经无人亲眼见过了。

第二节 漳澎人信仰的主要神明

漳澎人所相信的鬼神为数众多而又极为庞杂,民间一向有所谓"满天神佛"之说。但是,许多鬼神人们根本说不出其姓名,许多鬼只能够笼统地称为"孤魂野鬼"。本节中，我们试图描述并分析漳澎人信仰的主要神明。

一、香主天后

（一）天后——漳澎村的主神

1. 摇船轧桨拜"娘嬷"

漳澎有一句至今非常流行的俗语，就是"摇船轧桨拜娘嬷，生仔夫娘拜金花"。意思是，凡是依靠船只维持生计的人都拜天后，而求子则要拜金花夫人。漳澎人都知道天后这个名称，但是普遍称之为娘嬷，现在也有少数人称之为天妃、妈祖、天后娘娘、护国元君天后娘娘等。

天后崇拜应该是起源于福建，人们认为天后最主要的作用是保佑依水为生的人的安全，故深受渔民等水上生活的人群的崇拜。据研究，天后是福建莆田湄洲林氏的小女儿，传说因为出生时不哭不闹而取名为默。南宋莆田人李俊甫在《莆阳比事》中称天后"生而神灵，能言人休咎。死，庙食焉"，意思是说她能预测人的祸福，死后人们为之建庙祭祀。至于妈祖保护航海者安全的传说，似乎最早出自北宋末年徐兢的《宣和奉使高丽图经》，文中称天后在一次海难中拯救了宋朝派往高丽的一个庞大使团，因此受到朝廷的褒奖和认可。由于林默娘能够在海上救人，死后尸体不腐甚至还有香味，遂被认为非凡人而被立庙祭拜。而随着朝廷的多次封赐，妈祖由灵惠夫人至天妃、圣妃，清康熙时终封天后。作为海上的守护神，天后一直都是水上人家或者经常与水打交道的人群的主神，历史上尤其受到处于社会底层的疍民的尊敬。完全可以说，崇拜天后的地方其居民必定是或者曾经是渔民，其中的相当一部分人是疍民。

在公开场合，如今漳澎大部分的老年村民都认为自己祖上是读书人、农民或者其他类别的陆上居民的后代，自古以来就是靠种地等为生，而很少有人愿意承认自己祖上是渔民，更几乎无人公开承认祖上是疍民。实际上，漳澎由于直面狮子洋，处于咸淡水交界处，各种渔获相当丰富，因此很早就有渔民到此打鱼谋生。后来随着今漳澎地境渐次浮出水面，部分渔民通过各种途径陆续转移到了陆上定居。但是，漳澎以天后为主神和香主，依然能够透露出早期来漳澎开发的先行者中有不少渔民的信息。这种历史渊源其实很多漳澎人还是清楚的，只是不愿承认而已。75岁的丁老伯，向我们解释了漳澎为何以天后为香主。

问：为什么建的是天后庙，而不是别的神的庙呢？

答：你可能不明白，所有这些靠着海的地方，其实都是信奉妈祖的，也就是天后。你看看就是福建、台湾、澳门那些靠海的地方，也都是信奉妈祖的。妈祖保佑渔民出海平安，保佑渔民风调雨顺。所以呢，漳澎人就建天后庙了，就是求保佑啊。

问：为什么大步、新基那些村子没有天后庙呢？

答：可能是因为他们住得比较里一些（意为与漳澎相比，这几个村子距离狮子洋较远）。不过，他们其实也是靠海的，所以他们那里也有供奉天后的，就是没有天后庙而已。

问：那是不是说最早来漳澎的人里面渔民比较多呢？

答：当然可以这么说啦。要不，漳澎村子也不会拿天后当乡主了。你看香港那边，原来也都是渔民，大多数人也都是信奉天后的。就是后来（割让）给英国了，就发展了，渔民才变少了。

漳澎最早迁过来的人呢，就是上了岸，在海边搭个棚子居住而已。先在新庄（漳澎村内一处地名）搭棚子，搭的就是疍家棚。那个地方啊，就是现在的沿海高速公路那里。后来呢，又有些人迁到了角尾村。我们以前的时候啊，就是公社化集体劳动的时候啊，就在新庄那里挖出过一些旧的碗、碟子。所以啊，那里肯定是有人住过的，这样才有这些东西。不过现在啊，那边都已经建成坟场了。

角尾村那边的人，更是渔民（的后代）。当初我们这个村子里也有一部分人，就是当渔民的那些人，当时也迁了过去住。像角尾、花枝围、新沙那些地方，原来都是四处漂的渔民住的，以前的渔民就是四处漂。他们发现那里的渔获非常丰富，就留在那附近打鱼，最后就定居在那里了。就是这样，慢慢就成了一条条的村子。

与周围村落相比，漳澎在民间信仰方面较为独特的一点是没有北帝庙和洪圣王庙，而周围的村落几乎个个都有，北帝和洪圣王还是许多村落的香主。漳澎村民梁伯伯对此进行了解释，其说法与上述访谈资料可谓互为表里。

以前漳澎这里的人，就都是疍家。疍家嘛，自然就是（拜）天后的，就是要建妈祖庙嘛。以前漳澎周围全都是水，很多河涌，完全没有陆上交通，那时只有艇仔才能通行。那时漳澎这里没有田，也没有地。到了日本仔来的时候（指20世纪日军侵华占领漳澎时），我们这里才有一些地了，也就有很多粮食了。从那个时候开始，漳澎就是鱼米之乡了。

其实啊，我们都知道自己是疍家来的，本来都是用船来找吃的（即谋生）。当时的那种船，叫作"鸡洲艇"①。现在啊，老一辈的还都知道这个，只是他们不愿意告诉你们这个（意为疍家的来历）而已。

疍家佬是住围口的，所以以前就叫作疍家。我们现在的漳澎人都叫角尾和新沙那边的人是疍家佬，其实只不过我们早一点上岸，他们晚了一点点而已。以前有些疍家佬也种田，（不过）他们没鞋穿的，整只脚都是泥，所以很脏的。新沙、角尾的人是围口人，是正宗的围口佬。为什么叫围口呢？是因为以前的地都是地主的，用竹围起来，请（新沙、角尾的）人来种。那时就是在围子的口搭个竹寮住。这个不算屋，拿砖头搭起来的那种才叫屋。

天后宫所在的地方，是今漳澎村落地境内最早期有人定居的地方之一，故此地块长期是漳澎村落的核心地带。很多年老的村民都相信，漳澎立村后，村民最早的定居地之一叫作"敦厚里"，位于七坊境内，就在天后宫的旁边。有不少人认为，敦厚里的敦字原本应该写作"墩"，指的是由流水带来的泥沙逐渐堆积而成的露出水面的小块高地；漳澎话中的"墩厚"是形容积聚了较厚的泥沙的土地，后来以讹传讹才成了"敦厚"。这很有可能，因为除了敦厚里之外，漳澎还有很多别的带有"墩"的小地名。实际上，墩也是漳澎人经常提起的一个字，经常用作描述地貌，也用作指示具体的某处地方。深入调查过位于珠江西岸的佛山市顺德区境内的大良镇后，陈忠烈指出：自清代雍正年间开始，疍民开始聚其党属、结茅寮而居形成小居民点，初时名之为墩；而这些疍民所谓的"墩"，大多集中于平日所祀奉的天后神寺之附近；至清中叶时，大良东门外海沥沙天后宫一带已有许多疍民连墩而居，随后发展成为一处大的聚落。② 在我们看来，初期漳澎的情况应该有如大良村一样，先是围绕现天后宫周围的泥墩暂时搭棚栖身，再由这些墩慢慢扩大并最终形成了后来的聚落。

以天后宫为核心的村落格局，应该与漳澎最初的居民都是或者多数是水上人家有关。许多研究都发现，东莞珠江口沿岸各地最早的开垦者几乎都是

---

① 记音字，原字不明。
② 参见陈忠烈《明清以来广东民间"天后"女神崇拜与社会经济的发展》，载《广东社会科学》1994年第5期。

疍民，因为只有他们才最熟悉水性，才能够胜任在海水中围垦等与水密切相关的工作。通过开垦荒地从而定居下来，也是当时疍民上岸最常见的方式。正是由于漳澎聚集了大量上岸的疍民，又成村最晚，所以才为周边其他来源的居民所构成的村子所不屑。漳澎长期与邻村关系紧张，这也是许多不同村落的人仍然清楚地知道的历史事实。

2. 天后宫——漳澎的多重中心

我们说天后宫是漳澎的中心，并不仅指其位于漳澎村的中心地带，还表明天后宫在村民的神圣生活及世俗生活中都处于中心位置。

虽然原来富丽堂皇的天后宫已经被拆除多年而暂时以一间简陋的庙宇替代，但这不妨碍它依然作为漳澎最重要的仪式空间，保留着作为漳澎神圣生活也就是宗教信仰生活的中心的功能。由于天后宫是漳澎的主庙，一年中最重要的仪式即天后诞及天后回娘家，都是在这里举行。调查时已经90岁高龄的陈老伯多次跟我们强调，每年农历三月廿三举办的天后诞，是漳澎村中最重要、最热闹的节日。在新中国成立前，这一天全村的居民都会聚集到天后宫进香祈福，而天后诞的重头戏即天后回娘家，更是会吸引全村的男人踊跃参加。陈老伯自豪地说，他曾经有幸护送天后回娘家，至今仍然觉得这是相当光彩的事情。那时只有家里有钱的男子和德高望重的老人，才有资格参加这个护送队伍。参与护送天后，也就相当于在众人面前公开展示自己在漳澎的地位，自然是一件极为自豪的事情。

而每月初一、十五两天，到天后宫上香的人（通常都是中老年妇女），远远多于到金花庙、土地庙或者其他任何类似场所的。与珠江三角洲许多地方相比，漳澎的这种例行性拜祭显得相当隆重。2013年的农历六月十五一大早，家住六坊的梁婆婆就到天后宫祈福，我们将整个仪式过程记录如下。

> 仪式时间：早上5：30—6：10，总用时40分钟。
>
> 仪式的准备活动：梁婆婆把事先准备好的果品盒拿出，取出果品逐一放在天后像前方，计有苹果（寓意平安）、桔子（寓意大吉）、腐竹（谐音富足）、花生（寓意大生大发）、糖果与红枣（寓意甜甜蜜蜜）。她点燃塔香、添油后上香，天后是这座庙的主神，第一炷香要献给天后，然后才能给庙中的其他神明上香。梁婆婆说，给其他天神上香没有固定的顺序，但一般是"先左后右"，这是因为左边有观音、王母娘娘，"比右边的金花娘娘和七姐七娘大"。漳澎人一向有"重左轻右"的观念，可能也与这个顺序的形成有关。
>
> 梁婆婆特意留下了十二支（分为四炷）香，放在天后像的前面。然

后把准备给天后的聚宝盆（见图4-17）拿出来，口中开始念诵："保佑家里人身体健康，避雨、避神、避人、避妖，保佑东成西就、平安大吉、家肥屋润。"她一边念，一边把贵人符、天后地神、长命富贵等各类纸符放入聚宝盆中，随后拿出另外一份准备给土地公的符纸。据梁婆婆说，天后和土地是大神，而天后比土地更大。"虽然其他在庙里供奉的也都是神，但是都没有天后和土地大。土地公公算是天后庙里的第二大神，所以也要准备一份聚宝盆给土地公公。"

图4-17 拜祭天后时用的聚宝盆

仪式过程：5：40，仪式开始正式，梁婆婆对着神灵开始祷告："拜请金花夫人，拜请圣母娘娘，拜请王母娘娘，拜请北帝爷爷，拜请七姐七娘，拜请满天神佛，拜请天后娘娘、观音菩萨嚟（来）保佑。又保身体健康，又保荣华富贵、心想事成、叩头。"然后她铺一张垫子于地上，跪在垫子上继续祷告："××家宅身体健康、风调雨顺，多得天后元君，把福气给我们到麻涌公社东莞县和深圳置居，保佑肥水福水长流，大兴大发赚钱银，年头赚到年尾，笑口常开。保佑梁××大姐，××信女，身体健康，身壮力健……（重复的祈福话语，省略）开车车头车身车顺利,大花中花小花一帆风顺,条条路口逢君子,出入平安贵人来。保佑××信女,福夫旺子,有衣有食,有衣有着,家庭快乐无忧虑。保佑××花仔,读书聪明归国,学业进步、步步高升。又保我××花女,今年考大学,让她有文才有学历,保她步步高升。多得天后元君,多得观庙众神齐来,大慈大悲观世音,王母娘娘保主人。保得梁门堂上、郭门堂上,出入方便,身体健康。多谢各位灵神、地主爷爷护保护佑。保佑××大姐身体健康,身壮力健,朝头(早上)早出去夜头(晚上)又晚归,知上知落知天知地,一年四季,子孙乖乖,老少平安。保到我××花女,要去广州读书,有文才有学历,步步高升。××花仔,今年又考大学喔,多得天后元君护佑,护佑我××花仔读书,身体健康、身壮力健……"念完后,她磕了十二个响头,然后开始掷圣杯,结果第一次投掷就得到了圣杯(梁婆婆后来说,每次祈福完都要掷圣杯,若投掷一次便掷得圣杯,是天后娘娘答应继续保佑,是吉兆)。掷完圣杯后,她再次感谢天后及众神的保佑,又磕了十二个响头。然后走出天后庙小房子,在露天处把准备给天后和土地公的聚宝盆在焚化炉里烧掉,并在香炉里添一把香,祈福仪式至此结束。

梁婆婆准备离开时往香油箱里投放了一些零钱,又敲旁边的鼓三下,告诉神明祈祷结束和感谢菩萨保佑。梁婆婆回家时带走了未点燃的四炷十二支香和供奉天后的果品。

拜祭完成后,梁婆婆专门向我们解释说:漳澎人以一炷香代表一个家庭,她临走时所带走的四炷香代表四个家庭,即她自己的家和三个已成家的子女的家。这些香要带回去分给这四家,用以供奉各自家里所祭拜的神明。在她看来,"这些香在天后庙里供奉过天后娘娘,所以会沾上天后娘娘赐予的福荫。把这些香火带回家,就是要把天后娘娘的福荫带回家里"。同样的,供奉过天后娘娘的果品也会带有福气,给家人吃过就能保佑他们身体健康、大吉大利。

梁婆婆在仪式中所掷的圣杯,在当地又有铰杯、卜杯等不同的名称,是珠江三角洲各地至今普遍常见的与神明沟通以知悉神明意思的一种工具。圣杯用木头制作而成,分为对称的两片,合在一起则整体上呈橄榄形。每片都是一面平、一面凸,漳澎人把平的一面称为阳面,把凸的一面称为阴面。占卜时将两片圣杯合好放入手中,双手合十心中默念"求神保佑",然后打开双手让圣杯自然落到地上。若一个阴面朝上,一个阳面朝上,便是"圣杯",是最好的卜象,表示神灵很高兴,会答应所求,或者表示掷杯者运气很好,会继续得到神灵的保佑。若两个阳面都朝上即为"阳杯",表示神明大致同意所求或者不置可否,这时可以重新说清楚自己的祈求,再次投掷以探明神明的意愿。若两个都是阴面朝上即为"阴杯",这是最坏的卜象,表示神灵不同意。依照习俗,若第一次求不到"圣杯"可以继续掷,但不能连续超过三次。若三次都掷不出"圣杯",信众便会相当惊慌,认为可能有不好的事情将会降临自家。梁婆婆说,若真的求不到"圣杯"的话,她就会在天后庙里求一支签,请盲公帮助解读签文,看是不是"犯到了什么不好的东西"。对村民而言,能掷出圣杯固然是好事,但更重要的还在于通过圣杯、阳杯和阴杯的组合变化,得出"神的解答"。在我们看来,投掷圣杯其实是信众对卦象的自我快速解读,信众通过卦象求得对事情的解答。

  天后宫在漳澎历史上之所以特别重要,是由其独特的地理位置及其在村民心目中的地位所共同决定的。它不仅是村民宗教信仰生活的中心,还是村民世俗生活的中心,在新中国成立前的漫长历史中尤其如此。旧时天后宫的前面有一大块地堂,是村民日常进行世俗的娱乐活动的理想地方。赵老伯回忆,那时漳澎有三种最让人高兴的集体娱乐方式,即舞狮、舞麒麟和舞凤,"舞凤是唱戏的,舞狮子是打功夫的,舞麒麟是两者都有"。那时的东莞、麻涌等地有不少表演这三种节目的团体,每个团体都会请师傅指导训练,练得娴熟后才能出台表演。每到"做年"(即庆祝新年)的时候,这些团体会到各处村落表演。旧时的漳澎有一笔款项,部分就是用于请这些团体到天后庙来出台,表演完后村里给他们封一封红包充当酬金。而每次戏班来漳澎,都必须先到天后庙表演,所以做年那段时间天后庙的人气格外旺。过去漳澎一年还举行一次"做戏"(即演粤剧)活动,定例也是在天后宫前的地堂上演。每次演出过后,村民们几乎一整年都在谈论这次戏做得好不好,下一年要看什么戏,等等。许多老人还记得,他们孩提时"在凉棚里面谈论做戏老倌的好坏,个个说得兴高采烈、吐沫横飞"。过去每到做戏的时候,漳澎有钱的人家还会请周围村落的亲戚或者族人专门划船来看戏。赵伯伯说,就是由于这个缘故,这时候天后宫前的大地堂就变成"一个有钱人炫耀财富的地方"。而最令漳澎人感到骄傲的赛龙舟,出赛前也必须先到天后宫里拜祭天后娘娘。因此,每到赛龙舟时,天后宫前也总是热热闹闹的。

  在这些时日里,天后庙附近总是集聚了大批的红男绿女。不少老伯伯在接受访谈时笑称,天后宫还是"偷看媳妇"的地方。那时漳澎婚姻全靠"父母之命,媒妁之言",在举行婚礼之前即使是定了亲的男女也是不能随便见面的。许多好奇心强的男子都会在天后诞等重要的日子到天后宫去,偷偷打探、观察未来的媳妇,因为"天后诞是最重要的节日,全村的人都一定会到天后宫上香祈福的。所以这一天去天后宫,很容易碰到自己的未来媳妇"。老人们说,每到这些时候,漳澎村及周围村落的女人也都会格外精心打扮,穿上最得体的衣服成群出现在那里,"其实就是等着给旁人看的"。

漳澎人对于天后的崇拜之深,有时到了让我们实在不好理解的程度。他们认为天后不仅依靠自身的法力保佑漳澎子民的平安与健康,还掌管各种看起来莫名其妙的世俗事务。有一次,我们发现一位中年妇女正在掷圣杯,她向天后娘娘询问的居然是她丈夫是不是去"叫鸡"(即嫖娼)了,她还试图让天后娘娘阻止其丈夫的不当行为。给天后娘娘上香后,她拿一个毯子铺在天后娘娘面前的地上,然后跪下来问道:"护国元君天后娘娘在上,我听说我老公去叫鸡了,但他怎么也不承认。他是不是真的去了?"投掷圣杯结果得到了"圣杯"(即表示肯定),她于是对我们说:"看吧,他真有这种事情。"她接着又问天后:"今晚他还会去叫鸡吗?"结果又得到"圣杯",意味着天后娘娘给的答案还是肯定的。她于是接着问:"天后娘娘,您能让他不去叫鸡吗?"这次得到了阴杯,她非常沮丧地对我们说:"你看看,这事情难办吧!连天后娘都无法帮忙阻止他了。"她又询问:"他是在巷口那间药店叫鸡吗?"这次还是"圣杯"。她又问:"我今晚6点在巷口等着,能够守到他去叫鸡吗?"这次仍是"圣杯",她于是收起毯子跟我们说:"天后娘娘给我指示了。我今晚一定要去把这个负心汉抓到,让他无话可说。"添了香油、谢了天后之后,她便急急忙忙回家准备"捉奸"去了。

我们觉得这个场景实在是让人哭笑不得,类似这样的事根本不是作为神灵的天后娘娘所要负责的。但是,漳澎村民尤其是中老年女性,普遍会把生活中遭遇的大事小事都诉诸天后,并通过掷圣杯的方法来求得天后的指引。由这些难以理解的事项,似乎也不难看出天后娘娘在漳澎人的心目中是何等重要。

(二) 漳澎天后回娘家

在"文革"禁止民间祭祀以前,旧时每年天后诞都是漳澎最热闹的日子,那时最为重要的一项活动就是行宫天后回娘家。

漳澎人始终认为,天后娘娘出生于深圳赤湾,漳澎的天后只是赤湾天后的分身。我们实地考察过这处赤湾天后宫,它坐落在深圳的小南山下,相传始建于南宋时期,初名"赤湾天妃庙",清康熙二十三年(1684年)更名为"赤湾天后宫"。据调查,这是整个珠江三角洲地区年代最早、面积最大的天后宫,现在每年的天后诞庙会,都有很多来自东莞、广州、香港等地的信众参拜。过去每到这一天,漳澎人都会循例把行宫天后抬到赤湾古庙,这个过程的各种活动只有男人才能参加，女性最多只能够围观。对此村中的老人解释说，这是因为以前经常需要自己划船去深圳，途中还要抬着行宫天后像和祭品等重物，女子力气不够；况且就算是乘船去，当时流行"男女授受不亲"，有女人同去也不方便。现在这个禁忌已经破除，还出现过单独由妇女集资坐车送天后回娘家的事情。

旧时每到农历三月十八或十九，天后宫前便会聚集起成群来看热闹的人，簇拥着一群男人把行宫天后从庙里抬出来，然后绕着村子巡游一圈。据老人回忆，天后出行时需要先敲十三下铜锣，表示出行正式开始。至于为什么要敲十三下，已经无人知晓。出行途中行宫天后坐在一座装饰得相当漂亮又豪华的小轿子里，由四个壮丁抬着前行。前面还有人拿着"肃静""回避"等牌子开路，后面则有人拿着遮阳大扇子等以壮声势，完全是在模仿旧时达官贵人出行的阵势。而走在队列最前头的，则是全村年龄最大的老太公。这位老太公由村民共同推选出来，他必须儿女双全、家境富足，在地方上非常有面子且人们公认其品德高尚。村民回忆道，尽管土匪头子有时也受人们尊重①，但充任老太公的一般都是大地主而不是土匪。这位老太公要穿着深色长衫，表示对天后的尊敬，手里拿着代表全村敬意的一箩香。队伍里的其他人负责拿元宝、蜡烛等祭品，还要抬着这种场合万万不能缺少的祭品——烧猪。

在行宫天后巡游完整座村落上船时，人们先用肉、果品和米饭拜祭船头船尾，祈祷这次出行能够顺利。一路划船到了深圳后，人们把行宫天后恭送入庙供奉。老人们回忆，当时是到了赤湾后就立即上岸拜神，把带来的所有供品都放在赤湾天后庙的供台上，全部人跪下来对着赤湾天后正像叩三个响头，祈求保佑漳澎村风调雨顺。陈伯伯说他当时虽然只有8岁，但也"很诚心地拜祭天后，希望她保佑家里人身体健康，万事顺利"。当天晚上通例会有小戏班表演，演出的是《三娘教子》一类的传统戏目。除了漳澎村之外，许多村子的人也会在那天到赤湾天后庙拜祭，所以观看演出的观众非常多。到了三月廿三"天后诞"正日的一大早，送天后回娘家的人到赤湾庙再拜一次天后正像，之后把天后请出准备返回漳澎。当时固定从赵姓埠头上岸进村，巡游一圈后将行宫天后送回天后庙里继续供奉。回程通常顺风顺水，大约当天下午两点钟便能回到漳澎，几乎总是比前往赤湾时快一些。这一切结束后，去赤湾庙的人员便集聚到天后庙门口分烧猪肉。

---

① 在旧时的漳澎，土匪颇为常见。当时的土匪与今人一般理解上的土匪有相当的距离。通过调查我们发现，那时人们对土匪的态度很复杂，土匪有时甚至会因为护村有功而受到村民的尊重。

村民们说，天后出发回深圳娘家的时候是北风，从深圳回漳澎来的时候则是南风，"两头都刚好是顺风，这就是顺风顺水"。对于总是与水打交道的漳澎人来说这意味非凡，因为顺风顺水不只是一种空泛的祈愿或者祝福，更是生命安全与家业兴旺的基本保障。调查时已经90岁的陈老伯非常健谈，他是唯一一位尚在世的新中国成立前护送过漳澎天后回娘家的人。他说，护送天后回娘家不是村民可以随意参加的，必须是"有钱人家的才有这个机会和资格"。

> 旧社会的时候，漳澎有个"会"，它是有一些产业的。我们那时去赤湾的经费，就是那些产业出钱的。如果你在"会"里有份，就不用给钱，否则，就要给钱才能上船。这是我们村里的老祖先的规例，也不知道是什么时候开始的。
>
> 当时我不用给钱就能去赤湾，因为我家祖上已经出了"份子钱"，这些钱用来买了不少田。那些田的收入，就可以用来当作去赤湾的经费。当时有些不是会员的男人也想去，那就得自己给钱，这样才能上船去赤湾拜神。要是拿现在的物价来说啊，一次交的钱就有300多块吧。
>
> 说起来啊，组织这么一次好几天的拜神活动还是挺花钱的，又要船费，又要餐费。（不过也值得）大家讨个开心。

据这位陈老伯介绍，所谓的"会"是当时一种具有宗教色彩的以自愿为原则的民间组织，主要作用是负责筹集拜神的资金。新中国成立前夕漳澎有两个这样的"会"，陈老伯所在的是"同福堂"，另外一个则是"同正堂"。因为单独一个"会"只有20多个人，去赤湾拜神显得不够盛大，也难以独自承担所有费用，所以他们经常联合起来凑成四五十人集体去赤湾拜神，这样经济上也比较划算。

在我们看来，"行宫天后回娘家"活动其实有多方面的意义。从宗教信仰方面来看，"回娘家"无疑有效地增加了天后的神性，可以更好地凝聚漳澎人崇拜或者信奉的情感。从世俗的角度来看，漳澎天后回娘家更有现实意义，实际上可以看成是一种身份展演。参加天后回娘家活动被公认为是一件极其光荣的、对参加者有一定要求的大事，借助于送天后回赤湾的契机，仪式参与者极好地展示了自己在漳澎的身份地位。首先，这是每年一度的全村落的集体盛事，也是一年中唯一一次集中了全村人的展示平台。其次，当时普通家庭的经济十分拮据，能满足温饱就已经相当不错了，只有家里有田地的大地主才有"闲钱"花在这种祭祀仪式上，能参加这个仪式说明了参与者是当地的"有钱人"。最后,参与者单单有钱还远远不够,还需要是公认的德高望重、品行出众才行。像陈淦、刘老定这样有钱的土匪,虽然有时也得到人们的敬畏,但几乎肯定是不够资格去参加天后回娘家活动的,更不用说充当走在最前面、代表全村的老太公了。

(三)漳澎的天后传说

1. 天后与洪圣王争地

与周围的诸多村落不同,漳澎有天后而没有珠江三角洲各地普遍多见的洪圣王,这个事实一定曾经困扰着漳澎人。漳澎流传着各种天后与洪圣王斗法并获胜的故事,应该就是这种困扰的反映,也是漳澎人对此种困扰所作出的解释。"天后与洪圣王争地"就是这类故事中的一则,故事的大意是:

> 深圳赤湾庙是供奉天后的,但是,那块地本来是被洪圣王先相中的,因为那块地风水非常好,形似龙口。洪圣王为了表示那块地属于自己,便在那里放了一个铜钱作为标记。后来,天后也看中了这块地,便把头上的发簪取下来,插在洪圣王那个铜钱的孔中,表示是属于自己的。
>
> 洪圣王和天后谁也不让谁,闹至天庭找玉帝裁判。玉帝把地判给了天后,洪圣王没办法,只好说"好男不与女斗",就回到了自己的波罗庙。

不过,如同其他的民间故事,漳澎老人们讲述的"天后与洪圣王争地"也有许多版本。下面是一位神婆接受我们访谈时所讲述的:

> 问:天后是怎么样升仙的?
> 答:天后是掌舵才升仙的。那天她在船上,是要驾船去妈湾(即深圳赤湾)。还差几个"字"① 就到了,看到香港那边有个地方像一个铰杯(即圣杯),就赶紧驶船去那边,占据好位置升了仙。
> 问:那只船是什么时候开去妈湾的?
> 答:就是三月二十三,就是天后诞的时候开去的。三月二十三日是天后的生日,不是她成仙的日子。
> 问:为什么她要去霸占位置呢?

---

① 字,粤语中表示时间的一种单位,1个字等于5分钟。

答：因为她要和洪圣王斗法，她和洪圣王都看中了那块地。不过，洪圣王先霸占了那个地方，他放了一个岁钱（即铜钱）在那里（作为记号）。天后看到后，就用一支金簪穿过岁钱眼，说洪圣王欺负她这个大姐。然后天后就找玉皇大帝打官司，说洪圣王欺负她，用岁钱套住了她的发簪。玉皇大帝就把这块地判给了天后。

实际上呢，应该是洪圣王先到那个地方的。不过呢，既然玉皇大帝把那块地判了给天后娘娘，洪圣王也没有什么办法了，只好又回到了他的波罗庙，找个借口说自己"好男不与女斗"。

在漳澎的老人中，这个故事可谓耳熟能详，说明这个故事以前必定非常流行。这个故事也必定非常古老，因为人人都说是老辈传下来的，但没人说得清是什么人于何时传下来的。英国人类学家王斯福认为："社会的原初经验，便是隐喻的起源。"① 仔细解读这个传说，我们似乎可以通过一些有趣的象征和隐喻，窥探出当时人群关系的若干线索。

根据深圳赤湾天后庙博物馆的记载，这座庙始建于宋朝，明清两朝多次修葺后规模日隆。如前文所述，天后是来自福建的海上女神，其历史可追溯到宋朝。洪圣王的历史则早很多，早在隋开皇十四年（公元594年）广州南海镇南近海处便有了南海神庙。在珠江三角洲各处广府人居住的村落内，洪圣王是十分常见的神祇。人们认为它保佑过往的船只和航海作业的人员的安全，是广府人传统的海神，地位相当于天后。而深圳赤湾一直是个渔村，聚集了相当多的疍民来此谋生，这些疍民有来自附近广府地区的，也有来自福建的。在赤湾天后庙的旁边，至今还有一处称为"洪圣王"海滩的地方。按理说，洪圣王应该"近水楼台先得月"，比天后娘娘这个外地海神更熟悉赤湾地形，并比天后娘娘更早选择这块地方。笔者猜测，如果洪圣王代表的是广府人族群，天后娘娘代表的是福建人族群，那么，这个传说便有了这样的隐喻：广府人最初谋划在赤湾这块地方给洪圣王建庙（以放上铜钱作为标记暗喻已给定金），只是后来被天后娘娘也就是福建族群略施小计强占了。双方找神阶更高并拥有裁判权的玉皇大帝（暗喻当时的地方政府）来裁决，玉皇大帝觉得双方都有理，难以定夺（即上述两个族群都努力向地方政府争取）。最后，玉帝把地判给了较为弱势的天后娘娘，洪圣王只能以"好男不与女斗"来找台阶下。中国封建社会是一个男权社会，洪圣王这句话的意思便是"我比较强大，就将这块地让给你吧"，这也就是暗喻当时广府的群体

---

① 王斯福：《帝国的隐喻：中国民间宗教》，赵旭东译，江苏人民出版社2008年版，第19页。

认为自己的势力比福建来的渔民群体强很多。但无论实情到底如何，后来的较弱的福建渔民施计占了这块地方，击退了比自己早来也比自己强大的广府群体，彰显了一定的计谋与实力。虽然这只是笔者的猜测，甚至存在过度阐释的嫌疑，但借助于这个传说，漳澎人获得了一种荣誉感和自豪感。漳澎人信仰天后娘娘并以之为乡主，天后就像漳澎村的代言人一样。自己的代言人战胜了历史久远、法力高深的洪圣王，漳澎人普遍觉得自己脸上有光，这种对天后的崇拜以及因天后而生的自豪感，我们在田野调查中时时刻刻都能感觉到。

漳澎人公认漳澎的天后是赤湾天后的"分身"，漳澎的天后像是先民从赤湾带回来的。这种说法似乎暗示着，漳澎的先民中至少一部分是属于福建群体来源的。我们曾经述及漳澎盛行很少见于其他广府村落的齐天大圣信仰，而这个信仰也是普遍见于福建人村落的。不过，这个问题牵涉甚广，对于探讨漳澎立村的历史意义重大，故我们将另行讨论。

2. 天后保家护村

漳澎以前多有土匪，而民国时期最有名的土匪头子有两个，即刘老定和陈佳。刘老定比陈佳年纪大，掌握势力较早，陈佳则是后起之辈。但是，由于一山不能藏二虎，所以刘老定和陈佳免不了相互争斗，两者互有输赢，最终以刘老定的势力稍强而获胜，陈佳则被迫屈守东江对岸当时属于番禺县的市桥。刘匪独占漳澎后，加剧了对漳澎人民的压榨，据说仅是高额收取禾标（即水稻收成的分成）一项，就已经让人们承受不起了。陈佳到市桥后，认识了市桥的两个土匪头子并结成兄弟，后来借助于他们的势力反攻漳澎。由于刘老定在漳澎失去了人心，所以很快就被陈佳打败了，他只好被迫逃到附近的道滘等待东山再起的时机。老人们回忆，等到抗日战争期间刘老定的机会来了。

> 那个时候小日本快打到漳澎来了，刘老定为了抢回地盘，就和小日本鬼子合作，这样他就成了汉奸。他当时请了小日本的飞机，就来轰炸。还请了东江的一个大土匪。他们就一起来打漳澎。
>
> 小日本的飞机在漳澎上空轰轰响，（按照刘老定的意思，就是）想投炸弹，想炸那个旧的陈氏祠堂。就在这个时候，神奇的事情发生了。小日本投下的炸弹啊，反而都落到了刘老定那边（即漳澎临近的道滘）。
>
> 漳澎村民都说，这是天后娘娘显灵了，因为那个陈氏祠堂就在天后宫旁边，天后娘娘不想连累自己。当然，天后娘娘这么做，也是为了保卫自己的子民，就是帮乡民逃过一劫，而且也保住了自己的天后宫。

传统上，人们认为祠堂是神圣不可侵犯的圣地，"拆祠堂"是一种相当于让仇人断子绝孙的极其恶劣的行为。刘老定假手日本人轰炸陈氏祠堂，实际上就是想让陈佳一脉绝子绝孙，这在漳澎人看来实在罪无可恕。漳澎人对这个恶有恶报的传说津津乐道，甚至认为是神迹。

事实上，当地每条村的主神都有一个保护村子免于一难的传说。离漳澎村不远的新基村有这样一个传说：新基村的乡主是北帝，日本鬼子准备进入新基村时，先派了几只小船过去试探情况。日本鬼子看到河岸边上站着一位老人，便问他这里是不是新基村。老人家没有回答他们的问题，而是说如果他们离开村子，可以给他们的船上都装满银子。日本鬼子不知是真是假，就假装答应了。老人家手一挥，日本人的船上果然顷刻间装满了银子。日本鬼子都大呼"神仙"，就马上离开了村子。不过，等到船驶到新基水闸的时候，船上的这些银子瞬间又都变成了纸钱，吓得日本鬼子目瞪口呆，始终也没敢进入新基村。新基村民一致认为，这就是北帝爷爷显灵保佑了整条村子，才使村子免受日本鬼子的洗劫。漳澎村民梁老伯认为："这类传说啊，其实都是靠不住的。例如日本人错炸了道滘，应该是日本鬼子不熟悉地势，搞不清楚哪里是漳澎，就是投错了弹，炸错了地方而已，与什么神啊、神仙护佑啊，根本就没有关系。"

梁老伯所说应该是合乎实际的，但是，这些传说依然不失风采。不论村民是基于部分事实而夸大还是完全凭空臆想，都极为有效地神化了本村落的主神，更使其显得神通广大、法力无边，从而进一步巩固了香主在村民心目中的地位，进一步增强了村落内部的凝聚力。

3. 保佑龙舟夺取胜利

在东莞水乡片区，端午节赛龙舟是传统的赛事。这既是展示男人雄风的时刻，也是为自己村落争光的最佳时机，同时还是发展友好村落、增强村子间联系的恰当时刻。因此，各个村子都把龙舟竞赛看得非常重要，都会投入大量的人力和物力。漳澎一坊的蔡伯伯说，以前每到农历五月，东莞水乡片区的各个村子会按照顺序举办龙舟赛，称作"龙船景"。顺序一般是："初一万江，初二道滘，初三洪梅，初四望牛墩，初九漳澎，十二沙田，十三中堂，十四南洲，十六麻涌，十八鸥涌。"至于为什么是按照这个顺序，村里的老人都说这是祖上传下来的习惯，可能是各村的祖上协商好的，但他们已经不知道具体的情况了。

在漳澎人的眼里，本村的龙舟是东莞境内最好的。我们发现漳澎的龙舟在东莞确实很早就极有实力和名气。例如，改革开放后东莞举办全市第一届龙舟大赛时，漳澎村里派出了两支队伍参赛，结果分别获得第一名和第二名。而在 1997 年加拿大多伦多举办的国际龙舟邀请赛上，麻涌队又勇夺冠军，而这个队的班底便是漳澎的村民。①

如同其他许多村落一样，虽然漳澎的人们普遍敬奉神明，但拜神的时候总是女性出面负责相关事项。漳澎的男人经常说："那些拜神的事情，就都是让女人去做的。"但是，拜天后却是个显著的例外，都是男人们亲身去庙里拜。其原因只有一个，就是为了祈求天后保佑以便在扒龙船时获胜。过去在每次出标（即参加比赛）前，全体参赛的男人通常在村中耆老②或者头面人物的带领下集中前往天后庙拜祭。每次龙舟赛结束之后，不论成绩如何，参赛者都会再次聚到天后庙，虔诚感谢天后的保佑。比赛后，龙船的龙头③也要拿下来放到天后庙里，目的是让龙船沾上天后娘娘的"神气"，以便日后比赛时有更加出色的表现。漳澎人也的确拿了很多第一，所以村民都说天后娘娘很灵。漳澎人中有句老话"不怕漳澎人，就怕漳澎神"，说的就是天后娘娘非常灵验。黄婆婆告诉我们，新中国成立前扒龙船时还会带枪，如果扒得不够快怕后面的船追赶上来，就会用枪指着后面的龙船，威胁对方不要赶超。有一年漳澎的龙船在扒道滘标（即参加在道滘举行的比赛）的时候，道滘人用枪逼退漳澎的龙船。但是，最后漳澎人居然还是设法扒得了第一。道滘人百思不得其解，特地制作了一面写有"居然第一"字样的旗子给了漳澎龙船。黄婆婆说，这就是因为有天后娘娘保佑，才能化险为夷取得第一名。不过，自那以后道滘人再邀请漳澎人去扒龙舟，漳澎人无论如何也不去参加了。

现在负责打理天后庙的汝姑说，改革开放初期不那么严格地禁止拜神时，就有漳澎人公开地拜天后了。汝姑一边流露出自豪的神色，一边说：

> 现在那些男的，就是大队的领导（指村委会主任、村支书等），到了扒龙舟的时候，还有出标的时候，他们都要去上香，就是拜天后。要是扒了第一名，回来后他们还要来上香，就是答谢天后。
> 那些男的，也会请神婆来帮他们准备祭品，就是一斤多烧肉、两个

---

① 参见张振江《流水·坊巷·人家——村落漳澎的人类学景观》，中山大学出版社 2014 年版，第 24～25 页；张振江、陈志伟《麻涌民俗志——岭南水乡社会研究》，汕头大学出版社 2008 年版，第 296 页。
② 传统上的耆老，多为地方名流或者精英，至少是龙船的鼓手或者舵手等关键人物。到了现在，则多由村委会主任或者类似的人物出面。
③ 放置在船头的装饰物，根据传说中的龙的形象雕刻而成。龙头为龙舟之首，是整艘龙船最吸引人们眼球的地方。

鸭蛋、一对腐竹（做斋），还有些当令果品。不过，这个时候不能用粉丝，也不能用鸡蛋。什么原因？不知道喽。

如今漳澎早已经改以种田为主，虽然天后娘娘主管水，但人们相信她同样能够保佑漳澎五谷丰登。访谈时梁伯伯说："（如果天后）不保佑种田的话，她哪来的香火？她自己也没有吃的了。"这句话点明了人和神之间关系的核心，即神明必须保佑了人才能受到香火的供奉。这与中国古训"水能载舟，也能覆舟"如出一辙，但也反证了天后至今仍很好地保佑着漳澎人。

二、漳澎的齐天大圣信仰

（一）来自福建的齐天大圣

有不少学者认为，齐天大圣信仰起源并盛行于福建，是由福建原有的猿猴信仰与《西游记》中的齐天大圣混合而成的。

日本的中野美代子认为，《西游记》的故事原型来源于福建的猴精信仰，又受印度史诗《罗摩衍那》神猴哈奴曼的影响。[①] 徐晓望则认为，最早完成《西游记平话》故事构架的，是南宋福建永福县瑜伽教徒张圣君，孙悟空则是福建民间神话中的一个小妖精。[②] 黄活虎认为"闽人好巫"，唐宋时期便出现了猴精信仰，后来化为生育神临水夫人收编的保护小孩的"丹霞大圣"；又由于其形象与《西游记》中的齐天大圣极为相似，后来许多猴王庙都被改称为"齐天大圣庙"，导致民众渐渐地把二者混为一谈。[③] 我们在《麻涌民俗志》中已经指出，齐天大圣信仰现在主要见于福建的福州、莆田一带，在潮州、香港、台湾以及新加坡等有说闽方言的地方亦有踪迹。新加坡福建籍华人还组织朝圣团到闽北顺昌朝拜齐天大圣文化。完全可以说，凡信奉孙大圣的地区都是盛行闽方言的地区，齐天大圣是闽方言人民信仰的神祇。

而除了麻涌以及周围若干村落之外，附近其他通行粤方言的广府地区迄今未见有供奉孙大圣的。故我们认为较为可信的一个解释就是，在麻涌的先民中有一部分来源于闽方言区。[④] 如果确实如此，这就说明了清代、民国时

---

① 参见中野美代子著《〈西游记〉的秘密》，王秀文译，中华书局2002年版。
② 参见徐晓望《论瑜伽教与〈西游记〉的众神世界》，载《东南学术》2005年第5期。
③ 参见黄活虎《福建齐天大圣信仰研究》，福建师范大学硕士学位论文，2006年。
④ 参见张振江、陈志伟《麻涌民俗志——岭南水乡社会研究》，汕头大学出版社2008年版，第268页。

期的人口迁移等诸多事项，值得多加探讨。

(二) 齐天大圣在漳澎

在东莞的地方志或民俗研究中，迄今还没有系统地涉及当地的齐天大圣信仰。但在麻涌及其周围的若干村落，村民们信奉齐天大圣却是事实。而在历史上，出自这些地方的移民还把这个信仰带到了柬埔寨。

在漳澎现在的天后宫里，就有一个很小的齐天大圣像，摆放在行宫天后像的左侧。对于这位齐天大圣的具体来历，漳澎人已经普遍不清楚，只知道如《西游记》中描述的那样法力高强，可以驱走妖魔鬼怪，还可以主持正义。因此，他们普遍信奉。而在一些十分虔诚的婆婆家中也供奉着齐天大圣像，这些婆婆几乎都是或者曾经是鬼婆，她们对于齐天大圣则多有自己的认识，以下所描述的主要就来自于她们的见解。

1. 圣爷：调皮的"细蚊仔"

漳澎人一般称所信奉的齐天大圣为"圣爷"，称其塑像为"圣爷像"。本次调查时已经80多岁的李婆婆说，圣爷是个"奀鬼仔""细蚊仔"（即小孩子）。这个评价说明了漳澎人公认的齐天大圣形象与《西游记》中的截然不同。我们相信，这可能与漳澎所见的圣爷塑像通常都非常矮小有关。

我们的调查发现，漳澎人所供奉的圣爷像即使加上帽子通常也只有15厘米高，而其帽子约高4厘米，则圣爷像的净高度只有10厘米多，比其他神像明显地矮了许多，也可以说是所有塑像中最矮小的。漳澎的圣爷像头上没有金箍，而是戴着一顶小丑帽一般的帽子，身穿一件印着花朵的围裙，手藏在围裙后面而不是拿着金箍棒。造像确实一点都不像《西游记》中所描述的齐天大圣，反而真像顽皮的"小孩子"。李婆婆又说，齐天大圣和普通小朋友一样，都是很调皮的，会跟着小朋友一起跑、一起玩，同时保护小朋友免受鬼怪的骚扰。但在她看来，"圣爷的法力相当厉害，（所以才会）被封为齐天大圣嘛。就有很多小朋友契他，（认了干亲）他会保佑小朋友长命百岁。虽然保寿爷也有很多人契，漳澎人还是契齐天大圣的最多"。

不过，李婆婆同时坦言，由于圣爷是"奀鬼仔"，所以其神职地位其实不是很高。我们发现，这种职位上的差别，在漳澎普通人家的神像摆设方面体现得非常明显。例如，李婆婆家里供奉有一众神像，依次为玉皇大帝、观音菩萨、天后、王母、包公、圣爷，圣爷敬陪末座，地位最低。

2. 圣爷与鬼婆

李婆婆家里摆放的这座齐天大圣像，是她十几年前在麻涌买的。每天早晨李婆婆都要给圣爷上香，还要摆一些果品在神像跟前。人们认为齐天大圣是神，所以必须上香；而一般的神无须日日供奉水果，而圣爷则每日都要，显得很特殊，原因在于圣爷"是马骝（即猴子）王，所以喜欢吃水果"。除了日常要经常擦拭塑像保持整洁之外，李婆婆每年还要替圣像换一次新衣裳，以示对大圣的尊重。我们访谈过不少人家，做法基本相似。

位于东莞南城附近水濂山的水濂古庙，最近又恢复了每年一度的隆重的圣爷诞活动，吸引了众多信众前往。2013年农历八月十六圣爷诞当天，李婆婆不顾年事已高专程前去拜祭了孙大圣。当天许多女信众还在庙前围成一个圆圈跳舞，据说正是为了让孙大圣降身。不过，一晚过去了始终没有人成功。李婆婆回忆说，她是在60多岁的时候才得到圣爷的启示的，那时她还在日夜忙着种田，"就是有一天晚上，那个圣爷就报梦给我，让我出来为人民做好事，就是当鬼婆。最后，我就当上了鬼婆"。据说报梦之后她就有了灵力，就可以让圣爷降身了。到了70多岁的时候，她才因身体原因不再做鬼婆。为了答谢圣爷这么多年来对她的信任，她买了个圣爷像在自己家里供奉。

我们发现，漳澎的鬼婆几乎都有过类似的经历。调查时另一位鬼婆对我们说，当时圣爷不仅报梦给她，还降身在她身上，结果让她连续打了半个月的功夫，连家人都以为她疯了。她老公看她打功夫那么难受，当时还试图叫圣爷不要降身于她身上。不过，最后她还是挺过来了，并从此获得了"灵力"。在这位鬼婆的家里，同样也供奉着一座大圣像，但她称圣爷为"圣乖乖"。在她看来，她现在美好的家庭都是圣爷赐予的："我生了五个女儿，一个儿子。现在一个女儿在粮所，一个女儿在石油公司。这些啊，都是圣爷保佑的。所以每天早晚，我都会给圣爷上香。从早上7点就给圣爷上一个塔香，可以烧到晚上8点。"六坊的叶婆婆向我们透露，六坊有一位姓徐的鬼婆，也是可以降圣爷的。但她不会理睬陌生人，所以不接受我们的访谈，原因是"以前管制得太厉害了，拜伯公也要枪毙，别说降身这种迷信的事情了。降身这种事情，那时大家平时都不说的，只有本地人才知道"。

在漳澎，以圣爷附体于鬼婆较为常见，但能降身的其实不止于圣爷，还有其他神明。叶婆婆说，漳澎曾经有个鬼婆可以让天后降身，与让圣爷降身不同，天后降身时鬼婆不打功夫（即鬼婆无任何异常的表现），只是代表天后对信众说话。她还回忆道，漳澎邻近的华阳村以前有一个鬼婆能够降杨八妹（即杨家将里面的八妹），鸥涌有个神婆能够降杨四郎将军。但无论前来附体的是何位神仙，一位鬼婆只能是一位特定神明的依附体，还要在家里始终供奉着这位神灵。在善男信女看来，被降身的鬼婆就是神明在世间的替身，其言语举止也代表着神明。

在福建地区，至今仍然常见类似于漳澎鬼婆的角色——乩童，一个乩童通常也是一位特定神灵的依附体，也在家里供奉着附体神的神像；乩童也被认为是神明的代言人或替身；在善男信女看来，乩童上童（即附体）以后其言语举止完全就是神明的言语举止。① 类似的情况也见于中国西南的一些少数民族地区（如水族、布依族），当地经常称为过阴、通灵。如此看来，尽管表面上多有不同，不同地区的民间信仰其实有许多相通之处。

3. 圣爷降身治病

李婆婆说，如果有人找她请圣爷降身，她只管给人治病，其他的事情一概不管。"就算是家里的牲畜生病了，这属于小事，所以也不管。"②

对于生病，鬼婆们有自己的解释，也有相应的应对策略。鬼婆刘婆婆说，人生病了是因为碰到了"艾塞"（记音字，即鬼作祟），"这个艾塞是搞人的，就是令人生病的"。因此，请圣爷降身治病就是除去艾塞，之后病人自然即可痊愈。每当有病人来家里找刘婆婆救治的时候，她就会拿出一个香炉，先点上一根清香静默片刻，然后唱到"恭请齐王三哥，大哥二哥三哥，请你们三个出来为人民"。据说，如此之后就可以请到圣爷上身了。刘婆婆说，圣爷一共有三位兄弟，来降身的是大哥。降身之后，她就会告诉生病的人是在哪里摔了跤、在哪里撞到人（即鬼）之类的。如果发现不是因为鬼作祟而致病，她会告诉病人没有鬼缠身，病人很快就能好的。但如果是恶鬼缠身所致，刘婆婆就会请圣爷降身，圣爷便会通过打功夫替病人治病。这时她一边唱戏，一边打功夫，通常要打上半个小时左右才能把恶鬼赶走。她说，经过打功夫之后，附在病人身上的艾塞便会离开，生病的人就会痊愈了。让我们觉得神奇的是，我们亲眼见年事已高的李婆婆打了半个多小时的功夫，她却说自己一点都不累，只是感觉头略微有点重而已，我们也没发现她有疲惫的感觉。

在神婆袁婆婆看来，"神是管不了鬼的，只有降身才能管鬼。（要是）遇着鬼了，就要找鬼婆（才能够医治好）"。在漳澎人的观念中，天后、金花夫人甚至观音等神明都是既不能管鬼也不能治鬼的，而只有圣爷和包公可以管鬼，可以治病。"因为圣爷是降魔除妖的，包公是'审阴又审阳'"。由此看来，包公和圣爷可以通过降身于鬼婆为村民驱鬼治病，这正好弥补了其他神明这方面的职能空缺，从而在漳澎的神灵体系中获得一席之地。

---

① 参见黄活虎《福建齐天大圣信仰研究》，福建师范大学硕士学位论文，2006年。
② 漳澎在历史上属于农业社会，村民以务农为业。而在这样的社会中，牲畜具有重要的地位，是人们几乎不可或缺的帮手，故李婆婆有如此说法。

在人类学研究视域下，疾病的仪式治疗其实也就是一个社会文化的建构过程。"如何诊断病因，采取何种治疗措施，很大程度上是受文化支配的。不同的治疗方法是不同的文化系统在处理生与死、健康与疾病、正常与异常等关系的文化表达。治疗不仅是生理过程，也是社会文化过程。"① 漳澎人的传统疾病观其实是多元的，即一些病与鬼作祟无关，但另一些疾病则来自"艾塞"，圣爷降身治病就是这种疾病观的反映。在《西游记》中，齐天大圣一路保护唐僧西天取经，拥有火眼金睛的他能够一眼认出妖魔鬼怪。人们认为圣爷同样能够通过火眼金睛，看到常人无法看见的引发了疾病的艾塞。此外，齐天大圣有七十二变，他手持金箍棒一路上斩妖除魔的形象相当深入人心。于是，人们自然而然地把齐天大圣看作驱邪镇妖的神灵，相信他具有驱鬼也就是治病的功效。在以前贫穷落后、生产力不发达的漳澎，这样的"巫医"自然大有其生存的空间。即使是到了现在，漳澎依托于现代医学技术的治疗体系基本建立，但面对许多疾病有时还是束手无策。这时，村民可能将希望寄托于这些古老的神秘力量，至少可以获取一种心理安慰或者心灵上的解脱。或许可以说，医学直接医治的是人的疾病，而类似这种"巫医"针对的是人的心理。在岭南地区，粤人长期尚巫，用巫术来治病，很可能不仅仅是出于科学技术不发达的缘故。如果确实如此，则漳澎的这类现象还会存在下去。

三、生育神：金花夫人与十二奶娘

（一）金花夫人

不计世俗色彩重的文武庙，则漳澎历史上仅有的两座女性神祇之庙，除了天后庙之外，另一座是供奉金花夫人和十二奶娘的金花庙。如本书第三章所述，她们负责保佑漳澎人的生育，在漳澎人生活中也占据了极为重要的地位。

金花夫人为广东地区最常见的生育神。它起源于广州，而至迟到了清朝时期，这种信仰已经从广州府外传到肇庆府、高州府、连州等粤西地区。② 套用"信仰圈"的概念，则以金花夫人为核心的信仰圈就在广东中部地区，并以广州为中心向周边地区传播。

---

① ［美］罗伯特·汉著：《疾病与治疗——人类学怎么看》，禾木译，东方出版中心2010年版，第342页。
② 参见黄建华《明清广东金花夫人信仰研究》，暨南大学硕士学位论文，2010年。

由此说来，金花夫人是一位"土生土长"的广东本地生育神，而漳澎的香主天后娘娘和大圣爷信仰，可能都是来自于闽方言地区。三者在漳澎信仰体系中如此搭配，这是一个相当有趣的现象。如果是在福建，与漳澎相对等的生育女神则是临水夫人陈靖姑，她具有保佑信众生育的功能。在福建各地的传说中，临水夫人陈靖姑还曾收编了丹霞大圣，使其从一只无恶不作的猴精，变成了看护小孩、和小孩玩耍的保护神。丹霞大圣的这个性质和漳澎的齐天大圣非常相像，如都是"马骝王""细蚊仔"，同样处在相对较低的神阶位置上。但在漳澎，金花夫人并没有收编齐天大圣，两者处于互补的状态：前者管求子生育，后者管驱鬼治病。不过，金花夫人和临水夫人作为生育女神，在许多方面还是有相似之处的：第一，二者都是与奶娘们一起保佑小孩，奶娘的数量也因地方不同而有差异①；第二，都用"请花"来象征赐子赐女，而且都是以白花代表儿子，红花代表女儿；第三，都具有保佑妇女顺利生产的功能；第四，都可以为小孩压惊，差别在于金花夫人有镇经文，临水夫人则有"陈夫人咒"。

这两位神祇在主要功能与形式方面如此地相似，真可以作为泰勒所说的"人类心智同一性"的一个中国民间信仰案例。但两者之间到底有无关系，单凭我们目前的调查还无法说得清楚，也不是本文要探讨的范畴。不过，我们认为漳澎形成的香主为天后娘娘，驱鬼治病归齐天大圣，求子佑子归金花夫人的信仰格局，与漳澎早期先民的不同来源有莫大关系。前两种信仰暗示着漳澎先民中有不少带着福建信仰的移民，这些人有可能是直接从福建到漳澎的移民，更有可能是祖先在广东某地落脚后辗转到漳澎定居的移民，如此则可以解释为何漳澎人要送天后娘娘回深圳的娘家。而当这些人到达漳澎时，本土的生育神金花夫人习俗非常可能已经随着漳澎的另一部分先民即广府人的流入而大为盛行。根据调查资料可知，金花庙所在的漳澎三坊一带，历史上便聚居着漳澎四大姓之一的赵姓族人，其最主要的一支来自广州棠溪村。假如确实如此的话，主管生育的金花娘娘和十二奶娘系统与主保人民平安的天后娘娘和大圣爷系统之间，必有一番彼此冲突而最后融合的过程。

（二）十二奶娘

在福建、台湾、广东等许多地区，奶娘信仰都十分常见，但不同地区奶

---

① 珠江三角洲民间有多种解释，其中一种比较有意思的说法是，奶娘的数量之所以会出现36、18、12等的不同，与信众的祖先在不断的移民过程中奶娘偶像不断丢失有关。但在我们看来，这种说法可能只是后来追认性的解释而不是事实。

娘的具体数目可能会有所不同。如前文所述，奶娘经常与掌生育的女神（如金花夫人、临水夫人）一起出现。据说在福建话中奶娘有妈妈的意思，漳澎有些老年人至今仍把妈妈称作"奶"，这可能与其祖先来自福建有关。不过，大部分的漳澎人则是称十二奶娘为"十二婆姐""十二婆嬷"。

在漳澎人至今通行的生育观念中，孩子出生后至16岁以前的整个阶段中，只有得到十二奶娘的守护才能够顺利度过。十二奶娘不仅可以帮孩子去病、防邪，还可以有针对性地善待孩子。漳澎人认为如果要家中孩子听话、长进，去金花庙里拜祭十二奶娘就可以了。因此，漳澎的母亲都会在孩子的床下放一个香炉代表金花庙里的十二奶娘，便于每天上香供奉。直到满16岁时孩子"出花园"，十二奶娘才可以"功成身退"，可以放心地去照顾和保佑其他的孩子健康成长。

过去的漳澎人十分在意十二奶娘的保佑与养育作用，这当是与其生活形态密切相关的。旧时漳澎人的生活十分繁忙，父母经常凌晨便要划两三个小时的小艇下田或者下海，直到天黑才能回到家中，根本没有多少时间照顾孩子；漳澎人又历来流行婚后即分家的习俗，家里通常也没有老人可以帮忙看护孩子。即使是有外婆、奶奶等老一辈照顾，但小孩子调皮、好动的天性使得长辈很难看牢他们。总之，由于多种自然与社会的缘故，历史上漳澎的孩子死亡率很高，人们因此只能求助于神灵，让神灵帮忙"带孩子"。本书第三章已专门讨论过漳澎与生育有关的神明以及一应习俗，此处不再赘述。

四、漳澎的土地信仰

（一）土地宫——村落的标志

中国的传统农村广泛信仰土地神，一般来说，每一处村子便有一座土地宫或者土地庙。但是，漳澎现在有四个土地宫显得非常特殊，值得特别探讨。

漳澎有一座土地庙位于境内最后浮出水面的一块地上，这块地直到20世纪五六十年代才有人定居，此前长期荒芜。据调查，由于人们认为这块土地孤零零地悬于对岸，周围全是荒野，尤其需要土地神保佑以对付众多的孤魂野鬼，因此在修建金花庙时就修了这座庙，这也是漳澎第四座土地庙。另外三处较为古老的土地宫，则分别位于三个片的地境内。在我们看来，漳澎在其发展早期并不是一个统一的村子，而是三片在不同时期渐次露出水面但彼此邻近的居民点，经由后来的相向发展才最终成为如现在所见的整体。①漳澎长期通行的所谓三坊或者三片的划分体制，应是当时的三个村落或者居民点的反映。

如本书第一章所述，历史上漳澎长期分为三个坊，即"东庆坊""南安坊"和"南盛坊"。虽然三坊的体制早已经成为历史，但在调查中我们还是能够清楚地感觉到三个大坊的历史存在。例如，同一个大坊的人彼此间的关系明显密切得多。我们在访谈时经常发现，访谈对象会刻意告诉我们其所属的坊，并说明与其他坊的人有诸多不同。漳澎人现在似乎没有人主张漳澎原本不是一体的，但人们对于漳澎原本分为三片却记忆深刻。

例如，我们的主要访谈对象之一，年逾80岁的张老伯告诉我们，以前漳澎这三个片其实是分得很开的，彼此间有大大小小的多条河涌隔开，他小的时候串门经常还得划船。不仅如此，连三个片的居民的口音至今都有明显的不同。在他看来，"东庆坊（一片）的口音比较像东莞话，也叫'村仔话'。漳澎人觉得东莞人很'鸡姐佬'（记音字），就是小气、没见识的意思。南盛坊（二片）的像西华、中堂那边的话。南安坊（三片）的像麻涌的话"。这位张老伯的母亲是从东庆坊嫁到南安坊的，刚开始她与南安坊的人沟通起来有相当大的困难，"有点鸡同鸭讲"（即双方无法沟通）。据张老伯回忆，从结婚到去世，她母亲在南安坊整整生活了30年，但直到去世她还是不能够完全听懂南安坊人讲的话。另一方面，她说话时左邻右舍总认为她还是带着东庆坊的口音，经常被别人笑话成是"乡音难改"。另一位老人家蔡仲材伯伯指出，三大片的人家都把鸡蛋称为"鸡春"，但各自的发音不一样。我们仔细地听过多位老人的说话，发现"春"字韵母的主要元音确实有细微的不同。

同在一条村子却出现了以地域为界限的语言沟通障碍或者差别，这是相当有趣的现象。我们认为比较合理的解释是居民的来源不同，他们原本不是一村人。我们相信，除了历史上居民的来源不同之外，如今统一的漳澎村在历史上原本是三个彼此相近的居民点，后来才由于彼此相向发展而成为一体，而最先形成的居民点当是在村民所说的今敦厚里一带和比邻的南盛坊一带。张金华伯伯说，南盛坊的土地是村里地势最高的地方，而且有百年以上历史的老房子也最多，所以他推测是漳澎最早的一批高地。这应该是成立

---

① 参见张振江、陈志伟《麻涌民俗志——岭南水乡社会研究》，汕头大学出版社2008年版，第168页；张振江《流水·坊巷·人家——村落漳澎的人类学景观》，中山大学出版社2014年版，第34页。

的。后来随着泥沙的进一步堆积，越来越多的小高地冒了出来，渐次稳定、扩大，最终连成了三大块地域，就是后来的东庆坊、南安坊和南盛坊所在地域的雏形。最初这三处各自成一个村子，而一处村落有一个土地庙则是当时的惯例，由此出现了三处土地宫。而到了历史上的某个时期，这三块地逐渐连接起来，成为大体上统一的漳澎地境，三处土地庙也保留了下来，这在整个珠江三角洲都显得极为独特。不过，由于漳澎没有任何相关的文字记载或者其他可靠的资料，村民们也几乎没有关于村落起初形成的记忆，故这三片究竟是如何形成的，先后次序怎样以及最后又是如何合为一体的，我们还是只能够依靠推测而无从确证。

发展到了今天，这三处土地宫在漳澎人的心目中都占有很重要的位置。但每一处土地所具体保佑的地域以及人群，仍然有着显著的不同。人们认为，三位土地爷各自管理并保佑着三片地域，一旦超出各片土地的范围，他们就鞭长莫及、无能为力了，而在各自的地域内，土地爷有着全权管理的权限。因此，有任何大的变动都要告知本坊的土地。例如，家里一旦有人"过身"，家人便需要立刻到"到土地宫前上香，还要放鞭炮，告诉土地公公有人离世了，到土地公公那儿报告，意思是说死者要离开阳间了，要进入阴间了。也要拜一下土地公公旁边的那个社稷①。社的意思就是卸载②，就是卸下东西。（卸了东西之后死者在）阳世间就没有罪过了，就可以安心地告别人间了"。

漳澎的习俗之一是帮忙安葬的人在完事后，要马上到"社稷"处绕一圈并放鞭炮，以"运走那些帮忙办丧事带来的霉气"。而漳澎人至今普遍严格遵守的一个禁忌，就是死者的亲属以及所有的帮忙者都只能到死者所属那坊的土地宫和社稷处拜祭，决不能越界到别的片去拜。在人们看来，"死人近哪头，就去哪头。死人是哪一片的，就回到哪一片。别人（指别的片的人）决不给你运过去"。由此我们也可以看出，无论是以前的三坊体制，还是20世纪中叶出现的三片体制，都与方言分成三种一样，说明漳澎村例外地有三处土地庙是历史发展的结果。正是由于这个历史渊源，虽然现在的土地早已经连起来成为整体，但居民仍然在有意无意间展示出各自的来历，暗示着漳澎成村的历史。

---

① 漳澎至今多见历史上遗留下来的社稷，最为多见的是刻有"社稷"字样的石碑，这类石碑多与土地庙相邻。

② 在漳澎当地的方言里"社"与"卸"同音，故村民有此说法。其实村民的这种说法并不恰当，属于民俗或者俗词源的解释，而非社稷的原意。

在现在的漳澎，天后、金花夫人、齐天大圣和土地等信仰是最为普遍的。但是，土地信仰与其余的几种有一个根本性的差别，即其余的几种是全村统一性质的，而人们至今仍依据各自所在的地域分别祭拜三座土地庙，信奉各自的土地爷。这个差别很有意思，对此进行深入的研究，必然可以探讨出漳澎成村的历史过程，至少可以发掘出若干历史片段。

（二）土地诞与烧除仪式

漳澎人至今还会举行"土地诞"仪式，时间是每年正月二十。以前的土地诞内容繁多又热闹，常常吸引大批的人来祭拜、围观，现在则有所简化。

旧时每到此日，一坊会以集体的名义在土地宫前面通宵举行仪式。一坊凉棚小卖部的梁婆婆回忆说："以前到了土地诞的时候啊，那就是还会用那些竹篾编成马，还在那个马的上面呢，就是贴上金银纸。然后呢，再到埠头前，把这些金银纸跟这个马这些，都要烧掉。那时还要有南无佬，就是请过来念经嘛，那时候啊，会念一整个晚上的。"由于新中国成立后几十年时间的中断，现在已经不再举行这种仪式了，更不会再以集体的名义进行。通常所见的，只是村民各自到土地宫上香、烧金银纸而已。

但在土地庙前，有一种名为"烧除"的重要仪式在中断几十年后又回到大众的视野，此即珠江三角洲许多地方所常见的"打小人"仪式。据一些学者的研究可知[1]，"打小人"的习俗不仅流传地区相当广泛，而且历史颇早。早在盛唐时期这个习俗已经流行，当时称为"厌诅"或者"厌胜"等。旧时这被视为一种具有诅咒作用的巫术，现在各地所见的"打小人"几乎只是一种民间习俗，主要用以宣泄内心的不满而不再具有巫术的性质。漳澎人认为，如果做事遭遇不顺，就有可能是小人作怪的结果，因此就需要"打小人"。漳澎人所说的"小人"，可能是指某一个具体的人，也可能是模糊地泛指所有那些阻碍别人发展或者陷害别人的人，与助人的"贵人"相对。做这个仪式时，可以由信众本人动手，也可以请神婆代打。各地"打小人"的时间不一，最常见的是"白虎开口日"（即惊蛰日），也有在农历每月初六、十六、廿六或历书所记之"除日"进行的。漳澎则无定日，有需要时即可进行。香港等许多地方"打小人"多在三岔路口、桥底、路旁及山边，漳澎人则必定要在土地宫处，而且现在多是请打理土地宫的老婆婆代为进行。

---

[1] 参见乔健、梁础安《香港地区的"打小人"仪式》，载《"中央研究院"民族研究所集刊》1984年第54期。

相对香港地区，漳澎的"打小人"程序也较为简单①。这种仪式所需要的物品，主要是米、雪梨、荸荠和煮熟的鸡蛋等几种。雪梨的"梨"字和离开的"离"同音，寓意让"小人"从此离开。仪式进行时要把这个雪梨切成两半，意味着"小人"从此离开，不再阻碍、为害事主。漳澎人又把荸荠叫作马蹄，象征着把"小人"从此踢走。熟鸡蛋也要切开成两半，表示从此将坏事分开。带来的米要分为两份：一份放在社稷神位之前，表示"放米拉好人"；另一份撒掉，表示"撒米砸坏人"。事主还要事先准备好一副"除衣"，上面写有或者印着"小人"二字。分别给土地和社稷上香、上供品后，就可以向神明禀告委托人的姓名和因何事要"打小人"。仪式的主体或者压轴戏，是用鞋子（现在多为拖鞋）用力地反复地打那件"除衣"，这象征着打"那些说你坏话的小人，打那些坏你的事的小人"。一边打还要一边咒骂，所骂的话语通常是"打你手不能动，打你口不能动，打你脚也不能动"，或者"打你的小人头，打到你有眼都唔识偷，打你的小人口，打到你有气没定透（有嘴巴也无法呼吸），打你的小人脚，打到你迟早变跛脚……"之类。打完骂完后，烧掉所带来的金银纸和元宝。最后还要"打圣杯"，如果得到的是"圣杯"，则说明已经达到赶走"小人"的目的，仪式即可结束。依照习俗，"小人"走了之后，不需要另行"还神"（即酬报神明）。

漳澎的"打小人"仪式，是不需要所打的"小人"的生辰八字的，因所谓的"小人"经常只是一个模糊人群的统称，其实也无法得到具体的生辰八字。这个特点也很有意思，似乎能够说明漳澎村落社会的某些特质。

---

① 在香港等地，整个打小人仪式包括八个部分。为便于理解同时与漳澎的习俗相对照，兹转录相关文字（http：//zh. wikipedia. org/wiki/打小人）。①奉神：利用简单的香烛供奉天地神明。②禀告：将委托人之姓名、生辰八字等写在百解灵符上。若欲打特定小人，则将特定小人之姓名、生辰八字、照片、衣物等可以代表特定小人身份之物书写或放置于小人纸上。③打小人：利用各种象征物如委托者或施术者之鞋、宗教象武器甚至是香枝或香烟等殴打、伤害小人纸。小人纸分为小人纸、男人丁、女人丁、五鬼纸等。④祭白虎：若在惊蛰日打小人则须祭白虎。以黄色的纸老虎代表白虎，纸身画有黑色斑纹，口角则画有一对獠牙。祭祀一般是使用小块生猪肉沾上猪血，放入纸制白虎口中（喂纸老虎），当老虎吃饱后便不会再伤害人。而神婆亦会以肥腻的生猪肉抹在纸老虎的嘴上，使纸老虎口中充满油水，使其不能再张口伤人。有些地方祭完白虎之后会将纸制白虎烧掉或用铜剑将纸制白虎的头切掉。⑤化解：将一切污秽、灾害等以撒芝麻、豆子等小物体或烧纸船、百解灵符等以消灾解厄。⑥祈福：以红色的贵人纸为委托者祈求贵人帮助。⑦进宝：将元宝、金银纸等焚化供奉鬼神。⑧打杯："掷筊"，将两个半月形，一面平坦、一面向外弯出的木块掷出。两块平坦向上则为阳杯，向下则为阴杯，一下一上为圣杯。出现圣杯表示仪式完成。

第三节　漳澎人认为的鬼与祭鬼

历史上，漳澎村落四面环水而又地势低洼易遭不测，再加上贫穷、疾病、土匪等因素，旧时非正常死亡的相当多。漳澎人相信人死了之后会变成鬼，实际上漳澎人普遍特别怕鬼，认为鬼不仅会给活人带来各种疾病和厄运，凶鬼还会夺取活人的性命来充当其"替死鬼"。因此，漳澎早就孕育出一套独特的水乡鬼观念与信仰以及相应的仪式。

一、漳澎人的鬼观念

（一）鬼的存在

中国古人相信生命由灵魂和肉体组成，灵魂可以离开身体并导致三种情况出现。第一种是暂时离体，导致人出现梦境、影子、失神、疾病等症状；第二种是灵魂寄存于身体的某一部分，或者离体而寄存于他物之中；第三种是灵魂永远离体而致人死亡。① 漳澎人同样相信人的灵魂与肉体可以分离，不同的原因会有不同的分离情况，故需要采取不同的方法或者仪式应对。

漳澎人认为，一个人的灵魂可以暂时离开身体，这时最常见的现实表现便是生病。在漳澎人看来，小孩子因为年纪小、灵魂尚未稳定地在身体里面扎根，所以尤其容易分离，最为常见的表现就是"掉魂"。漳澎人又认为，虽然成年人的灵魂与身体已经结合得很稳固了，但有时也会出现掉魂的情况，这时的表现就是罹患重大的疾病或者厄运缠身不断。小孩子一旦遭遇掉魂，就需要进行"喊惊"，以前这个仪式几乎每天都可见到。但是，如果成年人也需要喊惊的话，就表示事态已经非常严重了。

据调查，以前喊惊可以由家人自行进行，也可以请神职人员代办。如今的"喊惊"几乎都是请神婆主持的，家人只是陪同前往，并依照鬼婆的要求简单地负责某些事项。基于此，下文以神婆代为喊惊为例描述仪式过程。

"喊惊"前，受惊者的家人要先到神婆处打卦，以便决定到底"犯了什么鬼"，又"是在什么方位犯的鬼"。漳澎人认为，只有在恰当的方位拜祭恰当的鬼才能够成功。问好之后，家人就要准备金银纸（用于烧给鬼神）、

---

① 参见马昌仪《中国灵魂信仰》，台北汉忠文化事业股份有限公司1996年版，第146页。

衣草（即纸衫，给鬼的衣服）、生米（用于辟邪）、花生（漳澎人认为花生生根，故可用于驱邪）、煮熟的米饭（用于给野鬼吃）、雪梨（意为从此分离）等物，还一定要有一件受惊者平时穿的贴身衣物。

诸样物事备齐之后，就可以开始喊惊了。神婆首先上香，之后家人开始依照神婆的指示焚烧金银纸和衣草，撒煮熟的饭。这些据说都是"送给鬼的"，实际上是借此贿赂摄走受惊人魂魄的野鬼，请它在获得丰厚的衣物、食品后能够放开魂魄使其回归被害者身上。之后还要撒两三次生米，意思是让当事者的魂魄回到身体之内，并且能吃饭、能长肉。紧接着再撒几粒花生，意思是失魂者的魂魄不仅回到身体内，还能够像花生扎根一样在自己的肉体中生根。之后再扔雪梨，意思是魂魄与野鬼"阴阳分离"，从此获得平安。最后鬼婆挥舞受惊人的衣服，大喊：

> 米来人神起，米来人神归。
> 早也归，夜也归，三魂七魄一齐归。
> 撒米速速同啲（意为那些）幽鬼分，撒米团团同啲幽鬼传。
> 撒米沙沙同啲鬼讨价，撒米行行同嘀幽鬼放。
> ×××（受惊者名字），你快回来！

漳澎人相信，经过这种仪式之后，当事者的魂魄就可以顺利回归，所罹患的疾病就自然可以痊愈，且此后运气畅通不再遭受鬼害。

漳澎人认为，如果灵魂永远离开了身体而不复归，表现出来的便是人死亡而变成鬼了。漳澎中药店的周姓老伯说，他极相信人死了几天之后灵魂"就散开了，这时人就成了鬼……人死了，入殓之后啊，死者的魂魄还是在的，就是还没有散的，需要三两天以后那才能散的。所以啊，那几天就会有一些异样的声音"。他认为自己这样的认识，是有充分的事实根据的。据他回忆，他丈母娘下葬的当天晚上，他一个人在房子里，房内供奉有一座哈哈佛，有人动它时就会发出几声"哈哈"的笑声。但是，"那晚它突然自己就发出声音了（就是丈母娘的魂弄的）"。他又回忆，他的一位远房侄子住在他家附近，侄子死去的当夜曾经托梦给他："我现在上天了，我走了。"结果天亮的时候他去看，发现这位侄子真的在当天夜里死了，但奇怪的是侄子没有给他老婆托梦。他认为就是因为这些人的魂都还没有散，才会出现这些奇异的事情。

漳澎人认为人死后魂魄还是会存在，有时还会回家里看看。当地的丧礼中历来有一个极为重要的程序，就是确定亡魂曾经回过家里。在人死去的第七天即通常所说的"头七"晚上,漳澎人会专门准备一碗糖水,里面放一个煮熟的鸡蛋。第二天早上,家人要仔细查看鸡蛋上有没有手指的印迹。村民们都表示一定要看到手指印,因为"那就是亡人回家来看的时候留下的"。如果没有指印的话,就意味着死人还没有回家,就还要继续摆放这种鸡蛋糖水,直到看到指印为止。在漳澎人的观念中,死者不仅会回家看看并留下手指印,他在阴间的生活、习惯等也几乎和阳间的一模一样。人们相信一个人如果在很小的时候就死了,他在阴间里也要读私塾(现在则是读幼儿园、小学、中学直到大学毕业),然后和阴间里一位同样早死的女孩结婚成家。而家里如果有"不见天"或者夭折的孩子,他的同胞结婚前,就必须先做仪式把逝者的"婚事"办妥,否则会给自己招来不幸。婚礼前一个月,新郎与新娘双方的家人还要各自找鬼婆举行"叫家宅"仪式,征询祖先对婚事的看法。

漳澎人深信,鬼和人一样有着悲欢离合,也同样有着喜怒哀乐。死者变成鬼之后还可能会通过某些方式警戒其后人,就像老人教训后代,我们在调查期间听到不少这类故事。而在某些特别的情境下,鬼甚至还会嫉妒,跟后人耍脾气、耍小心眼甚至整蛊后人,这类故事有时则会让人忍俊不禁,觉得鬼其实是一个真实存在的有着各种各样缺点的大活人。由于这样的观念,漳澎形成了一些颇为特殊的习俗。例如,漳澎人给自家小孩取名字时,有时要加上死者的名字,据说就是为了防止过世者因"小气、嫉妒"而对孩子不利。我们的主要访谈对象之一袁婆婆为父亲的填房所生(这种类型的孩子当地称为"嫁三娇",对应于"前头仔女"),她出生的时候其大妈(即父亲的前妻)早已经死去多年。她的小妈(即袁婆婆的亲妈)担心大妈的鬼魂不会喜欢袁婆婆这个"嫁三娇","女人都是小气的,对新老婆给自己丈夫生的孩子,就更会小气。为了防止大妈变成的那个鬼整蛊我,就要给她一个好的位置。就是这样,就把我名字中的第二个字,取成了大妈的姓。漳澎啊,一直都是有这样的习俗的"。类似的例子还有一些,说明这个习俗在过去可能相当盛行。

(二)孤魂野鬼

在旧村漳澎人的"鬼"信仰系统里,有一类鬼显得较为特殊。这类鬼也是人死后所形成的,但是因为各种原因不能够成为正常的鬼,而是变成危害性较大的凶鬼,漳澎人经常统称之为孤魂野鬼。一旦说起孤魂野鬼,许多老年人显得相当惊恐,普遍表现出敬而远之的态度。

1. "死得不好的"野鬼

漳澎人认为，所有不是死在自己家中的床上而是死在外地的，未到20岁便死的，或者虽然过了20岁但未结婚便死了的，还有遭遇意外而横死的，都是"死得不好的"，这些人的魂几乎都会成为孤魂游魂，漳澎人统称之为"野鬼"。在新中国成立前，漳澎人非常忌讳这些死得不好的人的亡魂，认为他们时常为害生人。

袁婆婆说："淹死的那些人，就都是被野鬼弄死的，就是死得不好的。你要是（找鬼婆）问鬼的话，（鬼婆）就会告诉你，（他们）就是冲撞到野鬼才淹死了的。也有的时候呢，是野鬼想找个伴，这样它就找阳间的人下去陪他（导致人死去）。"对于这些死得不好而可能带来不祥甚至灾祸的亡灵，漳澎形成了一套相应的应对习俗。漳澎人至今认为，在外地死亡的人其尸体不能抬回家里，"因为家里的五方五土地主不让他进屋，为的就是不能让他身上的那个邪气，传染到家里（造成灾祸）"。直到现在，不少老人家在弥留之际还是不愿意死在医院里，觉得没有希望时宁愿放弃治疗，回到家中在自己的床上"等死"。漳澎人普遍认为，即使是在自己家中的床上病死也不怕，因为这不算死得不好。①

按照漳澎的习俗，家人要设法把这些死在外地的亡魂引进其在世时的家门，为此就要举行"招魂"仪式。我们将在后文进行描述，此处从略。

2. 无嗣孤魂②

中国人传统的观念认为"不孝有三，无后为大"。漳澎人同样认为，没有后嗣就无人继承香火，这既是最对不起列祖列宗的事情，也是自己身后不得血食而最为凄惨的事情。漳澎的习俗是人死后由其男性后代在家中设立牌位供奉，岁时年节后人还会去墓地烧纸烧物。而如果没有男性后代，便无人将牌位安放于家中献祭，鬼魂便只能够四处飘荡，就成了漳澎人口中的"孤魂野鬼"。一旦成为孤魂野鬼，死者"在阴间，他就没得吃，也没得穿"。人们认为，野鬼由于无人祭祀而缺吃少穿过得极为凄惨，被迫自己设法改善生活，表现出来就是这种鬼相当凶恶，经常通过各种方式为害生人。但多位老婆婆似乎都颇为同情野鬼的遭遇及恶行："那些野鬼啊，也是没有办法的。

---

① 当然，现在的漳澎人多不这样认为了。如有许多人家觉得病人有可能不行时，会把寿衣等丧葬用品带到医院以便过世后使用。过世后通常不是运回家里，而是经过简单的仪式后直接送去殡仪馆。

② 漳澎人认为还有一类野鬼，是因为各种原因客死漳澎的人变来的，据说这种鬼尤其凶残。但是，由于历史上漳澎长期孤悬水中，较少有外人出入，所以这种鬼也较少，本书姑且不论。参见张振江、陈志伟《麻涌民俗志——岭南水乡社会研究》，汕头大学出版社2008年版，第262页。

他们（由于没人祭祀而）没有吃的，没有喝的，过得也孤独冷清。它呢，就只能跟生人要。这样呢，就是经常找阳世生人的麻烦，令人生病、诸事不顺这一些。人要拿吃的、喝的，就是去祭拜它，这样呢才得好。"因此，漳澎人历来都非常注重生育儿子，这既是希望有男性后代传承香火，也是希望自己过世后能够有人祭祀。而如果没有儿子，就要通过其他方法化解身后可能"无人献祭"的悲剧。在这些方法中，过继是最为常见的一种。

传统上，人们认为女儿不是合适的能够在将来祭祀自己的后人，因为"女儿长大了，嫁出去了，那就是别家的人了。这样呢，她就拜别家的先人（而不拜自己的父母）"。但是，漳澎历来又不兴招婿以解决养老与香火传承问题，因此，只有女儿而没有儿子的漳澎老人，这时候只能够另设他法。除了过继之外，旧时人们经常采用另一种解决祭祀困境的方法，即预先通过协商将老人过世后的房子等财物传给侄子辈中的某一位，而后者承诺在老人去世后为之设立神位、上香、提供酒食并按时祭祀。人们普遍认为，这样做既表示了对死者的感谢与尊敬，也使得逝者因有人供奉而在阴间免受冻馁之苦。我们的调查发现，虽然有一些老人家至今还坚持这种"传男不传女"的传统习俗，但这种习俗还是日渐稀少了。

（三）水鬼与水龙王

1. 水鬼

漳澎人相信，落水而死的人会成为水鬼。村民们认为水下的阴间有水龙王、虾兵蟹将和水鬼，水鬼位于这个鬼神系统的最底层，因此就要"干最累的活，过得非常辛苦"。这也是漳澎人尤其忌讳不幸溺亡成为水鬼或者死于水鬼之手的一个重要的原因。

人们认为，一旦成为水鬼就要永远留在水里而不得投胎转世到人间，因此水鬼是"最悲惨的鬼"。水鬼如果想要成功投胎，只有一种可行的办法，就是抓一个生人到水中淹死，使之成为"替死鬼"。有了"替死鬼"，这位水鬼就得以脱身而投胎做人。人们认为，由于落水的那个人是被水鬼看中做替死鬼的，如果有人出手把落水的人救上来，那么水鬼就要找救人的那个充当替死鬼。正是由于这个观念，以前的漳澎渔民如果看见有人不慎落水了，通常都不敢伸手相救。麻涌一带在陆地定居的人以前长期蔑视渔民，与渔民见人落水却不施救有莫大关系，他们觉得渔民冷酷无情，"是很坏的人"。实际上，陆上人的救与水上人的不救之间，存在着信仰方面的极大差异。

到了现在，漳澎基本上已没有这类认识。但在一些相关的民俗事项中，仍然可以见到某些痕迹。神婆袁婆婆说，现在若有人不幸淹死了，就要找一只活的小黑狗来当水鬼的替身，这样淹死的人就可以投胎了。"只能是黑色的小狗，黄色的、白色的、有斑点的那些小狗，都不行。"据调查，由于人们认为阴间是黑暗的，所以作为替身的小狗也必须是黑色的。送替身时要用重量合适的一块石头或砖头绑在小黑狗身上，这样才能保证小黑狗沉下去，"浮起来就达不到目的了"。这时还有相应的仪式，主要是死者的家人要一边烧金银纸给水鬼，一边喊死者的名字等，通常是"×××，你上岸吧，有替身了。你上来，回来吃饭吧。保佑子子孙孙好"。袁婆婆说，要是不给淹死的人找替身的话，死者的灵魂便只能留在水里而无法回到家里。

漳澎人相信，被淹死在所有死法中"是最不好的一种"，死者的鬼魂会为其家庭带去戾气，导致家人厄运连连甚至接连死亡。而依照习俗，如果不举行上述仪式也不为其找替身，落水而死者就不能够立神主牌，也不能在家里接受后代的供奉，只能成为"无主孤魂"，留在水里四处漂荡，"还要干最辛苦的活"。袁婆婆说，她有一个朋友因故投水自尽，在其死后满一个月，朋友的儿子就买了一只小黑狗来作替身并办了相应的仪式，这样她的"鬼魂就可以回到家中了，家里也就能给她立神主牌，就能放在家里供奉了"。

不过，如果溺死者是小孩的话，则既不需要立神主牌也无须供奉。对于这类夭折者，人们遵循的是另一套完全不同的习俗。

2. 水龙王与"水仙诞"

在漳澎，村民在拜祭水龙王的时候，几乎总是会亲切地把"水龙王爷爷"与"水龙王奶奶"并称，这与拜祭土地时的称呼方式相同。虽然漳澎的土地庙里往往只放置着男性形象的土地神塑像，并无其配偶的塑像，但村民拜祭时却总是并称"土地公公""土地婆婆"。

至于水龙王究竟是什么神明，人们一直有不同的认识。陈婆婆是如此解释的："其实水龙王也是水鬼，不过他是大的（即等级最高的）水鬼，可以带领水里所有的鬼怪。"开中药店的周老伯则说："水龙王掌握着水界，是所有那些水鬼的领导。打个比方说，他会指挥其他水鬼，把船打沉。要是其他的水鬼不服从他的命令，比如无端无故去杀人，或者水鬼行差踏错（意为做错事），这些就都要由水龙王处置。要是水龙王认为哪个人阳寿已尽，他就会派水鬼去取人性命……不过呢，只有阎王才能批人的生死和判时辰。如果阎王判你三更死，你是不可能拖到五更的。他会派鬼差去，用锁链把要死的人拉到阴间。水龙王自己不能判人生死，所以阎王会事先告诉他（水龙王再派水鬼去）。"概括地说，神婆们一般认为水龙王是管理水鬼的神，而普通漳澎村民则多认为龙王虽然是水鬼之王，但仍然是水鬼之一，本质上也是鬼。

在东莞水乡地区的各处村落，普遍都有水龙王信仰。漳澎人认为每年农历二月初七为水龙王诞辰,也称为"水仙诞"。这一天最具特色的,是村民用糯米粉制作的鸭子拜祭水龙王和水鬼,借此请求他们不要害人。村民陈婆婆向我们讲述了水仙诞活动的主要过程。

> 陈:水鬼就是落水死的人的冤魂变成的。他要找人当替身才能投胎,要不然啊,就要一直在水里。
>
> 旧社会的人很迷信,说是落水死的人,是水鬼拉去做替身了。所以啊,那时的人都是非常害怕水鬼的。漳澎这里啊,每年农历二月初七那一天,就有一个水仙诞,就是弄些鸭子来拜祭他们的。
>
> 问:是给他们吃的意思吗?
>
> 陈:就是的。拿那个米粉做好鸭子,一共要做七只。当中的一只是当头头的,要放在最前面。后面的六只鸭子呢,就分两队排好。在领头那只鸭子的前面,要放一朵纸莲花,还要插上三支香。然后呢,就是把这些鸭子啊什么的,都放在一只稻草扎的小船上。现在呢,有些人会用泡沫(代替稻草船)。这些"鸭子船",就顺着水流走了。其实啊,这些都是送给水龙王和水鬼的,就是让他们吃饱、收好礼物,就不要来"搞人"(意为危害人)了。你要知道啊,小孩子很容易淹死的嘛。所以啊,就要收买水龙王和水鬼,让他们放过小孩子。
>
> 问:就是只保佑小孩子吗?大人不需要吗?
>
> 陈:不是的。大人行船也很危险。以前漳澎这里,很多大人也就是死在水里。这样做呢,他们也会保佑大人的。
>
> 问:拜祭他们的时候要念些什么吗?
>
> 陈:要念的。你就是要念:"水龙王爷爷,水龙王奶奶,这些鸭子就送给你们了,你们要保佑人仔(意为生人)平平安安,顺风顺水;水龙王爷爷,水龙王奶奶,请你们打开水门、水闸,保佑细船(小船)、大船都顺利通过,保佑行车、行船都出入平安……"就是这一些。

至于为什么是送鸭子而不是别的给龙王和其他水鬼,村民普遍已经不太清楚原因。有很多人猜测,这是因为鸭子容易养而又熟水性,还广泛分布在水乡各地而容易获得。但也有人认为,这是因为"鸭"与"押"同音,意思是派鸭子押送礼物给水鬼。粤东的许多客家地方也有类似的习俗,当地主流的解释似乎也是因为"鸭"与"押"同音,但我们尚未知二者间有无关系。

除了糯米鸭子之外,在"水仙诞"拜祭水龙王和水鬼时,还需要准备果品、糕点、米饭、龙王衣和金银纸等物品。但相应的仪式过程很简单，由拜祭者带着这些祭品到自己家庭所属的埠头后行礼如仪即可。仪式完成时，同样也要点燃爆竹告知龙王和其他水鬼，意思是请他们来享用。不过，在旧时的漳澎，这些面鸭子等一应祭品，大多数并不能够进入水龙王爷爷、水龙王奶奶和其他水鬼的"口中"。陈婆婆对此很熟悉，她解释说："上游放下来的鸭子啊船啊那一些东西，还没有漂到下游呢，有些穷人家啊，就把鸭子这些东西都捞起来，拿回自己家吃了。所以说啊，他们才是水鬼啊。"

二、避鬼与打醮

岭南地区古来以多淫祀、信巫觋、尚鬼神著称，旧时的漳澎人同样笃信鬼神，认为人死后即为鬼。寿终正寝得到后人祭祀的鬼，就可以安稳地入家中的神主牌；若是意外死亡或者死后无人祭祀，便会成为极为悲惨的游魂野鬼，严重地影响生人的运气甚至生命。漳澎长期四面环水，村民被水淹死的事情时有发生，使得当地人觉得游荡各处的孤魂野鬼特别多。他们便以家屋为界限，认为家内洁净安全而家外污秽危险。因此，要在埠头和墙上等处设立避邪物以使人免受水鬼之害，还要举行打醮等活动以消除邪恶之类的影响。

（一）避鬼

1. 泰山石敢当

漳澎人相信街上有许多野鬼，而在街巷拐弯处以及对着直路、河涌的地方尤其多。图4-18中的两条巷子在一处垂直相交，漳澎人认为这是一条巷子"冲"进了另一条巷子，这种地方就容易有野鬼出没害人。因此，就要在交点处附近的墙上安装"泰山石敢当"以避凶，"这样的话游魂野鬼便不敢过来了"。如果家屋大门开在或者对着这些地方，也要在头门（即正门）所在的墙上设立石敢当。以前多是把刻有"泰山石敢当"的石碑或者石块砌进墙体，现在则多是贴一片印有上述字样的红瓷砖。（详见本书第二章相关部分）

我们发现，这种观念与做法在漳澎相当流行。访谈时好几位村民分别对我们说过：在新中国成立前的金花庙附近有一条巷子，有一条又长又直的长路"冲"进了那条巷子，结果就招来了许多野鬼害人。到了最后，那条巷子里所有人家的"男人都死光了，结果只剩下很多寡妇"。后来，人们在此处设立了一个巨大的泰山石敢当，这才赶走了野鬼，最终化解了煞气。

当然，从科学的观点出发，野鬼以及辟邪云云实属荒诞。但是，这类转角处等地方，因为视线受阻或者直面水、风等灾害的缘故而容易出各种意外

图 4-18 两巷垂直相交处的"泰山石敢当"

事故,却是真实无疑的。如此说来,古代许多"迷信"的观念与行为的背后,经常有着合理的影子。也许可以说,人们是把生活中的某些经验或者教训,借助于神明的方式展示出来并强制人们遵守。

2. 八卦镜

漳澎人认为,家屋的大门如果向着路、街巷或者河涌,又或者两家的门正好相对着,这些情况就都称为"冲着"。一旦"冲着"便会招致野鬼游魂、邪气等"不好的东西",需要避免或者设法改变。如果两家大门相互对着开,这两个家庭就容易产生不和、争吵甚至打斗。因此,漳澎人家的大门经常都不是开在家屋的几何中心而是偏于某一侧。不少漳澎人还在自家的大门以至房门的上方(几乎都是在门楣)安装一面八卦镜,就是为了应对"冲着"或者"相冲"的情形。人们觉得如此一来可以把厄运、野鬼或者邪气等不好的东西反射到对面的人家或者他处,就可以保护自家的安全了。但这样做其实是很自私的行为,轻者对门的人家会马上挂上八卦镜"反击",重者会引起严重的纠纷甚至打斗。

漳澎村多见八卦镜,但没有统一的制式。最简单的是一面圆形的能反射的镜子,还有一种是用木块制成的八卦图但没有镜子。现在比较常见的是两者的复合体,上部是一块圆形或者八角形的镜子,下部则是一位坐在老虎上的神。这位神明神情凶恶,手执三叉戟或者宝剑(见图 4-19),至于是什么神明,村民们都表示不清楚。我们觉得其形象与道教中负责镇煞驱邪的玄坛伏虎的形象颇有相似之处。在东莞的许多地方都可以见到如此形象的神明,但人们也不清楚其来历或者身份。

图 4-19 漳澎村里的八卦镜

3. 船头公

漳澎处于咸淡水交接的地方,渔获相当丰富,因此吸引了大量的疍民到漳澎谋生。随着后来漳澎境内浮出水面的土地越来越多,饱受岸上人歧视的疍民逐渐上岸并就此定居下来,逐渐适应了陆地生活。到了现在,只有漳澎水闸附近的渔民新村和角尾村还住着一些渔民①,很多的渔民习俗也消失了。

出海打鱼其实非常艰苦,而且经常会遭遇危险,以前条件简陋时更是险情不断,经常有人丧身大海尸骨全无。因此,旧时每次出海之前都要拜"船头公"(又称"艇头公",即掌管船头处的神明)以求得保佑。漳澎人认为,船头是一艘船最为重要的地方,拜了之后船头公就会驱除游荡在海上的各种游魂野鬼,可以有效地保护出海渔民的安全。在新中国成立初期,拜祭集体的船就要准备金银衣纸、元宝、蜡烛、水果和香等祭品,每逢初一和十五要上香祈求船头公保佑平安、打鱼顺利。而如果拜祭的是自家小艇的艇头公,

---

① 渔民新村建在漳澎水闸以西,此处原本为一处空地,现在仍然居住着 20 多户居民,属于集体生产时期的渔业大队。据调查,这些人原来都不是漳澎人,而是随水飘荡在漳澎附近打鱼的疍民。这里原本是一片滩涂,地方政府加以平整后让渔业大队的成员上岸定居,以改善他们的居住环境。屋子是政府修建的,最初租给渔民,后来又卖给了他们。居民梁婆婆说,一户人家可以买一栋房屋,当时(20 世纪 70 年代末 80 年代初)的价格为 20 元/平方米,一栋房屋约需 3000 元,可以在 4～5 年内分两期还清。

除上述祭品之外，还一定要有肉（鸡肉、烧鸭）、酒或者茶。

我们的调查发现，渔民非常尊敬船头公，有一个例子颇有启示性。在"文革"中的"破四旧"时期，当地政府严厉禁止进行各种迷信活动，拜船头由于事涉神明，自然也在被严禁之列。当时的人们只好拜七坊境内的一处被称为"孖巷"的地方，因为孖巷的巷头跟船头十分相似。不过迫于高压形势，当时人们都是象征性地双手合十，而不敢公然祭拜。如此拜祭其实就是拜船头，这在当时是尽人皆知的秘密，但政府也假装不知、从不干预。老人说，"那些干部啊，就是嘴上不说，其实心里也是相信的"。

传统上，拜船头的仪式相对较为简单，只要祭拜船头和船尾两处并在船头处插上香，再祈祷船头公保佑大家平安无事即可。如果是逢年过节，则还要烧鞭炮以示感谢船头公。① 出海遭遇大风浪但能平安回来，则一定要拜船头公，还要买一些肉来祭拜以示诚意。渔民新村的布伯伯说，"文革"中有一次他们13个人一起出海打鱼，到了半夜时分，负责"把风"（即观看风情）的人打了瞌睡，丝毫没有留意到天气变坏了。突然风暴来袭，打坏了船上的设备，船只变得无法控制只得随波漂流。海水还涌进船中，情况变得万分危险。当时正值冬季，船上的大部分人都被冻得动不了。剩下还能够动的三个人拼命向船外舀水，船只才不至于沉没。幸亏船只最终漂到了岸边，他们最后安全脱险且无人受伤。回到漳澎后，他们就马上隆重地拜祭船头公，在他们看来全亏了船头公全船人才得以脱险。

渔民们笃信船头公能够保佑自己平安，并由此形成了许多特殊的风俗或者禁忌。据调查，其中最为重要的一条是，由于旧时人们认为女性是不干净的、污秽的，所以女性绝对不能走过船头以免污染了船头，得罪了船头公，导致船头公不再保佑渔民。这种禁忌时至今日还被普遍遵守着。

4. "南无阿弥陀佛"碑

在麻涌各地的临水村落，时常可以见到"南无阿弥陀佛"石碑（见图4-20）。这是一种较为独特的神祇，珠江三角洲很多地方都没有。漳澎人其实也已经说不清楚它到底是什么神佛，但普遍认为它可以保佑人免于落水遇难。

在漳澎，这种碑位于各处大大小小的埠头以及有类似功能的桥头附近。就在不久的过去，埠头还是漳澎人日常生产生活过程中最为重要的空间。女人会在埠头洗刷，小孩子在码头洗澡、游水，男人则会在附近会友、休憩、

---

① 因为这个缘故，所有的民船在制造时都在船头处设有插香的小孔洞以便拜祭时使用，这个习俗至今犹然，绝无例外。

图 4-20　一座埠头边的"南无阿弥陀佛"碑

臧否人物、指点江山。而直到 20 世纪中叶之前，漳澎人无论是外出他地、下田劳作或者出海捕鱼，也都要从埠头出发。就算只到村内某处，也多是驾船前往。因此可以说，埠头是陆地与河流的连接或者转换处，是出入或者巡游漳澎的大门。但同时，人们认为埠头也是河流里的水鬼上岸入村的入口。如前文所述，漳澎人历来极其畏惧水鬼，非常害怕水鬼上岸作恶，因而普遍在埠头、桥头处立上一块 30 厘米至 1 米高的石碑，上面刻上"南无阿弥陀佛"字样，以期镇住邪恶。而每逢初一十五，村民都会前去上香以求保佑。

随着时代的变迁，如今村内的埠头处主要成了孩子们游泳、玩水的地方。相应的，这种南无阿弥陀佛的功能，也变成主要是保佑小朋友们游泳时的安全。但村民基本上对之依旧恭敬有加，岁时祭祀不敢疏怠。

5. 符箓

据《中国民间信仰风俗辞典》，所谓符箓是指"巫觋或道士用以驱鬼治病等的秘密文书"。[①]符箓在漳澎村同样常见，通例为一张长方形的纸条，颜色则以红色和黄色最为多见，上面写有神灵的名字以及斩妖除魔和其他一些祈求吉利的话，有时还会有印或画的图样或者图画状的文字。这些图文由于普通人无从辨认，常被称为"鬼画符"。

---

① 参见王景琳、徐陶主编《中国民间信仰风俗辞典》，中国文联出版公司 1992 年版，第 807 页。

漳澎人至今普遍相信，若是某人的身体出现了不适，或者某家出现不顺，可能就是由妖魔鬼怪作祟引起的，就要在门口或门框上贴上符箓以保健康、平安。根据具体的功能，在漳澎村所见的符箓可以大体上划分为三类。

第一类符箓主驱邪斩鬼。漳澎的符箓以此类为主，也最为多见。这种几乎都是张贴在大门之上的符箓，是漳澎人空间观念的产物。如图4-21所示，两张符箓所展示的空间与洁净观念，与本书其他章节所述的一致。符箓上的"门迎百福，户纳千祥"和"驱邪出外，引福归堂"，同样展示出家屋内外就是洁净与危险之别的空间意识。这种洁净包括两个层面：第一，屋外充满着厄运和邪神恶鬼，屋内不能有这些"肮脏的"东西；第二，屋内是人居住的地方，必须充满着福气、吉祥，这些能保佑屋内人平安健康。[①] 人们把符箓贴在大门之上，就是为了确保屋内外空间的这种区隔。漳澎的门不仅是供人进出的通道，还是一处特定空间开始或结束的外在的边界或者标志。

图4-21 漳澎的符箓

第二类符箓主驱虫。这种符箓通常为一张黄色的长纸条，多数是在端午时求回家来贴在门上。历史上，岭南地区各种恶虫横行，为害多端，这种符

---

① 这种内外之别即等于洁净与肮脏之别的空间观念，我们在后文述及家屋神时还要仔细讨论，可参见本书第二章相关部分。

箓因此相当常见。第三类符箓据说主保家人如意、顺心、安康，符上的字句则以"加封护国天后元君"为多见。第三种符箓几乎全为红色，通常是家人在各种神诞时求回来贴在门上的。如某家祈求神明保佑生育孩子，则会在"金花诞"时专门到金花庙里求一张称作"金花纸"（见图4-22）的符箓（但需付香油钱，现在的价格是一张五毛钱）。

图4-22　漳澎村一户人家门上贴的"金花纸"

（二）打醮

"打醮"源远流长，成书于三国的《广雅》便说"醮，祭也"，可见其历史之久。这种仪式原来是祭祀鬼神、祈祷神祇保佑未来生活平安顺利的一种祭礼，后来颇多流变。华南各地曾经广泛流行"打醮"活动，漳澎自然也不例外。据调查，以前漳澎有每年举办一次打醮活动的习俗，但当时人们最为重视的也是最隆重热闹的，则是集体举办的两种打醮活动：一种是东安坊（即东庆坊和南安坊联合）主办的平安醮，每三年举办一次；另一种则是南盛坊独自主办的平安醮，每四年举办一次。以下以前者为例进行说明。①

---

① "打醮"的组织以及在村落的含义，参考本书第一章相关各处。

所谓平安醮，也叫"清醮"，原本是以"朝圣庆典，纪念道祖，驱瘟禳灾，祈雨求风"为目的而主祭神灵的一种民间仪式，漳澎人普遍认为是祈福消灾保平安。据老人们回忆，过去东庆坊和南安坊每三年便会联合举办一次平安醮，时间多在农历十一月前后。这种平安醮有许多具体的活动，但给村民印象最深的则是民众纷纷献香的盛况。亲历过当时盛况而依然在世的几位老人回忆，当天家家户户都会买来檀香或者百木香，集中在特定地方的香炉里焚烧。调查时已经90岁高龄的陈老伯回忆说："那时檀香很贵，现在来说也要100多块一支。这种香很粗，（而且）很耐烧。烧了啊，就可以辟邪了。（有钱的）一户人家出一支檀香，一支就有一尺多长。"普通人家经济能力有限，多是买便宜的百木香代替。当时人们事先在天后庙的门口以及起凤里、腾蛟里两条巷子里搭起架子，供村民摆放香炉。每一户人家献出的香都要缠上红纸，上面写着户主的名字，代表全家人虔诚祈福。这位陈伯伯说："天后庙、天后庙门前，还有那两条巷子里面，都放满了祈福的檀香，场面可壮观了！"不过，这个习俗据说由于日军入侵漳澎而中断，已经失传多年了。老人们只是依稀记得若干片断，所以连举办一次要延续多少天、每天到底有哪些活动，他们都没法给出较为确切的说法。东莞凤岗镇雁田行政村的水贝自然村有一座水贝庵，也是每三年打一次平安醮，至今仍流传着。那里的一次平安醮为期三天，第一天为村民集体拜神活动，第二天由"南巫"公布本村男丁的名字，借此显示该村人丁兴旺。到了第三天，村民则代表家庭或以个人身份烧香拜佛。有老人说旧时漳澎的平安醮活动安排与之类似，但我们未能够证实或者证伪。

据回忆，过去每年的农历七月初七和七月十四两天，村民还要在天后庙前面的广场举办另一种打醮活动，主要是烧金银纸给游魂野鬼，以祈求获得平安。在打醮的前两天，人们就用竹篾搭一座一尺五宽、约四尺高的小棚子，"就像竹寮一样"。村里的善男信女还会集资请来几位外地的道士，让他们坐在这座小棚子内念经①，主要内容则是祈祷游魂野鬼离开漳澎早登仙境，从而使村子获得安宁、吉祥。老中医周伯伯回忆说，那时道士"一念就是一两天。村里那些善男信女，这时候都过去拜祭，还要添香油。场面很热闹的"。当天道士所念的经，除了超度一众野鬼游魂外，还要特别超度"鬼王"。老人们回忆说，"鬼王就是鬼中的大王。（摆在那里的）是用纸扎成的鬼王的身子"。当时还有一个很重要的习俗，就是让小孩子撕一小片这位纸扎的鬼王的脚板，然后用棉线把脚板缠成一个球。人们认为，只要把这个球

---

① 也有人说费用由当时的公田支付，村民则通过祭拜时"添香油"的方式自愿资助。

一直挂在身上，小孩子就不怕黑夜了。漳澎人认为鬼都是在黑夜活动的，但小鬼都怕大鬼，夜里路上的野鬼看见小孩身上有鬼王的脚板，就不敢靠近了。不过，陈老伯回忆说："我也撕过鬼王脚，还是怕黑。"

据回忆，当时的这种打醮活动还有一项重要的内容，就是"仙女散花"（即撒纸花）。所散的纸花中有白花和红花两种，村民捡得白花代表将要生男孩，得到红花则代表将要生女孩。由于那时普遍重男轻女，所以村民们都会抢着去捡白花，有些南无佬甚至会把自己抢到的白花卖给想生男孩的妇女。

三、个体祭鬼

（一）七月半拜"阴人仔"

农历七月十四的鬼节，是人们祭祀祖先和野鬼的日子。漳澎人喜欢称鬼为"阴人仔"，称生人为"人仔"。漳澎人相信这日阴间会打开通往阳间的大门，让一众鬼魂上到人间来，所以这一天是一年之中阴气最盛的日子。由于传说鬼都是夜间出来害人的，所以生人这天夜间尤其要注意，绝对不要随便在外面游逛，否则，就有可能会被上来的野鬼抓去而吓掉魂魄甚至死亡。

到了当日下午五六点钟，每家每户都要开始准备饭菜供到人间的"鬼魂"享用，还要烧金银纸，漳澎人称之为"拜鬼"。漳澎人拜鬼的"拜"与拜神的"拜"有着截然不同的文化含义，这时不是满怀感激地恭敬祭拜，而完全可以视为通过提供钱财和祭品使鬼离开的一种方式。正是由于这个差别，拜埠头之类的拜鬼仪式也称为"洗涌"，即洗干净河涌中的"乌糟嘢"①。

祭拜的顺序则是先在自己的家里祭拜祖先，这充分显示出漳澎人实际上把祖先视为鬼，不过只是较为特殊的鬼而已。之后，人们才开始拜祭"外面"各类孤魂野鬼。在家里拜祭时要盛三碗满满的白米饭，白米饭一定要高出碗边呈小土丘状，这是漳澎人祭鬼时特有的盛米饭的方式，给生人吃的饭绝对不能盛成这个样子。准备祭拜的菜肴，三碗、六碗或者九碗均可，但习俗认为数量必须为三或者三的整数倍，此外还要准备三杯酒和三双筷子。也是由于祭祀鬼神的这种仪式中所需饮食及食具的数量多为三，所以漳澎人在日常饮食中对三多有忌讳。如在外出吃饭时，绝对不能够点三个菜、三碗饭

---

① 当地方言，意为肮脏的、邋遢的东西。广府人普遍忌讳直接说鬼，而通常以较为含混的"乌糟嘢"之类的话语委婉地指称。

或三碗汤之类的，否则，会让吃饭的人觉得自己是被当作鬼来祭拜。祭品准备好后逐一放在神主牌前的神台上，如果位置不够，也可以在神台前另设小桌子盛放。之后通常由家中最年长的女主人祈祷，而最为多见的话语是"老伯、嫩伯①，一起回来吃饭。吃过饭，就保佑家里顺顺利利、多子多孙"。

拜祭完家里的祖先后，把所用的祭品搬出自家的大门外，通常还是由女主人祈祷、拜祭在村内街巷等处游荡的孤魂野鬼，即前文所述的各种"死不好"、进不了家的鬼以及无嗣的孤魂。有些虔诚的妇女这时还会专门带上食物等走到埠头、旷野等处，烧金银纸给这些地方的孤魂野鬼。人们认为，这些鬼魂吃饱喝足后，就不会到阳间危害生人的性命了。虔诚的黄婆婆解释说："阴间和阳间一个道理。就是阳间的人用金钱疏通关系，阴间的鬼也是一样的。所以才说啊，就是那个有钱使得鬼推磨。"

依照习俗，这日祭鬼用的食物，人是绝对不能食用的。漳澎人相信，如果生人吃了用于祭鬼的饭菜，游魂野鬼就必定会因为食物被夺而找他们麻烦，甚至会直接取其性命。因此，等到仪式全部结束后，所用的食物都要留在或者撒在家屋之外的某处，以便这些孤魂野鬼慢慢地尽情享用。

（二）拜地头与出火耗

如前文所述，漳澎人在动工修建房子时要举行一个"拜地头"的仪式（见图4-23）。但对于地头到底是什么，漳澎人有不同的认识。有的人认为是一处特定地方的头子的意思，指的是生前拥有这块宅基地产权的主人，但当时已经过世成了鬼。"拜地头"仪式中最重要的部分就是烧地契，这个仪式表明主家已经把这块地买下来了，地头们要承认契约并承担保佑主家的义务，这样以后会一直受到新的主家的祭拜。除此以外，拜地头时还会拜祭房子四角和门外的野鬼，意思是让他们不要到这块土地上来"搞嘢"（即惹是生非）。

关于拜地头仪式的具体过程，本书第二章相关部分已经有较为详细的描述，此处不再赘述。

在房子修建好正式入伙（即迁入居住）前，要举行"出火耗"仪式，其意义在于确保入伙前把屋里的野鬼都赶走。村民们似乎不太喜欢让外人知道新屋"出火耗"，因此在田野调查时我们虽然多方努力，但始终没能亲眼看见此仪式的全过程，只能够综合多位报道人的说法加以描绘。根据六坊时

---

① 伯即伯公，是漳澎人对祖先的一种称呼方式。文中的所谓"老伯、嫩伯"，大体上等于普通话的列祖列宗、各位新老祖宗。

图 4-23　袁婆婆在拜地头

年 78 岁的陈婆婆的说法,"出火耗"时要先拜五方五土地主,然后拜祭房屋的四个角落,最后到河涌边摆放柴米油盐等,还要把一只纸扎的小船放走,船上插一支纸制的令旗。放小船的时候同样要念念有词,现在多见的相关话语是:

> 耗神耗神,你有那么远走那么远。
> 有船坐船,有飞机搭飞机。
> 出过耗神,你快离开屋。
> 现在有柴米油盐祝贺你,现在我家是真金白银买回来。
> 出过耗神你就要走,
> 保佑出入平安,身体健康,荣华富贵。

如此看来,"出火耗"实质上同样是一个用钱财、食物贿赂鬼等离开屋子而求得家人平安的仪式,在方式与实质上都跟其他拜鬼仪式所见的相同。(详见本书第二章相关部分)

四、集体祭鬼

漳澎人有时会以坊等为单位祭拜鬼神,我们称之为集体祭拜。漳澎人集体拜鬼主要在三类地方进行,即埠头、水闸和道路,这些都是漳澎村民日常生活和生产中最为重要的地方，但同时也被认为是意外发生最多、死人最多的地方。村民普遍相信，这几类地方聚集着一众游魂野鬼，需要祭拜才能够获得平安。

而在这三类地方中，埠头显得最为重要，这与漳澎原来是一个四面环水的水乡有关。在20世纪50年代之前，漳澎人只能够依靠船只进出村落，各种生产活动以及与外界的联系，也都必须通过水路进行。因此，各处埠头就是最重要的出入要津，同时也是一个个节点。埠头还是村民信仰生活中重要的仪式场所之一，除了七月十四前的拜埠头，丧礼中的"买水"、"出棺"（意为把棺材运出村子下葬），出海前拜祭"南无阿弥陀佛"和社稷神以及二月初七"水仙诞"等节日，都需要在埠头完成相应的仪式。可以说，在旧时村民的世俗生活和神圣生活中，埠头都占据着极其重要的地位。由于这个缘故，拜祭埠头仪式也最为重要，村民甚至因此而把这三类地方举行的所有的拜鬼仪式都称为"拜埠头"。

以前的村民有集体拜鬼的习俗，而每年的农历七月十一至十三，则都会以坊为单位集体拜埠头。具体在哪一天拜祭，则由各坊自行决定，并无此先彼后的硬性规定。集体拜祭所需要的费用，由村民们集体筹集。这时一般由坊里几个"神心"的老婆婆负责，她们挨家挨户地询问村民要不要参加拜埠头，决定参加的人家这时就会捐款给她们。目前一般的人家给5元或者10元，少数人家会给20元甚至50元。她们收到捐款后有义务代表交了钱的人家拜埠头，而不交钱的人家自然就得不到鬼神的保佑。

婆婆们筹得足够的经费之后，就开始购置所需要的纸张和其他各种祭品。由于拜埠头需要焚烧大量的金银纸（即纸钱），所以婆婆们早在七月初就聚在祠堂或凉棚等公共场所，裁剪所购得的纸张并折成金银纸。本次调查时我们粗略地统计了一下，发现九坊至少折了50大袋，三坊至少折了30大袋，二坊由于埠头较少且不拜水闸，折了20大袋左右就够用了，而每个大袋中都有700多个折成元宝型的金银纸。婆婆们十分注重每袋金银纸的数量，认为一定要"够数"（即每袋不能少于700个）才可以。为什么不能少于700个，她们已经不清楚了，但仍然非常坚持。九坊的一位婆婆认为她所负责的一袋子中有700多个，而另一个婆婆则认为没有这么多，为此两人还在祠堂里起了争执。除了金银纸，还需要准备拜祭所用的其他纸钱，包括大量的冥币、买路钱和奚钱（即一种黄色的纸钱）。不过，这些物事现在大都可以直接购买，节省了婆婆们不少时间。拜祭各处埠头时还需要土地衣和水龙王衣，而祭拜主埠头（即本坊的大码头）时还要准备玉帝衣。裁剪纸张并折成这些用品，是一件非常劳神费心的细活。

每拜一处埠头都需要一大把细香、一小把大香和几对红烛，这些也都要事先准备好。漳澎人普遍相信，鬼神因为某些原因特别喜欢这些香烛，所以拜祭时一定不能缺少。准备拜鬼所用的食物尤其要小心在意，绝对不能粗枝大叶、马虎应对。按照漳澎的传统习俗，用于拜游魂野鬼的食物中，必须有九碗菜、烧酒、汤、米饭、水果、红糖和利是，现在还增加了香烟、饼干和寿桃饼等。我们实地观察后发现，如今各坊的九碗菜有细微差别，但都一定有所谓的"头三"菜肴，即整鸡、猪肉和鸡蛋。如二坊准备的食物就包括整鸡、猪肉、鸡蛋、烧肉、腊肠、凤爪、肉丸、肉卷、炸腐竹等菜肴（这时的食物以肉食为主），还准备了三碗满得像小山般的白米饭、三杯烧酒、一锅肉汤和一些生米。这些食物林林总总，满满地摆了一大桌，相当丰盛，比一般人家平日里的伙食要好得多。而在祭拜主埠头时，还需要再加上一只红纸折成的小船，船上放一碗白米饭、一尾鱼、两杯酒、两根柴和一对红烛，最后将纸船放到水中。以前的小船都是用纸张折成的，现在有人会用塑料泡沫代替，还有人会把折成的纸船放在塑料泡沫上，这样既可以漂得远又能在水面维持得更久。对于仪式所用的祭品的数量和质量，村民都是非常重视的。婆婆们都认为，"这些都一定要做到得体，要大方，要不然就会得罪神，得罪鬼"。

诸样物事准备完毕，也差不多到了祭拜的时间。我们实地观察了九坊、二坊和三坊分别举行的拜埠头仪式①，发现可以分为三个主要的阶段，即宴请、拜祭和送鬼。综合起来说，基本的仪式过程如下。

在仪式前一天，二坊和三坊已完成"宴请"这一程序，九坊则是在拜祭当天早上完成。参宴的"邀请函"，实际上是一支支红色或者绿色的小令旗。上面大多只是写着一个"令"字，但三坊的令旗上还另写着"三坊土地爷爷"和"三坊水仙爷爷（水龙王）"等字样。人们逐一在本坊的各个埠头、巷口、水闸附近、路口等处插上令旗，同时小声念叨："土地爷爷、土地奶奶（或者水龙王爷爷、水龙王奶奶，视对象而定），各方鬼神，明天×坊村民×××，邀请你们来吃。"插好令旗后，还要在旁边上一炷香，婆婆们说这可以起到"引路"的作用，游魂野鬼看见这些令旗和香之后，就知道要到哪里去"找吃的"。

---

① 我们发现，现在的村民对于举办这些仪式已经远不如以前上心。2013年我们调查时，六坊和七坊就没有拜埠头。两个坊的不少居民说，他们坊已经有几年没有拜了，"主要是没人组织。现在很多人都觉得，就是不拜也无所谓"。如今这类活动的发动者和操持者都是义务付出的老年妇女，而一旦她们过世，当地拜埠头之类的民俗活动可能会更加衰落甚至消失。

在拍摄图4-24所示的令旗的时候,路过的一位老婆婆善意地提醒我们,不要单独在这些地方游逛,因为鬼会顺着这些令旗过来,可能会使我们遭受意外之灾。

图4-24 给野鬼"引路"的令旗

当日何时开始拜祭并无成规,但一般选在傍晚,据说是便于昼伏夜出的鬼魂享用进献。由于当时接连几天都是下雨,这次各坊的仪式都提早到了下午2点左右进行。

三个坊的仪式都是从拜祭主埠头开始。二坊的主埠头称为黄姓埠头,这是一个公家的埠头。它与其他埠头的不同之处在于,漳澎人家办丧礼时的买水、出棺等程序,都可以在这个埠头处进行。而别的埠头属于私人或者坊集体所有,拥有者是不愿意用来做这些被认为是不吉利的事情的。

在一张小桌子上摆好祭品后,下午2点负责念神的简姓老婆婆上座了,随后她的两个助手帮忙点燃三支大香,二坊的拜埠头仪式正式开始。这时首先要请天神之首玉帝降临,简婆婆念诵到:

　　一请、二请,
　　请到天上玉皇大帝,
　　今天二坊子民出钱,宴请无主孤魂。
　　请你保佑二坊子民,做事顺利。

念完之后，两位助手即动手焚烧玉帝衣，以此献衣给玉帝。接着要请的是土地爷，两位助手先动手烧土地衣，简婆婆开始念诵：

一请、二请，
请这个土地爷爷，
今天二坊人民出了钱，买了金银衣纸，
侍奉这些无主孤儿。
请你帮他们（指孤魂野鬼）分配，
不要让他们乱抢乱抓。
多得土地爷爷扶持保佑，
保佑二坊子民，个个一帆风顺，
让他们运水当红。
求你帮他们分配，
不要乱抢乱抓，
多有多分，少有少派。
多得土地爷爷扶持保佑，
帮他们分配。

据说等她念诵完时，就请来了土地爷。之后简婆婆继续念诵，不过这次是针对所祭拜的鬼魂的。

一请、二请，
请这些无主孤儿，
上来喝，上来吃，
上来分这些金银衣纸。
吃饱就要守秩序，
服从领导。
你们多有多分，少有少派。
你们不要抢不要抓，
服从土地爷爷领导。
吃饱了，
拿了金银衣纸，
就各人各走各路，
有坟返坟，没坟归庙阁，

> 不要四处乱抢乱害，
> 服从领导。
> 多有多分，少有少派，
> 不要乱抢乱抓。

简婆婆念诵完，两位助手就开始焚烧两大袋金银纸、大量的冥币、大把的香烛，这样他们在阴间就有钱花用而不至于被迫"上来害人"。当日这些"钱"足足烧了五分多钟才基本烧完。最后邀请水龙王爷爷到来，简姓婆婆念诵到：

> 水龙王爷爷、水龙王奶奶：
> 二坊子民出了钱，买了金银衣纸，
> 侍奉无主孤魂。
> 你扶持保佑二坊子民，
> 个个一帆风顺、运水当红、鸿运当头。
> 请你打开水门、开水闸，
> 打开水闸出大船。
> 水龙王爷爷、水龙王奶奶，
> 感谢你扶持保佑子民，个个一帆风顺、运水当红。

念诵完毕后，助手开始焚烧水龙王衣。等到焚烧完毕，再把事先准备好的小船放在一块泡沫板上，点燃小船上的一对红烛并插上三支香，简婆婆又开始念诵：

> 多得水龙王爷爷打开水门、开水闸，
> 打开水闸出大船。
> 柴米油盐整顿好，
> 你保佑它驶出大西洋（意指海洋）。

然后助手把小船放到水里，让其顺水流去，寓意着各种不吉利的鬼魂或者邪气都顺水流走，村民从此过上顺风顺水的生活。

这个仪式的最后一环，是把桌上摆放的所有祭祀用的菜肴撒到河里，米饭、汤和烧酒也要撒入河涌，最后撒的是生米。一边撒还要一边念诵："（鬼魂）吃饱就走了，不要来了。"之后开始送鬼，燃放鞭炮，至此拜祭结束。

拜公路和水闸的仪式与拜埠头的仪式、祷词基本相同，区别只在于仪式相对简单一些，所用的祭品也较少。

第四节　漳澎的祖先观念与信仰

据我们的调查，漳澎最初的几代人去世后几乎都是运回故土下葬。① 但从较早的时候开始，就有人由于各种原因而葬在了漳澎。到了现在，几乎所有的过世者都在漳澎下葬。漳澎人极为敬祖，每年的清明节是仅次于天后诞的聚集全村人的日子。② 如今的漳澎在丧葬仪式、祖先观念、祭祖习俗等方面还有若干较为独特之处，但已大体类同于周围的传统陆地人。应该说，这是历史上漳澎人与周围其他人群长期相处的必然结果，是经历文化涵化与濡化作用的结果。

一、漳澎的丧礼

在漳澎人看来，新逝者的灵魂会先变成"家鬼"（即伯公），最后才会成为祖先，这个过程需要经过一段非常长的时间。在这个漫长的过程之中，有许多规矩与禁忌需要遵守，举办合适的丧葬仪式则是这一过程的起点。

漳澎一个完整的丧礼仪式需要 100 天才能全部完成，这是一个较长的"阈限期"③，只有在通过这 100 天后才能够确保死者走好阴间的路，顺利地成为伯公。待死者的冥寿满 101 岁（即"丰寿"，又作"封寿"）时，就可以归入列祖列宗，此后以祖先的身份享受后人的供奉同时保佑后人。漳澎人认为，祖先最主要的功能就是保佑后人平安、兴旺。而要想获得祖先保佑，后人就必须尊敬先人，如定时拜祭和供奉，让先人在阴间吃得饱、穿得暖、住得好，等等。

---

①　参见张振江《流水·坊巷·人家——村落漳澎的人类学景观》，中山大学出版社 2014 年版，第 165 页。

②　漳澎人祭祖时间不一，有些是清明拜山（即祭祖、扫墓），有些则是重阳节。据调查，这种差异历来存在，也可以说明漳澎人来历的复杂。

③　阈限（Liminality）一词来源于拉丁语"Limen"，意为"在门槛上"。作为人类学的概念，"阈限"最早源于范·盖纳普，指的是"从正常状态下的社会行为模式之中分离出来的一段时间和空间"，即阈限既是一个过程，也是一种状态。维克多·特纳在其著作《象征之林》（*the Forest of Symbols*, 1967）、《仪式过程》（*the Ritual Process*, 1969）中使用并发展了这一概念，认为阈限因仪式类型而异，主要有两种：地位提升仪式中的阈限与地位逆转仪式中的阈限。今天的人类学家相信，通过阈限之后事物的状态或者性质将会发生转化。

（一）丧礼种种

举办丧礼是日后可能成为祖先的第一步，但在过去的漳澎，不是所有的人死去之后都有办丧礼的资格。这也就意味着，有些人注定不能够成为伯公、祖先。村民们回忆，旧时死在村外面的，几乎就不能抬回村里办丧事。过去人们认为，死在外面是非常不吉利的，尸体如果抬回村则会把这些不好的东西带进村子里，造成灾祸。而非正常死亡的情况，如被淹死、砍死、枪毙或者死于难产等，也被认为是不吉利的死法，通常就地收殓，由家人简单地为死者擦拭身体、换上寿衣，然后找一块比较偏僻的地方草草掩埋了事，根本不会为之办丧事。旧时的漳澎四面环水，人们又多在水上讨生活，几乎每年都有被水淹死的。人们的处理方式是，待死尸浮起来，捞到岸上就地收殓、觅地下葬。此外，漳澎人认为16岁以下的孩子还未成年，对于夭死的小孩也是草草埋葬而不会为其办丧礼。

办理这些"死不好"的人的后事时，通常都是在村外临时搭一个简陋的小棚子，以避免阳光晒到尸体。简单收拾好之后，死者的亲人会立刻把棺材抬过来，简单收殓后即行下葬。有些人家要让这些"死不好"的亲人进入家门并为之举办常规的丧礼，就要先进行一种称为"招魂"的仪式。据调查，过去遭遇"死不好"时，经济上允许的人家一般都会为死者招魂。那时的人们认为，如果不招魂的话，这些死在外地的亡灵就肯定会成为游魂野鬼危害生人。漳澎人认为农历八月此类野鬼尤其多，因野鬼而死者也更多，所以这个时候大人尤其要看紧孩子，防止其溺水死亡。①

据调查，招魂仪式的一般做法是：拿死者的某件衣服剪成一个小人的形状，然后穿在竹竿顶部，据说这个小人就会把亡魂引回"窝里"（即家里）。人们说，如果没有这个小人引路，亡魂就会因为不认路而回不了家。但这个小人为何有此功能，则已经无人知晓。这根竹竿上同时还要挂一面镜子，据说其作用是把鬼魂"照"（即"召"）回来，但也有人认为镜子可以为亡灵照清楚回家的路面。等一切准备好之后，死者的亲人边摇竹竿边喊："××（即死者的名字），快回来咯！"如果是死于外地的或者被水淹死的，招魂时家人还必须在埠头处哭死者。哭者通常为女性，且习惯让媳妇去哭。漳澎人认为，"女儿虽然比较亲，只有媳妇才是自己家的"，"女儿是嫁出去的，是别人家的，所以不能让女儿来哭"。这时候还要请南无佬在旁边打斋念经以

---

① 据调查，以前漳澎人每年农历八月因意外而死亡的概率，可能确实高于其他月份。但在我们看来，这与当地八月的水势尤其大有关，而与鬼神无关。

超度亡魂，同时除走亡魂身上的霉气、邪气，"这样之后呢，家里的祖先便不会责怪，就会许可死者进到家里了"。亡魂招回家的当天晚上，家人一定要恭敬地为其上香，并提供水果和饭菜，意为请亡灵回家尽情享用。

人们认为，如此操作之后亡灵就成功地回到家了，也可以为之举办丧事了。但要注意的是，这种招魂仪式只能够由女性经手，而断不能由男子进行。至于为什么如此，已经没有人知道了。

(二) 从断气到下葬

传统上，绝大多数漳澎人都是在自己家里正常过世的，因此，下文我们主要以死于自己家中的男性老人为例进行描述。丧事事关重大，尤其关系到死者能否成为祖先，这也造成漳澎的葬礼既复杂又冗长。

1. 开丧

发现死者将要咽气的时候，家人要马上将老人移到自家厅堂里的床上。老人的脚要对外（即门口的方向），而头要朝里对着神主牌。人们认为，面对着外面的光明路，死者就能够顺利地上路。子女这时要用香茅草煮的水替他擦身子，目的是去掉身上的邪气，之后再给他换上早已准备好的寿衣。寿衣必须是全新的，旧时有钱的人家多为长衣、马褂，没钱的人家只能够用普通的黑色衣服，但"底衣"（即贴身穿的衣服）要为白色的。这时一定要穿一双"无底鞋"（即用布作鞋底的鞋），这样便于老人升天。漳澎人并不认为给正处于弥留状态的老人穿上寿衣是不吉利的事情，人们当然希望在最后时刻会有奇迹出现，只是这种侥幸不死的事从来没有发生过。

死者临断气但尚未断气之时，亲属要围在老人的周围，既是聆听其最后的嘱咐，同时也是让老人再看他们最后一眼，这称为"得孝"。一旦老人彻底断气，子女等一众亲属都要马上"戴孝"。死者的女性至亲如老婆、媳妇、女儿等，都要身披一米多长的白布，这种白布要遮到臀部以下。她们稍后都要参加哭丧，同时还要唱"死人歌"。男性至亲头上则要围一条白布（现在多数是白色的毛巾），腰上扎一条麻绳，有钱的人家还会身披白布。死者的表亲、堂亲等，则都不需要"穿白"（即不需要穿戴孝服）。

之后第一个要进行的重要仪式，就是所谓的"买水"，即由一位亲人（多是长子）拿一个瓦盆放到公共大埠头（即黄姓埠头），等水涨起来的时候向水里撒一些钱（旧时多为碎银子，象征着买水）后，舀一盆水拿回家里供使用。这盆打回来的水要放在一个大簸箕上，还要拿一把镰刀放在盆盖上。人们认为镰刀有杀气，故可以除掉人死所产生的各种污秽之气。但这时要注意绝对不能够让死者"看见"镰刀。死者的大儿子（如果长子因故不在，则由次子）用金银纸蘸一点这种"买回来的水"，逐一擦拭死者的脸、手和脚，目的同样是除去他身上的秽气。如果死者没有儿子，就只好由其老婆、女儿、女婿或者侄儿代替。擦好之后，再让死者手拿若干金银纸。亲属还要封一封利是给死者，作为他买元宝、金银纸的钱。断气的第一天晚上，家人要在死者脚下方点一盏长明灯，这样死者的灵魂可以依据长明灯的光亮回到家里来。这时还要在死者的脚边放一碗饭、一块猪肉和切开成两半但不剥去蛋壳的熟鸡蛋，这些是死者的饮食。把死者放入棺材前，需要用饭菜拜祭死者，其亲戚也可以送花过来以示哀悼。

一般来说，老人死后会自然地闭上眼睛。如果老人死不瞑目或者手握拳头，人们认为这就说明老人还有心愿未了，对人间尚有留恋。漳澎人同样认为死不瞑目是不吉利的，碰到这种情况，就要用纸钱把老人的眼睛合上。

2. 报丧

报丧就是把家中老人去世的消息告知亲友，通常由"孝子"登门报丧。如果死者没有儿子，也可由其女婿、侄儿等代替。但是，习俗要求报丧者一定要是死者的亲近的男性亲属，这个习俗至今依然延续着。

报丧的对象，首先是死者的至亲，如外婆家、舅舅家、已经出嫁的女儿家等，还包括死者生前特别要好的朋友。报丧者不能进入对方的家门，只能站在门口报讯。在漳澎人看来，这样是为了防止把死者身上的晦气带到亲友家中。亲友得到消息后，通常都是随即到死者的家里跪拜、吊孝。死者的家人则要在亲友的手臂或者头上戴上白色的布条，以示吊唁者对死者的尊敬与哀悼。

3. 守夜

下葬之前，死者的子女要一直轮流守护在遗体边上。在漳澎，这被认为是子女表达对老人最后的敬意与不舍的时刻。如果子女不为死者守灵，就会被认为是不孝顺老人的，是极不得体的行为。人们普遍相信，不参与守夜的子女以后无论做什么事情都不会顺利的，因为死者不但不会保佑他，反而会责怪他、捉弄他、为难他。

由于漳澎气候炎热，守夜一般只持续一个夜晚。传统上人们认为死者为大，所以漳澎还从来没有出现过有人为难逝者遗体的情况，守夜时最主要的职责，就是要确保长明灯一直亮着，还要经常烧衣纸（各类纸质祭品的统称）。但这时候要注意不要让猫、狗等动物惊扰尸体，尤其是不能让"四眼猫"（即怀孕的猫）或者黑猫从尸体上方跳过。漳澎人认为，万一出现了这样的情况，尸体就会"跳"起来（即诈尸），就会导致种种不祥之事。在中国西南地区壮侗语族的许多地方至今都有停灵守夜期间绝对不允许出现黑猫跳过尸体的禁忌，这与漳澎的习俗相同，但是我们暂时还不知道彼此之间有无关联。

依照漳澎至今通行的传统习俗，死者的家人、至亲在守灵期间忌荤，只能吃蔬菜、豆腐等素食。在水族等不少壮侗语族中，丧葬期间也有相同的忌荤习俗，但我们同样暂时还不知道彼此之间有无关联。

4. 收殓

漳澎人通常把入殓叫作"收殓"，这个过程通常都是由漳澎人蔑称为"白蚁佬"的专业收尸人员完成。

旧时漳澎的棺木多数是用"大西围"（记音字，一种树木的名称）制作而成，大地主等有钱人家的棺木一般做得非常大，也非常重，下葬时通常需要八个人才抬得起。而普通人家的棺木相对较小也比较轻，两个人就可以抬起来了。收殓时，先把死者头部放在棺材里事先放置的一个用金银纸做成的枕头之上，意为"做个有钱的鬼"。接着用竹丝固定住头部，以确保不会侧向左侧或者右侧。否则，"老人就会偏心，就是只保佑他的儿子中的一个发财"。而头部摆正，则意味着"保佑全部子女都大发"。据村里的老人回忆，以前有钱人入棺时，家人会用一根红线串上若干铜钱放入棺材内，意思也是"保佑子女个个大发，不偏心"。放置好尸体后，还要在老人的手里塞点钱，这样他到阴间也同样能够给子女买田、买地。由于这个缘故，以前偶尔有些穷人会去"偷皇陵"①。

死者遗体放好之后，至亲的人围着棺材走两圈，这是见死者的最后一面，之后就要盖上棺材，用钉子把棺盖钉死。按照漳澎人的习俗，盖上棺盖的时候子女不能看死者，否则生人的灵魂会被鬼魂招走。

5. 出殡和下葬

有钱人家都会请人择定时辰出殡，以前只有男丁能抬棺送葬。但孝子不抬棺木，"因为他太伤心了，还得要别人扶着走"。传统上女性亲属也可以送葬，但只能送到埠头为止。离开家门时死者最亲的亲属（即伴侣、子女、孙辈，不包括表亲、堂亲）走在出殡队伍的最前面，他们手里都要拿着丧棒。丧棒必须是由新砍下来的一截竹子制成，还要在棒上缠绕多圈白色的纸钱。死者的女婿要在棺材头上方撑起"窝"——所谓的"窝"，是漳澎人用竹子编成的一种平日用来晒谷子用的农具，这时则用来遮蔽棺材不让太阳晒到棺木。漳澎人认为，人死了之后就成了"脏东西"，所以不能让天神看到。如

---

① 漳澎一带其实从来没有所谓的皇陵，但一直有这个相当别致的说法。很多人说，这个说法是在凉棚中听讲历史故事而习得的。

果没有遮蔽好而让太阳晒到棺材，就等于是让天神看到了，这就"污秽了天神"，会招致灾祸。

送殡时，要带上死者媳妇准备好的米饭（即寿饭）、烧酒以及熟猪头。出殡仪式结束后，猪头要带回家里由家人分食。但这时家人要蹲在簸箕上吃而不能围着桌子吃，漳澎人办喜事时才采用围桌吃饭的方式。

漳澎实行二次葬，第一次埋葬的地点通常是"死前老人自己选好了的"。黄婆婆所说的漳澎"处处都是太平地"，意思是说只要是按照老人的意愿，就都是好的下葬地。旧时有钱人家多是埋在祖坟处或者自家的田地中，而贫苦人家多是葬到村外一个叫"大地堂"的地方，没钱举办丧礼的他们只能把亲人用席子卷起来草草下葬，根本没有能力讲究是不是风水宝地。当时所谓的大地堂，其实就是一个孤零零的荒芜的大草墩。人们回忆，当时上面遍布高高的莞草，还没有人耕种，平时也只有清明拜祭时那里才有些微人气。漳澎凡是死得不好的、夭折的以及穷人家都葬在那里，久而久之便成了集体墓地。老人家说，以前漳澎的婴幼儿死亡率很高，父母就把尸体扔到大地堂，后来就成了孤魂野鬼。有些人家过几年会去捡骨，有些人家则连骨头都不捡。因此，老人家说，所谓的大地堂又是当时的"乱葬岗""乱坟岗"。现在此处已经与漳澎村落地境连为一体，被征用后盖上了新房子，原来在此处的诸多金塔也都已经迁往他处。

旧时等到下葬完毕，所有帮忙安葬死者的人从墓地回来后，都要先集中到村中的特定社稷处，绕着社稷"运一圈"（即走一圈）。当时是"死者是属于哪一片的人，就要到哪一片的社稷处走一圈"。现在这个习俗依然完整保存，但由于各处社稷的周围都已经非常逼仄，走不了一圈，所以只是拜一下即可。人们认为，如此一来就可以"运"走身上的各种脏东西，变得大吉大利。拜完后还要燃放鞭炮，这个习俗现在也保存下来。之后大家就可以集体回到事主家，家人把死者的画像（现在多为大幅照片）放在摆放供品的小桌子上，众人对着遗像跪拜并献上各种祭品。

事主家会给来帮忙的人发利是，"是用来买鞭炮放的"。如有剩余则可以买火柴，还有剩的就全部用来买糖，买糖意味着生人的日子能够过得甜甜蜜蜜。叶婆婆说："这个时候给的这种钱啊，是不能不花完，就是不能有剩下的，也千万不能带回家。祭拜死人的那些祭品呢，生人也不能吃的，后头都是要倒掉的。"如果家庭条件允许的话，事主家会请亲戚和来帮忙的人一起吃餐饭。蔡伯伯回忆说，那时办丧事时还有一个习俗，就是如果死者是高寿而亡的，这餐饭后要给每位客人一只就餐时所使用的饭碗带回家去，这个习俗称为"带餐"，人们希望借此沾高寿者的光令自己长寿。

(三)"做七"和"百日做英雄"

从死者去世当天开始,除了每天都要上香、祭拜之外,每七天还要做一次相对隆重的祭拜仪式,即传统的"做七"。漳澎人认为,每七天死者的灵魂就升一个新位置,直至第四十九天灵魂最终升上天。而在东江两岸的许多地方,都有类似的认识。如此说来,成为祖先需要一定的时日与过程。这个现象似乎尚无人认真提及,但可能极为有意思。

以前做七时,有钱的人家几乎都要请南无佬来为死者念经以超度亡灵。本次调查时已经年逾 70 岁的叶婆婆对我们说,漳澎以前还流传着一首比较长的歌谣,"就是讲做七的"。但是,由于时隔太久,漳澎现在已经无人能够记得全部歌词了,叶婆婆所记得的部分内容如下(……代表遗忘部分):

> 头七不知死,
> 二七死不知,
> 三七走去河边洗下手,
> 谁知洗到手指退咗(了)皮。
> ……
> 五七不吃家堂(自家)饭,
> 走出河边等女来。
> ……
> 七七做埋四十九。

这首歌中所述的就是漳澎人对亡魂处于不同阶段时的状态的想象。"头七"和"二七"的时候,亡魂还不知道自己已经死了,因此,还在随处游荡。到了"三七"的时候,亡魂发现自己身体开始腐烂,这才渐渐意识到自己已经死了。正是由于这个缘故,"头七"至"四七"都是由老人的儿子操办的,无子者则由外甥或者侄子辈操办。"五七"的时候亡魂就去河边等女儿,让女儿为自己"做七"。这个转变,实际上是说老人已经离家越来越远了,因为女儿已不是"自家人",在关系上比儿子疏远得多。但女儿也要承担供奉老人的责任,所以"五七"要让女儿操办以表孝道。如果没有女儿的话,则由嫡系的侄女之类的女性亲属操办。据村民介绍,原则上是每七天都要进行一次较为隆重的拜祭,但规格是否隆重,是否做足七个"七",历来都不一定。老人们回忆说,旧时如果家里实在困难,只简单地操办"头七""五七"和"尾七"也可以。

死者过世后，要把死者的遗像立在小桌子上，但不能放上神台。下葬当天晚上煲两个鸡蛋，放在糖水里。第二天早上看鸡蛋上有没有手指印，如果有则说明死者夜间回来吃过。如果没有，就要继续供，直到鸡蛋上有手指印为止。村民们都说，鸡蛋上一定会有手指印的，甚至还会有牙齿印。有的人还说死者会回来揭起饭煲盖子看看。

到"二七"边，即死者去世十二三天的时候，旧时人们认为死者就要"回魂"了。家人要在祭祀的小桌子上摆放九碗菜，方便死者的鬼魂回来请"客人"到家里吃饭。漳澎的天气热，所以菜里都要放很多的盐防止迅速腐败。这时也要煮熟一个鸡蛋，剥去蛋壳后放在糖水碗里，鬼魂回来后会在上面留下手指印以证明他回来了。祭祀的九碗菜事后必须倒掉或者给狗吃，"人绝对不能吃鬼吃过的饭菜"。

到"五七"之日，要做一些糯米团、糕点吃。这天死者的女性至亲（包括已嫁的女儿、姑姑、媳妇等）要一人拿着一个火盆，里面放着称为衣食米的大米（寓意以后有吃有穿）、糕点、香、蜡烛。以前受经济能力的限制，有些家庭在做完"五七"后便结束法事，等到清明再拜祭。现在人们普遍简化丧葬程序，但仍然普遍做"五七"。

到死者过世后的第四十九日（即"尾七"），要把丧棒烧掉，把拜祭过死者的灯火、香炉等一应杂物扔到河涌里。长明灯在出殡的时候就已经扔到河涌里。

到了现在，由于人们的观念发生了重大的变迁，仪式已经简化了许多，很多家庭都是只做"头七""五七"和"尾七"，其中以"五七"最为隆重，"尾七"其次，"头七"最简单。不变的是，人们至今还会"做百日"，通常还操办得很隆重。

"做百日"也称为"做英雄"，"百日做英雄要'当齐'，就是死了100天后，要让死者什么都齐备的意思"。这时亲属要准备100件果品和蔬菜，还要准备各种纸扎的祭品，如公仔（用纸糊成或者扎成的纸人）、房屋（现在还有汽车、电脑），等等。四坊的林老伯说："老人啊，就是生前忙忙碌碌的，也没有享过什么福。所以呢，这个时候一定要多给他一些吃的食物。还要烧纸扎公仔给他，就是到阴间给他做奴婢。要烧大屋给他，就是让他在里面住。现在呢，还要配上最新的电子设备。这样之后，就可以让老人在阴间过得舒适自在。"因为种类众多，这些物事被统称为"百样"。全部备齐后，家人先在家里死者的神像（即遗像）前诚心祭拜，之后再把这些祭品抬到老人的坟墓处拜祭，祝愿老人在阴间享福、安息。祭祀完回到家之后，众人齐齐吃掉这些祭品。

在漳澎人看来,"做百日"意义重大。他们相信只有做了百日仪式,死者才可以成为伯公,遗像才可以放上神台,其魂灵以后才可以成为祖先。因此,人们至今对这个仪式仍极为重视。死者过世一个月之时,通常就要找鬼婆"问鬼",以确定死者具体需要些什么,然后逐一购买、添置,等百日时全部烧给死者。"做百日"后整个丧礼全部结束,人们认为死者的灵魂自此进入伯公的行列,虽然还不是祖先,但已经可以接受子孙后代的祭拜了。

在死者满一周年时以及此后每年的清明、中元节和重阳等时日,老人的后人都会到坟墓处拜祭。但如果老人过世还不够100天就到了清明,则要待做完百日后,到重阳的时候再拜祭。

(四)丧礼期间的禁忌

丧葬事关重大,旧时的漳澎人在办理丧葬事宜的过程中形成了诸多禁忌。这些禁忌涉及许多方面,非常好地反映了当时漳澎人的伦理道德观念以及文化习俗。以下列出的是我们调查所得的最主要的几条。

(1)死者去世后,其女儿从死者收殓开始的一个月内不能够洗头,其间儿子则不能剪头发,这个习俗称为"守孝义"。以前的漳澎人对于"身体发肤,受之父母"这句话同样守得很严,老人死后子女要保持头发完整,以表示对父母的尊敬与纪念。

(2)家里如果有人去世,直系亲属在100天内不能进别人的房子,也不能请客人来家吃饭。人们相信,家中有人死了全家都沾上了不好的运气,若到别人家串门或者请别人到家中做客,这些不好的运气会传染给别人,使他们遭遇不幸。

此外,这一期间亲友如果"做好事"(如结婚),死者的家人也不能去参加,因为"红事和白事不能相冲"。

(3)死者生前所拥有的全部东西,出殡时都要扔到涌里。但属于高龄(80岁以上)的死者的衣服则可以留下,因为这"等于把长寿的福气也留下来"。我国西南许多少数民族地区也有类似的习俗,而最突出的可能是藏族。但是,我们还不清楚彼此间有无关系。

(4)停尸的时候,尸体旁边不能放扫把。人们相信如果放扫把的话尸体会弹起来。

(5)人死后要马上用煎好的薄饼盖住死者的整块脸,意思是借此封住死者的嘴巴,防止死者体内的细菌、秽气等传播。

(6)父亲或者母亲去世时,如果女儿的小孩未满月,则女儿不能回娘家参加丧礼。漳澎人相信,这时女儿参加丧礼会沾染晦气导致意外——死者会因为寂寞的缘故,而把未满月的孩子带去阴间陪伴,从而导致小孩死去。

与许多地区一样,漳澎人认为小孩由于年龄小,灵魂还没跟身体紧紧地结合在一起,很容易因故出现灵魂短暂或永远离开身体(即掉魂)的情况。而且孩子的年龄越小,灵魂越容易"掉",也越容易永久地离开身体而死亡。

二、墓地风水

(一)金塔与阴宅

可能在很早的时候,漳澎就实行二次葬。第一次下葬的地点通常是老人在世时自己选定的,而下葬一段时间(通常是五六年)后,后人就要将其尸骨捡出来,另择墓地安置,这就是"二次葬"。

漳澎人普遍认为自己重视墓地风水,但漳澎却似乎从来没有出过一位本村的风水师,看风水时都要到邻近的村子找风水先生。我们通过调查发现,除了几个人数较多的家族如陈、刘、林、简、郭等姓拥有一定规模的看上去有风水讲究的墓地外,相当多的人家的金塔(又称金坛,即当地放置人骨的坛子)其实还是很随意地放置,完全谈不上讲究风水。以下所述的,是以讲究风水为根据的。

到了一定的时间后,事主家就要找几位"土工佬"帮忙。旧时漳澎一带有专门从事丧葬的人,被称为"土工佬",他们挖出棺材后,把里面残余的还没有腐烂的骨头捡出来,洗干净后再放进金塔之中另行择地安葬,这个过程称为"捡金"。角尾村的梁老伯回忆说:"以前把骨头捡起来的意思,主要是为更好地纪念那些过世的老人。因为让老人埋在土里,肯定就会腐烂,最后就烂到什么都没有了。把骨头拿出来,洗干净,再重新下葬到金塔里,骨头就永远都不会腐烂。这样啊,就可以比较好地纪念老人了。"年近80岁的林老伯说,"年龄越大的人的尸首,完全腐烂需要的时间越长",这是因为"老的人筋骨比较韧"。九坊的黄老婆婆也说,"二寿、三寿、四寿的时候"①还不能够去捡骨头,因为这时尸体可能还没完全腐烂掉。

骨头逐一捡出来后,必须按照一定的顺序逐一排列好,之后才能够放入金塔内。一般都是依照腿骨在下、手骨和胸骨在中间支撑着最上面的头骨的顺序,即要使之看起来像是在世时坐着或者躺着一般。这种金塔有里外两个

---

① 分别指下葬后的第二年、第三年和第四年。按漳澎的传统习俗,对于死者不称年,而是称寿。

盖子，一般来说足以确保其内的骨头安全无虞。但由于不是密封的，旧时有些调皮的"掌牛仔"（即放牛的小孩），会扔石子把盖子打破或者拿掉，这样就可能会有蛇、白蚁等爬进去。人们认为，"有蛇爬进去倒不怕（因为蛇不吃骨头）。最怕的是有白蚁，白蚁会把里面的骨头都啃光了"。人们认为，这是不好的事情，会给后人招来不测。漳澎现在已经实行火葬多年，但仍然使用传统的金塔装骨灰，装入后用透明胶带封好放入墓地或者他处。现在所用的金塔，几乎都是从位于漳澎四坊境内的供销社购买的，目前一个金塔要价200多元。

残存的尸骨放入金塔后，旧时一般人家会将之放在离村子较远的、没有人居住的某个墩上，那时应该完全没有所谓风水方面的讲究。但由于漳澎是由历史上不断冒出水面的许多孤立的墩（即小高地）相连形成的村子，没有大山而且土地资源又非常有限，所以能找到一片不会被水淹的高地放金塔其实也不是件容易的事。漳澎属于水乡地区，气候又极为温热，经常发大水，尸体以及棺木通常腐烂得较快。许多棺木连同其内的尸体，很快就会变得像前文的梁老伯所说的那样"烂到一点都没有"。所以有人认为，就是因为这个担忧，漳澎人才采用了二次葬的方式。① 传统上，金塔有一半左右埋在土里是为了防止被水冲走，盖子上面则要贴上"奚钱"（即黄色的纸钱）。

从现在已经难以确知的年代开始，有些人家就把金塔放在一起形成了某种形式的家族墓园，现在漳澎已经有几个这类墓园。② 在同一座大的坟墓建筑内，以面向坟的方向为准，男性死者的金塔放在左边，女性的金塔在右边。这是因为漳澎人始终相信在空间方面左为大、右为小，丧葬自然也遵从这一规则，体现出旧时男尊女卑的社会观念。同样的道理，同一辈人中年长者的金塔要放在左边，年幼者的在右边。而对于不同辈分的人，则从里往外一代一代地按照顺序放置，每过三代人就会另立一座新坟。但如果生前兄弟不和，则有可能提早出现分坟的现象。

现在，漳澎人家的收入水平提高了，不少人给坟墓贴上了瓷片，使之成为半圆状的白色的"阴间的房子"，借此表示对祖先的孝顺与尊敬。

（二）墓地选择

如前文所述，历史上的漳澎人实际上对于身后之事较为随意，那时应该

---

① 对于采用二次葬，漳澎人有不同的解释。参见张振江《流水·坊巷·人家——村落漳澎的人类学景观》，中山大学出版社2014年版，第164～166页。

② 参见张振江《流水·坊巷·人家——村落漳澎的人类学景观》，中山大学出版社2014年版，第165～166页。

并没有多少风水之类的讲究，尸体和金塔都是送回原乡或者置于某处草墩。但到了后来，墓地风水观念逐渐形成并在一定程度上通行，人们有条件选择墓地并讲究祖荫。当然，相比起周围的地方，漳澎的墓地风水观念至今还是较为薄弱。

一坊的蔡老伯是我们的主要调查对象之一，他就十分相信风水。在他看来，简姓能在一坊中取得支配地位，林氏一直能掌握漳澎的大权而一坊出不了书记，就是彼此的墓地风水不同，相应所获得的祖荫也不相同所导致的。有些村民不认同他的这一看法，他大为光火地与对方争辩。

对于讲究墓地风水的人来说，由于漳澎四面环水，因此水是风水方面最重要的因素。七坊年已90岁的陈老伯说："风水风水，其实就是讲水源，是讲在河道那里可以有水，在那里转来转去就是好风水。所以啊，墓地大多数就是要建在水曲的地方的。"在漳澎人的空间观中，曲和直是相对立的，曲是吉祥的、聚财的，而直是充满凶气的、不吉祥的、散财的。正是为了化解"直"（即避免"冲"），漳澎人在村落内设立了石敢当等辟邪物，在风水方面则堆砌了与直流水垂直的"风水垒"以形成水曲。漳澎的风水垒类似于一堵堤坝或者土墙，在岭南许多村寨都可以见到。风水垒与河涌垂直形成一个"T"形，人们认为如此就可以挡住直流水所带来的煞气。在广深沿海高速公路到一坊之间，至今仍然有一个风水垒，人们认为它化解了河涌直冲漳澎的凶煞之势。

蔡老伯所说的"水曲为财"，这可能是漳澎人传统风水观念的精华要义。墓地的风水自然也以选在水曲处为优，而最优的则是在近水的弯处，"因为这样的话，不管是逆流、顺流，流水都能经过墓地"。

漳澎有一处被认为风水最好的墓地（见图4-25），位于漳澎村新一坊的东面、广深沿海高速桥底附近，距离村子大约20分钟的步程。据说这片风水宝地是由一坊的简老伯最先发现的，本次调查时他已经95岁高龄了。简老伯是漳澎第一批中共党员，长期在村中担任要职。据说，他通过自己看书学习和听风水先生的指点，掌握了一定的风水知识。某次他最先相中了这块地，认为这里风水尤其好，就利用职权悄悄地把这块地扣了下来。后来，几个姓氏的人家都把祖先的金塔迁移到这里，逐渐形成现在具有公共墓地性质的地块。简老伯回忆，其实新中国成立前在漳澎村风水先生看过风水的墓地很少，人们是到了近些年才开始普遍讲究风水的。如刘姓人家在1992年经过风水演绎挑选了一处墓地，后来修建了一个大型墓穴，并把祖先的金塔都集中迁至那处墓地。

在图4-25中，黑箭头表示早上涨潮时的水流方向，灰色箭头表示傍晚

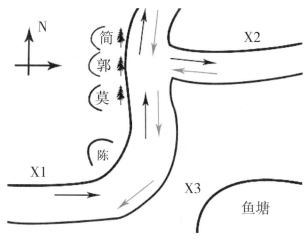

图4-25 漳澎人的一大片墓地

退潮时的水流方向。可以看出，村民多是选择在西北岸修建墓地的，普遍说是因为那里的风水好。但如果从科学的角度看，这其实与流水的侵蚀有关。根据地转偏向力规律可知，北半球的河流会因为地球偏转的影响而不断侵蚀东南岸土地，时间久了必定会影响那里的墓地。蔡老伯说，陈姓人家的墓地比较好，是因为"它对面有一个水塘，呈拥抱水塘之势，就是能把大量的金钱拥入怀中"。而简氏、郭氏和莫氏三姓人家的墓地更好，因为他们的祖坟都是处于"两条水的交汇之处，祖先可以看到两条水流入自己的怀中，后代所获得的钱财便会更多"。由于早上涨潮时水流并不是流向这三个墓地，所以人们在墓地前种上了大树，"大树会挡住祖先的视线，这样祖先便看不到水流出去了（钱财也就不会流失了）"。而图中打"X"标志的三处地方，人们认为都是风水不好、不宜于修建墓地的。如在相信风水的村民们看来，X1和X2所处位置与河流平行所以不能聚财，而X3不仅同样不能聚财，还由于地势低易遭水淹没而尤为不吉。

当然，历史上漳澎大部分家族和家庭对墓地的风水是没有多少考虑的，主要有以下几个方面的原因：第一，那时经济能力有限，普遍无力承担"合心意"的风水宝地的费用；第二，旧时漳澎的土地资源非常有限，地势低洼常被水淹，适合作为墓地的地方并不多；第三，最初的几代人大多是在过身后运回原乡祖坟处下葬的，也没有选择所谓风水好的墓地的必要。但不论最重要的原因是什么，风水观念相对淡薄似乎成了传统，如今漳澎人已不像许多传统的农村那样重视风水，选择好风水的墓地的家族或者家庭还是非常少。

传统上，漳澎的人们多是把逝者葬在集体性质的墓地中，这更降低了风水在人们心目中的重要性。我们在调查时偶然获得了一份漳澎八坊上报的迁坟资料①，从而得知当地一些老墓地的名称，得以窥探历史上漳澎人墓葬的若干风貌。这份资料显示，八坊逝者的坟墓主要见于下列各处：万人坑、巷尾基、六坊公路边、三条树、还河、蚝壳涌、大县、二落尾、慕孔灯、车站边、丁妹围、灯下、水闸灯下、使桶落、金兴围、州放、二落、鼻歌、公路边、车站大园、农科站附近。根据这份表中的地名，可以看到漳澎人多会把先人葬在以下几类地点：第一类是河畔、路边，如蚝壳涌、还河、车站边、六坊公路边等；第二类是万人坑（即乱葬岗），这是一处类似于前文所述的大地堂那样具有公共性质的集体墓地；第三类是灯、围等高地，这类地方能够较好地免受水灾之害。灯当为"墩"字的讹写，漳澎话中自然而成的水中高地，围则是人力造成的高地。其他如三条树、使桶落（应为"屎桶落"，即倒粪便的地方）等，也都不是什么风水宝地。根据这些地名似乎可以说，历史上只要地势稍高不会被水淹没的地方，都可能成为漳澎人身后的归宿，这显然没有多少风水的痕迹。

三、祭祖

历经诸多阶段成为伯公尤其是在成为祖先之后，漳澎的先人便有资格接受后人的尊敬与崇拜，享受各种岁时年节的祭祀。对此我们在《流水·坊巷·人家——村落漳澎的人类学景观》一书中多有涉及，此处我们分别从家庭和阖族两个侧面进行若干补充性的描述与分析。

（一）家庭祭祀

如本书第三章所述，漳澎人对于所谓的"反哺"，即子女赡养父母，并不是特别强调。漳澎的"反哺"与惯常所见有所不同。在实际生活中，漳澎人一直有儿子结婚即行分家的习俗，此后父子各分炉灶、各自生活，最多在年节或某些特殊的日子才可能短暂团聚。而旧时漳澎人的生活相当艰苦，每天需要扒艇（即划小船）几个小时往返于田地与家园之间，或者终日在海上打鱼谋生。即使这样，多数人家依旧难以维持温饱，平时确实也没有多少时

---

① 近些年来，政府在漳澎推行公共墓地，要求村人上报迁坟。由于资料涉及较多个人隐私，故本文只选择与论题有关的信息。

间和能力照顾父母。六坊的赵伯伯就说，分家后的儿子既要谋生又要照顾自己的家庭，实在难以兼顾父母；而漳澎老人身体一般都很硬朗，自理能力很强，不是万不得已也不愿意麻烦子女。

比起生前不太注意照顾老人，漳澎人更注重老人的身后事以及老人成为伯公和祖先后的祭拜。除了显示家族香火传承、使逝者得到血食之外，人们说这样做是为了弥补生前对老人的照顾不周，但我们相信更可能是要借此求得老人在天之灵的保佑。父母去世后，孝子们普遍尽己所能举行隆重的丧礼，下葬后不仅逢年过节以及特殊的日子都要上香、拜祭，日常的初一十五也要进行例行性的祭拜。与阖族祭祀祖宗相比较，许多老人家都表示这种家庭性的祭祀更重要，因为父母比家族的"老祖先要亲得多"，也更能照顾自己："那是你自己的亲生父母啊，他在天上，当然会更加照顾你。要是爷爷、奶奶那一辈，就跟你没那么亲了，更不要说是更老的伯公。"这是陈老伯的解释，其实也是漳澎人一般的认识。

所谓家庭祭祀通常存在于核心家庭内部，但在某些特别的情况下，也可以由父系大家庭的某个亲属来承担这个义务。在本次调查中我们在走访一间有百年历史的青砖大屋时发现，屋子住着一位老婆婆，但大屋的牌位上面显示的祭拜对象并不是她的父母或者公婆。这间屋子的原主人是她丈夫的一位"叔伯兄弟"，后来屋主人又将大屋分给了自己的大儿子。改革开放后大儿子全家迁去新加坡，这间房子就交给她来打理，而最主要的事情就是要供奉祖先。因此，屋子里放着的是原来屋主的遗像，而她已经去世的丈夫及其祖先则由她住在姓刘基（位于十坊境内）的儿子一家供奉。此外还有一种情况，在过继时继承了家族中某位亲人的房子和财产的，所祭拜的也不是自己的亲生父母。由于我们在前文已经进行过描述，故此处不赘。

据回忆，新中国成立前的漳澎村民家中，已普遍设有神台（即牌位）。每一位婚后分家出去的儿子，都要在新家中建造属于自家的神台，父母过世后要在神台上摆放遗像。不过，那时的神台通常比较简单。一般人家都是在厅堂或者房屋的后墙正对大门的半高处，钉上一块木板作为神台台面，然后在上面摆上还未到达"丰寿"年龄的先人的画像，再用一张写有"某某姓氏历代祖先""某某姓堂上列祖列宗"之类字样的红纸或者用一块朱红色的木牌代表祖先，这就成了所谓的神台或者神楼。在平常的日子里，神台上面一般都没有供奉的祭品，即使有的话也较为简单，如自产的水果之类；只有在逢年过节或者特殊的节日时，才可能有一些肉食、香火、蜡烛等。现在漳澎民居中多摆放了精致的三层神柜，甚至有人家花了几千块钱定制大型、精美的祖先牌位，说明漳澎人愿意也有经济能力在家庭祭祀上花更多的金钱。

林老伯家里就有这样一座大神台,他说:"现在生活好了,当然要更多地感谢祖先保佑,纪念他们(好生活就是他们保佑才得来的)。"本书第二章对此已经有较多的描述,可以参看。

(二) 阖族祭祀

漳澎有许多大大小小的宗族(通常俗称为家族),历史上这些宗族虽然并不强势①,但也会举行阖族祭祀,以示对祖先的敬意与感念。那时的漳澎人除了逢年过节集体到祠堂祭祖之外,特定的日子还会集体到祖坟处祭祖。

据调查,漳澎不同的人家阖族祭祀历来有时间上的不同,有些家族是在清明祭祖,有些家族则是在重阳。但一般来说,在清明集结村中族人祭祀祖先的相对较多。不同家族的祭拜程序与仪式几乎完全相同,主要的差别在于参与人数的多少和祭品的丰富程度等。由于旧时的漳澎人生活普遍十分贫苦,所以很多小家族一切从简,不仅参与的人数少,祭品通常也只有最基本的若干样。但是,对于林姓、陈姓等人丁兴旺、财产丰厚的大家族来说,家族祭祀还是比较隆重的。

本次调查时居住于七坊的陈老伯已经90岁,但记忆力依然良好。他回忆说,新中国成立前他们那支的陈氏家族有不少"蒸尝田",足以应付"拜山"时的各种支出,所以每年的各种祭拜活动总能够隆重而又得体地举行。陈老伯说,在旧时普遍贫穷的漳澎村,只有少数相当有钱的大家族才有这种田地。这位陈老伯的太公是当时漳澎的大地主,积累了较多的财产与用作祭祀的蒸尝田。据介绍,新中国成立前漳澎的蒸尝田其实有两种:一种为"大家庭的",即属于整个宗族的蒸尝田;一种是"小家庭的",即老人死后留给自己那一支子孙的蒸尝田。大家族的蒸尝由本族内有声望、年纪大且办事公道的几位族人共同管理,小家庭的在分家的时候便会明确分给子女,用作其日后办丧礼、"做人情"②和祭祀等所用。由于小蒸尝田的用途是固定的,日后如果想改作他用,需要事先获得家庭其他成员的同意。而大家庭的蒸尝田属于公共财产,更是需要所有拥有者同意才可以改变用途。

由于各个家族的具体情况不同,因此集体拜祭时的供品也无法有什么特定的标准。但是,至少必须有烧猪,而且祭祀一处须用单独的一头。陈老伯

---

① 这是漳澎所谓的宗族与周围村落的宗族的最大不同,即宗族在漳澎始终势力不彰。在明清时代宗族势力强大的珠江三角洲,这一点显得非常特殊。《流水·坊巷·人家——村落漳澎的人类学景观》第三章对此有初步的描述和分析。

② 漳澎人所谓的"做人情",意思是送礼物给别人。如有人过世时,用这种财物做帛金就是做人情。传统上,"做好事"(即做法事)时家人或者族人也要经常使用这种财物。

所在的家族要祭祀于三处距离较远的地方的祖先，所以那时都是要带三头烧猪上船逐一前往。在陈老伯年少时（约20世纪30年代），三头烧猪需要很大一笔费用。由此也可以看出，当时的陈氏确实是漳澎的有钱家族。等到家族祭祀结束后，烧猪等祭品会全数带回来，由家族中德高望重的老人在祠堂门口前平均分给族人，这就是著名的"分太公肉"习俗。但在以前，这种肉只分给家族承认的男丁，女性则没份。

在现在的漳澎，陈老伯是陈氏族人中最年长的人之一。他回忆说，年轻的时候他经常去三个祖坟处"挂纸"（即为祖先扫墓、祭拜祖先），分别是广州的太平沙、增城的新塘和东莞的莞城，每次都是家族中的二十几个男丁一起坐船去。由于当时交通极为不便，所以每天只能够去一个地方拜祭，全部拜完需要好几天。由此而产生的全部费用，都是"用公家的"，即由蒸尝田的所得支付。陈老伯说，后来就不去太平沙了，因为当时是坐船加步行，实在是"路途太远了"。遇到"文革"中断多年后，近些年来家族又集体去拜山了。"（现在）又有钱了。还跟山尾、冼村这支相认了。现在（拜山）啊，就是（族人）陈冠杰出钱。他每次雇两辆大巴车，一次一共有90多个人去。他还包吃、包住。早几年啊，他还带我们这一群伯父辈的，去他在南雄的度假村，就是去旅游。南雄珠玑巷里，有100多姓的祠堂。最里面的一间，就是陈姓的。陈冠杰呢，就带着我们去参观那间祠堂。"2013年调查中，老人多次跟我们提起陈冠杰请他们这些族人去扫墓，每次都是神情自豪。

不过，对于自己的祖先是谁，历史上来自哪里，漳澎人确实的记忆通常不出三代，实际上人们一般不太理会了。至于位于远在外地的老祖坟，更是经常不管不顾了。许多老人都说，每到清明节，以前的漳澎人家就会集结族人到这些远祖的墓地拜祭，通过怀祖追远以彰显本族源远流长。但是，这些说法与我们访谈所得的并不相符。如我们发现，许多人一辈子最多也只是去拜祭过几次。例如，对前文的陈老伯来说，每年清明时最重要的是去拜祭自己的太公、祖父和父亲；更远的位于太平和新塘的远祖坟墓，则"是可去可不去的"，他"也只是在年轻时去过几次"。每次祭祀时都是依据"远疏近亲"的原则，如清明祭祀时要先拜祭自己的父辈，之后祭祀祖父辈，再之后祭祀曾祖、高祖辈等远祖。这位陈老伯的父母葬在漳澎村落外一个叫大鱼尾的地方，那里很早就是一块小高地。每年清明，陈老伯都要先到父母坟前拜祭，之后再看情况决定是否参加宗族的集体拜祭。

现在的漳澎家族倾向于把坟墓集中起来，如一坊、二坊的刘姓族人在1996年就把从入粤始祖永耀公开始的历代先人的金塔全部迁移至一处。刘氏族人在广深高速公路的西侧、新陈氏祠堂附近修建了一处大公墓,上面还刻有"刘门祖先之墓"的字样。① 这座新墓的旁边还有一座刘氏祖先墓,但其周围遍布杂草和垃圾,说明长期无人打理、祭拜。而新墓周围不仅干净整洁,墓道口两边还种有两棵花树。如此看来,刘氏也和陈氏一样遵循"远疏近亲"的原则。这块墓地处于流水弯处,对面不远处还有一个池塘,漳澎人认为拥有"拥抱池塘进财"的好风水,"是一处风水好的墓地"。

漳澎现在也还有某种意义上的集体祭祀,但在许多方面都已经难以与新中国成立前的相比。例如,如今的族人们都是自愿参加,宗族对于不参加祭祀的毫无制约力;许多时候都是一家人自行前往,而不再是阖族集体前去。至于祭拜位于远处的始祖坟,更是早已变成可有可无了。很多中年人就对我们坦言,虽然听说过并知道老祖坟在远方的某处,但自己从来没有去过。而最大的一个变化则是,如今漳澎的宗族已经截然不同于以前纯粹基于血缘而成,如此一来所祭拜的始祖或者对象自然完全不同。漳澎不但是一个远近闻名的"百姓村",而且始终没有一个宗族能够占据统领地位。实际上,即使是同一姓氏的人家也可能不属于同一宗支,而是"拟制宗族"②的结果。

例如,号称漳澎第一大姓的林姓,历史上一直有"大林"和"小林"之分。最早迁入漳澎、现在人数也最多的一支是"大林",另外几个迁入相对较晚、现在人数也较少的小支是"小林",他们的迁出地不同,血缘与祖先也不同。如今这些不同祖先的林姓人家正在逐渐合为统一的林姓一族,合力拟制一个共同的祖先来供奉祭拜。对于"大林"来说,接纳其他血缘的林姓人家,是壮大漳澎林氏宗族人数与力量的有效途径。而对于"小林"而言,依附于同姓的"大林"宗族显然是利大于弊,彼此成为一体能够使自己更有效地受到村内大宗的保护,避免处于实力有限且孤立无援的处境。我们近几年的调查都发现,林姓的老年人中可能还隐约有大林、小林之别,年轻一代则普遍认为都是林姓一脉了。

漳澎许多同一姓氏的人家,都在向着拟制血缘的方向发展,都在突出同姓而淡化具体的血缘来源。③ 如另一大姓陈氏的一支出自"上魁陈公",早

---

① 关于此处墓地,参见张振江《流水·坊巷·人家——村落漳澎的人类学景观》,中山大学出版社2014年版,第166页。

② 一般认为,所谓拟制宗族,是指同姓但不同支的若干族通过联宗(祖先)、合族等手段而形成的一种宗族群体组织。此后这些同姓不同宗的宗族,根据能为各宗族所普遍认同的理由联合起来形成一个统一的宗族群体。而经过多年的发展后,原本是彼此拟制的历史渊源极有可能被其成员遗忘,最终成为一个真正的文化宗族。

③ 参见张振江《流水·坊巷·人家——村落漳澎的人类学景观》,中山大学出版社2014年版,第191〜195页。

在清代时就修建了一座上魁陈公祠堂，如今当地的族人称其为老祠堂。2002年，上魁陈姓的七世孙富商陈冠杰出资新建了一座富丽堂皇的"陈氏祠堂"。落成的那天，全漳澎村的各支陈氏人家都参加庆祝，这座祠堂自此成了漳澎全体陈姓人家的象征，不同支系的陈姓人家也开始了拟制血缘的过程。新祠堂中供奉的祖先是"陈上魁祖堂上历代祖先"，但这位祖先显然不是所有陈姓人家血缘意义上的祖先。漳澎的赵姓、卢姓、黄姓、丁姓、叶姓、徐姓也都有类似情况，但总的趋势则是来源不一的群体逐渐开始祭拜同一先人。如宋朝的赵姓皇帝，现在被认为是全体漳澎赵姓人家的祖先，已经受到越来越多的祭拜，虽然这种关系可能是虚构的。至于不同赵姓人家原来各自祭拜的始祖，则被统合为这位显赫的始祖之下的支派或者家庭的始祖而享受祭祀。

第五节 简短的总结与讨论

漳澎成村较晚，但在立村后很短的时间内，各色人等迅速涌入，最终成就了今天人烟辐辏的漳澎。来源混杂的人群、长期半农半渔的生计状态，也直接导致了漳澎民间信仰的繁杂。

一、漳澎的民间信仰体系

沿用武雅士的三分法，漳澎的信仰对象可以划分为神明、祖先和鬼三大类，但漳澎还普遍存在具有"灵性""神性"的各类附着物[1]，如泰山石敢当等。郭振华归纳了灵魂载体的作用后指出，灵魂载体具有连通鬼神和人世的中介作用，而对灵魂载体的认识与具体民族所生活的环境及对宇宙的认知模式有关。[2]

（一）信仰对象的分类

1. 神鬼二元

把信仰对象分为神、祖先和鬼三大类，是漳澎人最常用的本土的分类方法。在漳澎人的心目中，"神性"和"鬼性"是一组相对的属性，性质截然

---

[1] 我们在调查过程中并未遇到被鬼附着的物体，可能对于村民来说，我们一行是陌生人，他们不方便透露。古代众多方志、灵异小说或者民间传言都曾提到被鬼附着之物。

[2] 参见郭振华《传统信仰中的灵魂载体》，载《世界宗教研究》1996年第6期。

相反，也决定了漳澎人在仪式过程中的祭品和祭祀方式。但两者的划分并不是绝对的，而是有过渡之处。一般来说，越靠近神的一端越能为人带来吉祥、好运，而越靠近鬼的一端越意味着带给人不顺、疾病甚至死亡（见图4-26）。活人想跟神的一端靠近而与鬼的一端远离，最明显的表达便是漳澎人"街道—房屋外—房屋内"的驱鬼物和神像的摆放。神和鬼的划分关系可以用下图表达：

图4-26　漳澎信仰体系的神鬼二分属性

另一方面，漳澎人其实并不认为鬼和神有什么关系，神婆袁婆婆认为"神不能管鬼"，这其实是漳澎人一般的认识。漳澎人相信，神的本职是保佑人而不是治鬼，二者分属两个完全不同的体系。但人们又认为部分神明有时可以管鬼，如可以降妖伏魔把鬼"打跑"。所以另一位鬼婆袁婆婆才说，"齐天大圣和包公不叫能管鬼，他们只是把鬼驱走。真正管鬼的，还是阴间的阎罗王，他主宰阴间的所有事情。要是在水里就由水龙王说了算，因为他是水里最大的神。"

2. **神性**

漳澎人认为"放在庙里供奉的都是神"，它们有至高无上的、常人所不能的超能力，处于信仰体系的最上层。一般来说，庙宇中的神被认为拥有较强的神性，能带来更多的好运。"南无阿弥陀佛"灵魂载体因为有驱鬼和赶走厄运的功能也被漳澎人笼统地称为神，但比庙宇中供奉的神低了一个层次。

在漳澎人看来，神性最主要的体现是保佑，保即保护村民的生命健康不受侵害，佑则是庇佑村民能获得福气，以至万事吉祥、子孙兴旺。人们认为神的属性是吉祥的，是会给信众带来好运的。而神性越强，神职范围就越大，所管理的事情也越多。在村民实用心态的指导下，不少神祇还能"越职"管理神职以外的事情，如天后还要保佑农业生计、帮忙捉奸等。民众认为自己能得偿所愿与神明保佑有关，这就是神明的灵验性，是要受到民众的认可才能建立起来的。一旦村民认为灵验，则又会反过来增加神明的神圣性。天后庙和金花庙的香火，因此才会旺盛到"菩萨的脸都被香火熏黑了"。

3. **鬼性**

村民相信，鬼性是凶恶的，会"整"人，令人不顺、失财、生病甚至丧命。按照凶恶的强度，漳澎人认为鬼分为两大类。第一类是极凶的鬼，如漳澎人认为水鬼是死得最惨的鬼，如果找不到替身便会永世不能投胎转世，因此最喜欢害人性命来做自己的替身。第二类是平和的鬼，不会存心对生人造成伤害，如家鬼会在子女不遵守礼仪时略施薄惩。人们畏惧凶鬼但对平和的鬼不太在意，认为"神都不会阻止家鬼回家"。

但是，也有些信仰对象无法明确地归入以上两类，如水龙王、阎罗王。有人认为水龙王是神，有人则认为是水鬼，其原因似乎在于他们兼具神鬼两性。

4. 祭品的划分

神、鬼的二元划分决定了仪式中祭品的规范，漳澎人在准备祭品时严格遵循神鬼二元划分的原则（见表4-2），打破这个原则会被认为是"大不敬"。

表4-2　漳澎村祭品的使用原则

祭品的分类	食品	仪式用品	备注
只能供神的	生米	七星灯、塔香、神衣、神红、吉祥的符纸（如贵人符、各神经文、聚宝盆）	供神的食物多是未经烹调处理的，放在一个月饼盒中，无须准备太多，以素菜为主
只能供鬼的	煮熟的白米饭、鸡蛋	纸钱、金银纸、经文纸	供鬼的食物通常要准备很多荤菜，如九碗菜中八荤一素，白饭也要盛得像小土丘一样，要高出碗沿
既能供鬼又能供神的	猪肉、鸡肉、酒和茶、槟榔、果品、寿桃饼	香烛	有些神只吃素菜，如观音、齐天大圣；有些神可以有荤菜，如天后、金花娘娘

由表4-2可以清楚地看出，祭品中严格区分生米和熟米，在烧除（拜土地和社稷）、天后诞、金花诞、观音诞中用的都是生米拜祭，生米被认为是能够传递神灵信息并拥有灵力的信使，还具有辟邪、引导人的魂魄归位的作用。熟米只能够用来拜鬼，七月半和拜埠头等仪式都必须使用熟米。又如，漳澎人拜神一定要用鸭蛋，但拜鬼时就一定要用鸡蛋。鬼婆叶婆婆说："做凶事、做大忌这些时候，都用鸡蛋。新基那个村又不一样，清明的时候

他们用母鸡,说是鸡卵多,可以大发,多子多孙。麻涌那边啊,连拜神也用鸡蛋。在漳澎拜神的时候,你提都不要提(用鸡蛋)。就是做好事①的话,也都是用鸭蛋,比如小孩满月。"这个特点可能与漳澎先民中多有渔民有关,可能是一种渔民的遗俗。

神与鬼的这种区分,还直接影响到对祭品的处置。如供神的祭品人是可以吃的,实际上漳澎人至今仍喜欢把供过神的祭品带回与家人分食,认为可以借此得到神的保佑。甚至有时候祭品掉到地上了也不敢洗,就是怕把"神气"洗掉。祭鬼的食物则相反,由于已经沾上了鬼的"霉气",所以无人会食用。

5. 事神人员的等级及社会地位

漳澎事神和事鬼的人员有着严格的划分,如神婆只能"做好事",即主持与拜神有关的事情以及喜庆的仪式如婚礼等。而鬼婆则必须有"仙骨",专门负责"与鬼打交道"。人们认为,鬼婆的神职地位比神婆、南无佬和解签佬都高很多。但在社会地位方面,鬼婆则明显比其他事神人员要低许多,在世俗生活中她们经常被称为疯子,也普遍不受村民欢迎。

(二) 神鬼间的职能分工与等级关系

漳澎的信仰对象繁多复杂,我们尝试大体划分如下。

1. 处于底层的恶鬼

鬼处于整个信仰对象体系的底层,而凶鬼更是处于最底层,因为他们会害人,也是漳澎人所认为的疾病来源。村民都对恶鬼相当畏惧,部分原因就在于当时的医疗条件极为简陋,人们无法有效地对抗疾病。

例如,直到新中国成立前夕,漳澎的医疗还是极不发达,村中只有一个"执仔佬"②。他也是全村唯一的医生,是漳澎的地主和知识分子,新中国成立初期被认为是大地主而被"斗死"。一坊的蔡伯伯说,当时村民其实不舍得把他"斗死",因为"他死了,就没有人看病了,(所以要是村民生了病)就只能等死了"。

2. 神的分工与等级

鬼解释了生活中不幸的来源,神则解释了顺利、吉祥的原因。村民普遍信仰神明,这些神明所拥有的功能涵盖了个人生活的方方面面。

---

① 所谓的"做好事",通常指做吉利的、喜乐的事情,如婚礼、小孩子满月等。但是,现在有时也泛指各种法事,似乎曲折地反映出"文革"中"破除迷信"的影响。我们发现,各地的这类民间信仰方面的人士,对于自己的职业以及所从事的各类法事还是时常心存顾忌,故而经常故意突出其为"好事""为人民服务"。

② 执仔,漳澎土话,即接生的意思。

在漳澎，影响人生存和生活的最关键因素是水，人们认为主神天后主管了村民生活中最重要的部分，所以供奉天后娘娘为香主。凡是和水有关的，都由天后娘娘主宰、庇佑。生育是村民的第二大诉求，金花娘娘便是满足村民这一诉求的神祇。金花庙被推倒后村民还自发地集资重建，可见其在村民心中的地位。消除疾病则是漳澎人生活中的第三大需求，因此有了包公和齐天大圣。总之，诸神照顾了漳澎人从生到死的所有阶段，保佑了人一生的方方面面。

神的社会和现实社会一样都有等级之分，漳澎的神明可以大体上分为几个等级。玉皇大帝统领了所有天神，是最高级的，因此他的诞辰也是新一年的开始。观世音菩萨普度众生、法力无边，因为"什么都能保佑"而为第二大神。第三大神则是天后，因为她是村子的香主。第四位是土地神，因为他"上管天文，下管地理"，是漳澎地境的主人。其余诸神可以笼统地归入第五等级，他们是职责明确的职能神，与人们的具体生活息息相关。

3. 信仰的空间层次

如果从信奉的空间着眼，则漳澎人的神明可以分为村落神、次级村落神和家神。当然，这种划分不是绝对的。

村落主神是指整个村落共同信奉的神，主要是有天后娘娘、金花娘娘和十二奶娘、七姐等，即庙宇里所供奉的神（但土地公除外）。由于是全村信奉，所以一般来说这些神的神诞也就是全村人集体欢庆的节日。次级村落神指的是全村人都信仰但拜祭时则分区域的神，如三大片各自的土地公。漳澎人相信三片的土地爷各有自己的管辖范围，因此，人们也是依据所在的片各自拜祭。与之相类似的，还有南无阿弥陀佛等。家神则指专门在具体的家庭中守护着特定家人的神。家神的存在还有信仰以外的多方面的意义，如极好地体现了漳澎人的空间区分，体现了漳澎人传统的内洁净而外肮脏、内安全而外危险的空间认知。

二、漳澎的天后信仰与地域社会

在东莞水乡各处村落中，以天后为主神的庙相当少见，而像漳澎那样以天后为香主的村子，则可谓绝无仅有。根据《麻涌民俗志》可知，麻涌至2007年6月合计有30座庙宇，以北帝为主神的寺庙最多，北帝同时也是最多村落以之为香主的神祇。

表4-3 麻涌庙宇概况

庙宇的主神	数量	庙宇的主神	数量
北帝	6	包公	2
观音	4	王母娘娘	1
洪圣王	4	地母	1
天后	3	财神	1
康公主帅	3	哪吒	1
文昌	3	金花	1

珠江三角洲地区河涌纵横、水网密布，水在带给人们诸多利益的同时，也给人们带来了极为深重的灾难。因此，传统上人们非常崇拜管水的诸神，期望得神明保佑他们平安，而北帝和洪圣王正负有管理水的职责。漳澎是一个移民社会，是在极短时间内由周遭各处的陆上人、水上人涌入形成的，渔民和陆上人各自有不同的信仰，但最终是天后而不是北帝或者洪圣王成为漳澎的主神，非常好地显示出漳澎颇为独特的一面。访谈中七坊的丁老伯曾经深有感叹地说："其实漳澎的人啊，都是从附近的渔村那边过来的，（所以漳澎）才会有百家姓。别的历史久一点的村子，好比麻涌、大步、新基村那一些，都会有几个大姓，其他姓氏是会受排挤的。"我们也相信最初来漳澎谋生或者定居的人应该都是或者主要是渔民，后来才加入了陆上人。但是，现在的漳澎人普遍不愿意承认自己的祖辈是渔民，而普遍认为"漳澎人世世代代都是农民，角尾、新沙、花枝围那几个村的人才是疍家佬"。这应该与历史上疍民一直受到陆上人的严重歧视而导致的选择性群体记忆或者群体起源建构有关，突出其他村子为疍民实际上可以视为一种自保策略（即"毒药猫"现象）。但无论实情如何，天后成为漳澎人的主神和村落的香主，使得这个区域小社会截然不同于麻涌区域的其他村落。

天后信仰至今是全村人最普遍的民间信仰，也是区分漳澎人与外村人的有效外在标志之一。因此，在天后回娘家仪式中，至今只有村民认同的"漳澎人"才有资格参加。例如，虽然角尾村、花枝围和新沙村都被政府划入漳澎行政村的范围，但在漳澎村民的观念中，这些人都不是漳澎人因而不能够参加这一仪式。历史上，这些村落成村更晚，被称为"水上疍家村"，漳澎人经常蔑称其为"疍家佬""围口佬"，嘲笑他们不穿鞋子等文化习俗上的差异，甚至长期不愿跟这些村落通婚。尽管现在新沙村的居民由于政府搬迁工程而整体搬进了漳澎十坊，但他们还是无法参加村里的祭祀活动。即使是20世纪80年代便在新陈氏祠堂附近渔民新村居住的渔民，虽然平时被视为本村人，但组织天后回娘家时依然不会考虑他们。因此，天后诞虽是漳澎一年中最隆重也是最重要的节日，但对于这些人来说则是完全与己无关。他们不去漳澎村的天后宫里拜祭，反而舍近取远地去祭拜深圳的赤湾天后宫。由此看来，虽然行政区划规定了个人的身份，为之提供了社会的生活领域并划出了权力的边界①，但是在地方社会中，人们更重视小区域社会的文化传统。梁永佳认为："与行政、市场力量形成的空间概念相比，作为仪式空间的'喜洲'的意义在于它的'无历史性'。这种无历史性得到'本土知识'的认可，在日常生活中极为频繁地使用……而仪式空间之所以能够在本土知识中保持相对稳定，则源于时间在仪式中的特殊意义。"② 漳澎同样如此，天后信仰突出了区域与人群的边界，同时有效地完成了彼此的区隔与内部的认同。

　　王斯福认为："民间社会的自我构建遵循着'地方崇拜'（local cults）的原则，即通过民间宗教的节庆、庙宇、仪式与血缘关系上的家谱、祠堂、拜祭等方式完成自我与族群的身份确认。"③ 而对于珠江三角洲历史上的一个具体的地域社会的整合，似乎学者们较多地注重于"国家正统文化"之类的视点，通常或者归因于宗族的凝聚力量，或者归因于宗教信仰的整合力量，或者归因于二者同时起作用，如上引王斯福所言。但如果单纯就漳澎自然村的经验来说，宗族肯定没有多少意义。虽然漳澎历来存在宗族并有所谓的四大姓也就是四大家族的说法，但宗族普遍隐而不显，从来不是左右漳澎社会的力量。④ 信仰是个人与地域社会的纽带，是个人对自己的社会归属的反映，故此信仰具有统合区域社会的作用。而就历史上的漳澎社会来说，人们的确普遍信仰天后，并以之为保佑自己的香主。天后对于统合或者构建传统漳澎社会肯定是有作用的，但这个作用有多大，是不是起决定性的作用，则有待探讨。天后虽然贵为香主，但也只是如同其他神明一样受祭祀，在神诞日被

---

① 参见杨念群《空间·记忆·社会转型》，上海人民出版社2001年版，第83页。
② 梁永佳：《作为本土知识的仪式空间——以大理喜洲为例》，载《中南民族大学学报》（人文社会科学版）2006年第2期。
③ 王斯福著：《帝国的隐喻：中国民间宗教》，赵旭东译，江苏人民出版社2008年版，第72页。
④ 台湾社会学者庄英章（《台湾汉人宗族发展的若干问题》，载《"中央研究院"民族学研究所集刊》1975年第36期）的研究也表明，在汉人进入台湾进行开发的初期，移民们的活动是以地缘而不是以血缘关系为基础。例如，为了防御的需要，有的宗族组织也要让位于"唐山祖"的超宗族组织。

隆重供奉。唯一的重大差别，在于每年一度的回娘家这一独享的尊荣，但似乎也就仅此而已。例如，在珠江三角洲各处普遍多见的村落主神出巡这一香主的最高尊崇，在漳澎却从来没有出现过，这个事实似乎说明天后的影响力始终有相当的限制，至少其统合漳澎社会的力量有相当的限制。如此说来，统合漳澎传统社会的必定还有其他的力量或者因素，而且这种未知的因素或力量可能起了更大的甚至是决定性的作用。这个力量是什么我们还不敢确论，但很可能是压力之下的被迫内聚。漳澎这个后出的位于"三不管"地带上的半农半渔的村子，长期偏于一隅而又处于周围大村落的重压之下，只有形成强大的内聚力才能够对抗外压而自保并徐图发展。这个内聚力来源于应对外部的压力，这正是本书第一章所试图展示的。似乎可以说，漳澎传统社会的整合或者自我构建的力量，就在于此而不是宗族力量或者宗教信仰。

漳澎村的民间信仰空间以及活动都在"文革"期间受到了重大破坏，而更重要的是人们的观念现在已经急剧转变。例如，现在30岁以下的年轻人基本不怎么参与拜神活动，认为这是老一辈的封建迷信；40岁至60岁的中老年人则不太清楚新中国成立前的信仰活动；70岁以上的老人对传统的信仰也只有一点依稀的印象。但是，漳澎社会的自我构建或者整合并没有因此削弱，反而变得更加强大。这个事实似乎也说明，社会建构中宗族和信仰的作用不是唯一的，虽然在历史时期的某些地方二者可能更为明显，也更有力地发挥过作用。信仰与地方社会的互动是一个很有趣的话题，但至今还是一个有极大拓展空间的课题。

本章主要参考文献

（一）中文专著

[1] 安德明. 天人之际的非常对话——甘肃天水地区的农事禳灾研究 [M]. 北京：中国社会科学出版社，2003.

[2] 包尔丹. 宗教的七种理论 [M]. 陶飞亚，刘义，钮圣妮，译. 上海：上海古籍出版社，2005.

[3] 陈序经. 疍民的研究 [M]. 上海：商务印书馆，1946.

[4]《东莞市麻涌镇志》编委会. 东莞市麻涌镇志 [M]. 北京：中华书局，2012.

[5]《东莞文史》编辑部. 东莞文史（风俗专辑）[C]. 东莞：政协东莞市文史资料委员会，2001.

[6] [日] 渡边欣雄. 汉族的民俗宗教——社会人类学的研究 [M]. 周星, 译. 天津: 天津人民出版社, 1998.
[7] 郭于华. 死的困扰与生的执着: 中国民间丧葬仪礼与传统生死观 [M]. 北京: 中国人民大学出版社, 1992.
[8] 李亦园. 文化的图像 (下卷) [M]. 台北: 允晨文化实业股份有限公司, 1992.
[9] 吕大吉. 宗教学通论新编 [M]. 北京: 中国社会科学出版社, 2006.
[10] 林国平, 王志宇. 闽台神灵与社会 [M]. 厦门: 厦门大学出版社, 2010.
[11] 林美容. 妈祖信仰与汉人社会 [M]. 哈尔滨: 黑龙江人民出版社, 2003.
[12] [美] 罗伯特·汉. 疾病与治疗——人类学怎么看 [M]. 禾木, 译. 上海: 东方出版中心, 2010.
[13] 马昌仪. 中国灵魂信仰 [M]. 上海: 上海文艺出版社, 2000.
[14] 王铭铭. 社会人类学与中国研究 [M]. 桂林: 广西师范大学出版社, 2005.
[15] 王斯福. 帝国的隐喻: 中国民间宗教 [M]. 赵旭东, 译. 南京: 江苏人民出版社, 2008.
[16] 乌丙安. 中国民俗学 [M]. 沈阳: 辽宁大学出版社, 1985.
[17] 杨念群. 空间·记忆·社会转型 [M]. 上海: 上海人民出版社, 2001.
[18] 叶觉迈, 陈伯陶. 东莞县志 [M]. 台北: 成文出版社, 1967.
[19] 杨庆堃. 中国社会中的宗教 [M]. 上海: 上海人民出版社, 2007.
[20] 张振江. 流水·坊巷·人家——村落漳澎的人类学景观 [M]. 广州: 中山大学出版社, 2014.
[21] 张振江, 陈志伟. 麻涌民俗志——岭南水乡社会研究 [M]. 汕头: 汕头大学出版社, 2008.
[22] 郑振满, 陈春声主编. 民间信仰与社会空间 [M]. 福州: 福建人民出版社, 2003.
[23] [日] 中野美代子. 西游记的秘密 [M]. 王秀文, 译. 北京: 中华书局, 2002.

(二) 中文论文

[1] 陈春声. "正统"神明地方化与地域社会的建构——潮汕地区双忠公崇拜的研究 [J]. 韩山师范学院学报, 2003 (2).
[2] 陈春声. 信仰空间与社区历史的演变——以樟林的神庙系统为例 [J]. 清史研究, 1999 (2).
[3] 陈春声. 正统性、地方化与文化的创制——潮州民间神信仰的象征与历史意义 [J]. 史学月刊, 2001 (1).
[4] 方炳桂. 一个很有特色的民风民俗区——福州台江区说古 [J]. 炎黄纵横, 2006 (8).
[5] 金泽. 民间信仰的聚散现象初探 [J]. 西北民族研究, 2002 (2).
[6] 徐晓望. 论瑜伽教与《西游记》的众神世界 [J]. 东南学术, 2005 (5).
[7] 梁永佳. 作为本土知识的仪式空间——以大理喜洲为例 [J]. 中南民族大学学报

（人文社会科学版），2006（2）.

［8］陶思炎，铃木岩弓. 论民间信仰的研究体系［J］. 世界宗教研究，1999（1）.

［9］黄活虎. 福建齐天大圣信仰研究［D］. 福州：福建师范大学，2006.

［10］阙岳. 临潭庙会研究［D］. 广州：中山大学，2007.

［11］黄建华. 明清广东金花夫人信仰研究［D］. 广州：暨南大学，2010.

［12］徐笑非. 门的解析［D］. 成都：西南交通大学，2010.

［13］徐晓望. 论瑜伽教与《西游记》的众神世界［J］. 东南学术，2005（5）.

后　记

2007年春至2015年初夏，我们先后多次在漳澎村及其周围村落进行了普查性调查、专题调查和补充调查。前后参加调查的有多届学生，共计31名本科生、硕士生和博士生，他们辛勤参与，洒下了极多的汗水，贡献了极好的智慧。

综合这些调查所得的各种资料，并经过专门的梳理、整合和提升，我们最终撰写成本书。在具体写作时，我们采用先分头撰写初稿，再进行统稿，对各章节内容作修改或者重新撰写，直至最终完成。本书各章初稿的具体撰写人员如下：第一章由吴俊、王艳、程遥撰写；第二章由刘智中、张云婷、靳一凰撰写；第三章由区海泳、邹笑天、杨慧婷撰写；第四章由刘哲、刘长仪、许馨芷撰写。2014年底初稿完成，合计约42万字。随后我们开始对各章内容进行合并、删除、调整主旨与思路等具体的工作，形成了约25万字的第一稿。之后我们开始逐章逐节地修改或者重写，同时开展相应的补充性的或者核实性的田野调查。自2015年元旦开始着手，不计随时的补充、替换等小修小改，近半年的时间内我们进行了三遍由头至尾的大改或重写。其间每天凌晨4点多开工直至夜深人静，连除夕夜都搭了进去。回首来时路，这一段时光真可谓充实至极、疲惫至极又收获极丰。

现在总算熬到杀青之际，谨在此衷心感谢对本书写作和出版给予支持和帮助的单位及个人。合作方东莞展览馆，尤其是孟穗东、秦文萍、黎娜、杨叶帆、邓禅娟、李君明等同志，他们不仅在经费上大力支持，还尽力提供了诸多指导和便利。

感谢中山大学出版社廖泽恩、易建鹏两位编辑为书稿所进行的认真细致的编辑工作。感谢麻涌镇、漳澎村在我们调查时给予了大力支持和诸多方便的所有人员，尤其是漳澎村多位可敬的老年村民，谨祝他们健康长寿、子孙绵绵。感谢中山大学人类学系，尤其是周玉蓉老师以及参加调查与撰写初稿的所有师生。

  需要说明的是，由于参与本书创作的人员众多，有些无法在编委会名单中交代，谨在此后记略作体现。尽管本书作者处署了我们的名字，但无论从哪方面看，本书都是集体智慧的结晶。

张振江 朱爱东 罗 忱

2015 年 8 月 26 日